中国法学会法治文化研究会组织编写

编辑委员会主任　岳宣义

中国法治文化概论

主　编　王运声 易孟林

副主编　陈鸿彝 刘　斌

群　众　出　版　社

·北京·

图书在版编目（CIP）数据

中国法治文化概论／王运声，易孟林主编．—北京：群众出版社，2015.12

ISBN 978－7－5014－5473－0

Ⅰ．①中…　Ⅱ．①王…②易…　Ⅲ．①法治—研究—中国　Ⅳ．①D920.4

中国版本图书馆 CIP 数据核字（2015）第 304237 号

中国法治文化概论

王运声　易孟林　主编

出版发行：群众出版社

地　　址：北京市丰台区方庄芳星园三区 15 号楼

邮政编码：100078

经　　销：新华书店

印　　刷：北京普瑞德印刷厂

版　　次：2015 年 12 月第 1 版

印　　次：2017 年 2 月第 2 次

印　　张：19.75

开　　本：880 毫米×1230 毫米　1/32

字　　数：460 千字

书　　号：ISBN 978－7－5014－5473－0

定　　价：68.00 元

网　　址：www.qzcbs.com

电子邮箱：qzcbs@sohu.com

营销中心电话：010－83903254

读者服务部电话（门市）：010－83903257

警官读者俱乐部电话（网购、邮购）：010－83903253

文艺分社电话：010－83903973

《中国法治文化概论》编辑委员会

中国法学会研究会支持计划

目录

中篇　法治组织文化研究

下篇　法治文化载体研究

序

为繁荣中国特色社会主义法治文化而努力

陈冀平

当《中国法治文化概论》一书的清样摆上我的案头，我为法学理论宝库又添一部新作感到由衷的高兴。记得在2014年6月下旬，也就是中国法学会作出把“中国法学会法制文学研究会”拓展为“中国法学会法治文化研究会”的决定时，我就听说研究会要组织编写《中国法治文化概论》，作为研究会更名的奠基之作。这部著作从创意到完成共用了一年零五个月的时间，凝聚了各位专家学者的智慧和心血，很不容易。我代表中国法学会向全体参加组织写作的工作人员表示祝贺！

党的十五大确立依法治国作为党领导人民治理国家的基本方略，我国从此开始了从法制建设向法治建设的前进步伐。法治文化作为依法治国的文化支撑，经过近二十年的发展历程，为我国法治建设提供了必要的法治思想和文化基础。党的十八届四中全会通过的《中共中央关于全面推进依法治国若干重大问题的决定》指出，“必须弘扬社会主义法治精神，建设社会主义法治文化，增强全社会厉行法治的积极性和主动性”，深刻阐述了弘扬法治精神、构建法治文化在法治中国建设中的重要意义和现实价值。社会主义法治文化，是中国特色社会主义法治体系的重要内容，是全面推进依法治国的精神内涵，是科学立法、严格执法、公正司法的内生动力，是推动全社会树立法治意识、增强法治信仰、引导全民守法的必要前提。建设社会主义法治文化是一个既具有时代性，又具有深远历史意义的重大课题。破解建构法治文化问题，是理论界回应法治建设实践现实诉求的应然之举。

新中国成立特别是改革开放以来，党领导人民进行了建设中国特色社会主义法治的伟大探索和实践，通过法学界广大专家学者的潜心钻研，提出了中国特色社会主义法治理念，逐步形成了以宪法法律至上、公平正义、权力规制、权益保障、良法善治等为主要内涵的法治文化。进而，社会主义法治文化开始在文化自信、文化自主、文化自觉的基础上实现国情语境下的不断融合，使国家、社会和个人的多元共治模式得以形成，使法治成为人们的生活常态和自觉行为，并内化为习惯性的思维方式。

中国法治文化的形成与发展，主要是内在力量的作用。这些内在力量因素很多，比如社会主义市场经济的形成、社会主义民主政治的发展、中国特色社会主义法律体系的形成和完善、人民道德观念的提升、法学教育的普及深入等诸多因素，都是催生法治文化的综合推力。尤其是我们党带领人民实行法治，坚持依法治国、依法执政、依法行政共同推进，坚持法治国家、法治政府、法治社会一体建设，不断开创依法治国新局，推进科学立法、严格执法、公正司法、全民守法，开展深入持久的法治宣传，极大地增强了人民的法治意识、法治思想和法治信仰。同时，我国法治文化是对中华传统法治文化的传承和发展，是对西方法治文化先进元素的借鉴和吸纳。

法治文化建设是一项基础性、长期性、群众性的工程，作为法治文化建设重要内容的机制创新无法一蹴而就，而需要坚持不懈、久久为功，需要高瞻远瞩地进行规划设计。客观地说，我国法治文化建设还存在总体发展水平不高、科学机制不健全等诸多问题。从建立强有力的制度保障视角出发，探索法治文化建设的长效机制，是法治文化构建及快速发展的必由之路。我认为，法治文化构建要着重从以下四个方面努力：

一是大力培育法治精神。法治文化的基石是法治信仰。习近平总书记强调，再多再好的法律，必须转化为人们的内心自觉才能真正为人们所遵行。历史和现实表明，法治只有被认同，内化于心，熔铸于脑，成为人们的坚定信念和文化情感，才会转化为内在的法治信仰。由于我国在法治传统、契约精神、尊重秩序等方面还没有形成全体民众的共同精神信仰，我们在构建法治文化时必须特别加强法治精神的培育。

二是领导干部带头践行法治方式。习近平总书记强调，各级领导干部在推进依法治国方面肩负着重要责任，全面依法治国必须抓住领导干部这个“关键少数”。领导干部带头学法、模范守法，是全社会形成法治信仰、建设法治文化的关键。领导干部自身对法治文化建设的态度，事关一个单位、一个部门、一个地区的法治建设全局。在构建法治文化中，各级领导干部，特别是党员领导干部必须树立使命意识，清醒认识自身在法治建设中的关键地位和作用，狠下决心纠正不适应法治发展的思路、方式和做法，做全社会尊法、学法、守法、用法模范。

三是发挥执法司法的引领作用。“徒善不足以为政，徒法不能以自行。”全面依法治国，最关键的环节就是保障法律严格实施，最核心的环节就是保证公正司法。如果执法不严、司法不公，就会形成“破窗效应”，使法律成为“纸老虎”，给社会公平正义带来致命的破坏。公正是法治的生命线，执法司法是人民群众感知法治建设的载体。因此，加快建设权责法定、执法严明、公开公正、廉洁高效、守法诚信的法治政府，实现公平公正，增强司法公信力，是中国法治文化建设的重要职责。

四是加强法治文化人才建设。法治人才队伍，作为国家治理体系的重要人才支撑，是法治中国建设的重要力量，同时还肩负着弘扬法治精神、研究法治理论和创作法治文艺作品等多重使命，更是培育全民法治信仰、营造全社会法治氛围的灵魂工程师。在法治文化建设系统工程中，法治文化人才培育和法治文化队伍建设具有特殊地位和作用，是必须抓紧抓好的一项长期系统工程。党的十八届四中全会提出，必须着力建设一支忠于党、忠于国家、忠于人民、忠于法律的社会主义法治工作队伍，推进法治专门队伍正规化、专业化、职业化，这就为法治文化人才培育和法治文化队伍建设指明了方向，制订了目标。

《中国法治文化概论》一书不仅对法治文化的基础理论进行了深入研究，尤其对法治文化涉及的许多新概念作了科学界定，具有很强的创新性和实践性。当前我国法治文化研究尚处于初创时期，这本专著具有重要的理论价值。尽管本书还存在一些不足甚至瑕疵，但依然瑕不掩瑜。相信本书的出版，一定能够对我国法治文化的进一步发展繁荣有所裨益。

2015 年 12 月于北京

（本序作者为中国法学会党组书记、常务副会长）

上篇
法治文化基础理论研究

导 论
中国特色社会主义法治文化

文化是一个民族的灵魂，是凝聚和激励民族的重要力量，是综合国力的重要标志。法治文化是国家法治建设的先导和灵魂，是法治国家、法治政府、法治社会三位一体建设的重要保障力量。

法治的本义是“法律的统治”。“法治的含义不只是建立一套机构制度，也不只是制定一部宪法一套法律。法治最重要的组成部分也许是一个国家文化中体现的法治精神。因此，要理解法治在一个国家的意义，要有效发挥法治运作的价值和规范功能，最重要的是文化。”①

自从党的十五大确立依法治国，建设社会主义法治国家的基本方略，我国就开始了从法制建设向法治建设的推进步伐，经过近20年实践体验，法治文化已成为我国依法治国的文化支撑，为国家法治建设提供必要的法治思想和文化基础。

第一节　法治文化是法治建设的先导和灵魂

一、法治文化包含六大要素

关于法治文化的学术表述，目前国内法学理论界不同版本很多，综合主流观点，我们认为法治文化的要素主要包括如下六个方面：即法治意识、法治思想、法治信仰等法治精神，宪法和法律制度的建立和配套，法治组织的架构和运作，法治行为方式的法治化渐进，法治设施和载体象征性标识化建设，以及法律实施的效果追求。其中，法治精神是法治文化的核心要素，法律实施的效果追求是法治精神在具体法治活动中的直接体现。法治文化通过以上六个方面对法治建设起着理论、思想的先导作用。法治建设的一切问题都与法治文化紧密相连，在法治文化建设上做大文章、做好文章，就是抓住了法治建设的核心与灵魂。

① 【美】詹姆斯·L·吉布森、【南非】阿曼达·古斯：《新生的南非民主政体对法治的支持》，载《国际社会科学》（中文版）1998年第2期，第38~39页。

二、构建中国法治文化的三个基本点

我国《宪法》第一条规定："中华人民共和国是工人阶级领导的、以工农联盟为基础的人民民主专政的社会主义国家。社会主义制度是中华人民共和国的根本制度。"《宪法》第二条规定："中华人民共和国的一切权力属于人民。人民行使国家权力的机关是全国人民代表大会和地方各级人民代表大会。"依据宪法规定，我国构建的法治文化必然是"中国特色社会主义法治文化"。我们认为，"中国特色社会主义法治文化"包括三层意思：一是具有"中国特色"，即具有中华民族文化特征和中国本土法律制度特征；二是归属"社会主义"政治范畴，是为社会主义政治主张和社会制度服务的；三是融合东西方"法治文化"合理内核，是中国法治建设发展到高级阶段所需求的全新治国方略，是执政党通过历史反思，权衡利弊，坚定选择的"强调规则的行为方式"。

三、法治文化是法律不受主观愿望影响的理性文化

中国特色社会主义法治文化，是法律不受主观愿望影响的理性文化，是在制度化、法律化的基础上，不以个人意志为转移，不因领导人的改变而改变的法律文化。倡导法治是依法治理国家、社会和教育国民，实现国家治理方式的历史性跨越。作为法治载体的法治文化是当代法学理论研究的重大历史课题。

从党的十二大确立了中国特色社会主义的发展道路，到党的十五大确立了依法治国方略，建设社会主义法治国家，再到党的十八届四中全会通过的《中共中央关于全面推进依法治国若干重大问题的决定》（以下简称《决定》），执政党

的一系列审时度势的重大历史决定，是稳步推进中国法治文化的形成和发展的重要动力。几十年来，在执政党的积极主张下，经过法律实务界的实践和探索，加上社会科学界特别是法学领域和社会学领域专家教授的潜心钻研，历练形成了中国特色社会主义法治理念，形成了具有中国本土特色的法治文化自主品牌。法治文化的兴起，逐步形成了以社会福祉、公平正义、法律至上、权力规则、权益保障、良法善治的法治精神风貌，中国特色社会主义法治文化开始在文化自信、文化自主、文化自觉的基础上达到国情语境下不断融合，使国家、社会和个人的多元共治模式得以形成，使法治成为人们的生活常态和自觉行为，并内化为习惯性的思维方式。尽管我国现有的法治模式还处在摸索之中，但是人们已经强烈地感受到了法治文化建设前进的坚实步伐。

第二节　中国特色社会主义法治文化的形成是重大历史进步

一、法治文化与国家政治经济社会发展密切相关

法治文化形成和发展与国家的政治、经济、社会发展状况是紧密相连的。多年来，我国大刀阔斧地进行了政治体制和经济体制改革，科学实施了社会管理继而发展到社会治理，调整了经济发展模式，完成了计划经济向市场经济的转变，实现了所有制架构调整，其带来的直接成果是实现我国社会经济的发展，社会文明大踏步前进。中国经济在全面融入全球市场过程中不断提升自身的经济实力，大大增强了国力，在世界的政治地位和经济地位都得以显著提升。中国已经朝

着世界经济大国强国的行列快步迈进。不论世界怎么看中国，东方巨龙已经腾飞，已经成为世界家园的重要成员。国家经济的全球化，带来国家上层建筑朝着适应经济发展的持续变革，从而稳步推进国家经济建设。“市场经济就是法治经济”，已经成为全社会的共识。中国审时度势正确选择了社会主义市场经济的发展道路，法律制度也随之快速发展，实施了几十年的法制建设也随之向法治建设迈进，于是就催生了依法治国方略，催生了法治中国、法治政府、法治社会三位一体的法治建设，催生了中国法治文化。

习近平总书记在十八届四中全会上所作的《关于〈中共中央关于全面推进依法治国若干重大问题的决定〉的说明》，对我国全面推进依法治国建设法治国家的必要性做了精辟的论述。他说：“法律是治国之重器，法治是国家治理体系和治理能力的重要依托。全面推进依法治国，是解决党和国家事业发展面临的一系列重大问题，解放和增强社会活力、促进社会公平正义、维护社会和谐稳定、确保党和国家长治久安的根本要求。要推动我国经济社会持续健康发展，不断开拓中国特色社会主义事业更加广阔的发展前景，就必须全面推进社会主义法治国家建设，从法治上为解决这些问题提供制度化方案。”① 这一论述，充分阐明了依法治国、建设法治国家在当今中国的特殊意义。

二、内因决定中国法治文化的形成

回顾总结我国改革开放以来 30 多年的实践，客观地说，中国法治文化的形成与发展，主要是内在力量的作用，内因

① 《中共中央关于全面推进依法治国若干重大问题的决定》，人民出版社 2014 年版，第 42 页。

起了决定性作用，外因起了辅助性作用。这些内在力量因素很多，如中国社会主义市场经济的形成、国家民主政治的进步、适应社会主义市场经济的法律体系的形成、规范社会经济交往和公民生活的法律制度的日趋完善、国民法律思想的不断升华、国民道德观念的增强、科学教育的普及和发展，以及社会主体需求的转向等诸多因素，都是催生法治文化的综合推力。尤其是执政党顺应时代发展的政治主张和依法治国方略实施等实践活动，带领全体国民建设法治国家、法治政府、法治社会，主张和引领科学立法、严格执法、公正司法、全民守法，开展深入持久的法治宣传，增强了国民的法治意识、法治思想和法治信仰。执政党的积极作为，对中国特色社会主义法治文化的催生和形成，产生了特殊重要的作用。

不可置疑，中国法治文化的生成和发展，与西方法治文化传播有着直接影响。同时应当指出，中国法治文化的源流更重要的是来自宝贵的中华法治文化积累的独特元素。中国是一个具有五千年文明史的文化古国，秦始皇统一中国后，中国法治建设如同中国的经济强盛一样，就一直走在世界前列。中国形成了领先西方的法律制度，强调法治也是中国祖先的积极主张，其中不乏闪烁着现代法治思想的光芒。只要人们不戴有色眼镜去看待中国法治史，我们完全可以找到很多法治文化的踪迹。比如，创始于隋、完善于唐、终结于光绪二十七年（1901 年）的中国官员选拔的科举制，打破了用人上的不平等。考生不论家庭出身、教育背景、经济状况，在科考面前一律平等，择优录用人才，这种官员选拔机制没有公平正义的法治原则作后盾，是不可能延续近 1300 年之久的。又如狄仁杰、包公、海瑞等一批坚持依法办案的清官，不惜冒着丢乌纱、掉脑袋的巨大风险，张扬法治思想，在皇亲国戚触犯刑律的状况下，坚持严格执法，依法治罪甚至杀头，打破刑不上大夫的惯例。这类可歌可泣的法治故事不胜枚举。当然，历代法家和法律官员受中国传统法文化的历史局限，不可能有长久、连续的法治贡献，难以形成中国法治思维的成片、成线、成阶段性的完整法治效益。但是在当时的历史条件下，哪怕是点滴法治文化的闪光，都具有特殊重大的法治意义。更何况当时西方正处在荒寒黑暗的中世纪（5—16 世纪），他们实行的是彻底的神治，是比人治更落后的法律制度。我国古代官员闪烁的法治光芒，用法律制度规范社会，把法律平等的原则运用于法律事件和涉法案件的处理，后人都应该为先驱的敢作敢为给予“点赞”。

一些学者认为“西方法治文化在中国上空飘忽不定”，难以形成气候，难以扎根，难以推广，这与中国缺乏商品经济市场的历史背景有直接关联，与中国的礼教文化、君臣文化、权力至上文化有着根深蒂固的联系，更重要的是受中央集权制封建王朝统治的左右，政治制度制约了国家法律制度。不重视法治的现象，随着新中国的成立而渐渐远去。进入构建社会主义市场经济制度以来，法治的需求显现出紧迫感，党和政府及时确立了依法治国的方略，加速完成社会主义法律体系的建立。从此，重视抓法治建设就成为党和政府管理国家、治理国家的特别重要的举措，现代法治理念就逐渐成为国家治理的法治文化核心思想。因此，我们认为中国法治文化思想的形成，内因是根本。

我国在实行社会主义市场经济秩序的历史条件下，国家的政治体制、经济体制不断改革与完善，推进了中国城市化建设步伐，使亿万农民工走进城市创业，城乡差别、知识差别、理念差别、生活习惯差别等便形成各种社会矛盾，国家治理、社会治理、行业治理都对法治提出了强烈而急切的需求。中国共产党从几十年执政历史中充分认识到国家推行法治建设的重要性和必要性，中国特色社会主义法治建设便应运而生。经济发展召唤法律的护航，法律实施呼唤法治环境。依法治国，建设法治中国是党的主张、人民的愿望、历史的选择。

中华延续几千年的优秀传统文化是中国法治文化形成的核心。但是，中国法治文化也积极吸收了西方现代法治的合理内核。学习和引进西方现代法治文化理念，嫁接中国优秀法律文化、法律制度，认真审视适应中国的经济社会发展对法治的诉求，诸因素集合构建具有中国特色的社会主义法治文化。因此，我们认为，客观地说，中国法治文化从诞生起就借鉴和吸取了西方法治文化的合理内核，同样也继承和发扬了中国传统法治文化的精髓。应该指出的是，我国法治文化对西方法治文化的吸纳和中国传统法治文化的吸纳，是一种扬弃式的吸纳，而不是简单的和盘照抄，更不是简单的复制拷贝。

三、中国法治文化建设的核心内容

全面推进依法治国的核心内容是什么？建设什么样的法治中国？需要什么样的法治文化来依托？这是我们研究中国特色社会主义法治文化建设必须搞清楚、弄明白的基本理论问题。我们从十八届四中全会《决定》中找到了答案。《决定》指出："全面推进依法治国，总目标是建设中国特色社会主义法治体系，建设社会主义法治国家。这就是，在中国共产党领导下，坚持中国特色社会主义制度，贯彻中国特色社会主义法治理论，形成完备的法律规范体系、高效的法治实施体系、严密的法治监督体系、有力的法治保障体系，形成完善的党内法规体系，坚持依法治国、依法执政、依法行政共同推进，坚持法治国家、法治政府、法治社会一体建设，实现科学立法、严格执法、公正司法、全民守法，促进国家治理体系和治理能力现代化。”① 这个答案既精辟又简明扼要。法治文化建设就是要紧紧围绕依法治国这个基本方略，来筹划法治文化发展的路径，找准法治文化发展的方向，使法治文化为法治建设服务。

第三节　中国特色社会主义法治文化的内涵和外延

法治文化是中华文化的重要组成部分，法治文化的发展要与中华文化的大发展相吻合、相一致。关于中国文化建设，习近平总书记有重要论述，他说：“我们要继续坚持走中国特色社会主义文化发展道路，推动社会主义文化大发展大繁荣，深化文化体制改革，提高国家文化软实力，加强社会主义核心价值体系建设，丰富人民群众精神文化生活，增强人民精神力量。”② 法治文化作为社会主义法治国家建设的重要软实力、重要精神支撑，同样要放进中国特色社会主义文化发展的大局中实现大发展大繁荣。法治文化的发展与繁荣，既有精神层面的，也有物质层面的；既有有形的，也有无形的。法治文化作为构建法治国家、法治政府、法治社会的软实力，

① 《中共中央关于全面推进依法治国若干重大问题的决定》，人民出版社 2014 年版，第 4 页。

② 习近平：《全面贯彻落实党的十八大精神要突出抓好六个方面工作》，载《求是》2013 年第 1 期。

对依法治国方略的实施具有特殊重要的意义。因此，在研究法治文化建设时，必须充分认识到法治文化肩负的历史重任，法治文化在依法治国实践活动中不可替代的作用，从而清醒地认识到法治文化工作部门和工作者的历史责任。

一、法治文化的内涵和外延集中体现在四个层面

社会主义法治文化的大繁荣大发展是依法治国的需要，是法治时代的需要，这是我们研究法治文化发展思路的基本原则。社会主义法治文化内涵和外延表现在四个层面，即精神文明成果层面、制度文明成果层面、法治行为方式文明成果层面、法治器物文明成果层面，四个层面组合成社会主义法治文化整体。

第一层面是精神文明成果的社会主义法治文化。精神文明成果是法治文化建设的灵魂和理论先导，它引领国家法治发展的方向，决定国家法治建设的性质和特点，作用于国家法治发展的速度和质量。它包括法治精神、法治意识、法治观念、法治价值、法治原则、法治思想、法治理念、法治理论等，也包括公民和国家公职人员的法治态度、法治心理、法治信仰等。

第二层面是制度文明成果的社会主义法治文化。制度文明成果是法治文化建设的主干和躯体，它支撑着法治文化的摩天大厦，构建起法治治理的国家机器，带动法治精神文明和社会法治行为向前发展。它包括政治制度、经济制度、社会制度、文化制度等，也包括宪法制度、选举制度、人权保障制度、科学立法制度、严格执法制度、公正司法制度、全民守法制度和法律监督制度等，还包括中国特色社会主义法律体系、各法律部门、法律规范和法律条文、立法司法解释、法律语言、法律文本等。

第三层面是法治行为方式文明成果的社会主义法治文化。它是法治文化建设的实践基础和实现形式，它把法治思想理论的指引和法律制度规范的要求贯彻落实到每一个社会成员，把法治文化的价值追求和秩序构建实践于每一种法律关系，把纸面的法律变成生活中的法律和行动，从而实在具体地推动着法治文明的进步。它包括执政、立法、行政、司法、守法、监督等行为，包括法治习惯、法治功能、法治实效、法治权威、法治秩序、法治环境、法治状况等。①

第四层面是法治器物文明成果的社会主义法治文化。它包括所有能够通过器物外形和写意蕴含法治内涵的外在建筑设施和彰显法治的法器。如向宪法宣誓的法台、法器、宣誓文本，彰显宪法宣誓的庄重、严肃与神圣。又如法庭建筑的设计和彰显法治功能的法院建筑装饰和庭院建设。尤其突出体现在庄严的法庭内：审判台、审判椅的摆放位置和靠背的高矮，器物的颜色搭配，灯光配置、法槌敲击、法袍着装和法官专用通道设立等，都是从某种意义上烘托法治精神，使法治精神融合在法治器物的自然状态之中，以物化法治文化的深刻内涵。法治器物往往能够把只可意会不可言传的法治精髓，通过器物本身具有的天然象形和写意的特殊功能，营造出法治深层的权威感、庄严感和神圣感，营造法律神圣不可侵犯、至高无上的法治地位，诠释科学立法、严格执法、公正司法、全民守法之间密不可分、相互关联、相互作用的动态建构与和谐推进。

因此，我们在思考法治文化建设时，应从上述四个层面综合考虑，既要防止把社会主义法治过于抽象虚化、神话，

---

① 李林：《社会主义法治文化概念的几个问题》，载《国际社会科学杂志》（中文版）1998年第2期，第38～39页。

把法治文化建设仅仅理解为是解决法治意识、法治观念、法治精神和法学理论问题，也要避免把法治文化建设过于具体实化、物化，把法治文化局限于法治文艺、法治宣传、法治影视、法治报刊图书制作等具体文化活动，以免陷入“以偏概全”、“一叶障目”的观察思考误区。法治文化是立体的、多角度、多层面的文化集合体，具有强大的生命力。无论是过于抽象还是过于物化的认识，都是对法治文化的片面理解，是对法治文化功能性不全面、不完备的认识，不清除这种片面认识，就难以正确把握法治文化的前进方向。

二、研究中国特色社会主义法治文化内涵与外延的关键点

中国特色社会主义法治文化是一个具有深刻含义的概念，它具有较为广阔的外延，包含着中国特色社会主义法治文化建设的方方面面。但是，法治文化也绝不是包罗万象的，更不能把法治文化当成一个筐，什么都往里装。我们研究法治文化的内涵和外延，关键要突出强调两点：

（一）围绕依法治国总目标服务是法治文化的核心使命

党的十八届四中全会《决定》指出：“依法治国，是坚持和发展中国特色社会主义的本质要求和重要保障，是实现国家治理体系和治理能力现代化的必然要求，事关我们党执政兴国，事关人民幸福安康，事关党和国家长治久安。”“全面建成小康社会、实现中华民族伟大复兴的中国梦，全面深化改革、完善和发展中国特色社会主义制度，提高党的执政能力和执政水平，必须全面推进依法治国。”“全面推进依法治国，总目标是建设中国特色社会主义法治体系，建设社会

主义法治国家。”①

落实总目标必须做到三个坚持：即坚持中国特色社会主义制度，坚持依法治国、依法执政、依法行政共同推进；坚持法治国家、法治政府、法治社会一体建设。具体内容包括形成五大法治体系，实现法治建设科学架构，即：遵循中国特色社会主义法治理论，形成完备的法律规范体系、高效的法治实施体系、严密的法治监督体系、有力的法治保障体系、完善的党内法规体系；实现科学立法、严格执法、公正司法、全民守法的法治建设科学架构。

《决定》为依法治国绘制了新蓝图，阐述了依法治国的内涵和发展方向，无疑也给社会主义法治文化的发展指明了前进方向。法治文化是法治建设的灵魂和核心，是法治建设的重要软实力。依法治国总目标的实现，需要法治文化的引导和服务，这是时代赋予法治文化的历史使命。

首先，法治文化必须围绕构建中国特色社会主义法治体系做出艰辛努力。构建“法律规范、法治实施、法治监督、法治保障和党内法规”五大法治体系，是全面建成小康社会、实现中华民族伟大复兴的中国梦，全面深化改革、完善和发展中国特色社会主义制度，提高党的执政能力和执政水平，全面推进依法治国的重中之重，是依法治国总目标的基础平台。法治文化就是要为这个重中之重提供切实有效的服务。法治文化要围绕贯彻中国特色社会主义法治理论这一前提，大力宣传社会主义法治理念和社会主义价值观，激发公民对法治建设参与的热忱，引导公民自觉配合党和政府，关注和支持五大法治体系的构建和完备。五大法治体系构成完整的

---

① 《中共中央关于全面推进依法治国若干重大问题的决定》，人民出版社2014年版，第1～4页。

社会主义法治体系，是完成时代赋予党和人民依法治国的历史重任的重要前提，需要党的坚强领导和人民的踊跃参加。法治文化只要牢牢抓住调动和激发人民在法治建设中的智慧和力量，再大的困难也阻挡不住法治前进的步伐。

其次，法治文化要为依法治国总目标提供全方位法治服务。工作侧重点可以放在三个方面：（1）推动理论研究。从法治文化高度俯视法治体系构建提出的时代背景、理论依据和五大法治体系的内在联系、外在表现，引导公众正确认识五大法治体系构建的合理内核和依法治国的客观需求。（2）培养法治思想。法治文化要把工作立足点放在引导公民增长法治理论、提高法治认识，让全体公民在法治思想得到稳步提升后，牢固树立法治思维、法治理念、法治信仰，让法治思想成为约束公民行为方式的理论指导。（3）大力开展法治宣传教育。通过法治宣传和法治教育，让全社会普遍养成学法守法用法的惯性思维，培育公民的自我法治责任意识，使广大公民以构建五大法治体系为己任，就能够很好地形成全社会推动五大法治体系形成的坚强合力。

（二）法治组织、法治载体是法治文化建设不可或缺的重要元素

在社会主义法治文化建设中，法治思想建设是法治建设的核心内容，只有引领人民群众树立了法治信仰，增强了法治观念，践行了法治理念，维护了法治权威，我们建设中国特色社会主义法治文化才会根植于民众，根植于基层。只有当人民群众有了扎实的法治理论根基，才能形成尊崇法治的良好生活习惯。但是，我们应该看到，光有思想上的认识，没有法治组织建设、法治载体建设的跟进，人们还是无从感受法治的存在。法治精神是看不见、摸不着的，只有发挥表现法治精神的元素的展示作用，才能让民众真正体会到法治的

存在。

中国特色社会主义法治建设，离不开法治组织的同步建设。从我国法治工作体系来看，法治组织主要是指从事立法、执法、司法工作的机构或组织，主要有负责国家立法工作的全国人民代表大会和地方各级人民代表大会及其常委会（以下简称“人大”）；有担负国家行政管理职能的各级人民政府及其管辖下的职能部门，如公安机关、安全机关、司法行政机关、政府监察机关以及质检机关、药品监督机关、卫生检验检疫机关、工商管理机关、民政社保机关、税务机关、审计机关、金融机关等行政执法机关；有担负国家审判职能的人民法院；有担负法律监督的人民检察院。根据我国法治建设的特点，执政党的办事机构和各级党委纪检部门，肩负党规党纪的制定与监督，也是法治组织的重要组成部分。政党法治、社团法治、行业法治也有法治文化建设的任务。此外，各地仲裁机构、公证机构、调解组织等也是国家不可或缺的法治组织。

法治组织是法治建设的职能部门，研究法治组织的建设，就是要强化法治组织的执法司法理念，规范法治组织的执法司法程序，营造“有法可依、有法必依、执法必严、违法必究”的法治局面，形成良好的法治文化氛围。人大立法、政府执法、司法机关司法，是法治建设实现的最重要的法律实施环节，也是我们研究法治组织的主要对象。这些机构作为法治文化建设不可或缺的重要元素，应该围绕构建社会主义法治中国这个主题，将自身的机构设置、工作方式、工作程序、工作思路都放到构建法治中国这个大前提下，重新思考，重新架构，实行改革，把那些有利于法治建设的科学做法和受到人民群众欢迎的，能够体现公平公正的工作思路发扬光大，进一步提升。对那些不利于公平公正的工作流程、工作意识、职业习惯等，要下决心改正，使国家法治成效与人民群众的法治期望拉近距离。通过法治组织的工作，让人民群众看到公平公正的执法现实，看到公平公正的法治带来的福祉。法治组织通过法治和法治文化活动的开展，使自身的执法司法思路、执法司法方式和执法司法理念都与依法治国方略实施的要求相一致。

在此需要说明的是：本书限于人力、物力因素，限于容量的限制，也从法治文化概论构建原则出发，只能对法治文化建设中与人民群众法治生活密切相关的部分法治组织的法治文化建设加以细化研究。本书选择了人大、政府、法院、检察院、公安、司法行政、仲裁和纪检监察八个法治组织作为法治文化重点研究对象，而对其他法治组织的法治文化暂时未做深入研究。

同时还要强调一点，法治组织是法治主体的重要组成部分，法治组织研究的是承担法治历史使命的法治组织和组织中个人共同形成的法治思想、法治理念、法治思维、法治行为方式。作为法治主体，还有人民大众这个重要的法治主体，无论是立法、执法、司法、守法，人民作为法治主体都起着特殊重要作用，本书在上篇、中篇和下篇各章节中，都把人民群众的法治主体的地位和作用、理念和行为紧密结合在研究之中，从不同角度和侧面充分论述了人民主体在社会主义法治文化建设中的价值和力量。故本书也就不再另设专章专题研究法治文化中人民主体的理论与实践等有关问题。

社会主义法治文化载体，包括法治语言、法治文本、法治礼仪、法治器物、法治文学、法治艺术、法治影视、法治新闻出版和法治新媒体。各类载体从不同的侧面，以不同的形式，承载着法治文化元素，展示着法治文化精神。对法治载体的研究是法治文化建设最接地气的法治实践。现实中，作为法治文化载体的艺术作品也好，语言文字也好，都有许多非法治元素的成分掺杂在其中。比如，在法庭上，法官、检察官、律师都是职业法律人，他们在法庭上使用的语言必须是法律语言，而且语速要适中，语气要平和，语言要简洁，表达要清晰。但我们常常在庭审活动中看到法律执业人员用非法律语言表述法律事实，在语速与语言谈吐、语气轻重上都存在一些瑕疵；有的法官甚至对当事人随意训斥和粗暴中断其发言。这些现象看起来很平常，但是它给人们传递出来的信息往往远离公平公正。仅凭法官、检察官的粗暴语言，显然无法体会到法治的公平正义。法治文本作为法治载体，存在的问题就更多了。我们发现现在法院的判决书已由过去过于简单发展到如今过于复杂，甚至在一封判决书里多处重复同一法律事实。有的简单案件的判决书居然有洋洋万字，复杂案件更是长篇大论。判决书的繁简度如何把握，是很值得认真研究的。还有法治礼仪，更是现代社会文明的要求，法官、检察官要讲礼仪，当事人、辩护人同样要讲礼仪，这是对法庭参与者的共同要求。

法治文学、法治艺术、法治影视、法治新闻出版和法治新媒体，是承载社会主义法治元素的重要信息载体。社会主义法治精神通过艺术家的创作和表演，通过文学描述、图片制作、影视剧人物表演，通过记者的观察和写作，还法治事件的原本面貌，辨析法治事件中的是非曲直。法治作品通过人物塑造、人物语言表达、人物性格刻画，表达出作品中蕴含的社会主义法治元素，让广大群众从作品中深刻感受到法治理念与现实生活的结合。这种传承的方式不是刻板无味的空乏理论，而是活生生的现实写照，对人民群众法治意识的增强，具有其他形式不可比拟的优势，是我国社会主义法治文化最为重要的传播载体。研究这些载体的法治文化建设规律，对推动依法治国方略实施具有非常特殊的意义。

社会主义法治文化还要注重对法治器物的研究。法治器物是法治文化的外在表现，是能够使人产生直观感觉的法治物体。其中有些器物还具有国际意义，是法治文化的标志物。法治器物包括法槌、法袍、法庭、法治雕塑、法治故事、法治谚语、法治格言、执法司法场所的法治文化元素的装点，等等。有些看起来似乎与法治无关，其实不然。如法庭布局的安排，就包含着许多法治元素：以红黑为主要搭配的法庭设施，突出的是法律庄重和法院依法裁判的鲜明原则；法台座椅的高低和位置的安排，体现法官高高在上，在庭上具有绝对的权威；两旁的原告被告分列对面而坐，体现诉讼双方平等原则；证人席独处一旁，表明法庭作证不受干扰，不偏不倚，等等。法治器物对诉讼参与人的精神影响十分明显，当理亏的当事人踏上高高的法庭台阶，每迈上一步其就可能增加一份畏惧心理；相反，当正义者踏上台阶，就会有一种不断增进依靠法治的信心。如某地法院审理一起夫妻离婚案，平日惯于用暴力彰显家长作风的丈夫在走入法庭的那一瞬间居然突生悔悟之心。他感觉所有看到的法治器物仿佛都是为他而设定，他感到了法律的庄严神圣，而后在法庭上，他向妻子表达了诚心诚意的悔恨。这样的情形在基层法院和乡村法庭屡见不鲜。法治器物对当事人崇尚法治、尊崇判决，有时能够起到很关键的作用。因此，用法治元素装扮法治场所，不是可有可无，而是很有必要。

法治的实质是良法之治。有法律不等于有法治，只有制定良好的法律并得到全社会一体遵行，法律能够自动运转，才可以算得上是真正意义上的法治。党的十八届四中全会将

"依法治国"从过去单纯的治国方式方法提升到了"既是手段也是目标"，并伴随"国家治理体系和治理能力现代化"的提出，获得了独立地位。如何为中国的法治建设注入强大的动力，让法律的施行不再成为难题，将是社会主义法治文化需要重点研究和解决的关键课题。

第一章
法治文化的相关概念

第一节　法、法律、法制、法治

一、法与法律

法是一种判断是非曲直、扬善惩恶的社会规范，体现的是公平与正义。在中国古代，法与刑通用，如夏之禹刑、商之汤刑、周之吕刑等。战国时李悝改刑为法，作《法经》六篇，所谓“刑，常也，法也。”西方“法”这个词来自拉丁文。拉丁文的 jus、德文的 recht、法文的 droit 等，均可翻译为法，同时又有权利、正义、公平或规律、规则等内涵。英语中的law有规则、规律双重含义，加定冠词又有不同含义，A law指单个法律，The law指整体法。西方法的词意的核心是正义（公平、公正），其次是权利，再次是规则。当今学术界对于法有诸多的解读。例如有人认为法是调整人们行为关系的规范，具有规范性；有人认为法是由国家制定和认可的社会规范，体现了国家意志对各类行为的评价；有人认为法是以权利和义务为基本内容的社会规范，具有特定的逻辑结构；有人认为法是以程序性为重要标志的社会规范；有人认为法是以国家强制力为最后保障手段的社会规范，等等。

法与法律是种属关系，法律应当包括在法之内。中国古代文献最早把“法”与“律”联在一起使用的是先秦时期，《管子·七臣七主》中有“法律政令者，吏民规矩绳墨也”之语，《庄子·徐无鬼》中有“法律之士广治”之言。据史籍记载，商鞅变法，改“法”为“律”。此后，“律”字的使用频率高于“法”，中国古代的法典大多称为律，如秦律、汉律、晋律、隋律、唐律等。但在中国古代，往往将“法”与“律”通用，例如《唐律疏义》中说：“律之与法，文虽有殊，其义不也。”法律是国家的产物，一般而言，法律是一个国家的公民共同遵守的行为规范，是指由国家权力机构经过一定立法程序制定、用来调整社会成员行为及社会关系的强制性规范，它对全体社会成员具有约束力，并由国家强制力来保证其实施。

二、法制与法治

法制，一般而言是法律与制度的总称，既包括国家颁布的宪法、法律和各种法规，也包括经国家机关实施的政治、经济、军事、文化等各方面的制度。但对法制内涵的解读中外古今用法不一，涵义也不尽相同，通常有狭义和广义之分。狭义的法制就是指法律与制度，广义的法制不仅包括法律与制度本身，还包括立法、执法、守法、法律实施和法律监督等活动和过程。①

“法治”在《牛津法律大辞典》中被看作“一个无比重要的、但未被定义、也不能随便就定义的概念”。一般认为，法治是指一个社会或一个国家的一种治理模式，这种模式最基本的特征就是“法的统治”、法律权威至上。亚里士多德在《政治学》中提出“法治应当优于一人之治”的命题，他给法治下的定义是：“法治应包含两重意义：已成立的法律获得普遍的服从，而大家所服从的法律又应该本身是制定得良好的法律。”但需要指出的是，亚里士多德提出法治优于人治的命题并给出法治的定义，并不意味着他所处的社会里就实现了法治，也不意味着那个时代的法治与现代西方社会的法治是一回事。英国法学家戴雪认为法治包括以下三个方面的内容：“第一，法律具有超越也包括政府的广泛裁量权在内的任何专制权力的至高无上的权威；第二，任何公民都必须服从在一般法院里实施的国家一般法律；第三，权力不是建立在抽象的宪法性文件上，而是建立在法院的实际判决上。”英

① 关于法制的定义有许多种解释，也有人将“法制”解读为特指统治者按照民主原则把国家事务制度化、法律化，并严格依法进行管理的一种方式。这种意义上的法制与民主政治联系密切，即民主是法制的前提，法制是民主的体现和保证，只有使民主制度化、法律化，并严格依法办事，以确立一种正常的法律秩序的国家，才是真正的法制国家。

国的哈耶克和《德里宣言》也对法治给予了解释。[①] 第二次世界大战之后，学者们对法治内涵形成如下一些共识：法治应当是良法的治理，通过法律保障人权，限制政府公共权力的滥用，通过宪法确立分权与权力制衡的国家权力关系，确立普遍的司法原则，如司法独立、无罪推定等。当代英国著名大法官汤姆·宾汉姆在2006年出版的《法治》一书中将法治的构成要素分解为“八项具体原则”：一是法律必须是可以获知的并且尽可能地易懂、可预测；二是法律权利义务的问题，一般应通过适用法律而解决，而非通过行使自由裁量权；三是国家法律应平等地适用于所有人，除非客观差别证明区别对待的合理性；四是政府官员行使被赋予的权力，必须诚信、公正，并且只为赋权之目的，不能不当行使，不能超越权力的界限；五是法律必须提供充分的基本人权保护；六是必须为当事人自身不能解决的民事争议提供解决机制，且不存在昂贵的以至于支付不起的费用，或者过度迟延；七是国家提供的裁判程序是公正的；八是法治要求国家遵守其在国际法中的义务，如同遵守国内法一样。其他学者对法治

---

① 哈耶克在《通往奴役之路》中说：“撇开所有的细节不论，法治的意思就是指政府在一切行动中都受到事前规定并宣布的规则约束——这种规则使得一切个人均有可能十分确定地预见到在某一情况中会怎样运用其强制权力，并根据这个预期来规划自己的事务。”1959年，国际法学家在印度召开会议，会议产生了《德里宣言》，这个宣言对法治提出了三条基本原则：第一条是保持人类的尊严，第二条是要制止政府滥用行政权，第三条是司法独立与律师自由。约瑟夫·拉兹提出了法治的若干元素，包括：新制定的法律不应该有回溯性、法律不应该频繁变动、制定法律应该有明确的规则和程序、司法机构的独立性必须得到保证、公正原则应该得到遵守、法院有违宪审查的终审权、法院不能拒绝公民的诉讼权利、执法和预防犯罪的机构不应允许枉法等。

的论述还有很多。①

法治与法制是既有密切关联性，又有区别的两个概念。法制的历史要悠久于法治，先有法制而后才可能有法治，法制是法治的基础和前提条件，要实行法治，必须具有完备的法制；在现代社会，法治应当是法制的立足点和归宿，法制的发展最终应当是实现法治。二者的主要区别在于：第一，法制一般只注重法的工具性功能，认为法是治国的一种工具和手段，而法治更注重法的价值目标和追求，以民主和权利为本质要求，法制则不一定以民主为前提，有时法制可以完全建立在专制的基础上，排斥或不讲民主。第二，就其内涵

① 国内学者李德顺认为：法治是与人治、德治相对立的一种治国方略或社会调控方式。姚建宗在《信仰：法治的精神意蕴》一文中认为，法治所表达的真实意义在于：它是个人的一种思想、行为方式，是社会公众的一种普遍的生存、生活方式，是社会公众普遍具有的一种精神、观念、意识和信仰，是一种典型的社会民情与心态。也有人认为：法治包括实质意义上的法治和形式意义上的法治，也就是强调两者的统一，形式意义上的法治强调“依法治国”、“依法办事”的治国方式、制度及其运行机制；实质意义上的法治强调“法律至上”、“法律主治”、“制约权力”、“保障权利”的价值、原则和精神。关于法治的概念，学术界有多种解释。例如《华中师范大学学报（哲学社会科学版）》1993 年第 4 期刊发的《法治概念探究》、《西南师范大学学报（人文社会科学版）》2005 年第 1 期刊发的《法治概念的性质探析》、《黑龙江社会科学》2005 年第 4 期刊发的《论法治概念与法治判断的要素》、《学习与探索》2006 年第 6 期刊发的《法治概念的不足》、《浙江社会科学》2008 年第 1 期刊发的《法治概念的多样性与一致性》、《法学杂志》2008 年第 1 期刊发的《论法治概念的实质要素》、《创新》2008 年第 4 期刊发的《法治概念属性释义》、《西安交通大学学报（社会科学版）》2008 年第 5 期刊发的《完美法治》、《苏州大学学报（哲学社会科学版）》2011 年第 2 期刊发的《亚里士多德“法治”概念之“谬误”》、《北京青年政治学院学报》2013 年第 2 期刊发的《“法治”初探——中西“法治”概念之比较》、《读书》2013 年第 12 期刊发的《重新思考法治概念》、《人大法律评论》2014 年第 2 期刊发的《“法治”是否仍然可以作为一个有效的分析概念》等，都对法治的概念进行过有益的探讨。

而言，法制是指法律制度及其实施，属于制度的范畴，是一种实际存在的东西；而法治是法律统治的简称，是相对于“神治”或“人治”而言的，是一种治国原则和方略，是民主社会的一种治理模式。第三，就其产生而言，法制的产生与所有国家直接相联系，在任何时代的任何国家都存在法制；而法治是人类社会发展到一定阶段的产物，只有在民主制的国家才能产生法治，实施法治。第四，就其所奉行的原则而言，法制所奉行的原则是有法可依、有法必依、执法必严、违法必究；而法治所奉行的原则是法律至上、司法独立、法律面前人人平等、依法行政、权力要受到制衡与监督。第五，就其基本要求而言，法制的基本要求是各项工作都法律化、制度化，而法治的基本要求是严格依法办事，法律具有至上性、权威性和强制性，不能由当权者肆意妄为，不能由宗教教条、仪轨或其他力量来判人犯罪。第六，就其主要标志而言，实行法制的主要标志是一个国家从立法、司法、执法到法律监督等方面，都有比较完备的法律和制度；而实行法治的主要标志是一个国家的任何机关、团体和个人，包括国家最高领导人都必须严格遵守法律和依法办事。①

第二节　法治意识与法治信仰

一、法治意识

意是指自我的意思，识是指认识与认知。意识是人的头脑对于客观物质世界的反映，是一种自觉性的思维，是思维主体对信

① 刘斌：《法治文化三题》，载《中国政法大学学报》2011 年第 3 期。

息进行处理后的产物。相对于人们的行为而言，意识具有初始性，往往会成为人们下一步思维或行为的基础，因此，它不仅会影响或决定人们对事物的判断，而且还会影响人们的行为方式。

法治意识是一种观念性的法治文化，是人们从法治的视角对社会现象形成的意念、感觉、识见和心理态度。法治意识主要包括信仰法律、遵守法律、运用法律、维护法律等意识。信仰法律的意识反映了人们对法律的情感和态度，是指公民要在心目中尊重法律、推崇法律、信奉法律。法治的实现首先在于人们对法律的信仰，一种虔诚真挚的信仰。遵守法律的意识是指行为主体要有自觉地用法律来约束自己的言论和行为的意识，当行为主体公开发表言论或实施某种行为之前，要有自己的言论或行为是否可能触犯法律的意识。运用法律的意识是指要有寻求法律保护的意识，要用法眼看待事物，用法理分析社会现象，用法治原则和法治精神区辨是与非、罪与非罪。维护法律的意识是指面对违法犯罪行为要有捍卫法律尊严、敢于同违法犯罪和专权弄法的行为作斗争的意识。①

法治意识是法治行为的前提与基础。普及法律知识，加强普法教育，树立法律权威、维护司法公正、营造良好的法治环境是增强公民法治意识的重要途径。

二、法治信仰

法治信仰是指主体对于法治极度信服和尊重并以之为行为准则。② 柏拉图最早在《理想国》中提出法治首先是一种信念

① 刘斌：《中国当代法治文化的研究范畴》，载《中国政法大学学报》2009 年第 6 期。

② 陈煜：《试论法治信仰》，载《延安大学学报（社会科学版）》2001 年第 1 期。

或信仰的问题，他认为，国家的法治秩序起源于信念或正义的信仰。美国著名法学家哈罗德·J·伯尔曼在《法律与宗教》中也说：“法律必须被信仰，否则它将形同虚设。它不仅包含有人的理性和意志，而且还包含了他的感情，他的直觉和献身，以及他的信仰。”① 法治内涵的基本理念是民主、自由、公平、正义、秩序、程序，法治信仰还是人们对于这些理念价值心悦诚服的信奉和不懈追求，是一种在长期的实践中建立起来的心理认同感。同时，法治信仰就是人们对法治的真情实感和精神寄托，是对法治能够保障民主、自由、公平、正义、秩序、程序以及呵护人的尊严与幸福功能的期待。邢国忠在谈到法律信仰时认为：法律信仰是关于人类世俗社会生活秩序与规则的信仰。法律信仰不同于宗教信仰，它是以一种世俗化的信仰形态客观存在着的。作为人类世俗社会生活秩序与规则的信仰形态，法律信仰的核心信念是公平正义。②

法治的根基在于公民发自内心对它的拥护，法治的威力也在于公民对它的真诚信仰。诚如法国思想家卢梭所说：“一切法律中最重要的法律，既不是刻在大理石上，也不是刻在铜表上，而是铭刻在公民的内心里。”③ 法治信仰是实现法治的精神支柱，如果一个国家没有法治信仰，一个社会缺乏法治精神，法治就会成为无本之木、无根之花、无源之水，法虽立而难行。只有把培育法治信仰、弘扬法治精神、建设法治文化、树立法治意识置于法治建设全局的重要位置，持续

---

① ［美］伯尔曼：《法律与宗教》，梁治平译，三联书店 1991 年版，第 28 页。

② 邢国忠：《法律信仰的基本内涵及其特征》，载《光明日报》2008 年 9 月 9 日。

③ ［法］卢梭：《社会契约论》，商务印书馆 1980 年版，第 271 页。

发力，久久为功，才能让法治在人民心中生根，在社会运行中生效。[①]

有学者认为：首先，法治信仰是一种思想情感和精神寄托；法治信仰是在理性认识基础上形成的一种神圣的体验，既有现实性又有超越性。其次，法治信仰是一种社会意识形态和文化形式，其本质是对法律价值和法治功能的一种坚定不移的信任，是对法律所确立的价值目标和法治所蕴涵的功用效能的始终不渝的追求。最后，法治信仰是人们对法治的信服和尊重，是人类在社会交往和社会组织方面的经验凝结和理性选择。人们发现法治是民主政治的基础，是迄今为止人类所能找到的驯服政治权力、保障人权的最好工具，是社会主体在对法治现象理性认识的基础上自然产生的一种认同感、皈依感和神圣体验，是调整社会关系进行社会秩序安排的主流意识形态。[②]没有对法治的信仰，法治的实现就会成为空中楼阁。[③]

但是，法治不会自动成为信仰。在当今社会，法治信仰需要培育。培育法治信仰，首先要消除特权思想、摒弃人治观念，通过学习法律知识，树立法治意识，增强法治观念，发自内心地认同法治、信仰法治；培育法治信仰，离不开宣传教育，我们需要大张旗鼓地宣传法律、普及法律，同时把法治教育纳入国民教育体系，营造良好的法治氛围，形成全社会遵法守法的风尚；培育法治信仰，领导干部必须率先示

---

① 新华社评论员：《让法治信仰植根人民心中》，载新华网2014年10月28日。

② 公丕祥主编：《社会主义核心价值观研究丛书·法治篇》，江苏人民出版社2015年版，第11章第1节“法治信仰的精神意蕴”。

③ 张永和、孟庆涛：《法治信仰形成路径探析》，载《人民论坛：中旬刊》2013年第5期；莫敏、周双娥：《论现代法治信仰的培植》，载《广西社会科学》2005年第1期。

范，带头学法，带头守法，带头依法办事，不能以言代法，更不能以权压法、徇私枉法；培育法治信仰，还必须付诸法治实践，科学立法是法治信仰的前提，公正司法是法治信仰的基石，严格执法是法治信仰的支撑。在每一起案件审理中能够体现公平正义，才能使法治精神、法治意识、法治观念深入人心。完善和健全法律服务、法律援助、司法救助，使公民亲身体会到法治对于自身合法权益的保障是法治信仰形成的重要途径。

第三节　法治精神与法治原则

一、法治精神

民主与自由是法治精神的集中体现。民主，简而言之就是人民当家做主，是指按照平等和少数服从多数、同时尊重少数人权利的原则来共同管理国家事务。自由，是指人们能够按照自己的意愿决定自己的行为，这种行为以不侵害他人和国家的权益为前提，以法律规定的范围内为界限。民主是一个法治社会的体制化表现。法治之源在于民主，法治的动力在于民主，法治的实现需要建立在民主的基础之上；民主既是手段，又是过程，同时还是目的。现代民主的精髓是“人民主权”，即国家的一切权力属于人民，人民是国家的真正主人，宪法和法律必须充分体现人民的意志和利益。一个国家或社会的法治之路，本质上就是民主政治的制度化、法律化之路。民主与法治同呼吸、共命运，互相依存，民主的实现需要法治来进行保障。人的自由是人与生俱来的权利，但自由是相对的，没有绝对的自由。正当的自由是每个人在行使自己自由的时候不得侵犯他人的自由。法治要维护和保障人的正当自由和全面发展，防范公权力对私权利的挤压和侵扰，以实现社会主体的理性解放和人格与人身的独立，使社会主体成为自由、平等的权利主体。① 法律为保护人的自由而设，但同时又规范人的自由行为，把它限制在不侵犯损害他人和国家利益的范围内。充分的自由必须用完善的法治来保障。

公平与正义是法治精神的价值追求。公平是指按照一定的社会标准、规则及正当的秩序平等地待人处事。公平包含公民参与政治、经济、文化及其他社会活动的权利公平（尤其是制定规则权利的平等）、机会公平、程序公平和结果公平。公平不是相等，也不是平均。正义是指法治社会中的公正的义理，包括政治正义、社会正义、法律正义等。司法领域里的公平正义，主要是指程序公正、及时高效和依法公正审判。在法治文化建设中，司法公正具有极为重要的意义，它既是司法本质的要求，也是司法赢得民众信任的最基本保证。公平正义，就是要使社会各种矛盾和纠纷得到公正处理，各方面的利益和关系得到妥善协调。公平是实现正义的前提，没有公平就不可能实现正义；正义是公平的精髓，是公平要实现的目标。公平正义是衡量一个国家或社会文明发展的标

① 康德认为：自由不是我要做什么就做什么，“自由是我不要做什么就能够不做什么”。海耶克在《自由的构成》一书中给自由下的定义是：一个人不受制于另一个人或另一些人因专断意志（arbitrary will）而产生的强制（coercion）状态，亦常被称为“个人”自由（individual freedom）或“人身”自由（personal freedom）的状态。海耶克同时认为自由的基础是法治。石元康在《海耶克论自由与法治》中则认为海耶克“自由理论中的自由概念是非常含混不清的，而自由的基础也是很不稳固的”。载香港中文大学·中国文化研究所《二十一世纪》（双月刊），1999年12月号，第89页。

准，是法治社会追求的理想和目标。①

权利与义务相统一是法治精神的基本要求。近代法律意义上的“权利”是19世纪末从西方输入中国的，我们很难给权利作出一个准确的定义。有人认为权利是指在社会中产生、并以一定社会承认为前提的、由其享有者自主享有的权能和利益。就一般意义而言，权利是指公民在一个国家的权利体系或社会生活中享有的地位与权利，而义务则是指公民在这个国家的社会生活中必须履行的法律责任。② 权利和义务是法律设立及运行过程的轴心。法学上的权利与义务是一个相对应的概念，权利的实现总是以义务的履行为条件的。一项权利的存在或实现，意味着需要他人承担和履行相应的义务，如果无人承担和履行相应的义务，权利便失去了存在意义。权利和义务的关系在本质上是对立统一关系，当然也存在一

---

① 综合学术界的观点，司法层面的公平正义，主要体现在司法机构必须坚持权利平等和司法公正的理念，坚持合法合理、程序公正和及时高效三条原则。

② 费因伯格认为给权利下一个“正规的定义”是不可能的，应该把权利看作一个“简单的、不可定义、不可分析的原初概念”。大致说来，对于权利的界定分为两类：一类是从伦理的角度，如格劳秀斯、霍布斯、斯宾诺莎、康德、黑格尔等人的解释，都是将权利看作人基于道德上的理由或超验根据所应该享有之物，不以利益本身为基点。另一类是从实证角度来界定权利。如德国法学家耶林认为，权利就是受到法律保护的利益。也就是说，不是所有的利益都是权利，只有为法律承认和保障的利益才是权利。还有学者认为，权利主要包含利益、主张、资格、力量、自由五个要素。而关于权利的实质，17至18世纪资产阶级启蒙思想家和德国古典唯心主义思想家主张“天赋人权论”。马克思主义认为，权利归根结底是由社会经济关系所决定，即权利只不过是社会经济关系的一种法律形式。国内学者张文显将权利释义归纳为资格说、主张说、自由说、利益说、法力说、可能说、规范说、选择说八种，并提出“权利是规定或隐含在法律规范中，实现法律关系中的主体以相对自由的作为或不作为的方式获得利益的手段”的定义。

些其他关系。[①] 法治社会的权利与义务高度统一，没有无义务的权利，也没有无权利的义务。但由于我国的文化传统和国情不同于西方国家，所以在权利与义务观上目前更应当强调公民的权利意识，即权利主体对于权利的接受意识、权利的实现意识、权利受侵犯时的保护意识。[②]

---

① 有人认为：从逻辑结构上看，权利和义务是对立统一的关系；从整体数量上看，权利与义务具有量上的等值关系；从价值功能上看，权利与义务具有互补关系；从法律运行的角度看，权利与义务之间具有制约关系；从法律调整的价值取向上看，权利与义务具有主从关系，等等。

② 李林认为：我国"良法"所蕴含和体现的法治精神，大致包括以下精神：一是崇尚以人为本，尊重保障人权，实现人的自由全面发展价值的民本精神；二是崇尚正义公平，实现自由博爱、平等相待、和睦相处、共同富裕的社会正义精神；三是崇尚民主法治，坚持人民主权、宪法法律至上、依法执政、民主立法、依法行政、公正司法等原则，规范制约公权力的依法治国精神；四是崇尚和谐发展，实现法律（法治）与自然相和谐、与社会相和谐、法律（法治）自身相和谐的和谐精神；五是崇尚社会主义政治文明，实现"坚持党的领导、人民当家做主与依法治国"三者在制度上、程序上有机统一的宪法精神。李步云认为：社会主义法治精神至少应包含以下六个方面的内容：一是主权在民，即国家的一切权力属于人民。这一原则要求宪法和法律应充分体现人民的意志和利益，法治应当以民主政治体制作为基础，并实现民主的法制化和法制的民主化。二是人权保障，即国家工作人员必须切实谋求与保障公民的各种利益，这就必然要求各方面要牢固树立人权保障的理念，尤其要求在司法执法活动中，切实保障公民的各项法定权利。三是权力制约，即依据现代民主原则建立起分权与分工、权力相互制约的国家权力结构体系。对公民，法不禁止即自由；对国家，法不授权不得为。四是法律平等，即中华人民共和国公民在法律面前一律平等。法律面前人人平等，不仅具有极为重要的伦理价值，同时也是维护法律权威和尊严的重要条件。五是程序正当，即通过人民大众的充分参与和监督，以及权力制约等制度设计，保证实体法得到严格与准确地适用。法律程序的许多内容都体现出现代的民主、法治与人权等宪法原则与伦理价值，不仅是现代法治文明的重要内容，也能增强社会民众对司法裁判或决定的认可度。六是法律至上，即宪法法律具有至高无上的权威，任何组织和个人都必须依照宪法和法律办事。以上两位学者的观点均见上海市行政法制研究所编：《政府法制参阅（专报）》，2007 年第 111 期。

二、法治原则

法治原则在不同的国家、不同的时代、不同的民族传统和法律背景之下，有不同形式的体现。国内外学术界对于法治原则的阐释也不尽相同。[①] 我们认为，当今中国至少应当确立这样六项法治原则：

一是尊重和保障人权。法治的真谛在于人权。人权是人之作为人在一个社会或国度应该享有的权利，也是一个社会或国度对人的主体地位、尊严、自由和利益最低限度的确认。人权是法治最基本的价值追求，法治就是要实现对人的尊严与权利的彰显；人权是衡量社会文明进步的标尺，法治就是要维护和保障人的尊严与权利；法治作为一个国家的治理模式和治理手段，其最基本的任务就是维护和保障这个国家所有公民的尊严与权利，使这个国家的公民有尊严地生活和工

---

① 戴雪曾经提出法治三项原则："除非明确违反国家一般法院以惯常方式所确立的法律，任何人不受惩罚，其人身或财产不受侵害"；"任何人不得凌驾于法律之上，且所有人，不论地位条件如何，都要服从国家一般法律，服从一般法院的审判管辖权"；"个人的权利以一般法院提起的特定案件决定之"。此后，拉兹提出法治八项原则：（1）法不溯及既往，应公开明确；（2）法律应相对稳定；（3）特别法的制定应受公开、稳定、明确的一般规则指导；（4）保障司法独立；（5）遵守自然正义原则，公开审理、不得以偏见司法；（6）法院应对于其他原则的执行握有审查权，即审查议会和行政立法等；（7）法院应易于接近，省时省钱；（8）预防犯罪的机构在行使裁量权时不得滥用法律。富勒也曾提出了法治的八项原则。法国《人权与公民权宣言》体现出的法治原则内容包括：（1）法律面前人人平等；（2）未经审判不为罪，法律不得溯及既往；（3）未经正当程序不得剥夺任何人的权利和自由，宪法所未列举的权利应为人民保留；（4）国家机关不得行使法律所未授予的职权；（5）司法独立；（7）宪法是国家的最高法律，任何法律、法令都不得与宪法相抵触；（8）国家机关之间应严格实行分权，等等。

作，使他们的权利不受到公权力和其他人的侵犯。

二是法律至上。法律至上是法治的本质体现，意在强调法律在整个社会规范体系中具有至高无上的地位，意味着法律是评判公民、法人和国家机关行为最基本的准则，其他任何社会规范都不能与法律相冲突，任何组织或者个人都不能有超越宪法和法律的特权。一个国家只有法律至上，才能实现法的统治。

三是法律面前人人平等。这一原则具有三个方面的含义：首先，公民的法律地位一律平等，即任何公民，不分民族、种族、性别、职业、家庭出身、宗教信仰、教育程度、财产状况、居住期限，在法律面前具有平等的法律地位。① 其次，不允许任何组织和个人享有法律以外的特权。任何组织和个人在享有法律规定权利的同时，必须履行法律规定的义务。最后，任何组织和个人的合法权益都受到法律的保护，任何组织和个人的违法行为都必须依法受到追究。

四是司法机关依法独立行使职权。司法机关依法独立行使职权既是一项宪法原则，也是一项司法组织原则，同时还是一项诉讼活动原则。这项原则至少形式上应当体现司法组织独立、司法活动独立和司法人员独立三个方面。内涵上至少包含以下两个方面：一是司法活动依据法律，忠于法律，不受任何党政机关、社会组织与个人的干预和支配，也不受媒体和社会舆论的影响与绑架；二是制度上能够保障司法人员依法独立行使司法职权。

五是依法行政。依法行政是依法治国方略的重要体现。

① 这里需要说明的是，所谓平等，是指人格和权利能力的平等，而不是行为能力上的平等，如对未成年人及其他丧失民事行为能力的公民，就不能与具有完全民事行为能力的成年人一概而论。

法治的治理对象主要是治权。依法行政主要包括六层含义：一是行政机关实施行政管理，应当依照法律规定进行，无法律规定，行政机关不得作出影响公民、法人和其他组织合法权益或者增加公民、法人和其他组织义务的行为；二是行政机关实施行政管理，应当遵循公平、公正的原则；三是行政机关实施行政管理，要严格遵循法定程序，依法保障行政管理相对人、利害关系人的知情权、参与权和救济权；四是行政机关实施行政管理，应当遵守法定时限，积极履行法定职责，提高办事效率，行政不作为要承担责任；五是行政机关公布的信息应当全面、准确、真实；六是行政机关违法或者不当行使职权，应当依法承担法律责任，做到执法有保障、有权必有责、用权受监督、违法受追究、侵权须赔偿。①

六是权力制衡与监督。权力制衡是指对权力的限制和平衡，是通过平衡权力之间的关系使得权力之间相互牵制进而限制权力的扩张与乱用。这是一种内在的行为，一般而言发生在权力行使前和权力运行中。权力监督是对权力的监察和督促，是一种外在行为，一般而言发生在权力运行中或运行后。权力监督的主体既可以是权力结构内部的监督，也可以是纪检监察机关、检察机关的专门监督，还可以是来自于权力体系外部的民主党派、人民群众、新闻舆论监督等。权力制衡与监督首先要制约和监督“一把手”的权力，使之在约束中行使权力，在行使中又受到约束。同时，不仅要对权力的行使进行制约和监督，还要对权力的获得进行制约和监督。

---

① 2004年国务院颁布的《全面推进依法行政实施纲要》。

第四节　法治思维与法治方式

一、法治思维

法治思维是以法律规范为基准的思考方式，是一种运用法治理念、法治精神、法治原则和法治的其他要素来认识问题、分析问题、处理问题的理性思维方式。

关于法治思维的涵义，学术界有诸多解读。张渝田认为，就行政领域而言，法治思维是指行政管理主体在法治理念的基础上，运用法律精神、法律原则、法律逻辑和法律规范对各种社会问题进行分析、综合、判断、推理和形成结论、决定的思想认识活动与过程。[①] 刘静认为，法治思维，即法律思维方法，是在法治理念背景下，按照法律的逻辑（包括法律的规范、原则和精神）来观察、分析和解决社会问题的思维方式。杨小军认为，法治思维，就是将法治作为判断是非和处理事务标准的思维，主要包含了五个方面的思维内容，即合法性思维、权利义务思维、公平正义思维、责任后果思维和治官治权思维等。罗志坚、万高隆认为，法治思维是指按照法治的逻辑来观察、分析和解决社会问题的思维方式，它是将法律规定、法律知识、法治理念付诸实施的认识过程，直接关系到依法行政、依法办事的效果。蒋传光认为，法治思维是一种整体性的思维，是一种社会思维，是一种国家治理的理念、视角和思路。刘金祥认为，法治思维就是按照法

① 张渝田：《试论法治思维与法治方式》，载《天府新论》2013 年第 3 期。

治的观念和逻辑来观察、分析、解决问题的思维方式。它要求思维主体崇尚法治、尊重法律，自觉将法律付诸实践，善于运用法律手段来解决问题。法治思维倡导宪法至高无上的意识，强调顺应服从规则治理。①

张立伟认为，法治思维可以分为四个层次：一是认知判断层次，即运用法治的概念原理对社会生活中的种种问题进行认识并得出初步判断的层次。二是逻辑推理层次，即运用法治原则、规范对问题进行分析判断、综合推理，并得出结论乃至解决办法的层次。三是综合决策层次，即在前述法律性的认知判断、分析推理的基础上，还需要结合其他因素，进行综合性衡量，并作出符合法治要求的决策。四是建构制度层次，即在前面三个层次的思维基础上进一步深化、抽象，从而能够通过建构或改革法律制度对更宏观的问题提出长远的解决方案。②

以上解读，为我们把握法治思维提供了多元思考。

二、法治方式

法治方式就是运用法治思维处理和解决问题的行为方式。法治方式与法治思维是内在和外在的关系，法治方式是法治

① 刘金祥：《法治思维的当下意义》，载《人民法院报》2014 年 9 月 19 日。

② 张立伟：《什么是法治思维和法治方式》，载《学习时报》2014 年 3 月 31 日。法治思维的核心是合法与非法的预判，即把合法性作为处理问题的前提；围绕合法与非法对有争议的行为、主张、利益和关系进行思考、分析、判断和处理。关于法治思维，刘平在《法治与法治思维》（上海人民出版社 2013 年版）、韩春晖在《社会管理的法治思维》（法律出版社 2013 年版）、江必新在《领导干部的法治思维与法治方式》（中国法制出版社 2014 年版）等著作中亦多有论述。

思维实际作用于人的行为的外在表现。① 所谓法治方式其核心的概念是“法治”，是要将宪法和法律真正置于各项权力之上，宪法和法律在日常生活中必须有绝对的权威，任何违反宪法和法律的行为都应归于无效。宪法法律至上是法治方式的核心内容。②

关于法治方式的涵义，学术界也有诸多解读。陈金剑认为，法治方式有三种含义：一是根据法律处理具体问题，而不是具体问题具体分析；二是法治方式具有独立性、自主性，即在一般情况下，依据法治方式处理问题不受道德、宗教、政治等因素的影响；三是法治方式强调法律方法的运用。③ 张渝田认为，法治方式是一种制度运用。从法治方式的概念可以明确法治方式就是法律制度运用，即在治国理政中通过制定、执行法律、法规和规章，运用法律创设的制度、机制和程序处理各种社会问题的措施、方式和方法，确保有序依法解决问题。法治方式体现为运用制度解决矛盾纠纷，在法律规章制度的权限内，运用好各项规章制度，按照规定的权限、程序和内容推进事件解决，绝对不能违反法律妥协求稳。法治方式是一种程序适用。法治方式是遵循法律、法规规定的程序和步骤处理各种问题，不得超越或者违反程序规定，是程序合法适用的体现。法治方式程序适用的核心是程序正义，就是要实施和实现正当的法律程序。法治方式程序适用的前提是法律制度先行存在，通过程序的实施体现公平正义，体

① 张立伟：《什么是法治思维和法治方式》，载《学习时报》2014 年 3 月 31 日。

② 戴佳：《法治中国建设主题曲中三个闪亮的音符》，载《检察日报》2013 年 12 月 2 日。

③ 陈金剑：《对“法治思维和法治方式”的诠释》，载《国家检察官学院学报》2013 年第 2 期。

现法治权威，体现在维护公众的权益基础之上。法治方式是一种权力限制。法治方式的根本要求是，有法必依、执法必严、违法必究。法律赋予了我们推动发展、化解社会矛盾的权力，法律又有严格的权力限制和程序规定，法律将惩罚超越权限范围的行为。法治的精髓就在于限制权力、保护权利。对于权力而言，法无授权即禁止；对于权利而言，法无禁止即自由。在治国理政中，任何组织或者个人都不得有超越宪法和法律的特权，绝不允许以言代法、以权压法、徇私枉法。法治方式是一种原则遵循。法治方式是在法治理念以及法治精神的指引下，遵循法律原则，形成解决各种社会问题的措施、方式和方法。法治方式是行政管理主体治国理政方式的首选，相较于人治而言，法和制度的作用重于人的作用，原则的作用重于道德教化的作用，普遍性和原则性重于个别性和特殊性，稳定性和可预期性重于变动性和灵活性，程序正义重于实体正义。运用法治思维治国理政，必须注重主体合法、目的合法、权限合法、方式合法、程序合法、内容合法、结果合法七个要素。运用法治方式必须遵循权责一致原则、优先适用原则、行政救济原则、禁止过度原则、程序正当原则。①

简而言之，法治思维是思考阶段，法治方式是行为阶段；法治思维是前提和基础，有什么样的法治思维，就会运用什么样的法治方式，法治思维决定和支配着法治方式。当然，法治方式也可以反作用于法治思维。二者相互联系、相辅相成、相互促进，共同对法治实践产生作用。

---

① 张渝田：《试论法治思维与法治方式》，载《天府新论》2013 年第 3 期。

第五节　法治组织与法治文化载体

一、法治组织

法治组织主要是指依法设置的制定、执行、维护法律制度的专门法律机关和组织。一般而言，是指人民代表大会、人民法院、人民检察院、公安机关、司法行政机关、仲裁机构等组织。国务院系统和民主党派、社会组织等也是依法设置的机关和组织，虽然其不属于专门的法律机关和组织，也属法治组织范畴。

全国人民代表大会是最高国家权力机关，地方各级人民代表大会是地方国家权力机关，人民法院是国家的审判机关，人民检察院是国家的法律监督机关，公安部是国务院主管全国公安工作的职能机关，司法部是国务院主管全国司法行政工作的职能机关，仲裁委员会是独立解决平等主体的公民、法人和其他组织之间发生的合同纠纷和其他财产权益纠纷的机构。法治文化之所以要研究法律组织，是因为这些法律组织在长期实践中已经形成为组织成员普遍认可和遵循的、具有本组织特色的思维模式、价值观念、群体意识、精神风貌、风尚习惯、行为规范和管理方法，形成了一种较为独特的组织文化，成为法治文化的重要组成部分。

法治组织文化大致分为显性文化与隐性文化两个方面。其显性文化主要包括四个方面：一是法治组织名称、标志、徽、旗、歌、服饰等具有的文化内涵。二是法治组织外貌，如标志性建筑、雕塑及其风格，办公场所的设计和布置方式，自然环境等体现出来的文化内涵。三是法治组织的文化设施，如自办的报刊、广播、电视、网络、宣传栏（册）、广告牌、招贴画、纪念品等。四是法治组织的风俗与仪式，即该组织长期沿袭、约定俗成的仪式、习惯、典礼、纪念日、活动，该法治组织全体成员有意识地实践所体现出来特有的精神风貌。法治组织的隐性文化也主要包括四个方面：一是法治组织沿革与建制所包含的文化内涵。二是法治组织的性质与职能。它是该法治组织不同于其他组织的标志，是该组织全体成员共同价值观的集中表现，是该组织文化建设的出发点和归属。三是法治组织的制度与管理。制度层面规定了组织成员在共同的活动中应当遵守的行为准则，集中体现了法治组织对成员和组织行为的要求。管理层面主要是指该组织在运行过程中所采用的方式方法、措施手段。四是法治组织文化的特质与功能。法治组织文化是以法律人为主体、不同于其他职业群体的文化凝聚，是一种在特定职业环境中形成的文化。法治组织文化具有明显的专业性和权威性，具有凝聚功能、导向功能和价值取向。[①]

二、法治文化载体

广义的法治文化载体是指能够承载和蕴含法治文化的载体，例如法治理念、法律制度、法治组织、法治器物、法治行为、法治语言、法治文学艺术与法治文本等都承载和蕴含着法治文化。狭义的法治文化载体是指有声可听、有形可视、有物可触摸的载体。本书将集中讨论法治语言、法治文本、法治礼仪、法治器物、法治文学、法治艺术、法治影视、法

---

① 刘斌：《中国当代法治文化的研究范畴》，载《中国政法大学学报》2009 年第 6 期。

治新闻出版、法治新媒体等载体。

法治语言是指贯穿于法律的制定、研究和运用过程中的语言文字表意系统。通俗地讲，就是制定、操作和研究法律时所使用的语言，它包括法律术语、立法语言、司法讯问语言、法庭辩论语言和法律文书语言，等等。有的学者还从学科运用的角度将法治语言分为立法语言、学术法律语言、执法与司法语言三类。法律语言具有高度准确、简明、严谨、朴实、庄重等特点，并且具有严格的专业化要求。本书对法治语言的研究主要围绕立法法治语言、执法法治语言和司法法治语言三个方面展开。

法治文本是指法治实践中的文本，它包括立法中的法治文本、执法中的法治文本、司法中的法治文本和法治生活中的法治文本。法治文本是指涉及法律内容的各种书面语言，包括具有普遍约束力的规范性法治文本，如法律法规及规章等和法律文书；还包括具有法律效力或者法律意义非规范性文本，如司法机关、仲裁机构、公证机构等法治文件、当事人之间形成的合同文本。我们平常接触最多的法治文本，主要是立法、司法、公证、仲裁法治文本，其中以诉讼文书为代表的法律文书是最为常见的法治文本。法律文书依据不同的制作主体可以分为警察文书、检察文书、裁判文书和律师实务文书等。依据法律文书的表达方式的不同，可以分为文字叙述式文书、填空式文书、表格式文书和笔录式文书，依据文种的不同，可以分为报告类文书、通知类文书、判决类文书、裁定类文书、决定类文书等。法律文书的特点在于遵循格式，事项齐全；阐述精当，证据充分；材料真实，叙事清楚；法言法语，精确庄重。法律文书与其他类型文书的最大不同在于其具有法律效力，一般都具有强制性。

法治礼仪是法治的程式化表达，包括宪法宣誓，法官、检察官、警官等入职宣誓，法庭开庭仪式，等等。一般说来，法治礼仪具有庄重、神圣的特征，从仪式参加人员的着装、出场次序、位置处所，到仪式场所的布置与氛围，再到仪式的程序化操作与仪式所使用的语言及言说方式等，都体现着参与人对法治的情感和态度，承载着法治的原则与精神，蕴含着法治的理念和价值追求。法治礼仪是法治的外在表现形式之一，是法治文化的重要组成部分。

法治器物是指用来弘扬法治精神，实施和保障法律制度的建筑、器物、服饰等设施。法意建筑包括人民大会堂、法院办公楼、检察院办公楼、公安局办公楼、法庭、监狱、看守所、刑场、讯问室、监室、法治展览馆、法治广场等；法意器物包括徽章、法槌、警车、警具、枪支、强制器械、秤戥等；法意服饰包括法袍、检察服、警服、服刑人员服装等。法治器物是一种有形的法治文化符号，具有直观性、可视性、严肃性、专属性、时代性、象征性、民族性等文化特征。

法治文学、法治艺术、法治影视是运用文学的手段、艺术的表现方法反映法治生活、弘扬法治精神的重要载体。其作品从题材上划分，可以分为侦破题材作品，审判题材作品，廉政题材作品，狱政题材作品，挖掘人性、维护人权的作品，反映情理法冲突的作品，弘扬民主法治精神、彰显公平正义的作品，等等。从体裁上划分，法治文学作品可以分为小说、诗歌、散文、报告文学、纪实文学等；法治艺术作品可以分为书法、绘画、雕塑等；法治影视作品可以分为戏（话）剧、相声、小品、电影、电视剧等。法治文学、法治艺术、法治影视作品是社会生活的反映。它的题材来源于社会生活，它的内容反映社会生活，但它又不等同于纯自然的社会生活，它融进了作家和创作者对社会生活的体验、理解、情感和态度，所以它是社会生活的高度概括和艺术表现；它源于生活，高于生活，引导生活。其特点是通过塑造的典型形象弘扬法治精神，彰显公平正义；鞭恶扬善，用文学和艺术的手法增强受众的法治意识；雅俗共赏，在潜移默化中对受众进行法治教育。

法治新闻出版是普及法律知识、传递法治理念、弘扬法治精神的主渠道和主阵地。法治新闻出版既包括法治类传统的报纸、杂志、电台频道、电视栏目和书籍，也包括综合类和专业类报刊、电台、电视的法治版面、法治频道和节目。绝大多数公民获取法律知识、增强法治意识是通过法治新闻出版这一渠道。法治新闻出版是法治文化的重要载体，对于培育公民的法治信仰、提高公民的法治素质、全面推进依法治国具有极为重要的作用。

法治新媒体是近些年出现的传播法治文化的崭新载体。随着互联网的普及和新兴媒体的出现，使得新闻舆论传播的形式和手段发生了很大的变化，网络媒体的地位越来越强，自媒体等人际传播的地位逐渐增强，媒体融合的趋势越来越明显，单向式传播格局正在向多元互动的情形转变；而且传播的速度越来越快，传播的范围越来越大，跨区域及全球化传播越来越普遍，即时性成为新闻传播的显著特征。这些新媒体对于更为便捷地普及法律知识、传递法治理念、弘扬法治精神具有重要的意义。

上述法治文化载体，在本书第十五至第二十三章有专题论述，这里只作概略性介绍，不再一一赘述。

第二章
中华法治文化的源流

中华民族持续数千年走在文明世界的前列，发展成为世界最庞大的民族群体，离开具有强大的向心力、统合力、凝聚力的中华法治文化，是不可想象的。今天，摆在我们面前的任务，就是要以简明的语言来叙述中华法治文化的全部历程，勾勒其历史镜像，阐发其精神质素，揭示其文化特色与功能。

数千年来，历代各族志士仁人为建立礼法秩序的努力一直在推进着，从仪轨的生成到秩序的演进、从法理的探求到刑律的制定、从司法的开展到护法的斗争、从刑案的侦审判决到成案的归档编纂，从未中断过。这就汇成了中华法治文化的滔滔长流，内化为中华民族的精神存在，不论境外的何种异质军政文化势力如何进入与干扰，都未能使它中断，也无法置换它，更无法铲除它，反而总是被吸纳、被整合、被提升。数千年来，不论地球上有多少国家、多少民族、多少文化被铲除了、沦亡了、消失了，中华民族仍在，中华文明仍在，中华法统仍在。可以说，如若没有中华礼法合治文化的滋养，5000年祖国的一切都会解体而失色，当今世界就不可能有我们的立足之地。

可是，随着西方法学的东传，面对数千年未有之大变局，中华法系、中华法典被置于被怀疑、被审视、被矮化、被批判的位置上。从法学样态上看，它似乎被颠覆了。但是，从法律理论体系、法律制度体系、法律组织体系、法律价值体系、法律技术体系、法律功能体系等各层面去仔细透析，你就会发现：已经融入中国人血脉之中的中华法治文化，不是任何异质力量可以全面置换、能够连根拔除的，它有着顽强的生命力、自卫力、再造力。大中华正是通过自己的百年浴血奋斗，依靠自己的文明积淀，顶住了西方资本在原始积累阶段对殖民地实施的无比血腥的人种消灭、文化铲除或文明置换；阻遏了自由资本对全球的自由瓜分、自由掠夺、自由地“弱肉强食”；破解了垄断资本对全球的资源垄断、市场垄断直至法规垄断、话语垄断，独立自主地开辟出民族复兴的治国理政模式、综合为治路径。此等成就，谁能堪比？

这样的中华法治文化，作为中国当代法治文化的“主源”，有它自己的独特内涵与发展进程，有它自己的治国效应和历史功能；而西方的法治文化，作为近现代中华法治的“别源”，在传入中国之后，促使中华法治从法理基础到法典编纂技术实现了全面更新。我们对于中华法治文化史的考察，必须着眼于本土“主源”，从中国的历史实际出发，总结自身的发展规律，找准自身的历史经验与教训；同时考察“别源”的来龙去脉及其所发挥的功用与局限，在世界视野下评析中华法治文化的发展路径及其特殊价值。

第一节　中华法治文化：对神治的超越

中国古代的法治文化——中华法治文化，其涵盖面极其宽广：从历代的国体、政体与所有制的确立到各级行政、立法、司法及监察机构的设置，从中华法理、法典、法系体例的阶段性发展到各式公牍文章的制作、存档，从历代刑狱侦缉的笔记杂录到反映历代法治生态的文学作品，所涉文化领域极为宽广，难以尽叙。这里只能点击其中的荦荦大端，略加述评。

一、中华法治文化的特质与历史功能

伟大的中华法治文化是中国人立于世界民族之林的正资产，是政教分离体制的必然要求，它在中国和世界文明史上的历史地位不容撼动。

（一）中华法治文化的特质

1. 它以“天人合一”为哲学基础，以“人为万物之灵”、“天地之大德曰生”为法理灵魂，确认“人命为贵”、“民为邦本”的最高法治原则，从而确保法为良法、政为德政。舍此即不足以言“中华法治”，就不会有世界最庞大的、持续发展的中华民族群体的数千年存在。西方则以“黑白二元对立论”为哲学基础，以“对抗”、“对立”为法理原则，用以指导其行政与立法司法执法活动。

2. 它从周秦时代起，就超越了古代通行的神治神断、同态复仇、血亲复仇、司法决斗、有惩无赏的法则，在意识形

态、法理和治国实践上实现了礼法合治、德礼为先原则，确立了政教分离、中央集权、地方分管、基层自治的国家体制、机制，为数千年的持续发展提供了良性法律制度保证。

3. 中华历代法典采行“诸法合体”、“律例并行”的编纂体例。诸法合体是把宪法、刑法、民法、诉讼法等组合在一起，给人以界划不清之感，但其内容上却分明是分章分条分款的，事实上是“诸法合体而分肢”。它保证了法律的全息性、功能的综合性与内在的自恰性，适应了历代行政和司法合一的国家体制、机制的需要，有利于调动庞大社会机体的各项法治资源来共同建定秩序；律例并行则兼有律法与案例法的优势，适应了全国各地经济文化风俗民情发展不平衡的客观形势。这一切，正是中国社会数千年稳定存在的法治密码，是中国分而又合、衰而复兴、仆而再起的内在基因，是中华文明长期走在世界前列的核心因素。

4. 中华法系以刑法为主干，它所关注的核心是人命、人权、人生问题，其司执法原则是：法不阿贵，慎狱恤刑；疑罪从无，教而后诛；证据第一，误判追责。这就促成了中国古代预审学、刑侦学、证据学、法医学、狱政学、司法文书学等各个法学领域的超前早熟，获得了独步世界的丰硕成果。同时，它并不忽视民法，如户婚法、土地法、市易法、外贸法等，哪样也不少，甚至还有典权法与环保法等内容。罗马法则以民法为中心，把对自然资源和社会财富的占有、转移、分配、再分配视为中心任务。欧洲中世纪则通行神权擅断主义，更无人权及误判追责之可言。

5. 国家治理、社会管理、国民教化一体推进，以教育惩戒、化解冤仇、安定和谐为根本目的，而不以“复仇”、“对抗”为出发点；以道治心，以理服人，以刑惩非。因此，尽管王朝更替频繁，却能做到法统一贯、法纪一贯、法意一贯。

中国老百姓始终崇奉王法、信仰王法。人们说，中国老百姓最纯良、最好管理，守法意识最强，其实是与这一整套法治准则的深入人心分不开的。这绝不是任何高压暴力所能持续奏效的。有的人自身对中华法治盲无所知，却指责中国老百姓为法盲，实在令人遗憾。

（二）中华法治文化的历史功能

中华法治文化在历史上发挥了政治推进器、文化辐射源、社会文明的提升机、异质文明的兼容器等巨大功能。

1. 政治统合功能。中华法治文化是中华本土的原生文化，与中华机体有血肉联系，故有强大的政治统合力、生命力。在中华大地上，一切分裂割据势力，都被全民自动地排斥在政治合法性之外。无论哪个王朝，也无论何族、何种军政集团，在中国这片土地上，都没有也不能超越中华法治所制导的“法统”而实现自己的合法统治；也从无鼓吹分裂、鼓吹割据的文章或立法得到过全体国民的认可，故大一统成为中华历史发展的主脉。我们今天，更应该强调这一统合功能，增进我们的民族团结、民族自尊和法理自信。欧洲人信奉所谓“单一民族国家”学说，故欧洲自身分裂了又分裂，并以这种学说来肢解世界其他多民族国家。对此，我们不应也不能随声附和。

2. 辐射融会功能。历史上，中原周边的少数民族，即使未进入中原主政，也总是不同程度地接受中原礼法文化的辐射与熏陶，采用中原礼法制度；而一旦进入中原主政，便从改革其原生态的民族法、习惯法入手，推动整个中华法治的革新。在这方面，苻秦、元魏、契丹与蒙元、清等，都起了实实在在的向心推手作用。[①] 中原的礼法文化，从来没有被削弱过，也从未被外来异质文化（比如佛教文化）取代过、置换过。历史已经证明：没有周边各民族的向心融会，就不会有“多元统一”的大中华。中华法治文化的底线与精髓，一直是欢迎融入、反对分离的。

3. 提升社会总体文明度，塑造守法国民，鼓舞社会向上向前的功能。在中国的治国历史上，有过 260 次法典修纂，每次修纂都是社会文明得到提升的一个证明（详见群众出版社出版的《中华法治史话》）。我们也曾反复遭遇过全局性的天灾人祸，长时期陷入分裂动荡中，出现过形形色色的反社会、反人类的“牛鬼蛇神”，也出现过道德滑坡、人心涣散的危险倾向，但这一切都没有改变中华文明前进的步履。以中国人口的大起大伏为例，[②] 可以看出中华民族经历的苦难之深重和战胜苦难的伟力之所在。在数千年的绝大部分时间内，我们总是走在文明世界的最前列。[③] 我们固然不必为此自傲，但也绝不应该怀有任何一点文化自卑心态。

---

① 中原从未发生过西罗马那样的惨祸。虽说古罗马文明也曾经在地中海周边显耀过，但它对欧洲腹地竟然毫无辐射力，甚至没有起码的自卫力可言。当年，一群从未接触过罗马文化熏陶的“北蛮”，只用一场盲目的南下扫荡，就使西罗马“倒退到旧石器时代去了”，且沉溺于黑暗之中达千年以上，西罗马人竟然毫无抵挡。

② 中国人口，秦代约 3000 万人，汉初仅剩 800 万人；西汉平帝时已达 5959 万人，西晋时只剩 1616 万人；唐代安史一乱，全国登录人口即从 4800 万以上急降至 1600 万以下，七年内耗减了 3000 多万人；宋金时代人口总量已经过亿，而康熙时全国登录的丁口也不过 1600 万人。如此骇人的创深痛剧，我们都挺过来了，这是世界任何其他民族所无法承受的。

③ 据统计，从公元前 15 世纪到公元 20 世纪，这过去的 35 个世纪中，中国有 24 个世纪为世界强国，其中八个世纪为世界头号强国，五个世纪为世界第二号强国，九个世纪为世界第三号强国。可见中国在世界历史上地位之重要。

4. 开放兼容和与异质文化相对接的功能。中华文化是个开放体系，它对境内外的各色异质文化一向取兼收并蓄、寻求对接、尊重其独立存在的态度。六朝时对南亚文化（佛学）、唐代对西域文化（波斯哲学）、元代对回回文化（阿拉伯数学、天文、医药、化学）、明清之际对基督文化（西方“天学”），都取这个态度，且成效卓著。它与印度河、两河、尼罗河流域的古文化一起，照亮了全人类。中国龙一直和南亚的凤（孔雀的灵性化）、中亚的雄狮（波斯狮子）、西亚北非的麒麟（长颈鹿的神异化）一起，共同祝祷人类的和平与吉祥。它们之间从来不信弱肉强食的“盗理”，从来不借“适者生存”的逻辑去剥夺他人之生存，也从来不鼓吹什么“文化冲突”、种族灭绝，而展示着天下一家、四海兄弟的博大情怀。当人类步入新世纪、缔造新的国际秩序的时候，更应该对此谨记期冀。

近世以来，在政论界、法理界、法史界有人一提到中国法律史，首先想到的就是所谓“阶级局限”、“历史局限”、“人性阴暗面”，置人于“永世不得翻身”之境，严重斫伤了中华民族的法律自信与法学自尊。对此，我们只有不断加强对中华法治史的深入研究，以史实说话，还历史本来面目，才能挺起腰杆，增强对中华法治文化的自信心和荣誉感。

二、中华法治文化的发展轨迹

中华法治文化不是一朝一夕得来的，它有一个漫长的发展历程，是一系列阶段性成果的累积与提升。

（一）先秦：奏响中华法治文化的第一华章

早在远古时代，华夏先民就不假借任何异己的怪力乱神，而凭着自身的踏实奋斗，创制文字、建筑城邑、耕耘播种，早早地进入了农耕文明时代，在“炎黄共祖”旗帜下，实现了心理认同、文化认同。此后的尧、舜、禹、汤时期，从禅让制的推行到夏商王权制的确立，华夏社会步入了“有法有制”的文明时代。西周初年（公元前 11 世纪），政治家周公推进礼法整合，确立了以“礼仪—禁令—刑律”为主干的礼法合治文化体系，首创了“德政”的实践形态：把国家治理、社会管理、国民教化全都纳入礼法轨道，培育出了普天大同的治世理想。这是中华法治的文化基因。

春秋战国（公元前 8—3 世纪）出了儒、墨、道、法等诸子百家，他们对人命至上、民为邦本论作了深刻的理性思考，厘清了立国、定制、明法、育民的治国取向；他们从不同角度完成了一统天下的法理论证，拿出了大一统政权的顶层设计，草创了以“五刑”为中心的刑名体系，直至制作出最初的国家法典。此时的历史名著《左传》等，特别注重为各国的制度探索者、法治实践家树碑立传，精心记录了诸侯群邦的分治、磨合、兼并、统一的艰难历程，华夏大地邦国林立的状态被逐步消除。这就奏响了中华法治文化的第一华章。

（二）秦汉：确立中华法治文化的民族形态

公元前 3 世纪，秦人完成了中华全境的政治统一、法令统一，颁布了中华第一份帝国法典《秦律》。秦代的急政苛政给历史留下了沉重的记忆，但我们也要看到那些可贵的创获，特别是在下述四个方面：

1. 秦代郡县制的确立，是中华机体长期稳定的因素之一。其覆盖全国各地的法治网络，为后世的法治体制搭建了基本框架。

2. 秦人的《封诊式》证明：当时的刑侦破案工作，无论是侦破的策略方法、刑事技术，还是法律程序，都包含着科学成分，尤其是现场勘验、法医检验，非常先进。

3. 法制先行，以法律武器去推进法纪教育与道德教育，实现对社会生活形态的深刻改造，是一项十分重要的法治经验。这在《秦刻石》《为吏之道》中有精当的表达。

4. 秦人的法治文章，有名著《商君书》与《吕氏春秋》，有李斯的《谏逐客书》等，回应了秦的建国立制的重大课题。

汉代奏响了大一统国度的法治最强音。公元前 206 年，陈胜、吴广领导的第一次农民大起义，冲击了秦二世的急政暴政。乘风而起的项羽造反军，浸沉于春秋战国 500 年来“强者为王”的惯性思维，把恢复诸侯纷争的旧秩序作为政治目标，自称“霸王”。在他的主控下，六国旧有势力纷纷复活，形象地演绎了战国争雄的回光返照。刘邦的新王朝冲破春秋以来“强者为王”的惯性思维，结束了“天下共苦战斗不休”的局面，满足了人民对社会安宁、法治进步的期待，从而取得了统治的合法性。汉人在强化行政、司法系统的同时，构建并完善了古代世界仅有的监察系统，这是确保各级政府的效能与清廉的重要保障。[①] 汉代以儒术为尊，综合各

---

① 汉武帝全面推行郡县制，并置十三州刺史，监察全境，“以六条问事，非条所问即不省（不检查、不受理）”。这六条是：“一条，强宗豪右、田宅逾制，以强凌弱，以众暴寡；二条，二千石（地方大员）不奉诏书、遵承典制，背公向私，旁缘牟利，侵渔百姓，聚敛为奸；三条，二千石不恤疑狱，风厉杀人，怒则任刑，善则任赏，烦扰刻暴，剥截黎元，为百姓所疾，山崩石裂，妖祥讹言；四条，二千石选辟不平，苟阿所爱，蔽贤宠顽；五条，二千石子弟恃怙荣势，请托所监；六条，二千石违公下比，阿附豪强，通行货赂，割损正令”（据《通典》《通志》《西汉汇典》等书）。这是大一统政权积极施政的体制性保障。

家，引经决狱，构建了中华法学的话语体系。[①] 因为经文提供的是法理基础、法理原则，自然高于可随时修订的王朝法律以及具体的诏、令、制、敕等，世界各国都曾如此。[②]

魏晋南北朝在法理论述、法典编纂技术上又不断获得阶段性进步，而又各自有所因革，为民族融合提供了行政范式，具有特殊的历史意义。

秦汉时期形成的中华文明，对异质文明包容吸纳的规模与深度，改造提升人类精神产品成效的卓著，都是人类文明史上所仅见的。

（三）唐宋：中华法治文化的高度发达

大唐文明不是天上掉下来的。唐政府允许儒、道、佛三教并存，这是一种通脱而不拘执的做法。在汉族与少数民族关系上，唐王朝“颇有胡气”，不搞排他性的民族政策，有一种兼容并包的气魄；在用人问题上，搞“学而优则仕”，谁科举合格就用谁，不讲门第，不论出身，也是一种有魄力的表现。此时，中华法典以空前完备的形态与效能呈现于世界，连其法典编纂技术也是缜密而先进的。比如，因为法律永远不能包罗社会万象，不能穷尽动态的犯罪伎俩，总会留

---

① 董仲舒及其后继者们把儒家经典特别是《春秋公羊传》奉为最高法典，以《春秋》之义作为指导行政尤其是司法实践的最高准则，名曰“《春秋》决狱”，又称为“引经决狱”，后世泛化为“经义决狱”。它有两种情况：一是引用经文中关于决狱的理论、观点、原则、程序去判决当前的狱案；如若律条与经义有抵触，则依经义断之。二是赋予经传所记的具体史事以法律效率，作为“成案”来进行类比、类推，去判决当前的狱案。不过，当经义完全融入法典之后，比如当“八议”、“十恶”、“子为父隐”之类的经义直接转化为法律条文之后，经义决狱也就从狱审程序上淡出了。

② 全球任一古老民族都有“引经”来“决狱”的情况，只是所引之“经”各有不同而已。它是法制完善化过程中、法律体系尚未取得完全独立地位时难以避开的一段历史进程。

下法律空白，玩法者就会利用这种空白去危害社会、侵害他人。对此，《唐律》提出了“举轻明重、举重明轻”的司法原则。其意为：法律对较轻的伤害已有惩处法规，则较重的事实伤害自然应受到法治惩处；如果国法对较重的伤害并无惩处法规，则相应较轻的事实伤害自然可以免受惩处。这才是“类推法”、“案例法”的科学应用，而不是笼统地说什么“法无明文不为罪”，给人留下钻法律空子的空间。

唐代实现了律令格式的成套配置，健全了大一统国家的制度、法律、仪轨体系，使“诸法合体”的中华法系呈现出前所未有的圆满状态。律令格式的修订颁布执行过程，其实就是政府行为、社会行为的规范化、文明化过程。这一切，使社会紧张得以纾解，保障了社会的有序发展。在这种政治秩序下，知识分子用较为平衡的心态来看待国家的政刑管理与礼法教育，用较为阳光的心态来观察社会、思考人生、反映生活。宏观地说，唐代呈现出一种健康向上的社会景观。①

宋代城市化的水平高，汴京、洛阳、扬州、苏州、杭州、荆州、成都、泉州、广州，人口达几十万甚至上百万。适应城市生活体制的变迁，国家废除了周秦汉唐的城市坊巷封闭管理制，采用了城市开放式动态管理模式：实施分厢管理、户牌登录与巡检制，经济界流通着各式纸币，如交子、会子、关子与金属钱钞，狱审中确立了证据征实制、案牍复核制、误判追责制。宋人在刑事案件的审理中，特别注重出现场，特别注重对伤体、活体、死体、无名尸体和女体的法医检验，

① 把这一切成果放到7、8、9世纪的世界环境中去认识，则更有意义。当时的西欧，正处在中世纪黑暗中最荒寒的岁月里，诸蛮族土邦连《罗马法》是何物也不知，根本谈不上什么有序治理；而统治着欧亚联结部的东罗马（拜占庭），正处于内外交困之中，同样提不出有价值的治理方略。可见，唐的法治文明是彪炳世界的。

以合法提取第一手证据，确保审理质量，这就推动了“法医学”走向成熟，它是证据意识强化的一项积极成果。南宋宋慈《洗冤集录》的问世，便是这项成果的杰出代表，它是那些奉行“神断”的国度所不可能达到的科学水平。宋代还形成了一套直接为刑狱服务的司法文告、职务条例、办案指南、尸检格目、狱政守则之类的文字，也是法治文章的重要组成部分，其实用操作性、指导性很强，历来受到司法、执法界的关注。相伴而生的宋代判词制作、案例汇编、公案笔记、侠义话本等也呈井喷之势。

辽金元的法治文化扩充并延续了宋代法治文化的发展进程，并出现了公案戏剧，丰富了中华法治文化。

元政权还以其异质文化倒逼中华法律制度的多层面新变。不难设想，倘若没有唐宋帝国在经济文化与法治建设上的辉煌伟业，辽金元民族政权就决不会自动地遵用中华礼法而融入它并发展它。这与罗马帝国的沦亡成为鲜明的对照。

（四）明清：中国本土传统法治文化的集大成

明代（1368—1644）中后期，是一个孕育新变和畸变的时期。我国东部沿海地区经济迅速发展，出现了新的社会生产力，形成了新的社会生态。在万历年间，国内财政充裕，武备振兴，对外开放“海禁”，与葡萄牙、西班牙达成贸易，构建了跨太平洋、印度洋、大西洋的海上丝绸之路。中国年年出超，入华白银占全球白银产量的1/3 至 1/2；《白银资本》的作者美国人 Frank 认为“整个世界经济秩序当时名副其实地是以中国为中心的”。

其时，城镇居民的生态也在发生着深刻的变化。除工场产业外，城镇社会的消费型行业也日见兴隆，酒楼、茶社、戏馆、饭庄、旅店、浴堂、当铺、柜坊、镖局、赌场、妓院、杂耍等应有尽有，不应有的也都滋生出来了，它不能不深刻地改变着城市生态与市民心态。这样的社会生态、社会秩序，自然会提出全新的法治课题：如何判断新思潮下的各种理论、思想、观点、行为方式的是与非？什么才算是“社会公平”、“社会正义”而应予以维护？如何划清新的生产方式下“合法权益”的边界？怎样的劳动组合方式才是应予保护的对象？如何才是正当的保护？如何判决新出现的种种“和平斗争方式”的罪与非罪？此罪彼罪？怎样处置新出现的阶层利益的冲突才算正当？这一切，都是传统法治、传统政治思想理论、传统管理模式所无可包容、无法应对、无力处治的问题，必然导致新的社会紧张。

清帝国的前中期（17—19 世纪），全力推进中华固有的礼法文化，强化了国家法理、法典、法制、仪轨的保守而落后的一面；司法界唯伦理是问，案同罪不同，命同价不同。这一切，阻滞了国家治理、社会管理、国民教化上应有的时代变革。

另一方面，明清文坛对法治文章却又表现出特别的爱好。政府在精心积存公案文牍，留下了海量的办案记录（当然，未必全是“实录”）；社会形势的严峻，则倒逼出“公案小说”与“公案戏剧”的创作形成经久不衰的热潮，向社会传递着狱审知识与法理意识。清人编有《各省刑部案》《刑部各司判例》《刑事判例》《驳案成编》《刑事命案开参》等书，总体上号称完备。乾嘉道时期的《刑案汇览》，是 18、19 世纪西方文化介入国人生活之前（鸦片战争以前），清代社会生态与社会法治的本色写照。

中华法治文化是当代法治文化的本土“正源”，对其主导面应予以足够的重视与评价，同时不忽视对其阴暗面的存在条件的认真剖析。

第二节　中国近代法治文化：引进西方法理法系

清末民初，在西方殖民者的炮舰与鸦片的压力下，我国社会自身正常发展的历史进程被阻断了，中华礼法合治的文化体制遭遇了空前的挑战。西人以法兰西天主教会所指责的“中国人事件”为发端，[①] 开始向中华礼法泼污水。他们从否定传统礼仪下手，以反祭孔、反敬祖、反偶像崇拜为突破口，图谋截断中华礼法文化的脉络，而代之以“天主文化”。西人把他们自己对“中世纪”的凄惨记忆无端地嫁接到中国传统的礼治德政身上，否定中国数千年本土法治文明，谥之为“人治”，企图以“全盘西化”置换之。不过，中国固有的文化遗产是个庞大的文化体系，不是轻易可以取代的；中华法律理论体系、法律制度体系、法律组织体系、法律价值体系、

① 1693 年至 1715 年（清康熙三十二至五十四年）之间，发生了法国天主教徒所谓的“中国人事件”。当时，罗马教廷派往中国教区的一些传教士们，强烈反对利玛窦借科技传教义的灵活做法，以“护教”的名义向教廷汇报。罗马教廷便一再饬令中国天主教徒不许祭孔、不许敬祖、不许崇拜偶像，不许敬奉“天”与“上帝”，只许崇拜“天主”，否则就视为“异教徒”开除教籍。中国信徒当然不服从，罗马教廷便强制推行，这就激化了矛盾，诱发了中国人的“反洋教”风潮。1693 年在福建教区引发了一场殴打代主教的事件。罗马教廷派特使来华与康熙帝交涉，竟要求清政府下令信徒严守教皇“禁约”，禁止祭孔敬祖等。康熙很耐心地作了十三次交涉，教皇却顽固地坚持其蛮横要求，于是理所当然地遭到拒绝。但即使到最后，康熙的回答仍然是很客观、很委婉的，并不想伤害对方。康熙说：中国人祭祖，是为了怀念先人，表示不忘本，这与天主信仰无碍。可是教会势力却顽固坚持其“教规”、“禁约”，以“绝罚”相威胁，终于导致康熙于 1717 年下令禁止天主教在华传教，但并没有对天主教徒作人身迫害。

法律技术体系、法律功能体系的灵魂还在，影响深远。我国在大幅吸纳西方法学成果、大幅更新中华法典、法系的同时，治国路径显然区别于西方而自具特色。

必须指出：清政府的倒台，标志着中华传统法治模式的终结，但并未真的出现革命者所企求的“资产阶级民主新秩序”，倒是代之以新老军阀的混战与割据，那是欧美列强在华争利的代理。然而，无论怎么“瓜分”或“割据”，谁也无力复制欧洲的群邦分立之局，谁也无法复制列强在拉美、非、澳、南亚的“殖民分治”，因而台上的角色可以变，旗号可以变，国家法律条文也可以变，中华法统却依然延续着，中华社会基层的生活秩序并没有实质性的变轨，故习惯上称之为“半殖民地社会”——半则半矣，毕竟没有“全盘西化”。而仅就“国家法律条文可以变”的这一点而言，其典型表现便是《大清新刑律》的“空置”与民国《六法全书》的编纂。

一、清末：《大清新刑律》的修订与礼法之争

《大清新刑律》是中国历史上第一部近代刑法典。在沈家本的主持下，于1906年开始起草，1911年1月正式公布。从法典编纂技术上看，《大清新刑律》抛弃了旧律“诸法合体”的传统编纂形式，剔除了旧刑律中的其他内容，只载其罪名和刑罚，并确立了新刑种：以死刑（绞刑）、无期徒刑、有期徒刑、拘役、罚金为主刑，以剥夺公权和没收财产为从刑，这就结束了隋唐以来行之既久的笞杖徒流死“五刑”；它删除了旧律中的“八议”、“十恶”等规定，而代之以《侵犯皇室罪》《内乱罪》等名目；它搬用近代西方刑法的原则和通用术语，如罪刑法定、法律面前人人平等以及缓刑、假释、正当防卫之类，同时还添设了一些新罪名，如“妨害交

通罪”、“妨害卫生罪”及“妨害国交罪”之类。它体现出当局主持的“变法”不过是一种“西化”，而“妨害国交罪”的新罪名入律，则凸显了维护列强在华利益的需要。

《大清新刑律》的修订引发了一场“礼法之争”，这是中华传统礼法合治文化与西方近代法治文化相碰撞时在清廷内发生的一场争吵。争议双方的领军人物沈家本、张之洞等人，都是晚清政坛的名人，都主张变法图强，只是有“激进”与“稳健”之别而已。激进的沈家本力主引入西方法学话语，搞刑民分置，而实际上他所真正投入的、优先修订的，依然是“刑法”，并未改以“民商法”统领一切；但他的“新体例”、“新制度”却又匮乏中国民众的法律实践支撑，故徒有条文，没有执行力。其后的北洋政府、南京国民政府虽说承袭了它的话语表达，而其“法意”却难以在中国社会生活中扎根。所以说，清末“新刑律”是“空置”的。

而张之洞作为洋务领袖，其平生作为决不保守。他以洋务的切实推进，脚踏实地地改变着中国人的生存状态，为“变法”清扫基地。他主张“中体西用”，更多地考虑了本土法治资源的动员路径，更看重“礼”在维护固有统治秩序中的“软实力”作用，体现出中国人不崇外的独立思考。在维护清廷这一点上，他与激进派并无根本性的对立。礼法之争，说到底并不是中华法理、法系、法典的变与不变之争，而是先变什么、怎么去变的路径之争。

二、《六法全书》：中西法典各取其长的产物

《大清新刑律》之后，中国法学界全面接受了西方法理与法典体例，国民政府辑录的《六法全书》便是这一法治取向的标志性举措。当然，它仍然烙着中华法治的深深

烙印。

《六法全书》的序列是宪法、民法、商法（后以《行政法》代之）、刑法、民事诉讼法和刑事诉讼法等，这是从西方大陆法系的法律体系仿效而来的：它体现了“宪政”思想，把“宪法”冠于诸法之首；它使民商法优先于刑法，注重审理程序。它也沿袭了中华传统法典的一些编纂技术，如比附、类推、律例并行等。

在宪法中，在国家顶层设计上，依孙中山的主张，国家体制由行政院、立法院、司法院、考试院、监察院组成。显然，他在吸纳西方“三权分立”思想的同时，承继了中国传统的文官制度与监察制度。他认为分科考选是最公允的人才养成与选用制度，而独立的监察系统可保证政府的清廉与效率，可避开西方那种“议会专制、政府无能、滥选私用”的流弊。后人把这部宪法称之为“五权宪法”。他是在融通中西，各取所长。这个态度是平允的，属于“中国人的思考”，尽管他所设想的“宪政”并未在中国大陆见诸实施。

其后，国民党南京政府表面上秉持《六法全书》，宣称准备实施“宪政”，但随着形势的发展，却越来越背离了它的基本精神，而强化了镇压工农革命的内容与手段。于是随着中国人民革命的胜利，包括“五权宪法”在内的《六法全书》在大陆被完全废弃了。其所废弃的不仅是全部律法条文与“训令”，连同其立法思想、司法体制、执法原则与办案风格也一并废弃了。①

---

① 1949年2月中共中央发布的《关于废除“六法全书”与确定解放区司法原则的指示》。

三、“瑞金宪纲”：工农红色根据地的根本大法

20世纪二、三十年代，在中华大地上，中国共产党领导工农武装创建了革命根据地的红色政权，颁布了自己的“革命宪章”——《中华苏维埃共和国宪法大纲》（俗称“瑞金宪纲”）。这是近代史上中国法治文化的一曲惊天变奏，与传统法律制度宣告决裂。

该宪纲是中国第二次国内革命战争时期工农民主政权的根本大法，共17条。它确定政权的性质是工农民主专政，“这个专政的目的，是在消灭一切封建残余，赶走帝国主义列强在华的势力，统一中国，有系统地限制资本主义的发展，进行苏维埃的经济建设，提高无产阶级的团结力与觉悟程度，团结广大贫农群众在他的周围，同中农巩固的联合，以转变到无产阶级专政。”“无产阶级专政”理念进入中国革命宪纲，这是破天荒的。

该宪纲明文规定：“为使工农兵劳苦民众真正掌握着自己的政权，苏维埃选举法特规定：凡上述苏维埃公民在十六岁以上皆享有苏维埃选举权和被选举权，直接选派代表参加各级工农兵会议（苏维埃）的大会，讨论和决定一切国家的地方的政治事务。”这里，“工农掌权”与“代表直选”是它的精髓所在。“中华苏维埃政权以彻底地将中国从帝国主义榨压之下解放出来为目的，宣布中国民族的完全自主与独立，不承认帝国主义在华的政治上、经济上的一切特权。”这就在对外关系上划清了与一切旧政权的根本界限。就此可知根据地及后来的解放区的法纪秩序的发端，以及共和国新型法治文化又是从哪里起步的。

该宪纲是我党在全国解放前施政演练的第一份总章程，其突出之处是：1. 它开创了我党领导工农大众，以革命学说

为立法指导思想的理论基础，从而划清了与一切旧法的根本界限。2. 它以工农利益为底线，以工农掌权为标的，这是“人民宪法”的本质特征。3. 它培育了“为人民服务”的新型政风和司法执法风格，为“人民公安”、“人民法院”的组建打下了深厚的群众根基。4. 它为根据地、解放区确立革命新秩序发挥了开拓作用和规范作用，获得革命民众的真心信仰和实心践行。

总之，传统法治的根柢、西方法理的引进、革命逻辑的贯注，三者的交织，决定了近代中华的法纪面貌，使之在脱胎换骨的社会转型关头，毅然特立于“西方体制”与“资本秩序”之外，保持着自己的立国本色。这在世界范围内是独树一帜的。

第三节　共和国法治文化：从《共同纲领》到“八二宪法”

共和国的法治文化从国体、政体与所有制的确立到各级行政、立法、执法、司法及监察机构的组建，从新型法理、法制、法典体例的择定到人民司执法队伍的组建及其司执法风格的培养，从逐步推展现代法治到“建设法治国家、法治政府、法治社会”的目标的全面确定，从“二为”、“双百”方针的制定到新时期对法治文学艺术的精心培植与走向繁荣，都有一个艰难而复杂的长期探索、推进、积累、跃迁的过程。

一、新中国的《共同纲领》

1949 年 9 月 21 日，中国人民政治协商会议第一届全体会议在北京开幕，会议通过了《中国人民政治协商会议共同纲领》。纲领的主要内容是：规定新中国的国体是人民民主专政，政体是人民代表大会制度，确认“国家保障人民广泛的民主权利，人民有思想、言论、出版、结社、通讯、人身、居住、迁徙、宗教信仰及示威游行的自由权。”“各民族一律平等；各少数民族聚居的地区，应实行民族区域自治”。它明确规定新中国经济建设的根本方针是“国营经济、合作社经济、农民和手工业者的个体经济、私人资本主义经济、国家资本主义经济成分并存，在国营经济的领导下，分工合作，各得其所，以促进整个社会经济的发展”。它要求“废除国民党反动政府一切压迫人民的法律、法令和司法制度，制定保护人民的法律、法令，建立人民司法制度。”“中华人民共和国的一切国家机关，必须厉行廉洁的、朴素的、为人民服务的革命工作作风，严惩贪污，禁止浪费，反对脱离人民群众的官僚主义作风。”“人民和人民团体有权向人民监察机关或人民司法机关控告任何国家机关和任何公务人员的违法失职行为。”纲领起到了临时宪法的作用，到 1954 年宪法正式公布时被取代，但其精神至今仍有活力，也不难发现它与国际现代法治思想的关联性。

我国在这个时期所颁布的一系列法律法规（如婚姻法、土地法、劳动法等），所组建的公、检、法、司队伍及其形成的全新司法执法风格，从根本上改变了中国古老的法治生态，全国人民生活在“解放了”的全新社会秩序之中，享受着从未有过的和平、民主、自由的新生活，社会充满了蓬勃向上的朝气。

二、我国现行宪法：“八二宪法”

1954 年颁布的共和国第一部宪法，宣布中国进入社会主义革命和社会主义建设新时期。然而，1966 年之后，便因十年“文化大革命”而受到严重挫折。到 1982 年 12 月 4 日，终于迎来“八二宪法”的公布。此后，“八二宪法”又经过了四次局部修订，于 2004 年定型为我国现行宪法。

“八二宪法”有鲜明的时代内容，它规范了公共权力结构，促进了公共权力运行的科学化和合理化，具体规定了公民的基本权利，合理地处理了国家民主与基层民主的关系，理顺了党与法的关系，设定了法治建设的合法性基础，从而拉开了改革时代的法治建设的大幕。由此开始，中国进入改革开放时期，在经济、社会、民生、法治等诸多层面初步形成一种“中国模式”，为“中国梦”的实现奠定了基础。

三、明确建设法治国家、法治政府、法治社会新目标

2014 年 1 月 7 日，在《在中央政法工作会议上的讲话》中，习近平对既往的法治成绩做了扼要评价：“经过长期努力，中国特色社会主义法律体系已经形成，总体上解决了有法可依问题。”到 2014 年 9 月 5 日，习近平在庆祝全国人民代表大会成立 60 周年大会上的讲话中提出：“我们要全面落实依法治国基本方略，坚持法律面前人人平等，加快建设社会主义法治国家。”明确要求“坚持法治国家、法治政府、法治社会一体建设”，这为全党全国人民指明了奋斗方向。

为此，他进一步要求司执法人员：“现在，我们的工作重点应该是保证法律实施，做到有法必依、执法必严、违法必纠。”他说：“公生明，廉生威。要坚守职业良知、执法为民……要信仰法治、坚守法治，做知法、懂法、守法、护法的执法者，站稳脚跟，挺直脊梁，只服从事实，只服从法律，铁面无私，秉公执法。”

很明显，中国当代法治文化，既有对中华法治文化优秀

传统的继承，也有对国际先进法治文化的借鉴，更有我党在新的历史条件下的高瞻远瞩、筹谋新篇，是三大方面的积极元素的有机综合与提升。这些年来，我们举旗而不易帜，接轨而不并轨，变法而不变政，终于走上了建设法治中国的新路。

第四节　近现代中国法学界对西方法学的吸纳

一、西方法治文化的流变

作为当代中国法治文化的一个重要的“别源”，西方法治文化同样有其漫长的发展进程。它生发成长于一个与中国完全不同的西方社会文化环境中，从《罗马法》到《人权宣言》，具有自身显明的西方特色。近世以来，随着东西方文化交往的频密，它渗入中华大地，干预、冲击也改造了中华传统法学与法治，因而有必要对它的来龙去脉作个概略的介绍。

（一）古巴比伦的《汉谟拉比法典》

公元前19到16世纪，中东的两河流域兴起了巴比伦王国，巴比伦六代王汉谟拉比（相当于中国商代制定《汤刑》的时期）颁布了著名的《汉谟拉比法典》，那是世界上已发现的、最早的“成文法”实物。其所载282条法律中，涵盖了诉讼程序、财产关系、继承转让、婚姻家庭等内容，是上古社会法纪生活的最初规范。值得注意的是：

1. 施行神判，主张同态复仇。即如果诉讼双方无有效证据证明对方有罪，法官就把双方扔进幼发拉底河，被淹死者即有“罪”，浮着不死者即“无罪”。又，它奉行以眼还眼、以牙还牙的同态复仇原则，即“如果一个人伤了贵族的眼睛，还伤其眼；如果一个人折了贵族的手足，还折其手足。”甚至规定，“如果房屋倒塌，压死了房主的儿子，那么，建造这所房屋的人得拿自己的儿子抵命。”

2. 颁布了犯罪与处罚的30多项条款，包括侵犯人身罪、侵犯家庭罪、反叛罪等，判死刑者会被处以溺死、烧死、刺死、绞死等刑罚。

3. 颁布了国家福利的不少规定，包括每年确定基本商品的价格，限制利息率在20%以内，保证度量衡的信誉；还特设了一款“受害求偿”的规定，即城市负责赔偿在本城侦破的抢劫案或凶杀案的受害者。

古巴比伦人提供了国家依法建定秩序的模板，后来又通过“希伯来法”影响了整个西方法律文化，“罗马法”中就有它的影子。

（二）梭伦的城邦民主制

公元前594年，雅典城邦的首席执政官梭伦（Solon，略早于老子、孔子）为雅典立法，将“公民大会”定为国家最高权力机关，公民每个月都要参加几次“公民大会”；实行“直接民主制”，由公民全体直选各级“公务员”，当选者有任期而无报酬（这客观上决定了只有有钱人才能任职），其工作则对全体公民负责，有明确的监督机制，这就避免了独裁化的蜕变。

（三）《十二铜表法》

《罗马法》，广义地说，指公元前5世纪古罗马的第一部成文法典《十二铜表法》，直至公元7世纪拜占庭（东罗马）皇帝查士丁尼制定的全部法律。

《十二铜表法》的突出内容有：

1. 债务的执行。（1）对于自己承认或经判决的债务，有 30 日的法定宽限期。期满，债务人不还债的，债权人得拘捕之。（2）债权人得将其押至家中拘留，系以皮带或脚镣；债权人得拘禁债务人 60 日。（3）在此期内，如不获和解，又无人代为清偿或保证，债权人得将债务人卖于台伯河外的外国或杀死之。（4）如债权人有数人时，得分割债务人的肢体进行分配。这一点，典型地反映了法律为债权人（有产阶级）服务的本质，而“债权”又是以上述种种“合法的”血腥手段为支撑的。其法理上的凶残性、对抗性明显可见。

2. 所有权和占有。凡依“现金借贷”或“要式买卖”的方式缔结契约的，其所用的语言即为当事人的法律。妻子不愿意依一年的使用时效而缔结夫权婚姻的，则应每年连续外宿三夜以中断时效的完成。外国人永远不能因使用而取得罗马市民财产的所有权。这里，将所有权与使用权相分离，有人认为是西方“民法”的一项特色规定，殊不知中国法典中的典权制度，早就把使用权、收益权从所有权中分离出来，并交予市场去交换了，而且还是照顾弱势利益的。

3. 私犯。以文字诽谤他人，或公然歌唱侮辱他人的歌词的，处死刑；毁伤他人肢体而不能和解的，他人亦得依同态复仇原则而毁伤其形体。“同态复仇”表现了《罗马法》在法理上的落后性：国法公然为私家复仇服务。

4. 公法。任何人非经审判，不得处死刑。剥夺一人的生命、自由和国籍的判决，是专属“百人团”大会的权力。它是西方民主思想区别于东方民本思想的法律表现，为西式民主奠定了法律根基。

（四）《拜占庭帝国法典》

《十二铜表法》公布一千年后，东罗马的统治者查士丁尼（527—565年在位）编纂了《拜占庭帝国法典》。较《罗马法》的发布稍后，《唐律疏议》也颁布了，两者的同期成熟是人类法治文明进程的重要路标。

查士丁尼的《罗马法》主要内容是“罗马民法”。“民法”含“人法”与“物法”两大部分：“人法”部分明确规定了权利主体的权利能力、行为能力，有关亲权、财产权的法律关系，也就是民事法律关系；而财产权又分为物权、债权与继承权。很显然，民法以财产分配与资源占有为标的，它不似中国历代法典均以刑法为核心，把人命看得大于“天”。

欧洲“大陆法系”是以《罗马法》为蓝本的，1804年的《法国民法典》和1896年的《德国民法典》，都源于《罗马法》，英美海洋法系也受其影响。西方法律中的陪审制度、律师制度、诉讼制度也都源自《罗马法》。可以说，查士丁尼的《罗马法》是西方各国法律的总根。

（五）奥古斯丁的神治论和罗马天主教的神治国家

早在5世纪初，神学家奥古斯丁（354—430）就在他的《上帝之城》中期望用“神治”国家取代“人治”国家，在西欧人心目中植下了“人治”之国有万般罪恶、唯有“神治”国度才光明神圣的意念，这就为后世“教皇国”的创立做了理论先导。

罗马天主教廷凌驾于西欧各蛮族土邦政权之上。当年，教皇格利哥里（1073—1085年在位）发布《教皇敕令》27条，宣称“唯有教皇一人具有制定新法令的权力。”“一切君王必须亲吻教皇的脚。”“教皇对邪恶不法的君王拥有将其废黜的权力。”又说：“教皇永远正确”，“教皇不受审判”，“罗马教会从来不犯错误，而且永远不会犯错误。”“凡不与罗马教会和谐的，不得视为基督徒。”依据这些条目，教皇权威登峰造极，但也只能在西欧一隅的众蛮族政权中滥施淫威。可这个教廷连东罗马君主也控制不了，却妄言什么“世界一切君王”都必须服从。在教皇的治下，让宗教世俗化、世俗宗教化，把教会、教堂以至宗教法庭建到每一个村镇，使宗教利益高于一切，宗教审判压倒一切；规定教区主教以《圣经》为依据，依经立说，依经建制，依经立法，依经审案，司法解释的任意性极强，其实由主教决定一切。在教皇治下，10至16世纪的西欧史上写满了宗教迫害、宗教战争、宗教妄为。实践证明：抨击“人治”的那个“神治”国度，恰恰涂满了血腥与污秽。然而，罗马教廷“统领万邦”、“审判世界”的虚张声势，却积淀成西方人的一种精神遗产，至今仍在发酵；而罗马教廷推行的教会制、定期召开的大公会议制、中枢教团的选举制、教区的分级管理制等，也都成了欧美政党政治的先期示范，只是剥离了某种宗教外衣而已。

西方法治史上否定了“人治”的“神治”，真相即如此。西欧中世纪无冤假错案之说，也无侦查、检验、证据、平反、追责之规。中世纪的千年黑暗，最集中最本质的黑暗，正是这个“神治”，正是这个法律上的神权擅断主义。

（六）中世纪晚期欧洲的“城市自治”

中世纪西欧的所谓“城市”，与同期的中国、印度或中东的城市相比，简直微不足道。15、16世纪的莱茵河畔，竟有3000个“城市”，平均人口仅有400人。这样的“城市”之体量连中国六朝时的“山庄”、“坞堡”也赶不上，但由于它处于政治上支离破碎的西欧，这里的“城市自治”也就被赋予了“法治”色彩。其要点是：

1. 人身自由。商人可自由居住、自由贸易、自由来往、自由领有土地；农奴若是逃到城中居住一年零一天以上，也能取得“自由人”的资格。

2. 司法自由。“城里人”自建城市法庭，脱离庄园法庭、宗教法庭的羁绊，在婚姻、借贷、债务、抵押等民事上形成“城市法体系”。

3. 自治权。市政由“城市公社”掌管，规定“凡未经司法程序不得抓捕、囚禁、关押任何人，不得在市场逮捕人。”

4. 刑事上采用“同态复仇”方式，有宫、刖、斩、绞等刑罚方式。

西欧之“自由”、“人权”口号的提出，连同其“统领世界”的自我中心意识，都不是偶然产生的，而是上述诸种历史文化因由的综合与延伸。

（七）从《人权宣言》到《新人权宣言》：为西方现代法治设定框架

欧美资产阶级政治革命之初，为冲破法律上的神权擅断主义，提出了“天赋人权”的思想。这在法国于 1789 年（清乾隆五十四年）颁布的《人权和公民权利宣言》中，得到了法律形式的表述。它宣布自由、财产、安全和反抗压迫是天赋的不可剥夺的人权；它肯定了言论、信仰、著作和出版自由，不受任意扣押的自由；它阐明了司法、行政、立法三权分立的原则。《人权宣言》还宣告了立法权属于人民、法律面前人人平等以及正当法律程序、罪刑法定、无罪推定、法不溯及既往等要求。“罪行法定”的要目是：1. 罪为“法定罪”，只有“法”才有权定罪、惩罪，其他神谕、教旨、教条或宗教仪轨，都无权论定人之“罪”，故宗教“赎罪”是荒谬的。2. 不得逼人犯罪，也不得诱人犯罪（而猎狐（巫）运动、惩办异教徒运动等，都是在诱迫人犯罪）。这为近代法治原则的确立做出了法理上的贡献，从而奠定了近代宪法的思想基础。

应该指出，《人权宣言》的一系列法治原则的提出，是有特定的历史背景的，其要害是反对“宗教神权擅断主义”，是为资本的原始积累开路、护航的。在当时的西欧，是人权的大解放。

然而，以鼓动资产阶级革命激情为宗旨的这份《人权宣言》，在法国及西欧史上却长期被湮没无闻。19 世纪后半期和 20 世纪前半期，这种人权理论与实践便走向低沉与衰落，并未产生实效，并没有真的给世界带来安宁。两次世界大战为祸之烈，正是这种人权理论无法救世的铁证。它陪伴资本的原始积累、自由竞争、垄断经营一路走来，见证的是对拉美土著文化的无情铲除，是对亚非古老文化的强制置换；是资本帝国本土周期性爆发的经济危机，是不停顿的掠夺战争、瓜分战争、殖民战争。在这一历史过程中，除欧美垄断资本集团自家得以快速暴发之外，连资本帝国的本土居民也都被投入“世界大战”与周期性“经济危机”的血与火的煎熬之中。这是人类良知所不容忘却的历史记忆。

直到第二次世界大战之后，1946 年，重新建政的法国又推出了一份《新人权宣言》（草案）。这份《新人权宣言》照样不受法国“国内法”之限，依然采用“普世通用”的表达式，故又成了评议、干预别国人权状况的堂皇借口。《新人权宣言》以“福利国家”学说为指导思想，反映出西方发达国家“从摇篮到坟墓”的福利主义主张。它强调凡人不论性别、年龄、肤色、国籍、出身、宗教、思想，在政治、经济、社会各方面“一律平等”。然而，《宣言》只是“宣言”，在“法属非洲”的阿尔及利亚等地，何尝讲什么“一律平等”。

第二次世界大战期间，美英两国首脑于 1941 年 8 月在大西洋北部纽芬兰阿金夏海湾的奥古斯塔号军舰上举行了大西洋会议，8 月 13 日签署了《大西洋宪章》。该文件全文共八条，宣布两国不追求领土或其他方面的扩张，不承认法西斯通过侵略造成的领土变更，尊重各国人民选择其政府形式的权利，恢复被暴力剥夺的各国人民的主权，各国在贸易和原料方面享受平等待遇，促成一切国家在经济方面最全面的合作，摧毁纳粹暴政后重建和平，公海航行自由，各国必须放弃武力削减军备，解除侵略国家的武装。《大西洋宪章》成为以后《联合国宪章》的基础。

第二次世界大战结束之后，当西方开始践行《大西洋宪章》、构建战后新秩序之时，所谓“现代法治”才在欧美资本帝国的本土、且仅仅是在其“本土”才得以逐步落实，从而给那里的民生带来高度的富足与安宁、民主与发展。但是，欧美的“高福利”是以地球生态、地球资源的高额负荷为前提的，更是以第三世界的“被落后”为惨重代价的。典型如印度、印尼、南非、巴西等国，尽管早在上上个世纪就与“西方文化”接轨了，早就被纳入了西方政治文化体系之内，且从未遭遇任何有效抵制，然而，它们并未能及早享受到“西式法治”的优越性。何况自本世纪60至70年代以来，福利国家方案造成的经济效率低下已越来越引起人们的警惕，人权保障与经济发展之间的矛盾凸显，西方法治没能逃脱“历久弊生”的宿命。

1948年12月10日，联合国大会第217A（III）号决议通过并颁布了一份新的《世界人权宣言》。中国政府认可了这份宣言。然而，该宣言的抽象性、超脱性并不能给多样的世界带来某种唯一合情合理合法的人权解决方案，各国的事还得由各国人民自己来解决。

总之，近现代的西方法治是对西欧中世纪千年“神治”的历史否定，它符合西欧的历史逻辑，有其进步性。然而，在短短几十年后的今天，这种西式法治在其本土已经显露出先天不足来了，它难以持续，它的“普世价值”正在接受拷问。所以，拿第二次世界大战后为期仅仅数十年的现行“西方法治”为标尺来讥嘲数千年的中华传统法治秩序，是毫无力度和令人遗憾的。

十分奇怪的是，《人权宣言》本身原是针对神权统治的，是对神权擅断主义的彻底否定，这才是它的历史进步性之所在，法史界对此十分清楚。可是在如今的有些读物上，却故意闭口不谈西欧史上神权统治的罪恶，反而移花接木，硬把法治的人权原则说成是对所谓君权、人治的反对。这么做，既冲淡了甚至漂白了西欧那段神治史，又借用了神学家们当初对“人治”的种种攻击之词来否定现今西方法治体制之外的任何治国理政模式。

二、中国法学界对西方法学的吸纳

（一）西方法学对近现代中国法学的改造

自从近代引入西方法治以来，古老的中华法治便开始发生结构性、器质性的全面改造，逐步与西方法律接轨。其突出的变化是：

1. 传统法理思想受到了根本性的冲击，核心是君主的权力被颠覆了，而代之以“天赋人权”、“权力归民”的民主理念，这是一种进步。

2. 法典体例变了，中华法治以刑法为主干的诸法合体的编纂体例被废弃，确立了以宪法为总纲、以民商法为重心、刑民分立的编纂体例。

3. 司法执法原则变了，打击重点变了，司法执法力量也变了。既往的“刑不上大夫”及“八议”、“十恶”规定均被废除，代之以“法律面前人人平等”、“任何人不经司法审理不得被逮捕”、“法无明文不为罪”等；去了师爷，来了律师，并着手引入辩护制度、陪审制度、诉讼制度，而办案程序、办案风格也随之现代化了。

4. 废除了酷刑、私刑，尤其是野蛮的凌迟、腰斩等，而代之以新五刑，即死刑、无期徒刑、有期徒刑、拘役、罚金等主刑，外加剥夺公民权、罚款等附加刑。

（二）西方法学引进的偏颇

近代以来，在引进西法进行法律变革的整个过程中，也存在着明显的偏颇与弊端。其中较突出的是：

1. 为了推行“西法”，把西方的一切奉为信条，而将本土固有的法律制度批得一无是处，无视中华法治的历史合理性与巨大的历史功能，因而模糊了变法的历史路径，不能自觉地弘扬优秀传统，甚而不知道传统法治优势究竟在何处。这就挫伤了民族自尊与法理自信。这种偏颇在近代的法学界、法理学界、法史学界表现得尤为突出。

2. 司法执法中中西杂糅，新旧相混。“存旧”是迫不得已，并非出于继承的自觉需要；“用新”是追洋逐异，只求耸动人心，脱离传统语境，与基层社会生活脱节，与社会共识背离，结果所引进的新理论、新概念，所制定的新法则、新规范，因内容多仿自西方，故而得不到民众的支持与响应，不能成为人们的行为范式；加之没有“惯例”作支撑，难以在中国社会扎根。这便破坏了法律条文的自恰性，耗减了法律实施的执行力，妨害了社会法治资源的全面调动。

3. 历史反复证明“为治惟法”论是片面的，也是错误的。中国社会接受的是礼法合治，重视的是情、理、法的平衡处置①，讲究的是“刑礼道迭相为用”，综合为治；法律裁判外，还注意运用行政裁判、道德裁判、民俗裁判、军事裁判、习惯裁判、行规裁判、宗教裁判等，并不单纯依赖“上法庭打官司”。其实，以民间力量通过调解等多种渠道与方式去解决一般民间冲突，用最低法治成本获取最大社会效益，何乐而不为？硬行套用西方的“对抗式”法理与律条，其利弊显而易见。

上述弊端一直存在，有些做法影响至今。其实，西式法治也好，东方礼法也好，时至今日，都应该重新审视、重新设计，都应该有所扬弃、有所吸纳、有所综合、有所创新。中国要走自己的法治之路，这才是历史的结论。

---

① 中国人办案要平衡情、理、法，这里有个实例。《法庭上的三鞠躬》：某农民工，家有儿子上学要钱；有妹妹常发病，治疗要钱；养活父母当然还要钱，老板却长期拖欠工酬。他一再请求，却总被老板唤来保安逐出办公室。他忍无可忍，就劫持了老板的爱子，后被告发了。他本有机会将孩子一弃而走，但他担心幼儿受惊、受苦，就抱着幼儿坐等被抓。当警察出现时，孩子在他怀中睡得正香。法庭判其五年徒刑，听众都为此农民工的“法盲举止”惋惜。宣判时，万般疼爱幼孙的老祖母突然说：“慢着！我有话要说！”她颤悠悠地走到农民工面前，鞠了三个躬，让法庭上下大为惊愕。她一板一眼地说：“这第一躬，是我代不肖子向你赔罪，他才是这个案子的真正祸首，该判的是他。第二躬向你的家人赔礼，让他们受苦受惊了。第三躬向你表示感谢，你没有伤害幼儿，一点也没有惊吓我的孙孙，你的良心比我的儿子好一百倍，我教子无方啊！”农民工听了，放声痛哭，法庭上下，一片唏嘘。后来老板补发了工资，还接了农民工的妹妹来城里治病。

第三章
法治文化的研究现状

中国当代的法治理念可以追溯到20世纪50年代中期。在1956年9月15日召开的中国共产党第八次全国代表大会上，董必武提出并系统阐述了“依法办事、有法可依、有法必依”的问题，这应当视为中国当代法治理念的萌芽。1978年党的十一届三中全会明确提出“有法可依，有法必依，执法必严，违法必究”的原则。1979年9月，李步云等人发表《论以法治国》文章；同年9月9日，被政法界称之为“64号文件”的《中共中央关于坚决保证刑法、刑事诉讼法切实实施的指示》颁布，中央首次提出了“社会主义法治”的概念。1980年11月，《人民日报》特约评论员题为《社会主义民主和法制的里程碑》的文章，首次出现了“以法治国”的表述。1996年，中共十四届六中全会通过的《中共中央关于加强社会主义精神文明建设若干重要问题的决议》首次出现

“依法治国”的提法。1997 年 9 月，党的十五大报告将“依法治国”的方略提升到国家层面，同时明确提出“建设社会主义法治国家”的目标。至此，法治的理念在执政者的层面得到确立。2012 年 11 月，党的十八大进一步明确“法治是治国理政的基本方式”；同年 12 月，习近平在《首都各界纪念现行宪法公布施行三十周年大会讲话》中提出坚持依法治国、依法执政、依法行政共同推进，坚持法治国家、法治政府、法治社会一体建设的思想。2013 年 2 月 23 日，习近平在中央政治局就全面推进依法治国进行第四次集体学习的讲话中，提出全面推进“科学立法、严格执法、公正司法、全民守法”的新十六字方针。2014 年 10 月 20 日，党的十八届四中全会又将“全面推进依法治国”作为主题，提出“建设中国特色社会主义法治体系，建设社会主义法治国家”的总目标。这意味着法治已成为全党的意志，成为指导政府和司法机关行为的国家意志，成为国家与社会治理的基本方式，成为我国公民生活的基本样式。

第一节　法治文化研究的基本状况

进入 21 世纪后，“法治”这个词在中国越来越响亮，法治文化的研究也越来越热。近十几年来，关于法治文化的研究主要呈现出六种情况。

一、研究论文与文章大量发表

进入新世纪以来十多年间，关于法治文化的论文和文章大量出版，保守估计不下十万篇，仅《中国政法大学学报》“法治文化”专栏就发表 150 余篇（截止到 2014 年年底），民主与法制网主办的“我为法治文化发展建言献策”全国征文大赛，三个月就征集到稿件 7138 篇。近些年来实务界与学术界的不少人士参与到法治文化的研究中，还有一些博士、硕士论文专门研究法治文化。如吴招男的《法治与人性关系研究》、冯宇路的《中国法治进程研究》、王金霞的《论当代中国的法治文化概念》、乔以明的《论法治文化建设的社会化路径》、周柳的《论建设中国特色社会主义法治文化》、田政的《当代法治文化研究》，等等。

二、研究著作陆续出版

1994 年，梁治平出版了《法律的文化解释》。1999 年，刘作翔的《法律文化研究》问世。2002 年，吴玉章的《法治的层次》由清华大学出版社出版。2004 年，夏勇的《法治源流——东方与西方》由社会科学文献出版社出版。2007 年，刘斌主编的《法治文化论集》由中国政法大学出版社出版。2008 年，何家弘的《从通俗到深奥：法治文化杂论》由中国法制出版社出版；吕芳的《中国法院文化研究》由人民法院出版社出版。2012 年，知识产权出版社推出徐汉明等人的《当代中国检察文化研究》；同年，叶三方等编著的《法院文化建设研究》（制度文化篇）由华南理工大学出版社出版，群众出版社推出《中国法治文化读本系列》。2013 年，李林、冯军主编的《依法治国与法治文化建设》由社会科学文献出版社出版，该书分上、中、下三篇分别探讨了法治与法治文化的若干理论问题、中国特色法治文化的建设与发展与文化建设的法治保障等问题；同年，宋春香的《法治文化论》由中国政法大学出版社出版；陈鸿彝的《中华法治史话》由群众出版社出版。上述研究著作的问世，初步厘清了中国法治与法治文化研究的界域。此外，2006 年 4 月推出了多部发行量大、影响面广的社会主义法治理念教育读本：长安出版社出版由中共中央政法委员会编写的《社会主义法治理念教育读本》、红旗出版社推出由求是杂志政治编辑部编写的《社会主义法治理念教育学习读本》、中国方正出版社出版《社会主义法治理念教育干部读本》、中共中央党校出版社出版《社会主义法治理念教育学习问答》。2009年9月，人民日报出版社推出本社理论部编写的《社会主义法治理念学习读本》，同时出版《社会主义法治理念读本辅导百问》；2011年5月，国家行政学院出版社又推出一部《社会主义法治理念读本》。这些读本，对社会性法治普及教育颇有贡献。

三、研究机构逐渐增多

2006年，专门从事法治文化市场化研究的上海东方法治文化研究中心成立；2009年11月，中国法官协会法院文化分会经民政部批准正式成立；2010年1月，北京市法学会中国法律文化研究会在中国人民大学成立；2011年4月，中国政法大学法治与文化研究中心成立；2012年9月，山西省法治文化建设研究会在太原成立；2013年4月，山东省民政厅批复同意成立山东省警察文化研究会；2014年4月，扬州大学“中国法律文化与法治发展研究中心”成立。2014年6月，中国法学会批准以法制文学研究会为基础组建法治文化研究会。此外，中国政法大学从2008年起，率先在全国招收法治文化方向的博士生和硕士生。这些研究机构的相继成立和学科点的设立，既为法治文化的研究汇聚了队伍，也为法治文化研究的深入夯实了基础。

四、研讨会、座谈会和论坛经常举办

2008年9月，中国法学会名誉主办，法制日报、中共无

锡市委、无锡市人民政府联合主办以“法治文化”为主题的“第三届中国·无锡法治建设论坛”；2009年，中国政法大学学报编辑部与人文学院联合举办“中华文化与现代法治”高端学术论坛；2009年秋，上海市律协为纪念中国律师制度恢复30周年举行“律师的社会角色与律师文化论坛”；2010年12月，海南省高院主办法治文化专家论坛；2012年5月，杭州市警察协会主办“公安机关法治文化论坛”；2013年11月，中国法学会在山东大学举办“中国特色社会主义法治文化论坛”；2013年12月，由中国法学会主办，中国法理学研究会、山东大学法学院共同承办以“繁荣社会主义法治文化”为主题的第八届中国法学家论坛。座谈会与研讨会方面有：2006年11月28日，中宣部宣传教育局、司法部法制宣传司在人民网举办的“法治文化与和谐社会建设”网上座谈会；2010年10月，最高人民检察院在山东济宁市召开的全国检察文化建设工作座谈会，11月初在武汉召开的全国检察文化暨法治文化理论研讨会；2012年8月，中国社会科学院法学研究所主办的“依法治国与法治文化建设理论研讨会”；2014年7月，由中国政法大学法治与文化中心主办的“法治中国与法治文化”研讨会，同年12月底中国法学会法制文学研究会主办的“法治文化与法治中国”年会；以及先后在西安、太原、鄂尔多斯、南宁、湖州等地举行的全国公安文化研讨会和座谈会，等等。

五、网站、专栏与专刊相继创立

中国政法大学学报编辑部从2007年9月创刊起，即设置“法治文化”专栏；2009年3月，《太原法院文化周刊》创刊。还有一些以法治文化为主要内容的网站和专栏，如中国政法大学学报编辑部的“法治文化网”、中国法学会下属的

"中国法治文化网"、苏州法治文化网、中国法院网的"法院文化"专栏、中国警察网法治频道的"法治文化"专栏、中央司法警官学院白焕然创办的"监狱文化网"、南京普法网的"法治文化专栏",等等。

六、征文、讲座不断举行

2010年中国法官协会法院文化分会发出首届法院文化建设论坛征稿启事,并在山西太原举行论坛暨颁奖仪式;2012年2月,由民主与法制网主办、中律人网承办的"我为法治文化发展建言献策"全国征文大赛共征集到稿件7138篇,同年《山东审判》编辑部举办"法治文化征文";2013年中共商州区委举办"法治文化征文",同年苏州市司法局启动"法治文化征文";2014年6月,从全国检察系统1000多篇征文中评选出第三届中国检察官文化论坛优胜奖,等等。有关法治文化的讲座也在全国各地政府、司法机关和院校频繁举行,如中国政法大学人文学院举办的"法治与文化系列专题讲座"等。

第二节　法治文化研究的特点

近些年来,中国法治文化的研究呈现出鲜明的特点,概而言之,主要表现在如下四个方面:

一、法治文化研究呈现出明显的阶段性

中国法治文化的研究大致经历了三个阶段:一是从1978年至1997年,这一阶段由于法治理念在执政党的层面处于酝酿和确立阶段,所以期间虽有零星的关于法治文化的研究文

章发表，但未能蔚然成风，这一阶段可称之为萌芽期。二是从 1997 年至 2011 年，即从党的十五大明确提出“依法治国”和“建设社会主义法治国家”，到党的十七届六中全会审议通过了《中共中央关于深化文化体制改革、推动社会主义文化大发展大繁荣若干重大问题的决定》，这一阶段可称之为成长期，其特点是法治的理念得以确立、法治文化的研究逐渐成为热门。三是从 2011 年至 2014 年，即党的十七届六中全会到党的十八届四中全会，这一阶段可称之为发展期，其特点是发表的论著多，论文质量也有明显的提升，讲座、征文、座谈会、研讨会、论坛频繁举行。这三个阶段同时具有一个明显的特征，即法治文化的研究与我国的法治进程保持相同的步伐。

二、各级党委、政府和政法系统高度重视

法治文化的研究得益于各级党委和政府的推动，尤其是政法系统自上而下的高度重视。2005 年，最高人民法院专题下发了《关于进一步加强人民法院图书馆（室）等文化设施建设的通知》，要求全国法院要高度重视法院文化建设，认真开展法院文化建设先进单位评选与表彰活动，并授予“全国法院文化建设示范单位”荣誉称号；2010 年 8 月，最高人民法院又出台《关于进一步加强人民法院文化建设的意见》；2010 年 12 月，最高人民检察院下发《关于加强检察文化建设的意见》；2012 年 4 月，公安部法制局下发《关于抓好“公安法治文化建设示范点”培育工作的通知》，决定在全国开展公安法治文化建设示范点培育工作。地方党委和政府也纷纷行动，以江苏省和成都市为例：2011 年 6 月，江苏省委办公厅、省政府办公厅下发《关于加强社会主义法治文化建设的意见》，要求建立省级法治文化建设联席会议制度，负责全省

法治文化建设的组织、协调、指导工作，推进全省法治文化建设。成都市截至2012年年底，已建成各类法治文化基础设施4173处；2014年3月，成都市正式出台《成都市依法治市实施纲要》，对法治文化建设提出了更高的目标。

三、司法机关等实务部门较之学术机构动作大、行动快

在最高法、最高检、公安部等司法机关下发上述《意见》和《通知》前后，各地司法机关都做出了相关的规定和部署，如2010年12月，中共汕头市公安局委员会做出《关于加强公安文化建设的决定》；2012年2月，中共天津市公安局委员会出台《关于进一步加强公安文化建设的意见》，等等。仍以江苏为例：苏州的法治文化节、海安的法治文化节、昆山的法治文化艺术节等，均已举办过多次；扬州市还建设了引潮河法治文化广场，常熟市则建设了法治文化街。此外，全国各地许多单位还开展了“法治文化建设年”等活动。

四、实务界有更多人士参与到法治文化研究队伍之中

从近十几年来的情况看，研究法治文化的人员绝不仅仅限于学术界，实务界参加研讨会、座谈会以及撰写论文和文章的人员占据绝大多数，而且举办有关法治文化论坛的机构也多是实务界。从某种意义上说，是实务界在带动或推动学术界关于法治文化的研究。尤其是“社会主义法治理念教育”开始以来，有为数众多的党政干部、政法干警参与到法治文化的研究队伍之中，这种现象是以前哲学社会科学学术研究很少有过的。

第三节 法治文化研究的主要内容

近十几年来，法治文化的理论研究涉及的面非常广，但研究的重点主要集中在基本概念、内涵与特征探讨、法治文化与法律文化的联系与区别、法治文化建设路径与措施探讨等方面。

一、法治文化概念的研究

这是研究中涉及最为普遍的问题。多数研究者认为法治文化是一种与人治文化相对立的先进文化。[①] 代表性的观点可以分为方式论和状态说等类别。方式论以李德顺教授为代表，他在中国政法大学法治与文化研究中心成立仪式上的发言认为：法治文化实际上是一个带有导向性、理想性的概念，就是要让法治成为中国未来社会人们普遍的基本的生活方式

---

① 关于法治文化的概念解读，有人从文化发生学的视角，把法治文化界定为历史文化积淀而成的、共识性的法治价值观，认为法治文化是“一个国家或民族的法的精神内核，是在一定历史时期积淀下来的支配法律实践活动的群体性法律价值观以及这种价值观被社会化的过程和方法”；有人以后现代主义的文化观为基础，把法治文化界定为法的现象中的精神部分，即由社会的经济基础和政治结构决定的，在历史过程中积累下来并不断创新的有关法和法律生活的群体性认识、评价、心态和行为模式的总汇；有人从认识论角度解读法治文化，认为法治文化并不是一个严谨的、实证科学意义上的概念，而是在进行学术研究时用于沟通法社会学与比较法学研究的桥梁；有人借助文化人类学中关于“文化”的基本认知，将法治文化界定为社会群体中存在的较为普遍的某些法律生活方式；也有人从系统论角度认识法治文化，把法治文化界定为由法律制度、法学理论和法律观念三个因素组成的一种特有的文化机制。易小平：《新时期法制文化建设的时代特征及路径选择》，载民主与法制网 2012 年 6 月 4 日。

和生活样式。此外，孙育玮认为：法治文化是指与法治紧密关联，体现着法治的精神和理念、原则和制度、运作实践和生活方式，与人治文化相对立而存在的进步文化形态，其实质和核心是一种现代人的法文化共识、价值取向和行为方式。① 陈仲认为：法治文化是指文明的、先进的法律文化，不但指先进的法治物质存在方式，而且指人们的一种科学的法律思维方式、一种文明的法治生活方式。它要求法治行为能够成为人们的一种常态、一种习惯、一种自觉。② 董邦俊将法治文化概念界定为：法治文化是指从一定的政治、经济和文化的历史和现实的环境中生长出来的，经过长期社会化过程而相对稳定地积淀于一个国家或地区的，即一个国家地区、民族、社会对法律生活所持有的以价值观为核心的思维方式和行为方式，包括人们的法治意识、法治观念、法治思想、法律价值取向等内容。③

状态说以刘斌和李林为代表。刘斌认为：法治文化是法治社会呈现出来的一种文化状态和精神风貌，是指融注在人们心底和行为方式中的法治意识、法治原则、法治精神及其价值追求，是一个国度的法律制度、法律组织、法律设施所具有的文化内涵，是人们在日常生活、工作中涉及法治的行为方式，是法律语言、法治文学艺术作品和法律文本中所反映和体现的法治内涵及其精神。④ 李林认为：广义地讲，法治

① 孙育玮：《"和谐社会法治文化"命题的理论与实践》，载《法学》2006 年第 6 期。

② 陈仲：《法律文化与法治文化辨析》，载《社科纵横》2009 年第 9 期。

③ 董邦俊：《和谐社会背景下的法治文化》，载东方法治网 2008 年 1 月 11 日。

④ 刘斌：《中国当代法治文化的研究范畴》，载《中国政法大学学报》2009 年第 6 期。

文化是一个国家中由法治价值、法治精神、法治理念、法治思想、法治理论、法治意识等精神文明成果，法律制度、法律规范、法治措施等制度文明成果，以及自觉执法守法用法等行为方式共同构成的一种文化现象和法治状态；狭义地讲，法治文化是关于法治精神文明成果和法治行为方式相统一的文化现象和法治状态。[①] 蒋传光认为，法治文化是以追求民主、自由和权利保障为目标，在一定的治国理念和与此相适应的制度模式确立过程中形成的一种社会文化形态和社会生活方式。具体而言，法治文化就是在建立法治社会的过程中形成的一种文化形态和社会生活方式，其核心是法治理念和法治思维模式的确立，以及在此理念支配下相应制度和组织机构的建立与运行。[②]

除了以上两类观点外，关于法治文化的概念还有多种不同的解读。例如刘作翔认为：法治文化是指包含民主、人权、平等、自由、正义、公平等价值在内的人类优秀法律文化类型；法治文化就是法律的意识形态和与其相适应的社会制度和组织机构。法治文化建设就是制度性文化建设与观念性文化建设的结合和互动。[③] 缪蒂生认为：法治文化是为社会物质生活条件决定的，经过长期历史积淀而成的共识性的法治价值

① 李林：《社会主义法治文化概念的几个问题》，载《北京联合大学学报》2012 年 4 月总第 36 期。

② 蒋传光：《法治文化的内涵及其特点》，载《人民法院报·法律文化周刊》2012 年 9 月 21 日。

③ 刘作翔：《法治文化的几个理论问题》，载《法学论坛》2012 年第 1 期。

观，以及由这种价值观支配的法律规范和法治实践活动的总和。[①]

二、社会主义法治理念的研究

20世纪80年代以来，我国法学界的专家学者对法治的理念等问题进行过有益的探讨，提出了一些很有价值的学说。具有代表性的观点有三：一是王家福等人提出的“三观念说”，即法律具有极大的权威，法大于权，任何人在法律面前都是平等的。[②] 二是李步云提出的“十原则说”，即法制完备、主权在民、人权保障、权力制衡、法律平等、法律至上、依法行政、司法独立、程序正当、党要守法。[③] 三是夏勇提出的“法治十大规诫”，即有普遍的法律、法律为公众知晓、法律可预期、法律明确、法律无内在矛盾、法律可循、法律

---

① 缪蒂生将此概念分析如下：第一，法治文化由社会物质生活条件所决定，存在于现实的经济关系之中，存在于人们在相互交往的活动过程中所形成的权利要求之中。第二，法治文化的群体性、共识性特征来自于历史传统积淀。第三，法治文化具有独特的内在结构层次：一是观念形态的法治文化，如法治意识、法治理念、法治理论等；二是制度形态的法治文化，如法律制度、法律组织机构和法律设施等；三是实践形态的法治文化，如具体的立法活动、行政执法行为、司法活动等。这三个层次虽有表里之别，但相互开放，彼此影响。以此法治文化认知为基础，可以将中国特色社会主义法治文化界定为：与中国特色社会主义相适应并由其决定的，经过5000年中华文明积淀而来的共识性的法律价值观，以及这种价值观规范化、社会化的法律制度、法治实践活动的总和。缪蒂生：《论中国特色社会主义法治文化》，载《中共中央党校学报》2009年第4期。

② 王家福、李步云、刘海年、刘瀚、梁慧星、肖贤富：《论依法治国》，载《法学研究》1996年第2期。

③ 李步云：《实施依法治国战略论纲》，载刘海年等主编：《人权与宪政》中国瑞士宪法国际研讨会文集，中国法制出版社1999年版，第157～159页。

稳定、法律高于政府、司法权威和司法公正。①

新世纪之初，中央领导集体正式提出了“社会主义法治理念”这一崭新命题。2006 年 4 月，中央政法委在北京举办社会主义法治理念研讨班，领导在讲话中将其基本内涵概括为“依法治国、执法为民、公平正义、服务大局、党的领导”五个方面。之后，有不少于上万篇的文章围绕“社会主义法治理念”进行研究和探讨。其核心观点是：坚持党的领导、人民当家做主和依法治国有机统一是社会主义法治理念的核心和精髓，公平正义是社会主义法治的基本价值取向，尊重和保障人权是社会主义法治的基本原则，法律权威是社会主义法治的根本要求，监督制约是社会主义法治的内在机制，自由平等是社会主义法治的理想和尺度。

许多学者纷纷撰文阐释社会主义法治理念，如谢鹏程从时代背景、历史定位和基本内容三个层面结合中国国情和现代法治理念，分析了树立和统一社会主义法治理念的必要性，厘清和界定了社会主义法治理念体系的进步性，阐明和论证了社会主义法治理念内容的科学性。同时对当代中国社会主义法治理念的发展规律、体制特色和历史局限进行了理论解释，并对监督制约、基本人权、司法公正、司法独立和法律权威等观念在社会主义法治理念体系中的定位以及它们分别与依法治国、执法为民、公平正义、服务大局和党的领导之

① 夏勇：《法治源流——东方与西方》，社会科学文献出版社 2004 年版，第 22～34 页。

间的关系进行了理论阐述。[①]

但是，究竟如何界定社会主义法治理念，“依法治国、执法为民、公平正义、服务大局、党的领导”这五个短语是否科学合理地适用于我国所有法律关系主体，是否充分体现了社会主义法治的原则要求，是否明确表达了社会主义法治实施的具体内容？一些学者撰文阐述了他们的观点。李德顺认为：“服务大局”不准确，不能作为法治理念。童之伟从2011年3月9日起，发表“关于社会主义法治理念的思考”系列网文，他认为：概括和表述社会主义法治理念内容的“五句话”有明显结构性缺憾，如果不经充分讨论就以“五句话”为内容推动社会主义法治理念教育，效果很可能不理想，“五句话”可能需要调整和充实。[②] 李林认为：社会主义法治理念这个概念的适用对象，应当包括中华人民共和国的所有法律关系主体，对于社会主义法治理念应当做扩大和深化解释，应当包括意识形态、宪政、操作和实施三个层次。社会主义法治不仅要求做到“执法为民”，而且要做到“执

---

① 谢鹏程：《论社会主义法治理念》，载《中国社会科学》2007年第1期。喻中从历史的角度阐释了社会主义法治理念，他认为：从辛亥革命前后开始兴起的百年中国的法治文化大潮，依次涌现出了三股此起彼伏的波澜。法治文化的第一波，是20世纪初期开始的国家主义法治理念，其核心价值是国家富强。第二波是20世纪80年代开始的自由主义法治理念，其核心价值是个人自由。2006年正式提出的社会主义法治理念，作为超越于国家主义法治理念与自由主义法治理念的法治文化形态，代表了中国百年法治文化的第三波，其核心价值是公平正义与社会和谐。百年中国先后兴起的三波法治文化大潮，其演进规律，恰好体现了百年中国的法治文化从“正题”到“反题”再到“合题”的辩证法。喻中：《社会主义法治理念：中国百年法治文化的第三波》，载《法学论坛》2012年第1期。

② 童之伟：《概括社会主义法治理念的内涵不能不“叫真”》，载法学学术网2011年3月9日。

政为民”、“立法为民”、“司法为民”、“法律监督为民”……社会主义法治不仅要服务大局，也要服务“小局”；不仅要服务国家“全局”，也要服务地方“局部”；不仅要服务经济和社会建设，也要服务政治和文化建设；不仅要“服务”，也要规范、保障、制约甚至惩罚……社会主义法治建设不仅要坚持党的领导，也要坚持人民当家做主，坚持“三者有机统一”，[①] 等等。

三、法治文化内涵与特征的研究

关于法治文化的内涵与特征，学术界众说纷纭，莫衷一是。陈仲认为：从法治的运行过程来看，法治文化理应包括立法法治文化、执法法治文化、司法法治文化、守法法治文

① 李林阐述了社会主义法治理念的三个层次：第一个层次是政治哲学、法政治学和意识形态层次。不仅包括依法治国、执法为民、公平正义、服务大局、党的领导“五句话”，还应当包括中国特色社会主义理论体系、现行宪法序言规定的国家指导思想、改革开放以来党和国家关于社会主义民主法治建设的一系列思想理论、方针政策等。第二个层次是社会主义政治文明与宪政层次。主要包括以下宪政原则：人民当家做主的人民主权原则，宪法和法律至上的法治原则，尊重和保障权利的人权原则，民主政治、科学执政和依法执政的执政原则，民主立法、科学立法、高质立法的立法原则，依法行政的政府法治原则，公正高效廉洁的司法原则，控权制约的权力监督原则。第三个层次是社会主义法治的操作和实施层次。主要包括以下具体法治要求：有法可依、有法必依、执法必严、违法必究，公民在法律面前人人平等，法律的公开性、法律的明确性、法律的可预测性、法律的权威性、法律的统一性、法律的可诉性、法不溯及既往、依法独立行使审判权和检察权，等等。此外，还应当包括法律规范的具体实施过程、实施方法、实施效果，领导干部和公职人员依法办事的能力和素质，全体公民信仰法治、自觉守法的原因、方式、程度、效果，违法犯罪受到遏制或者减少的状况，等等。李林：《社会主义法治文化概念的几个问题》，载《北京联合大学学报》2012 年 4 月总第 36 期。

化等。[①] 刘斌认为：法治文化的内涵主要包括法治理念文化、法律制度文化、法律组织文化、法治设施文化（物质）、法律行为文化、法律语言与文本文化六个方面。[②] 刘作翔认为：法治文化由表层结构和深层结构组成，前者包括法律规范、法律制度、法律组织机构、法律设施等，后者包括法律心理、法律意识、法律思想体系。[③] 蒋传光认为：一切对法治内涵的揭示，对法治社会表征和遵循原则的描述与总结，法治运行机制的建构和实践活动，诸如法治的价值目标追求、法治的理念和精神、法治的制度设计和运行模式、法治的实现状态等，都属于法治文化的内容。[④]

薛虹认为：社会主义法治文化的内涵十分广博，可以分为三大类：一是以宪法为核心的中国特色社会主义法治体系，以及围绕这一体系而产生的立法、行政、司法、法律监督、法制宣传、法律服务等各类机构和法治实践活动等；二是由中国特色社会主义法治体系和社会主义法治实践活动而形成的社会主义的法律意识、法治观念、法治理念、法治思想、法治精神、法治理论乃至法治习惯与传统等，

---

① 陈仲在2008年“第三届中国·无锡法治建设论坛”上撰文认为：立法法治文化必然要求立法科学化、民主化、程序化，以追求“良法”为目标；执法法治文化必然要求依法行政、合理行政，以追求“合法、合理”为目标；司法法治文化必然要求司法独立、公正司法，以追求“公平正义”为目标；守法法治文化必然要求在全社会形成依靠法律、相信法律、信仰法律的良好风气，以追求“和谐”为目标。

② 刘斌：《中国当代法治文化的研究范畴》，载《中国政法大学学报》2009年第6期。

③ 刘作翔：《法治文化的几个理论问题》，载《法学论坛》2012年第1期。

④ 蒋传光：《法治文化的内涵及其特点》，载《人民法院报·法律文化周刊》2012年9月21日。

这些构成了社会主义法治文化中的主流文化部分；三是在社会主义制度下人们所创作的反映社会主义法治实践与法律生活的各类法治文学艺术作品，以及古今中外的人们所创作的与社会主义制度相适应的那些进步和优秀的各类法治文学艺术作品。①

还有的学者概括了法治文化的一些特征。蒋传光认为，法治文化有以下特点：制度层面上应是良法善治，政体的组织机构应是一种有效的权力制约模式，社会治理遵循理性规则之治，公民的人权和各种法定权利能得到有效保障，社会各类主体具有自觉的规则意识和契约意识，法治思维成为社会治理的主要思维模式，法治的模式具有多样性和差异性，法治的理念具有时代性。② 缪蒂生认为：与其他类型的法治文化相比，社会主义法治文化具有鲜明的特征。一是社会主义性，二是历史传承性，三是与时俱进性，四是思想开放性。③ 董邦俊认为：对于法治文化的内涵解读，可以循着以下两条思维路径进行。标本意义上的西方法治文化，其具有如下主要内容：一是法律主治性，二是制度依赖性，三是生成商谈性，四是地位主导性，五是价值合理性。特色意义上的中国法治文化的内涵注释：一是时代先进性，二是历史必然性，三是制度保障性，四是国际开放性，五是民族本土性。④ 陈仲

① 薛虹：《加强社会主义法治文化建设若干问题的探讨》，载《中国司法》2012 年第 5 期。

② 蒋传光：《法治文化的内涵及其特点》，载《人民法院报·法律文化周刊》2012 年 9 月 21 日。

③ 缪蒂生：《论中国特色社会主义法治文化》，载《中共中央党校学报》2009 年第 4 期。

④ 董邦俊：《和谐社会背景下的法治文化》，载东方法治网 2008 年 1 月 11 日。

认为：法律文化与法治文化都是人类社会所特有的，从文化的层面看，具有三个特性：一是历史性，二是发展性，三是借鉴性。[①] 李林认为：社会主义法治文化具有国家意志性、意识形态性、人民民主性和制度构建性等特征。从社会、民间的角度来看，社会主义法治文化在实践中还有社会性、民间性、地域性和自发性等特点。[②]

四、法治文化与法律文化关系的研究

刘作翔认为：法律文化为中性概念，而法治文化为价值概念。这两者的区别有点类似于形式法治观和实质法治观。法律文化概念可以是正价值的文化类型，也可以是负价值的文化类型，可以用来表达人类历史上出现的任何一种法律文化类型，不管这种法律文化类型是好的还是坏的，是进步的还是落后的，是先进的还是野蛮的。而法治文化则是一种蕴含人类正价值概念的文化类型，它不管从制度到观念，都必须是包含和反映了人类的基本价值，即应该是反映人类进步的、先进的、优秀的价值理念和制度构造。[③] 陈仲认为：法律文化的外延大于法治文化的外延，法律文化是法治文化发展的基础，法治文化是法律文化发展的结果。二者的区别在于：建立的基础不同、价值取向不同、普世程度不同、实现难易程度不同。[④] 蒋传光认为：法治文化与法律文化的联系具有历史属性、实践关联性和实践可转化性。二者的区别首先在于

---

① 陈仲：《法律文化与法治文化辨析》，载《社科纵横》2009 年第 9 期。

② 李林：《社会主义法治文化概念的几个问题》，载《北京联合大学学报》2012 年 4 月总第 36 期。

③ 刘作翔：《法治文化的几个理论问题》，载《法学论坛》2012 年第 1 期。

④ 陈仲：《法律文化与法治文化辨析》，载《社科纵横》2009 年第 9 期。

研究背景的不同，法律文化更主要的是回应和解释，法律作为一套规范体系与法律规范背后的习惯、传统和长期养成的社会心理等因素之间存在悖论和冲突。法治文化是人们对既有的法治建设的一种反思和重新思考的产物，更多地回应了人们对于谋求公民权利、政治权利和人权等的诉求，特别是在精神和理念层面要求人们去信任法律、信仰法律。其次是两者的价值判断不同，法律文化为中性概念，而法治文化为价值概念。法律文化中既有正面的价值判断，也有负面的价值判断；而法治文化则是正向价值判断的文化类型。①

董邦俊认为：法治文化与法律文化二者的区别在于：首先，从历史的发展看，法律文化是历史和现实的凝结，包括了过去和当今不同时代的法律文化成果，是古代、近代和现代法律思想、理论、观念的综合反映；而法治文化则是法律文化发展到一定历史阶段的产物，是近现代法律思想、理论、观念的集中反映，它与近代民主政治的兴起和发展是不可分离的。其次，从文化基础看，法律文化对文化并没有特别的要求，而法治文化则强调需要理性文化作为其文化基础。再次，从概念范畴看，法律文化是相对于政治文化、宗教文化等而言的，法治文化是相对于人治文化、礼治文化等而言的。② 此外，刘斌还撰文探讨了法文化、法治文化、法制文化

---

① 蒋传光：《法治文化的内涵及其特点》，载《人民法院报·法律文化周刊》2012 年 9 月 21 日。

② 董邦俊：《和谐社会背景下的法治文化》，载东方法治网 2008 年 1 月 11 日。

与法律文化的联系与区别。①

五、法治文化构建及其路径的研究

法治文化建设是研究论文发表较多的领域之一，仅知网和普维两网就收录38000多篇（不计重复）研究文章。研究的内容主要涉及法治文化建设意义、法治文化建设存在的问题、法治文化建设的核心与目标、法治文化建设的路径。其代表性的观点如下：

刘进田认为：法治文化建设的意义从消极方面说是为了克服中国传统文化的缺陷，再造中国文明；从积极方面说，则是为了实现中国人的幸福、尊严，建立新的文明秩序与和

---

① 关于法治文化与法律文化的联系与区别，刘斌的理解是：就一般情况而言，法律的表征是条文，是强制性的规范；法治的表现形式是法的统治，是一种社会治理模式；法律是实现法治的前提，法治的基础在于有较为完备的法律。法律文化是法律在起源、制定、实施、演变、沿革过程中所具有的文化内涵和所体现的精神风貌，法治文化是法治社会呈现出来的一种文化状态和精神风貌。就研究现状而言，法律文化较多侧重于历史，法治文化更多侧重于现代。虽然有些学者将法律文化的内涵定义为指一个民族或国家在长期的共同生活过程中所认同的、相对稳定的、与法和法律现象有关的制度、意识和传统学说的总体，包括法律意识、法律制度、法律实践，是法的制度、法的实施、法律教育和法学研究等活动中所积累起来的经验、智慧和知识，是人民从事各种法律活动的行为模式、传统、习惯。但从倡导法律文化的研究者来看，主要集中在研究法律制度史及法律思想史的学者群，而法治文化的倡导者则主要是从事法理、现代法及法学之外学科的学者，还有为数不少政法系统实务部门的人士。此外，从近几年大众传媒与学术期刊的提法来看，这两个概念也在逐渐明晰，称谓一般是“中国传统法律文化”与“中国当代法治文化”。当然，法律文化的研究并非摒弃现代法治，法治文化的研究也脱离不开传统的法律文化，两者的区别除了侧重点不同外，根本区别在于法律文化主要是就法律制度本身而言，法治文化主要是就社会或国家的治理方式而言。刘斌：《法治文化三题》，载《中国政法大学学报》2011年第3期。

谐社会。首先，法治文化能保障人的幸福价值。其次，法治文化能保障人的尊严价值。再次，法治文化可以保障文明秩序的生成和存在。最后，法治文化可以保障社会和谐。①

王恺认为，当前法治文化建设中存在的主要问题是：基层工作存在漏洞，社会主义法治理念受到影响和破坏；党委政府为民谋福利的决策成为某些利益团体或个人的唐僧肉，党委政府反而成了人民的对头；领导本位主义严重，工作人员素质低下，严重损害了党和国家关于社会主义法治建设的努力；一些领导法制意识低下，动辄脑门儿发热，以响亮的名堂从事着违背法治的事情。他认为解决当前法治文化建设中存在问题的对策是：必须真正认真地贯彻落实执行党和国家所制定的政策法规，必须真正坚持实践“以民为本”的社会主义法治理念，必须将社会主义法治文化建设与中华民族优良传统和国（境）外的成功经验有机地结合起来，必须充分尊重社会主义法治文化建设自身的客观规律，必须培养好社会主义法治文化建设工作队伍。② 刘贻石认为：法治文化构建面临诸多障碍，如传统文化中的法治因素薄弱、熟人社会与人情关系阻滞法治文化生成、社会生活中法律权威尚未形成，等等。构建法治文化的过程中应当明确：政府守法是法治文化构建的关键，法律规则成为社会生活准则是基础，法治精神成为全社会的核心价值是归宿。③ 卓泽渊在与新华网网友交流的过程中认为：我们国家建设法治文化面临一些困难，一是我们在历史上缺少法治文化的传统，二是现实中法

① 刘进田：《法治文化的主体是制度》，载《检察日报》2012 年 1 月 19 日。

② 王恺：《当前法治文化建设中存在的问题及其对策》，2008 年“第三届中国·无锡法治建设论坛”的论文。

③ 刘贻石：《构建法治文化的探析》，载《法治与社会》2012 年第 24 期。

治文化尚未建立，三是我们的法治文化建设中还缺少必要的社会条件，四是法治文化的发展需要一个历史过程。他同时认为，立足现实、继承传统、借鉴先进、革新自我、注重建设是建设具有中国特色法治文化的路径。

徐显明在第八届中国法学家论坛上的发言认为：在法治文化的精神、制度、行为方式、物质承载这四个要素中，制度是核心，制度是根本。建设法治文化，要抓住建设制度文化这个关键。制度中沉淀着精神和价值观，制度可以塑造人们的行为，也可以通过有效实施而养成大家共同的生活方式和形成稳定的生活习惯。制度同时又可以找到合适的物质承载形式，制度文化对其他文化要素具有统摄性。①

董邦俊提出了民族精神的坚守、开放态度的坚持、法律现代化的终极追求三个基本维度和破解传统臣民文化、融入现代人文精神、重视本土文化资源、丰富法文化传播机制四条理路。② 周柳认为：建设中国特色社会主义法治文化应通过以下三个基本途径：一是为法治文化的生长提供肥沃的经济、政治和社会土壤；二是加强法律制度建设，推进法律文化现代化进程；三是培养公民的法律意识，为法治国家建设提供精神动力。③ 刘斌提出："立法的人本化、司法的人性化、执法的文明化"是法治文化建设的三条路径。④ 他同时在《人

① 法制网2013年12月18日。

② 董邦俊：《和谐社会背景下的法治文化》，载东方法治网2008年1月11日。

③ 周柳：《论建设中国特色社会主义法治文化》，湖南省委党校研究生部2008年6月研究生论文。

④ 刘斌：《法治的人性基础》，载《中国政法大学学报》2008年第2期。

民法院报》撰文，提出加强法院文化建设的六条路径。[①] 高凛、张锋会、张光全、王淑琴、许莉、王秀萍、祝捷、廖奕等诸多人士撰文发表了对法治文化建设的观点与主张。[②] 此外，还有大量关于法治文化建设的论文与文章涉及区域或单位、系统或行业。

第四节　法治文化研究存在的主要问题

一、法治文化的泛化：研究范畴无边无际

在提倡法治文化的初期，出现过短暂的"窄化"时期，将其类同于"文化事业"，关注的是涉法的诗文书画及文艺活动；后来迅速泛化，可谓"文化是个筐，啥都能往里面装"，法治文化的概念界定泛化虚化，研究范围越来越大，只要涉法，无所不包、无处不在。即以专业性的《中国政法大

① 刘斌：《加强法院文化建设的六条路径》，载《人民法院报》2010年7月8日。

② 高凛：《法治文化及其建设路径探讨》，载《江南论坛》2008年第11期；张锋会：《构建社会主义法治文化路径探析》，载《学术探索》2012年第2期；张光全、张梓洋：《法治文化建设存在的问题及路径分析》，载《辽宁行政学院学报》2010年11期；王淑琴等：《法治文化及其建设路径探析》，载《中国司法》2008年第1期；许莉：《构建法治文化的路径分析》，载《法制与社会》2009年第13期；王秀萍：《试论加强法治文化建设的路径选择》，载《决策与信息》（中旬刊）2013年第7期；朱崇坤：《我国法治文化建设路径探讨》，载《吉林省教育学院学报》2012年第9期；祝捷、廖奕等：《社会主义法治文化的建设路径》，载《人民政坛》2013年第3期。

学学报》“法治文化”专栏为例，从2007年创刊到2014年第3期共发表论文和文章142篇，依据内容大致可以分为三类：一类研究法治文化，一类与法治文化沾边，一类是其他专业的文章，这三类的比例大致各占三分之一。

二、相关概念混乱

在法治文化的研究中，涉及一些相关的概念术语，如法治意识、法治观念、法治理念、法治价值、法治原则、法治精神、法治思想、法治思维、法治情怀、法治理论、法治学说等，这些概念既在学者的访谈与论述中使用，也在党和国家的文件及领导人的讲话中使用。诚如李林在一篇文章中所谈，这些名词概念究竟具有什么科学涵义？各个概念之间到底是什么关系？似乎没有系统研究和深入辨析过，以至于这些名词概念许多都大同小异，尤其是社会主义法治观念、社会主义法治思想、社会主义法治理念、社会主义法治理论这几个概念几乎别无二致，把它们翻译成外文后也难分伯仲。①

三、论述肤浅，重头论文少

在法治文化研究的文章中，出现过若干篇有分量的论著，如李德顺教授的《法治文化论纲》等。但更多的文章是应景性的、描述性的、解释性的，翻来覆去阐释或演绎文件或领导人讲话，缺乏独到深入的见解和观点。如迄今为止，很少看到对古今中外法律的理论体系、制度体系、价值体系、组织体系、功能体系上做深入具体的对比性研究的文章。再如关于社会主义法治理念研究中的大量文章，人云亦云，抄来

① 李林：《社会主义法治文化概念的几个问题》，载《北京联合大学学报》2012年4月总第36期。

抄去；关于法治文化建设的大量文章，虽然在实务的层面上能够结合本系统、本地区、本单位进行一些有益的探讨，但缺乏理论的高度，缺乏新意。

四、专业性研究队伍尚未形成

法治文化的研究不像法学或其他门类的学科那样，已经有一支研究该领域的基本队伍，例如刑法学、诉讼法学、中国哲学、中国古代史，等等。法治文化的研究，夸张一点说是全民性的，上至中央领导，下到普通百姓，各行各业、理论界与实务界、法学与非法学，涉及的面特别广，大家都在研究法治文化。形成这种现象的原因，一是由于官方的推动与号召；二是法治文化的研究本身起步较晚；三是学科体系正处于建设时期，尚未组成全国性的相关研究组织。大众的参与绝对是件好事，为法治文化的学科建设和学术研究奠定了广泛坚实的基础，但在学者群体，亟须逐渐形成一支专业性的研究队伍，以引领法治文化研究走向深入。

第四章
中国法治文化的架构原则

研究中国特色社会主义法治文化内涵时，我们将法治文化概括为社会主义精神文明成果、制度文明成果、法治行为方式文明成果和法治器物文明成果四个层面，它们相互之间形成严密的逻辑联系，从而构成中国特色社会主义法治文化的完整体系。换句话说，法治文化是通过精神力量、制度力量、行为规范力量和法治器物标识的力量，来推动中国法治建设的进程，来实现法治中国的构建。如果把建设法治国家视为构建一座宏伟的法治文化大厦，只从法治文化的内涵上来研究法治文化是远远不够的。精神文明、制度文明、行为规范和法治器物四个层面的文明成果，就好比是一堆堆建筑材料，而科学立法、严格执法、公正司法、全民守法，就如同是大厦的设计、施工、验收、使用的过程，也就是从大厦的构建思路开始，到大厦构建完成并交付使用，使大厦释放功能的过程。面对一座宏伟的法治文化大厦，研究建筑材料固然重要，因为它是大厦质量的基础和保障，但是研究大厦的构建更为重要，因为它决定着大厦的价值。我们只有深入了解法治文化大厦的设计理念、构架方式、使用功能和维护保障等，才能更好地利用这座法治文化大厦为法治中国服务。其结论是：对法治文化的架构方式进行深入研究，有利于对法治文化形成的过程产生深刻的认识。

党的十八届四中全会《决定》在关于“完善以宪法为核心的中国特色社会主义法律体系，加强宪法实施”、“深入推进依法行政，加快建设法治政府”、“保证公正司法，提高司法公信力”、“增强全民法治观念，推进法治社会建设”四个大问题中，分别对立法、执法、司法和守法提出具体要求，这是我们研究社会主义法治文化架构的总体指导方针。

通过分析法治文化的架构方式，使我们对科学立法、严格执法、公正司法和全民守法之间的逻辑联系看得更加清晰。科学立法是法治建设的基础，严格执法是法治建设的支撑，公正司法是法治建设的底线，全民守法是法治建设的目标。没有科学立法这个基础前提，法治建设就成了无源之水；没有行政执法机关严格执法作为法治建设的强大支撑，法治中国就会出现巨大的法治缺失空间；没有司法机关公平公正守护法治正义底线，法治权威、法治信仰就无法形成；没有广大人民群众增强守法的自我意识并成为个人良好生活习惯，法治建设就失去了本质意义。因此，科学立法、严格执法、公正司法和全民守法构成法治建设的完整体系，它们是架构法治文化的四个主要元素。

第一节　科学立法是法治文化建设的坚实基础

新中国成立以来，党领导人民科学总结了执法和司法工作的成功经验，结合中国国情完成了一系列重要立法。特别是20世纪后30年，我国在改革开放的大好形势推动下，给立法工作提速创造了条件，无论是立法数量还是立法质量都成绩斐然，已经形成了适应社会主义市场经济发展需求，具有中国特色的社会主义法律体系。党的十七大报告提出“要坚持科学立法、民主立法，完善中国特色社会主义法律体系”，我国的立法工作出现“良法集中颁布，善治初步形成”的格局。立法为国家改革开放、民主政治、对外交往、国家治理、经济秩序、人民当家做主提供了重要的法律保障。

一、科学立法的科学性

我国人口众多，地域广阔，经济和社会发展不平衡。对一部法律，不同的社会群体有不同的期待和诉求，有时候甚至差异很大。分析、研究、理解不同的期待和诉求，发现法律背后的社会现实和利益纠葛，寻找最佳的社会平衡点，是立法机关的重要职责。因此，应推进科学立法、民主立法，汇集民智，表达民意，使法律符合我国社会的发展需求和客观规律。认真研究制定急需的、基本的、条件成熟的法律法规，及时修改完善已有的法律法规，完善中国特色的社会主义法律体系，为加快建设社会主义法治国家奠定基础，创造条件。

十八届四中全会《决定》指出，“建设中国特色社会主义法治体系，必须坚持立法先行，发挥立法的引领和推动作用，抓住提高立法质量这个关键。要恪守以民为本、立法为民理念，贯彻社会主义核心价值观，使每一项立法都符合宪法精神、反映人民意志、得到人民拥护。要把公正、公平、公开原则贯穿立法全过程，完善立法体制机制，坚持立改废释并举，增强法律法规的及时性、系统性、针对性、有效性。”这是对科学立法最权威的阐述，是法治文化研究科学立法的核心价值所在。

研究科学立法，首先必须搞清楚什么是科学立法的科学性。所谓科学性，是指立法过程中必须以符合法律所调整事态的客观规律作为价值判断，并使法律规范严格地与其规制的事项保持最大限度地和谐，法律的制定过程尽可能满足法律赖以存在的内外在条件。立法是各种内在与外在因素共同作用的结果。①

对于科学立法，学界认识颇丰，观点不尽相同，综合大家之见，我们认为，科学立法至少要体现以下六条原则：

一是科学立法不是经验立法而是吸纳民众新诉求、与自然因素和谐的立法。经验立法注重立法中的人文因素，视人们对法律涉及事物的先前认识为唯一的依据，忽视立法涉及的事态本身所具有的由自然因素决定的情势。科学立法否定经验立法使立法能够与其规制的自然因素和谐，使立法能够在发展理念的支配下进行。

二是科学立法不是封闭立法而是开放立法，是吸纳广大民众参与的民主立法。社会主义是人民行使权力的制度，立法权理应归属人民。行使立法权如果只有专家、官员而没有人民参加，就无法实现人民行使立法的权力，就是对人民立

① 关保英：《科学立法科学性之解读》，载《社会科学》2007 年第 3 期。

法权力的剥夺。著名学者康德认为："立法权，从它的理性原则来看，只能属于人民的联合意志。因为一切权利都应该从这个权力中产生，它的法律必须对任何人不能有不公正的做法。"[①] 立法的公开原则是立法坚持法律的人民性和社会化的重要体现。科学立法就是要强调打破封闭立法，使立法呈现一个开放状态，让立法过程对全社会开放，由人民选出的代表来讨论和拟定，然后提交人民批准。

三是科学立法不是主观立法而是客观立法。客观立法就是尊重客观规律，符合客观事物发展需要的立法。客观立法要求在立法过程中是依据于在广泛认识立法所涉及的事物的前提下进行，根据客观规律和客观事物的状况来决定立法内容和过程，而不是凭主观想象通过立法过程来决定立法所调整的事物。

四是科学立法不是应景立法、草率立法，而是制定良法。科学立法语境下制定的法律，必须是符合中国国情，符合中国政治发展、经济发展、社会进步，符合广大人民根本利益的良法。

五是科学立法要遵循立法平衡原则维持法律制度的整体性。依据平衡原则，在每一次立法中，都必须充分考虑相邻法律的统一性和协调性，尽量排除新立法与原有同类法律或者非同类法律间的抵触现象，杜绝法律之间的抵触现象，是维护法律制度完整统一的最起码要求。法律相互抵触造成的破坏性，直接破坏国家整体法律体系的一致性，直接损害法治权威，将给法律实施带来严重的后果。现实状况表明，在国家极少数立法中只注重立法的本法，忽视相关交叉立法，导致两部法律条文规定内容相左。尤其是那些有利益集团左

---

① ［德］康德：《法的形而上学原理》，沈叔平译，商务印书馆 1991 年版，第 140 页。

右的立法，在片面强调局部利益的同时就可能损害了全局利益，有时甚至导致法律之间产生明显冲突。这是立法中需要特别避免出现的现象。

六是科学立法是动态立法而不是静态立法。它既要强调立法始终保持与国家政治经济社会发展同步，又把立法的违宪审查作为立法的重要程序，以保证所立新法与宪法精神完全保持一致性。同时，立法过程也是依法撤销修改违宪法律的重要过程。

二、科学立法的法治方向

科学立法首要任务是宪法实施和监督制度建立的立法。这是使宪法根本法由法律条文变成国家法治重器的需要。依法治国首先是要坚持依宪治国，坚持依法执政首先要坚持依宪执政。各级组织、各政党、各团体、各行业、各企事业单位和社会团体，在法治语境下，都必须以宪法为根本的活动准则，维护宪法是每个人的义务，追究和纠正违宪行为是依法治国的首要任务。

科学立法要注重推动反腐法治化的前进步伐。腐败问题是关系到党和国家生死存亡的大问题，是人民群众深恶痛绝的丑恶现象，必须将这场鼓舞人心的反腐斗争继续引向纵深，才能够进一步激发人民群众的创造性和工作热情，保障社会主义政治建设、经济建设继续推进。十八大以来，党中央高调反腐，查处了一大批贪官污吏，其中不乏“大老虎”，纯洁了党的肌体，维护了国家政权稳固，深受民众的称赞。如何建立在法治条件下依法反腐，是重塑国家公职人员形象，增强人民群众对党和政府的信任感，增强人民群众对党能够治理好党治理好国家的坚定信念，从而形成全党全民共同携手投身建设社会主义伟大实践的热潮的首要问题。以推进反腐败的国家立法为先导，全面构建中国特色的反腐败法治体系。尽早启动立法程序，尽快将“反腐败法”纳入全国人大的立法规划，建立和完善惩治贪污贿赂犯罪的法律体系和法律制度，针对反腐工作特点建立一些针对性较强的法律法规和法律程序制度，使反腐尽快实现法治化工作常态。

科学立法要特别加强重点领域立法。十八届四中全会《决定》指出，“依法保障公民权利，加快完善体现权利公平、机会公平、规则公平的法律制度，保障公民人身权、财产权、基本政治权利等各项权利不受侵犯，保障公民经济、文化、社会等各方面权利得到落实，实现公民权利保障法治化。增强全社会尊重和保障人权意识，健全公民权利救济渠道和方式。”

建设社会主义市场经济法治文化对经济发展的影响是巨大的，市场在资源配置中起决定作用，离不开政府在其中的管理职能。建立社会主义市场经济机制以来，我国经济飞速发展，社会大踏步前进，改革涉及上层建筑和经济基础的各个领域，新生事物层出不穷，传统经营方式发生颠覆性变化，但股市、期货、多媒体、新媒体、网购、网上银行等，有的还缺乏专门法律或者针对性强的法律调整，行业秩序受到严重威胁，不法行为已经十分严重，迫切需要法律治理。要坚持以保护产权、维护契约、统一市场、平等交换、公平竞争、有效监管为基本导向，完善社会主义市场经济法律制度。健全以公平为核心原则的产权保护制度，加强对各种所有制经济组织和自然人财产权保护的法治力度，加强企业社会责任立法，加强知识产权保护立法，加强编纂民法典，加强制定和完善发展规划、投资管理、土地管理、能源和矿产资源、农业、财政税收、金融等方面的法律法规，实现完整的社会主义市场经济法律制度建设，维护公平竞争的市场秩序。

科学立法要围绕保障和改善民生，推进社会治理体系法律制度的建设。《决定》明确要求，“完善教育、就业、收入分配、社会保障、医疗卫生、食品安全、扶贫、慈善、社会救助和妇女儿童、老年人、残疾人合法权益保护等方面的法律法规。加强社会组织立法，规范和引导各类社会组织健康发展。制定社区矫正法。”科学立法要注重国家安全、反恐怖、公共安全、自然环境、空气污染、海洋生态、水资源等方面的立法，促进国家安全和生态文明的法治建设。

科学立法还需要做好法律规范和其他社会规范的衔接。实施依法治国构建法治中国意味着要努力构建完备的法律体系，并不意味着所有的问题都需要上升到法律层面去调整。除法律法规之外，调整社会关系的手段还有市场机制、发展规律、行业规范、习惯规则、道德规范以及管理和技术等手段。需要用法律手段解决的应该是那些在社会生活中带普遍性的、其他社会调整手段难以解决的问题。因此，法律规范与其他规范的衔接是科学立法题中之义。

科学立法要强调完善立法体制。加强党对立法工作的领导，完善党对重大体制和重大问题决策的程序。健全有立法权的人大主导立法体制机制，发挥人大及其常委会在立法工作中的主导作用。禁止地方制定带有立法性质的文件。加强和改进政府立法制度建设，完善行政法规、规章制定程序，完善公众参与政府立法机制。

第二节　严格执法是法治文化建设的重要支撑

法律的生命力在于实施，法律的权威也在于实施。“天下之事，不难于立法，而难于法之必行。”如果有了法律而不实施、束之高阁，或者实施不力、做表面文章，那制定再多法律也无济于事。全面推进依法治国的重点应该是保证法律严格实施，做到“法立，有犯而必施；令出，唯行而不返”。

一、严格执法的含义

如何理解严格执法的科学含义？我们认为它表现在五个方面：

其一，严格执法就是要求我们严格依法办事，严格依法调处社会矛盾，严格依法解决民间纷争，严格依法保护国家利益，严格依法维护公民的合法权益。

其二，严格执法就是坚持以事实为依据，以法律为准绳，实现执法公平正义，严格依据法律规定，一丝不苟、不打折扣、不讲人情、不受干扰、一视同仁、无尊卑贵贱之分，法律面前人人平等。

其三，严格执法就是依据法律赋予的工作职责，忠实履行、不放弃、不走样、不失职，失职就要受到法律追究。

其四，严格执法就是运用科技手段执法，科技手段最大的特点是程序优先，一旦进入程序，就能够科学地排除人为因素对执法的影响，有利于破除执法中的亲情关、友情关、上级干预关、徇私枉法关、钱权交易关。

其五，严格执法就是要求行政机关执法公开、决策公开，使所有行政执法活动在阳光下运行，接受法律监督、舆论监督、群众监督。

公正严格执法不是对政府的高要求，而是起码要求、最低要求。作为国家行政权力执行机关，其根本宗旨就是执行人民的意志，实现人民的诉求，维护人民的合法权益，就是毛泽东提出的“为人民服务”。它的一切活动都必须体现人民的意志，对人民负责，受人民监督，以人民的利益为最高利益。因此，人民政府没有任何理由不为民众严格执法。严格执法是法治文化架构的重要组成部分，是社会主义法治建设一项艰巨任务。做不到严格执法，法律就失去了存在的意义，法治就会受到彻底的破坏。因此，强调严格执法是构建法治中国的题中之义，更是法治文化建设当下的紧迫任务。

从新中国诞生那一天起，党和政府一直强调严格执法。但是扰乱法制、亵渎法律现象就犹如一个社会顽症，常常出现，不时就会冒出一些极端的不严格执法的例子，有些甚至成为绯闻。放在四十年前信息闭塞的年代，出现不严格执法的现象，影响很有限。而现如今是新媒体时代，信息一瞬间就能传遍天下。一旦出现不严格执法的事件，影响之广泛，传播之速度都是令人吃惊的，对我国政府法治形象的破坏力很大。人民群众对执法部门有法不依、执法不严、违法不究甚至以权压法、权钱交易、徇私枉法等严重问题，深恶痛绝。

二、严格执法是个历史问题也是个现实问题

严格执法是一个历史问题，与中国封建史有着密切关系。在中国长期的封建统治中，一直是重视立法而漠视法律的执行。严格执法更是凤毛麟角。从秦始皇统一中国起，我国每朝每代都强调立法，以至于法律条文多到“律令繁多，便于出入。大体上，每个朝代开国之初，立法尚简，但各种形式的法律总是不断增加，到中后期，往往都变得十分繁杂、重复、矛盾、轻重不一等，司法官则可任意取舍，出入人罪，法律就得不到有效的执行。这方面的问题历代刑法志上多有记载。”① 清末法学家沈家本感慨：“法立而不守，而辄曰法

① 蒋冬梅：《略论传统中国严格执法的阻抗因素》，载《铁道警官高等专科学校学报》2007 年第 3 期。

之不足尚，此固古今之大病也。”① 封建王朝所立之法，君王不受任何约束，皇亲贵族也可以法外开恩，司法者充其量就是君王的一名马前卒，自然没有法律地位。大文学家苏轼有言为证：“读书万卷不读律，致君尧舜知无术。”从侧面反映了法律不为权贵所重视。古代法学走向衰落，至元朝废律博士。自此，“国无专科，群相鄙弃”。封建法律文化对中国法治文化影响深远，至今犹在。人民政府的官员习惯当官做老爷，本是人民的公仆，却把自己摆在主人的位置，对人民群众发号施令。公务员在国家治理中的角色转变仍是痛苦而艰难的过程。

严格执法也是一个现实问题。在今天的中国之所以依然困难重重，一个重要原因就是传统法律文化的深远影响。因此，弄清历史上严格执法的阻抗因素，对今天的法治建设具有重要的借鉴意义。解决严格执法的现实问题，就有必要分析其为什么会成为现实问题。可以从下面两个方面去思考：

其一，严格执法存在问题的思想根源，是政府官员忘了自己“人民公仆”的角色定位，把人民交给的权力当作向老百姓发号施令、炫耀身份的资本。因此，他们习惯借用手中权力暗中搞执法平衡，执法亲疏有别，用执法权欺压百姓，有的甚至用执法权拉帮结派、搞权利寻租，公然谋取私利，甚至贪污受贿。官员自身不正何谈严格执法？有的官员面对老百姓诉求，踢皮球、玩花样，与民众关系紧张，鱼水之情受到严重损害，有的地方甚至荡然无存。

其二，严格执法存在问题的法治根源，是政府机关工作人员普遍法治意识淡薄，法治信仰不足，法治权威思想不牢，法理常识知之甚少，有相当一批公务人员几近法盲水平。这

① 参见沈家本：《历代刑法考·法学盛衰说》，中华书局1985年版。

些年来，国家组织连续20多年的全民普法活动，许多机关单位文过饰非，组织不认真，学习走过场，收效甚微，学来学去，法治观念几乎没有大的长进。没有良好的法治素养，就往往只能凭经验，走老路，尤其是在土地纠纷、房屋改造、旧城改造过程中，对不愿搬迁的钉子户，动用警力实行强拆，造成矛盾激化，产生恶劣影响。

近年来，党中央和国务院要求各级政府严肃认真抓严格执法方针的贯彻落实，执法状况出现明显好转，在严格执法方面取得了一定的成绩，缓和了政府与民众的关系。担任行政执法的公安、海关、司法、民政、税务、审计、国土、农林、质检、药检、食品安全等政府执法部门，都围绕严格执法、为民执法、热情服务做出了很大的努力，受到人民群众的充分肯定。尤其是消防、武警官兵，面对危险勇敢顽强，在洪水、大火、地震、突发事件中，临危不惧，坚贞不屈，成为严格执法的时代楷模。

人民政府是国家的行政执法主体，是人民群众权益的重要保护者。人民群众大大小小的权利，都与政府密切相连。大到政治权、生存权、健康权、劳动权、言论权，小到衣食住行吃喝拉撒睡，几乎没有政府不管的事。政府执法状况的好坏，与人民群众的利益息息相关。因此，人民政府必须下大气力坚决克服执法不严、违法不究的现象，使严格执法真正落到实处。

三、如何推进严格执法

在构建法治中国的进程中，如何推进严格执法？十八届四中全会《决定》作出明确要求，各级政府必须坚持在党的领导下，在法治轨道上开展工作，加快建设职能科学、权责法定、执法严明、公开公正、廉洁高效、守法诚信的法治政府。

《决定》提出了一些重要措施，归纳为五个方面：一是推进机构、职能、权限、程序、责任法定化，规定行政机关不得法外设定权力，没有法律法规依据不得作出减损公民、法人和其他组织合法权益或者增加其义务的决定；推行政府权力清单制度，坚决消除权力设租寻租空间。二是建立行政机关内部重大决策合法性审查机制，积极推行政府法律顾问制度，保证法律顾问在制定重大行政决策、推进依法行政中发挥积极作用；建立重大决策终身责任追究制度及责任倒查机制。三是推进综合执法，理顺城管执法体制，完善执法程序，建立执法全过程记录制度，严格执行重大执法决定法制审核制度，全面落实行政执法责任制。四是加强对政府内部权力的制约，对财政资金分配使用、国有资产监管、政府投资、政府采购、公共资源转让、公共工程建设等权力集中的部门和岗位实行分事行权、分岗设权、分级授权，定期轮岗，强化内部流程控制，防止权力滥用；完善政府内部层级监督和专门监督；保障依法独立行使审计监督权。五是全面推进政务公开，推进决策公开、执行公开、管理公开、服务公开、结果公开，重点推进财政预算、公共资源配置、重大建设项目批准和实施、社会公益事业建设等领域的政府信息公开。①

《决定》提出的这些措施都有很强的针对性，同党的十八届三中全会精神一脉相承，对法治政府建设十分紧要，是实现严格执法的重要措施，是法治文化需要认真研究的重大理论课题。

---

① 《中共中央关于全面推进依法治国若干重大问题的决定》，人民出版社2014年版，第54页。

第三节　公正司法是法治文化建设的核心环节

司法是调整社会关系及秩序的总开关，是法律实施的核心环节，是实现法律公正的操作环节，是维护社会公平正义的最后一道防线，是法治中国建设的重中之重。司法公正在法治文化构架中举足轻重。司法的职责就是维护法治秩序，捍卫法治权威。通过司法活动的展开，向广大人民群众传播法治理念，宣示法律神圣不可侵犯，任何人违反法律都必须不折不扣地受到法律的制裁。因此，司法的生命在于司法带来的公平正义，公平正义是司法的灵魂、法治的生命线、人民的福祉。没有司法公正，法律就只能是僵化的文字；没有法治力量，法律的权威也只能停留在空口号上。因此，实现法治国家，首要的就是要强化司法功能，“生产”出更多的优良司法“产品”，使人民群众在每一起案件中都能够真切地感受到公正司法，从而培养全体民众严守法律底线，尊崇司法裁判，履行法院判决，成为守法公民。

一、司法与执法的联系与区别

司法机关司法与行政部门执法，有联系也有区别。研究法治文化架构，有必要把二者关系弄明白，不能够把它们混为一谈，因为它们是法治文化有机结合的两大部分。行政执法与司法机关司法，都要求“以事实为依据，以法律为准绳”，法律就是执法机关、司法机关的“上级”，服从法律是职责所需；都要求有法必依、执法必严，执行法律、适用法律，不承认有任何组织和任何个人能够向法律提出任何特殊要求，童叟无欺、贫富无差、高官百姓一视同仁，在执法司法活动中不得徇私，执法司法只能是铁板一块，无缝对接；都要求深刻领会法律精神，吃透法律规定的内涵，准确无误地执法司法，用好法、用对法，彰显法律的权威，从而培养全社会民众的法治信仰，牢固树立法治信心。不同的是：两者的工作方式不同、工作内容不同、工作对象不同。

行政执法机关执法的方式与行政管理工作密切相连，有很大一部分是在政府管理职能实现的过程中完成的，其中只有少部分要经过专门的执法形式来完成。比如行政处置、行政裁决、仲裁、调解、听证、协商、行政拘留等。行政执法的工作内容和工作对象，也是基于社会治理活动范围内的人和事以及所涉及的单位、组织，它的工作对象是任何单位、任何人，它的执法活动涉及面广，牵扯面大，与国计民生、社会发展、社会治理、社会公德、社会责任都密切相关。

司法机关的司法活动，是严格按照法律规定的程序，符合法定的案由和诉讼时效，符合管辖规定，在法定场所、法定环境，由法定的侦查员、律师、检察官、法官等司法工作人员，依据法律规定，完成司法过程实施司法的活动。司法工作对象是原告、被告、被告人、当事人和诉讼参与人。司法是行政执法的救济渠道，行政执法是司法活动部分案件的源头。从它们之间的逻辑联系和工作关联来看，司法是维护行政执法公正的保障，是维护法治的最核心、最重要的法律实践活动。一个国家的法治建设优劣，主要依据它的司法权威是否树立、司法裁判是否服从、法院生效判决是否执行等内容来衡量。因此，研究公正司法对于构架中国特色社会主义法治大厦意义非凡。

二、正确认识公正司法

追求司法公正是古今中外法律人士一直的共识，是人类历经长期的司法实践追求的司法效果。英国爱德蒙德·伯克认为，“法律的基础有两个，而且只有两个——公平和实用”。古希腊的赫拉克利特指出：“人民应该为法律而战斗，就像为了城墙而战斗一样”。[①] 司法公正需要科学立法作为基础，需要严格执法作为依托，需要全民守法作为支撑，因此，法治文化架构的各个方面是一个逻辑严密、互为因果的关系，只有各方面都能够严格按照法治的轨道运行，才能形成完整无缺的法治文化体系。

如何认识公正司法？康德说过，“问一位法学家什么是公正，也像问一位逻辑学家什么是真理一样，同样使他感到不好回答。”[②] 因此，许多学者都在极力寻找最权威的答案，但是他们得到的答案并不十分满意。不是法学家们研究不努力，而是司法的公正还在不断的实践中摸索和前进。尽管这样，我们也无法绕过这个概念去研究法治文化。因为这是法治文化研究的一种社会责任。

公正司法是比司法公正更高的要求，司法公正讲求的是司法的效果，是结果论；公正司法要求的是司法过程从一开始就立足于以公正为前提去开展司法活动，司法的全过程都要充满公正，是过程论。一个词组秩序的变化包含着更加深刻的内涵，这表明中国共产党对司法机关司法过程更加严格的要求，这意味着不能在司法公正上有丝毫大意和放松。公

---

① 参见《中国法治文化》2015 年第 7 辑“法治名言”栏目。

② 康德：《公道的哲学问题》，载《西方法律思想史资料选编》，北京大学出版社 1983 年版，第 398 页。

正是法的公平与正义的一般概念在司法活动中的体现，是通过司法活动让一整套体现人民意志的司法制度被司法活动参与者认同的司法程序。它通过实体适用法律和程序依法构架的运作过程，使司法活动过程和司法活动结果获得正当性和权威性，并因此发挥解决纠纷机制的功能。公正司法就是使这个功能实现最大化。

三、公正司法的现状和实现途径

我国现存影响公正司法的突出因素有哪些？如何才能实现公正司法？我们可以从八个方面分析思考：

（一）重新调整对公正司法的认识

现实状况是，我们不少司法人员错误地认为公正司法能够在大多数和绝大多数司法案件中实现即达到了执法目标，并非要保证全部司法案件都实现公正司法。主要表现在对少数案件民众不认可的公正司法，采取包容或者做主观辩解，以办理了大量的公正司法案件的功绩，来折抵出现非公正司法的个案，以此来原谅司法人员的工作失职行为。我们觉得这种认识与“让人民群众在每一个司法案件中都感受到公平正义”的公正司法目标存在较大差距。因此，我们的司法工作者，必须重新调整思路，认真领会党的公正司法标准的精神实质，通过扎实认真司法，充分满足人民群众的诉讼需求，从思想深处树立起司法活动的工作目标就是保证每一起案件在司法过程中都实现公正司法，每一起都体现公平正义，从而激发人民群众对司法的信仰。“让人民群众在每一个司法案件中都感受到公平正义”，是中国共产党和中国人民对公正司法的基本要求，是完全法治意义上的要求，是对司法机关起码的工作要求。达到这个目标不容易，但实现这个目标却是公正司法的题中之义。

司法机关的工作成绩体现在依法妥善解决纷争和依法惩治刑事犯罪上，使纠纷得以妥善圆满解决，平息矛盾，促进社会稳定和经济发展；使罪犯受到法律制裁，维护人民群众财产安全和人身安全，维护人民的合法权益。人民群众高度关注司法机关的法治过程和法治结果，因为它与人民的利益息息相关，是实现社会平衡的重要法治手段。司法是人民群众看得见、摸得着的公平和正义。能不能让人民群众在每一个司法案件中感受到公平正义，就成为公正司法的时代新任务，这是党对司法工作的要求，更重要的是它代表着人民的意愿。只有当人民群众在每一个案件中都能感受到公平正义，才能够对法治建立坚定的信念。如果民众只能从几个示范性的案例中体会到公平公正，那还叫公正司法吗?!

（二）公正司法就是阳光司法

公正司法的前提是司法公开。司法公开是破除司法神秘的时代要求，司法只有完全置于阳光之下，让证据事实说话，才会大大减少屈打成招、刑讯逼供、冤假错案、错杀错判的现象，才能从根本上防止办人情案、金钱案，才能使神秘状态下的“小手腕、小伎俩、小动作”没有机会施展。十八届四中全会《决定》要求：“构建开放、动态、透明、便民的阳光司法机制，推进审判公开、检务公开、警务公开、狱务公开，依法及时公开执法司法依据、程序、流程、结果和生效法律文书，杜绝暗箱操作。加强法律文书释法说理，建立生效法律文书统一上网和公开查询制度。”

公正司法要求司法公开成为常态，然而我们面对的司法公开还十分有限。以裁判文书公开为例。最高人民法院十年前就提出要求各级法院裁判文书要上网公开，经过三令五申发文件、下通知，可时至今日在有些地方依然是羞羞答答的半公开、部分公开状态。为什么公开裁判文书都会这么艰难?

原因很多，有技术问题也有认识问题，还有面子问题，愿意公开与不愿意公开两种认识依然在博弈中。现在人民群众对告状无门不满意，公民提交诉讼状以后，急切想知道能否受理、能否立案、何时立案。尤其是对申诉案件的受理、立案信息不公开，常常让当事人很不爽。当事人提起再审申请是在行使正当诉讼权利，能不能立案法院必须经过审理并作出决定。如果从申诉一提交人民法院就能够步步告知当事人受理情况，使流程公开透明，当事人就没有必要托关系找门子刺探“秘密”，就会减少当事人对司法机关的误会。反之就有可能引起申诉人胡思乱想，产生种种怀疑，甚至发生传播无端流言蜚语、损毁司法机关形象的事情。这就是司法不公开带来的弊端。司法公开的目的就是最大限度地保证司法公正，是防止出现司法腐败和司法独断的必要条件。

尽管司法公开原则随着法治建设进程的加快发生时代的变迁，但从目前看，总体是公开不足，公开非常态。现代法治国家的经验说明，要充分发挥司法公开促进司法公正的重要推动作用，司法公开原则有必要通过媒体适时、适度、客观、真实的报道来实现，没有媒体公开司法事实和过程，也就没有司法正义可言。

（三）公正司法就要真正还权于法官、检察官

《决定》强调：“明确司法机关内部各层级权限，健全内部监督制约机制。司法机关内部人员不得违反规定干预其他人员正在办理的案件，建立司法机关内部人员过问案件的记录制度和责任追究制度。完善主审法官、合议庭、主任检察官、主办侦查员办案责任制，落实谁办案谁负责。”

我们现有的案件审理方式，虽然也强调司法人员的办案责任，但是要以现存机制“落实谁办案谁负责”，并且实行责任终身追究制，对于法官、检察官个人来说的确是勉为其

难。法院、检察院目前是挂着“司法机关牌子”行“行政管理手段”的机关，从内部人员管理上来看，更是行政化突出，上级领导下级，院长、检察长、庭长就是名副其实的行政长官，于是司法机关的一把手也可以是法律的门外汉来担当，而院长、检察长、庭长对案件有审批决定权。这种机制下，出了成绩人人有份，出了问题谁都可以推卸责任。假如因为领导作出决策导致错误发生，却让办案人员承担责任，这种机制就没有合理性。因此，司法机关的内部设置、内部管理、案件流程、案件审批都必须遵循司法规律，通过司法改革调整机关内设机构，重新规范案件审批流程，减少审批层级，完善审批人员、办案人员的各自职责划分，分清不同人员在案件审理中所承担的独自责任，尤其要明文规定哪些责任是办案人员的责任，才能把板子真正打在办案人员身上，真正落实“谁办案谁负责”。

以法院为例，我们来分析一下法官在审判中的个人责任问题。海南省一中院院长陈启明在《关于健全审判权力运行机制的思考》一文中指出：长期以来，法院内部在审判权力运行中，司法行政化的问题较为严重，呈现审判主体多重化，审判组织层级化的特点，合议庭或独任审判员审理案件后，要经过审判长、庭长、副院长（甚至院长）的层层审批，这就是典型的“审者不判，判者不审”。层层把关导致权责不分，追责不力，降低了法官的风险意识、责任意识。一旦出现错案，因各主体职责不明，责任难以划分，造成难以追责。就是合议庭内部职责也没有明确划分，根本无法实现“谁办案谁负责”，更别说让司法人员终身负责了。

在一些法治化程度较高的国家，审判职能部门的内部独立已基本上不成问题，司法公正也在诉讼程序设计中得到满足。我国的情况则有所不同。虽然诉讼程序设计基本上满足了公正的要求，但内部独立一直是困扰法官们的一大难题。审判权运行机制改革期待目标正是为了适应公正司法的要求，建立符合司法规律的审判权运行模式，优化配置审判资源，加强独任法官、合议庭办案责任制，维护独立审判原则，最大程度地满足人民群众对公平正义的需求，提高司法公信力，树立司法权威。当然，这一系列重要目标的实现还要依靠与审判权运行机制相关的一系列配套改革同步推进。如何把案件决定权真正交到法官、检察官手中，是实现公正司法的重要改革内容，放权于法官、检察官，其才能够真正担负终身追究的重任，才能够排除干扰，独立思考，审慎司法，严把法律关、事实关，努力实现每一个案件的公平正义。

（四）公正司法就要真正实现司法权独立行使

《决定》明确指出："完善确保依法独立公正行使审判权和检察权的制度。各级党政机关和领导干部要支持法院、检察院依法独立公正行使职权。""健全行政机关依法出庭应诉、支持法院受理行政案件、尊重并执行法院生效裁判的制度。完善惩戒妨碍司法机关依法行使职权、拒不执行生效裁判和决定、藐视法庭权威等违法犯罪行为的法律规定。""建立健全司法人员履行法定职责保护机制。非因法定事由，非经法定程序，不得将法官、检察官调离、辞退或者作出免职、降级等处分。"这些措施为实现独立行使审判权和检察权，提供了重要的支持。

目前，法院、检察院在省以下国家体制中，党委和政府习惯把这两家司法机关作为普通行政机关对待，在各种重要场合的排名上也往往靠后。加上前些年政法委对司法机关从案件到人员，管得过宽过细，有些地方甚至直接插手案件审理，审判权独立、检察权独立还面临不少障碍。司法机关不能独立行使司法权，使宪法的规定实际架空，带来最大的危险就是污染了法治源头，“生产”了冤错案件，最终导致人民群众得不到司法的救济。现在被媒体广泛披露的重大冤假错案，多数背后都存在干预独立司法的隐情。河南洛阳法官李慧娟在一起种子纠纷案的民事判决书中因适用“上位法优先”的裁判原则，依据全国人大常委会制定的《中华人民共和国种子法》作出裁判，指出本省同类法规与上位法冲突，省有关部门认为是“严重违法行为”，责令法院给予直接责任人严肃处理，李慧娟等人被免职。这起轰动全国的种子案，六年后被清华大学、北京大学、中国政法大学作为研究生入学考试试题。① 从这起案件中法官的命运，可以看出独立行使司法权并不是一件容易的事，是要冒风险的，需要法院和法官拿出巨大勇气才行。

我国某地一位基层法院领导撰文指出：许多案件的审理受到来自领导干部的干预，地方政府和领导人对基层法院“打招呼”、“说情”现象时有发生，“权大于法”成为潜规则，严重动摇宪法和法律权威及司法公信力。受行政干预及地方保护主义影响，基层法院有时不得不为了“地方的利益”而违法行使审判权。如行政案件中判决行政机关败诉率极低、对于领导关注案件偏袒一方当事人、对于裁决后影响政府形象案件久调不决等。

实现独立行使审判权和检察权，在我国法律制度层面已经不存在障碍，问题是怎样排除来自外部对司法的干扰？怎样让也食人间烟火的法官、检察官可以不惧怕当地政府官员对司法的干预？怎样使领导干部插手过问案件的登记制度、追查制度得到真正落实？光有司法机关自身的努力，很可能

---

① 来源：李慧娟案_ jacky_ 新浪博客，2015 年 5 月 28 日。http://blog. sina. com. cn/s/blog_ 660d57310100px3k. html

会成为“墙上之饼”。当法治还没有成为人民生活习惯之前，还离不开党委政府的全力支持。党的十八届四中全会《决定》在优化司法职权配置方面做出部署：“改革司法机关人财物管理体制，探索实行法院、检察院司法行政事务管理权和审判权、检察权相分离。”“最高人民法院设立巡回法庭，审理跨行政区域重大行政和民商事案件。”这些举措对于排除司法干扰，实现独立行使司法权将会产生深远影响，必将给社会和人民带来福祉。

从构建法治中国全局利益出发，各级党委人大政府都有责任为司法机关排除干扰作为维护法治的分内工作职责，积极主动做点实实在在、看得见、摸得着的工作，这对于实现公正司法无疑是建功立业之举。司法权的独立行使，绝不仅仅是司法机关自身的事，而是法治中国的总体利益所在。司法权的独立行使不是司法机关要争取自身什么权利，而是世界法治的经验所在，是中国法治建设的迫切要求。司法权的相对独立理论，是架构中国特色社会主义法治文化的核心内容，是维护法治权威的理论武器。政府机关、权力部门都有支持的责任，领导干部都有不干预司法活动的义务。用拦车喊冤、超越程序等非常手段，实现为民伸张正义、纠正冤假错案的亲民个例，对于构建法治文化正常秩序是一种弊大利小的行为，不值得宣传造势，更不值得歌颂。

（五）公正司法就要走专业化司法之路

随着经济大发展，社会分工更加细化，专业知识对司法活动的运行是极大的考验。在“公正司法为民司法”的司法理念指引下，我国司法制度改革与发展的重心转入微观基础的架构建设，从体制和机制上培育司法主体的应有特性，使司法主体真正成为公正司法价值取向的载体，重视这一价值取向的实现，是法治新时代发展的需要。现行的司法架构，是大而全、上下对口、区域无差别的架构方式，平均分配司法资源，导致司法人员忙闲不均，造成司法资源严重浪费。在现代法治发展的今天，司法权的微观架构核心应该朝着专业化方向发展，科学构建司法内设机构，重新确立各部门的工作职责，以达到充分有效利用司法资源之目的，整体提升司法机关的公正司法能力。当下，合理利用司法资源，成为司法改革中一个不可小视的亮点。

党的十八届三中全会通过的《中共中央关于全面深化改革若干重大问题的决定》明确提出，要“健全司法权力运行机制”，“改革审判委员会制度，完善主审法官、合议庭办案责任制，让审理者裁判、由裁判者负责”。这是新的历史条件下，党对推进司法机制改革做出的全新部署和安排。

按照中央的要求，最高人民法院于2013年10月制定了《关于审判权运行机制改革试点方案》，确定了上海市二中院等九家法院为试点单位，开始为期两年的审判权运行机制改革试点工作。海口市中级法院在试点中，重点推出了特色法庭建设思路，该院先后在龙华区、秀英区、美兰区、琼山区分别设立了交通法庭、少年法庭、医疗纠纷法庭、环境法庭，分类统管全市的同类案件，使这几类多发的民事纠纷案件，审判结案明显提速，有效地集中了审判资源，取得了事半功倍的成效。针对特殊案件设立的特色法庭具有较强专业性，通过集中审理同城同类案件，既方便群众诉讼，又及时化解纠纷，促进社会和谐。更重要的是，法官日积月累增长了专业知识，从而统一了法治尺度，彰显了公正司法。他们把这种特色法庭微观探索作为“打造接地气的中国特色司法制度微观构建”来探索和完善。一个不起眼的特色法庭实践，既破解了法院“案多人少”的困境，也统一了司法专业审判难以衡平的正义尺度。诸如此类微观改革在一定意义上更有利于实现公正司法，值得提倡。

（六）公正司法就要以实体正义和程序正义作为保证

什么是正义？法学家们有多种解读。具有典型代表性的是实证主义法学派正义观和自然法学派正义观。它们之间的差别在于：对自然法学派而言，这一命题是其逻辑体系中的结论；而对于实证主义法学派来说，这一命题是其逻辑体系的起点。事实上，如果观察一下实证主义法学派对正义解说的语境，我们甚至可以忽略两者之间的差异。①

既然如此，我们就来大胆地设定一下对正义和公正的认识。司法正义是公正司法的基本保障，在这里正义是前提，公正是结果。我们上面已经对公正做了诠释，在此不再重复。而对于正义，我们认定的是法律的正义。只要在办案中，严格依据法律做出符合法律公正的司法结论，我们就认为实现了司法正义。

司法正义包括程序正义和实体正义，也就是说司法活动全过程都要充分体现正义。正义是可以让人感知的一种现象，它通过诉讼过程和审判过程来表现。首先是程序正义。程序在中国历来不被重视，因为我们的司法者认为，程序只是实现实体的外在表现，如同润滑剂。严格遵守案件审理程序，不但增加工作麻烦，还会拖延公正结果实现的时间。20 世纪 80 年代前参加工作的司法人员，大都来自转业军人和公安民警，普遍缺乏系统的法律专业知识的学习，加之政府机关延续部队的军事化管理，对于程序不重视形成了常态。直到 20 世纪 80 年代中，司法活动才把程序合法提到了司法正义的高度。程序强调的是诉讼过程规范化，比如刑事案件的预审、拘留、审查批捕、审查起诉、提起公诉、开庭审理、二审、

① 姚莉：《司法公正要素分析》，载《法学研究》2003 年第 5 期。

终审、死刑复核等，诉讼过程法律化，既可以让诉讼当事人做好充分心理准备应对审理，也让当事人有充分机会进行申辩和维护自身诉讼权益。司法机关严格按照程序法的规定一步步实施了，当事人就能够感觉到程序正义已经融合在案件审理之中。程序正义保障案件当事人充分行使了自己的诉讼权利，充分申辩了自己对诉讼实体内容的主张，检察院、法院对其主张进行了认真的核实辨析，也就能够使当事人预感到实体正义的到来。坚持程序正义和实体正义原则，就为公正司法目标实现提供了基本前提条件。当然，实体正义是诉讼活动中让当事人感受更为深刻的公正司法的内容，因为实体公正与当事人权益是否得到切实保护有着直接的利害关系。

（七）公正司法要造就相适应的司法队伍

德沃金说，法院是法律帝国的首都，法官是帝国的王侯。[①] 可见法官在公正司法中的重要作用。哈耶尼说："对正义的实现而言，操作法律的人的质量比其操作的法律内容更为重要。"[②] 他指出了司法队伍在法治建设中的特殊地位。试想，再好的法律如果没有一流的司法队伍，那也只能是一纸空文，毫无生命力。

经过党和政府 60 多年的不懈努力，我国已经形成了一支基本合格的司法队伍，如今的法官、检察官基本都是受过法律高等院校培育、具有法律专业知识的人才，其中不乏硕士、博士学历人才。法官、检察官对法律的担当、对司法尺度的把握、对定罪量刑标准的把握、对自由裁量权的把握，都已

---

① ［美］德沃金：《法律帝国》，中国大百科全书出版社 1996 年版，第 361 页。

② 李汉昌：《美国民事审前程序中值得借鉴的几个问题》，载《法学评论》1988 年第 6 期。

经具有很强的判断力、掌控力，法官、检察官已经告别不请示报告就可能出错的低水平时代，依法把审判权、检察权放心交给他们的时机已经成熟。但是也应该看到，这支队伍还处在上升发展时期，某些地方还不能完全适应构建社会主义法治大厦的需要。因此，对这支队伍的司法业务培训教育，还是一个长期的艰巨任务。尤其是运用多种手段缩短案件审结周期，科学化解人案矛盾，还是我国司法队伍建设的重要环节。江苏宜兴法院两位法官，在他们合作的《试论民商事审前程序重构与法官助理作用》一文中指出，相比美国等司法制度发达国家的法官审判效率，我国法官及审判组合模式的审判效率尚处于较低水平。根据美国纽约州法院司法行政管理首席法官 2000 年的法院年度报告，纽约州共有法官 1，199 人，全年共收案 3，821，292 宗，共结案 3，732，192 宗，除去停车罚单案 197，113 宗，仍结案 3，535，079 宗，法官人均结案约 2，948 宗。[①] 法官人均办案数量数十倍于我国目前办案数量较多的法官，远远高于我国法官平均结案数，为改革试点江阴市法院 2013 年审判组合效率的 7.2 倍。江阴法院组成 53 个审判组合，2013 年该院共审结案件 21498 件，每个审判组合平均结案 405 件。据资料介绍，美国民商事案件中的 95% 在庭前和解，真正进入开庭程序的不到 5%。按照这个比例测算，美国经过完整诉讼环节最终开庭裁判的案件，平均到每个法官为 147 件，对比我国 2012 年人均结案数居全国法院首位的吉林省一线法官人均结案 136.8 件，数量大体相当。

---

① 黄长营：《美国法院如何努力提高审判效率》，转自深圳市中级人民法院网站，来源：http：//www.chinacourt.org/article/detail/2002/09/id/11821.shtml.

从审判组合的结构上看，美国最高法院的大法官们每人有权雇佣四名法官助理，上诉法院法官有三名法官助理，地区法院法官有两名法官助理，治安法官有一名法官助理。审判组合内人数略多于我国现行改革的方案。而我国审判组合结构目前尚不统一，基本组合模式是法官 + 法官助理 + 书记员，比例结构有 1 +2 +1、1 +2 +2、1 +2 +3 等多种架构模式。法官组合模式究竟如何搭配为最佳，尚在摸索之中。这个问题随着时间的推移是肯定会有个科学界定的。合理的组合结构是实现司法高效、追求司法公正的必要保障。除此之外，我们要研究法官队伍的整体建设，使这支队伍在国家的整体架构中处于适当的地位，能够使司法人员享有职业的尊严。对于司法队伍中反映强烈的问题，比如案件剧增导致的法官、检察官人少案多的问题，法官、检察官审理案件受制约层面多的问题，法官、检察官的薪酬与付出不成比例的问题，都是客观存在的，直接影响到法官的工作积极性，不利于实现公正司法。

法官们还普遍反映，我们要学习西方法治文化有效因素，学会引进一些速调结案的模式，让我国普遍实行的开庭审判的审理方法朝着多元化、多样性的化解矛盾、化解纠纷的方向发展。比如引进诉辩交易、庭前调解方式以及各国法院通行的 ADR 方式（Court – annexed ADR）。ADR 方式是指以法院为主持机构并受法院指导的非诉讼多元化纠纷解决机制，是一些国家解决诉讼爆炸的有效手段。美国法院附设 ADR 的表现形式主要包括：调解、仲裁、简易陪审团审判、早期中立评估等；日本采取的是民事和家事调停制度；我国台湾地区既有法院附设的民事调解制度和家事调解制度，又在法院外设立了民间性和行政性结合的乡镇市调解；挪威等国则把民间性与行政性结合的调解程序直接作为诉讼前的法定必经程序。[1] 国际司法界的成功做法应当成为我国司法改革发展的参照物，结合国情加以改造，从而形成我国独特的简化审理程序机制，以满足日益增长的民众诉讼需求。

（八）公正司法就要建立完备的监督体系

让司法运行在可控范围内，要运用舆论监督、社会监督、法律监督等多种监督手段，强化对司法活动运行的监督，防止司法腐败，维护法律权威。要通过法律监督、人大监督，维护我国刑事民事法律的执法尺度统一性、量刑幅度一致性和同罪同判的司法结果。当代司法实践表明，要实现司法公正，尤其要注重媒体对司法公开的监督。司法公开与媒体监督具有相同的法律价值观，因此媒体对司法公开、推进公正司法没有本质对抗。一方面，媒体监督可能会影响司法独立；另一方面，离开媒体监督的司法可能会导致腐败和司法不公。

《检察风云》杂志就此问题组织学者座谈讨论，大家发表了很多真知灼见。学者认为媒体与司法的关系因为涉及两种民主社会的重要价值——司法独立与新闻自由的冲突，是一种复杂的辩证关系，必须妥善处理，才能达到最佳效果。当司法权力与公民权利发生矛盾时，司法机关如何防止民众的激情影响理性裁判？司法可以对媒体作哪些限制？底线在哪里？如果发现民众的激情影响了案件的公正裁判该如何处理？为避免这种影响发生，司法可以通过程序的自律和程序无效两种机制来实现。英美法系国家通过“封闭陪审团”、大陆法系国家以集中审理制度来实现。

如何实现司法公正与媒体监督的平衡？英国法律在对待大众媒体有关司法审判的新闻报道时不采取事前限制，但是

---

① 范愉：《多元化纠纷解决机制》，厦门大学出版社 2005 年版，第 476～477 页。

要求出版商文责自负，只在新闻报道违背法律精神与干扰司法公正时追究发布消息的媒体的责任。这种方法对于平衡新闻报道的时效性、舆论监督的合理性与司法审判的公正性有着重要的意义。[①] 我国在平衡这对矛盾时，习惯采取限制的方式，不提供采访机会、限制报道或者只允许指定媒体报道，这样既削弱了媒体的监督力度，也不利于促进司法公正。英国的事后追究制度值得我们反思与借鉴。

四、党的十八届四中全会《决定》给司法公正指明了方向

党的十八届四中全会《决定》，对公正司法做了重要的论述，对新时期如何实现公正司法提出了许多重要观点，尤其是一针见血地指出："公正是法治的生命线。司法公正对社会公正具有重要引领作用，司法不公对社会公正具有致命破坏作用。"《决定》的科学论断是高度概括的理论阐述，是我国今后推进司法公平正义的重要理论法宝。《决定》既提出了党委政府领导机关在追求公正司法中的责任和职能，又对在法治建设中起重要作用的各级领导干部发出了严格的指令和要求，为公正司法设置了高压线，鼓励司法人员要勇于排除任何形式的司法干扰，坚决做到严格司法，公正司法。

《决定》在完善审级制度、法律监督工作重点、司法机关严格自律、加强人权保障、坚持文明执法、规范司法原则、强化对司法活动监督等诸多方面都提出了具体要求，指明了工作方向。我们围绕这些重要论述，深入开展法治文化研究，从理论与实践结合上，深入开展依法治国建设社会主义法治

---

① 申楠、杨琳：《媒体监督与司法公正——英国媒体报道与司法公正的关系及启示》，载《西安交通大学学报》（社会科学版）2013 年第 33 卷第 4 期。

国家的理论探索，深入研究公正司法的内涵和外延，有效地推动司法公正的科学架构建设，为人民群众营造一个支持公正司法、监督公正司法、维护公正司法的法治环境，使公正司法为依法治国提供强大的正能量。

《决定》在“保证公正司法，提高司法公信力”这个大问题中，特别提出“推进以审判为中心的诉讼制度改革，确保侦查、审查起诉的案件事实证据经得起法律的检验”。这是对已经起步的诉讼制度改革吹起了冲锋号。诉讼制度是司法工作的中心环节和纽带，是司法改革的重要环节，《决定》为下一步司法改革指明了方向。司法改革是国家上层建筑改革，是国家政治制度改革的重要组成部分，司法改革的推进直接影响国家深度改革的发展速度。因此，以审判为中心的诉讼制度改革，是下一步司法机关的工作重中之重。法治文化要为下一步司法改革提供研究成果和理论指导，引导以审判为中心的诉讼制度改革朝着健康快速的轨道前进。

“以审判为中心”强调的是一切诉讼活动的设置要以人民法院审判过程这个中心环节来设计、来思考，不能各行其是，强调各自重点，保障改革的力度深度围绕审判工作着力；强调的是人民法院在诉讼活动中的核心地位，法院改革要为诉讼制度改革服务，要先行一步，摸索前行；要求侦查工作、审查批捕、审查起诉、裁判执行都必须紧紧围绕审判环节的要求来努力改进工作，使之适应审判这个中心环节的需要；强调司法的严肃性，要牢固树立司法权威，要求案件的事实和证据要经得起审判公开的检验，将所有的案件都办成铁案，最大限度实现司法公正，让人民群众随处可见司法公平正义的身影；是对人民法官提出了更高的要求，让每一位共和国的法官都能够在庄严的法庭上，代表正义、书写公正、维护法律、服务国家、服务人民，法庭上法官的一言一行，都代表国家法治的形象，不可以有半点马虎和草率；要求司法机关工作人员要坚决与司法不公的行为作斗争，端正作风，杜绝金钱案、关系案、人情案，重塑公正廉洁、秉公办案司法形象，使人民群众增强司法公信力。公安、检察、法院都要不遗余力为推动以审判为中心的诉讼制度改革出谋划策，贡献智慧和力量。“以审判为中心”说到底是对案件是与非的认定、对当事人罪错的判断，都必须以审判结论为依据，未经审判程序依法裁判的是非认定和罪错判断都是没有法律效力的。因此对犯罪嫌疑人未经庭审判决不能称之为罪犯，是无罪推定法治原则的必然要求。

第四节　全民守法是法治文化建设的重要保障

法国思想家卢梭曾说：“一切法律中最重要的法律，既不是刻在大理石上，也不是刻在铜表上，而是铭刻在公民的内心里”。国家的法律制度的建立、法律的实施，都离不开民众的力量，都少不了公民的参与。培育公民守法意识具有很重要的法治价值，好的法律制度、优秀的执法队伍、美好的法治环境，没有广大公民的守法意识，都难以得到有力的实施，法律的力量就难以张扬。

一、全民守法是构架中国特色社会主义法治文化的重要里程碑

党的十八届四中全会《决定》要求全党和全国人民“增强全民法治观念，推进法治社会建设”，《决定》指出，法律的权威源自人民的内心拥护和真诚信仰。人民权益要靠法律

保障，法律权威要靠人民维护。必须弘扬社会主义法治精神，建设社会主义法治文化，增强全社会厉行法治的积极性和主动性，形成守法光荣、违法可耻的社会氛围，使全体人民都成为社会主义法治的忠实崇尚者、自觉遵守者、坚定捍卫者。《决定》就如何实现全民守法提出了以下路径："推动全社会树立法治意识"、"推进多层次多领域依法治理"、"建设完备的法律服务体系"、"健全依法维权和化解纠纷机制"。《决定》对实现全民守法做出科学分析，指明工作方向，制定工作目标，使我们在开展法治文化引领民众守法的实践过程中有了路标，有了明灯。

全民守法是中国特色社会主义法治建设的起点也是终点，起点带给我们信心和期盼，终点带给我们前进发展的动力。有了全民守法这个起点和终点，任何法律制度的建设和法治文化的发展，都有了厚实的群众基础，都有了广大人民的期待和尊崇，都显得法治的步伐更加有力量。有了这个起点和终点，法治建设的每一项举措、每一点进步都与人民群众的福祉紧密相连，都与治国安邦紧密相连，法治文化建设的成就感就油然而生，法治文化推进思路就越来越宽广。

全民守法的前提是全民尊法，只有全体民众形成了自觉尊崇宪法和法律，牢固树立法律至上的法治理念，才能营造出全民守法的氛围。所以说，学会尊崇宪法和法律是培养全民守法意识的重要思想基础，有了尊崇法律的坚实基础，才能够稳步催生出浓厚的守法意识。

培养全民尊崇法律的意识，就要引导民众积极学法、主动用法。学习法律知识是增强法治意识的重要途径，除了读法律书籍，更多的还要通过参加法治文化活动，增加法治理念，吸收法治营养。因此，要推出民众喜闻乐见的法治文化活动，提供民众接受法治熏陶的场所，营造法治文化的氛围，使民众在寓教于乐之中增长法治知识，提高法律认知水平。在组织法治文化活动的过程中，要特别注意密切结合现实中的法治事件，有针对性地启迪公民、教育公民，使他们在接受法治知识的基础上，学会自我用法的技能，从遇事找政府、找熟人、找关系、找后门，信访不信法、信人不信法的纠纷解决误区中解脱出来，逐渐形成处理纠纷、调解矛盾、维护权益时主动选择法治之路，学会用法律保护自己的合法权益，保护自己的人身安全，维系自己的社会交往，把好自己的经营关、利益关、权益关。

现实中我们发现有一些从事经营生产的企业家、商家，他们往往在自己的权益被侵犯之后，顺着非法治的思路，走疏通关系、找熟人帮忙、找领导批示等不正当的渠道，结果是耗费精力、财力，没有任何成效，不得不回头找执法部门和司法机关，重新走法治之路，寻求公平正义。这样做的结果，对企业、企业家教训深刻。这种“炒剩饭”解决纠纷的方式，同样也给执法机关带来不少的麻烦。因为时过境迁，可能会产生证据缺失、事实难查、监定难做、时效延长等诉讼难题，给司法机关匡扶正义增加了难度，浪费了宝贵的法治资源。

在倡导和鼓励民众遇事找法律、学会走诉讼渠道、依法保护自我的前提下，执法机关和司法机关很有必要努力构架完善的法律服务体系，扩大法律服务体系的城乡覆盖面，完善法律援助制度，扩大法律援助范围，健全司法救助，保证人民群众在遇到法律问题或者权益受到侵害时有条件及时得到法律帮助。各地司法行政系统要加强对律师、公证、调解等法治组织和法律专业队伍的建设，让专业法律人士主动密切联系公民，及时提供法律服务，引导公民走上依法办事的法治大道，减少当事人的烦恼和损失，让公民尝到信法守法的甜头。

法院基层法庭、公安派出所、城乡司法调解组织和律师事务所，是人民群众寻求法治的重要前沿阵地。为构架法治大厦，国家要舍得投资，搭建好与人民密切相关的上述基层法治组织广大平台，使它们充分发挥连接民众的法治桥梁和纽带作用，及时播撒法治种子，让更多的民众逐步向法治靠拢，向法治寻求福祉。民众只有在得到法治的普惠之后，才能够发自内心的守法、尊法。

引导全民学法用法，目的就是实现全民守法。全民守法是构建法治社会崇高的理想境界，需要法治文化的引领，需要通过法治文化渠道营造人人参与的法治理想氛围，达到法治的理想高度。综合上述，回过头来我们再来认识党中央提出“全民守法”的重要意义，就会发现这个概念的提出是为我国法治建设找到了构架的重要基石，是构建中国特色社会主义法治文化的重要里程碑。

二、两个“十六字方针”的辩证关系

党的十一届三中全会决议，针对十年浩劫对法治严重破坏的现实，提出“有法可依、有法必依、执法必严、违法必究”十六字法制建设方针（下称“老十六字方针”）。党的十五大报告明确提出“依法治国，建设社会主义法治国家”基本方略，标志着我国依法治国从法律制度层面建设迈向法律治理层面。党的十八大报告中提出“科学立法、严格执法、公正司法、全民守法”的新十六字法治建设方针（下称“新十六字方针”），表明中国特色社会主义的法制建设进入了全新历史阶段，是我国法治建设的重要里程碑。“新十六字方针”极大丰富了社会主义法治文化的内涵，为法治文化加快建设步伐奠定了深厚的理论基础，具有深远的历史意义。“新十六字方针”鲜明地提出了中国特色社会主义法治建设的四大构架方式，开启了法治文化建设的全新征程。

值得注意的是，“新十六字方针”不是对“老十六字方针”简单的文字表述的变更，而是具有丰富的法治文化内涵。主要体现在五个方面：一，服务中心不同。“老十六字方针”是为构建中国社会主义法制建设提出的；“新十六字方针”是为构建中国特色社会主义法治国家而提出的，两者围绕的中心有质的区别。前者是为构建中国法律制度服务的法制方针，而后者是为构建法治中国服务的法治方针。二，“新十六字方针”不是“老十六字方针”的简单重复，包含的内容发生本质变化。“新十六字方针”为我国整体构建法治国家、法治政府、法治社会三位一体的法治建设，构建逻辑严密、结构合理的“立法、执法、司法、守法”的全新法治架构方式，确立立法要科学、执法要严格、司法要公正、守法要全民的法治目标。三，“新十六字方针”不仅涵盖了“老十六字方针”的全部内涵，而且内容更加丰富，结构更加科学。既延续了“有法可依”的立法目标和“执法必严、违法必究”的执法目标，又强调“公正司法和全民守法”两大法治建设目标。四，“新十六字方针”把执法和司法分别单列并提出不同要求，突出强调了政府的执法责任，提升了司法活动在国家法治建设中的地位和作用，抓住了法治中国建设的核心与重点。五，“新十六字方针”特别增加了“全民守法”这一法治目标，是重大历史进步，它彰显了要法治不要人治，打破了中国几千年来刑不上大夫、执法有亲疏的顽疾，强调守法是所有公民的义务和职责，排除了任何人超越法律约束的合法性，使法律面前人人平等成为现实可能。因此，我们认为，“新十六字方针”给中国法治文化增添了丰富的内涵，具有特殊的时代意义，激励全体公民紧跟法治文化新发展的历史潮流，自觉做中国法治文化的铺路石。

三、全民守法需要全党全国人民共同努力

全民守法是新时代构建中国法治文化建设的全新思路，具有十分重大的现实意义和历史意义，是使我国法治建设实实在在向前推进的重大举措，为实现中国法治建设铺垫了重要的基石，符合法治文化发展客观规律，得到国内外广泛好评，大大提升了我国的法治形象。实现全民守法一切要从头做起，从点滴做起，从我做起，任何高官、大亨、名人、功臣，在法治文化面前都要牢牢记住守法是自己的重要责任和使命。

怎样才能实现全民守法？我们认为要从五个方面努力：

（一）坚持执政党的坚强领导

中国共产党经过近百年的历史考验，已经被证明是领导中国走向国富民强的优秀执政党，是中国革命和中国建设不可替代的领导力量。它已经领导人民取得了无数次的历史性胜利，打破了帝国主义的预言，成功地完成了中国繁荣昌盛的历史变迁，带领中国人民豪迈挺进世界政治、经济、军事强国之列，成为世人瞩目的东方巨龙。贯彻在中国构建依法治国的法治主张，同样需要党对法治文化建设的坚强领导。党一方面积极倡导全民守法，另一方面也要增强自身的守法意识，使党和政府的活动始终遵循依法治党、治国的法治方针，用法治精神统领党内治理和国家治理，教育和引导全体党员和所有工作人员都成为尊崇法律、严格守法的模范法治公民。历史经验告诉世人，中国共产党的坚强领导是实现全民守法的必要保障。

（二）要强调所有党员和国家公职人员带头遵守法治

党员和国家公职人员的思想意识和行为准则，是民众认

识党和政府的参照因素。党员和国家公职人员对守法的态度和言行，直接影响群众对法治的信任度和尊崇度，是人民群众能否自觉守法的榜样。党员和国家公职人员带头学法尊法守法用法，是在党的领导下全面推进依法治国的题中应有之义，能否在法治建设上作表率，直接关系法治权威的树立、法治秩序的形成、法治实践的成效。党员和国家公职人员要适应建设法治中国的新要求，在学法上更加全面深入，在尊法上更加坚定自觉，在用法上更加积极主动，在守法上更加严格自律。尤其是高级领导干部，更应该内化于心、外化于行，带头养成遇事用法、办事依法、解决问题靠法的行为习惯，努力做法治型领导干部，给民众不断增添守法信念。党员和国家公职人员的守法状况应该成为提拔任用的重要考察内容，从而逐渐形成没有法治信仰的人不得出任上一级职务的法治制度，构架起依法治国的法治通道。

（三）构建单位、社会、家庭三个层面的守法意识培养圈

单位、社会、家庭是每个公民每天都不可脱离的三个重要生活环境，实行对全体公民的守法意识教育培养，无论是单位、社会、家庭都是不可或缺的场所。要发挥政府机关、企事业单位、人民团体在法治文化建设中的积极性，建立健全单位参与社会事务、维护公共利益、救助困难群众、帮助特殊人群、预防违法犯罪的机制和制度化渠道。发挥行业协会、商会、学会、研究会的自律和专业功能，引导组织成员遵守法治、规范法治约束，监督其依法开展活动。要重视社会组织对全民守法的作用，尤其要抓好村委会、居委会和社区村民居民守法意识教育，不断增强他们的法治信仰，增长他们的法律知识，培养他们的法治观念，使广大农民和城市居民在没有法治宣传盲区的情况下，稳步提高全民守法意识。要倡导家庭成员之间传授法律知识，督促家庭成员养成依法

办事的行为习惯，形成遵守法治、遇事找法、解决问题靠法的良好家风。

（四）实现全民守法教育进学校、进课堂

抓好遵纪守法的少儿教育、中小学生教育、大专院校青年教育，把全民守法的目的、意义、要求、原则、检验标准等内容，编写进教学大纲，把全民守法教育列为国家教育体系的重要组成部分。只有从娃娃抓起，从小培育孩子的守法意识，才能从小培养起人的守法行为习惯，并且受这种习惯不断延续、提升，最后形成法治思维惯性。使经过小学、中学和大学教育的下一代，都能够自觉尊崇法律、维护法律、学习法律，成为社会主义法治的合格接班人。

（五）构建全民守法的科学考评机制

要牢固树立有权利就有责任、有责任就有义务的观念，加强社会诚信机制构建，建立健全单位和社团组织的守法信用的记录，建立公民个人守法诚信的记录，建立守法诚信保障机制，建立违法实行惩治机制，使尊法守法成为企业事业单位、社会组织和全体公民的共同追求和自觉行动。发挥法治在解决赡养、婚姻、教子、交友等道德领域突出问题中的积极作用，引导公民自觉履行法定义务、社会责任、家庭责任，增强法治的道德底蕴，强化规则意识，彰显公序良俗，弘扬中华优秀传统文化。

第五章
中国法治文化的基本特征和价值取向

我国的法治文化具有什么特征？专家学者们有不同的理解和阐释，其中不少是基于党的十八届四中全会召开之前的理论总结，大多形成于2013年以前。《中国法治文化概论》作为法治文化的系统论述，又成文在十八届四中全会《决定》之后，历史的进步要求我们必须紧紧围绕《决定》精神来认真审视和思考法治文化，它是我们提出的法治文化特征及其价值取向的理论依据。

第一节 中国特色社会主义法治文化的基本特征

中国特色社会主义法治文化具有五大特征：坚持党对法

治文化建设的领导、充分实现人民当家做主、坚守法律面前人人平等的法治底线、坚持依法治国和以德治国相结合、根植中国社会主义建设伟大实践。其中坚持党对法治文化建设的领导是中国特色社会主义法治文化最本质的特征。

一、坚持党对法治文化建设的领导

十八届四中全会《决定》指出，“我国宪法确立了中国共产党的领导地位”，“党的领导是中国特色社会主义最本质的特征”，“把党的领导贯彻到依法治国全过程和各方面，是我国社会主义法治建设的一条基本经验”。坚持党对法治文化建设的领导无疑也是中国特色社会主义法治文化最核心的特征、最本质的特征。

习近平在十八届四中全会上《关于〈决定〉的说明》指出，“党和法治的关系是法治建设的核心问题。全面推进依法治国这件大事能不能办好，最关键的是方向是不是正确、政治保证是不是坚强有力，具体讲就是要坚持党的领导，坚持中国特色社会主义制度，贯彻中国特色社会主义法治理论。党的领导是中国特色社会主义最本质的特征，是社会主义法治最根本的保证。”①

如何来理解坚持党的领导的本质特征？可以从三个方面来思考：

其一，党的领导和社会主义法治是一致的，党的主张和人民的意志是高度统一的。中国共产党执政新中国半个多世纪的历史充分证明，党的领导是国家的命脉所在，党的主张和人民的意志是高度一致的。半个多世纪的建国史，是党领

① 《中共中央关于全面推进依法治国若干重大问题的决定》，人民出版社2014年版，第48~49页。

导人民坚定地走中国特色社会主义道路，完成了民族经济社会主义改造，果断终止以阶级斗争为纲，确立了以经济建设为中心的发展道路，提出建设社会主义市场经济的新思路，实现了国家工作重点历史转折。继而推出依法治国方略，制定适合国情的经济发展政策，迎来了民主政治、国民经济和社会主义法治的全面发展，书写了富国强民的光辉历史篇章。在社会主义市场经济繁荣昌盛，中国融入全球市场的大好形势下，党又高屋建瓴为中国人民绘制了构建法治国家、法治政府、法治社会的宏伟蓝图，党对法治建设的领导理应是全面推进依法治国的领导核心。我们要清醒认识到，只有在党的领导下依法治国、厉行法治，中国特色社会主义法治才能朝着正确的轨道前进，人民当家做主才能充分实现，国家和社会生活法治化才能有序推进。

其二，党要依据宪法法律治国理政。坚持党领导立法、保证执法、支持司法、带头守法，把依法治国基本方略同依法执政基本方式统一起来，把党总揽全局、协调各方，同人大、政府、政协、审判机关、检察机关依法依章程履行职责、开展工作统一起来，把党领导人民制定和实施宪法法律同党坚持在宪法法律范围内活动统一起来，使党的主张通过法定程序成为国家意志，更好地治理国家。

其三，党要依据党内法规管党治党，要求党组织和全体党员做尊法学法守法用法的楷模。习近平在2015年春季省部级领导干部依法治国研讨班的讲话中指出，“各级领导干部在推进依法治国方面肩负着重要责任，全面依法治国必须抓住领导干部这个‘关键少数’”，“每个党政组织、每个领导干部必须服从和遵守宪法法律，不能把党的领导作为个人以言代法、以权压法、徇私枉法的挡箭牌。权力是一把双刃剑，在法治轨道上行使可以造福人民，在法律之外行使则必然祸害国家和人民。

把权力关进制度的笼子里，就是要依法设定权力、规范权力、制约权力、监督权力。全面依法治国，必须紧紧围绕保障和促进社会公平正义来进行。公平正义是我们党追求的一个非常崇高的价值，全心全意为人民服务的宗旨决定了我们必须追求公平正义，保护人民权益、伸张正义。”

加强社会主义法治文化建设，既要坚决反对人治、专制、神治、少数人统治和法外特权等的关联和做法，也要尽快摒弃违法有理、法不责众、信闹不信法、信权不信法、信钱不信法、信人情不信法治等非法治主义的观念和做法。在法治文化实践中，担任党和国家重要职务的领导干部的态度和作为，是依法治国能否顺利推进的关键所在，党对领导干部的管理教育，尤其是引导党的领导干部从自以为是“党的化身”的错误认识中醒悟过来，改变领导干部在国家管理中的“任性”陋习，使公平正义的法治理念得到张扬，使法治文化健康发展。只有把领导干部无一例外地置身法治监督之下，理性管理的法治才能真正落到实处，才有顽强的生命力。

二、充分实现人民当家做主

党的十八届四中全会《决定》强调，人民是依法治国的主体和力量源泉，人民代表大会制度是保障人民当家作主的根本政治制度。必须坚持法治建设为了人民、依靠人民、造福人民、保护人民，以保障人民根本权益为出发点和落脚点，保证人民依法享有广泛的权利和自由、承担应尽的义务，维护社会公平正义，促进共同富裕。必须保证人民在党的领导下，依照法律规定，通过各种途径和形式管理国家事务，管理经济文化事业，管理社会事务。①

以人民利益为重，做人民利益的捍卫者，党要成为人民的真正代言人，这是中国共产党的根本宗旨。中国特色社会主义法治文化必然要为人民权益受到法治保障而提供法治服务。十一届三中全会以来，党领导人民进行改革开放和社会主义现代化建设，全面建设小康社会，目的就是要通过发展社会生产力，不断提高人民物质文化生活水平，充分实现人民当家做主的权利，保障人民政治地位、经济地位不断得以提升。建设社会主义法治文化，就是要引导广大人民群众在法治建设过程中成为直接受益者，一方面通过法治文化不断推进，使人民群众不断增强自身法治意识，增长尊崇法治、信奉法治、学习法治、运用法治的本领，养成遵守法律规范的良好守法行为方式。最大限度得到法治文化建设带来对广大群众合法权益的有效维护，使人民真正成为既是法治文化的实践者，又是法治文化的受益者。

从现实情况来看，与人民群众期待相比，人民群众常常在不当行政执法和司法审判、检察活动中身处弱势群体地位，执法人员和司法官员常常面对“主人”摆错自己的位置。执法中脸难看、话难听、门难进的现象比比皆是，群众有冤屈告状无门，四处推诿，部门之间踢皮球，立案成为首当其冲的首遇难题。案件受理后，又因为程序违法，适用法律不当，时有错抓错诉错判的现象发生，执法司法不规范、不严格、不透明、不文明等现象时有发生，人民群众对执法司法不公和腐败问题反映强烈。一些领导干部依法办事观念不强，表现在知法犯法、以言代法、以权压法和徇私枉法。这种违背

---

① 《中共中央关于全面推进依法治国若干重大问题的决定》，人民出版社2014年版，第6页。

社会主义法治原则的不良行为，损害了党和政府的形象，损害了人民群众的切身利益。很有必要在法治文化建设中下猛药、下重手依法治理，肃清危害法治的种种不法行为，还人民群众一个阳光灿烂的法治环境，营造公平公正的法治氛围。

习近平指出，对涉及群众切身利益的重大决策，要认真进行社会稳定风险评估，充分听取群众意见和建议，充分考虑群众的承受能力，把可能影响群众利益和社会稳定的问题和矛盾解决在决策之前。对群众反映强烈的突出问题，都要通过强化责任、健全制度、落实到人，推动有关方面形成合力，妥善加以解决。对损害群众权益的失职渎职和违纪违法行为，要坚决查处，决不姑息。[①] 在法治建建设中，对于关乎人民群众切身利益的涉法问题和行政司法案件，必须按照法治原则客观公正处理，让人民群众真实感受到公平公正。要通过法治文化的扩张作用和渗透作用，张扬法治精神，使广大民众在法治文化建设中，培养起法治信仰，养成尊崇法治的思维方式。

三、坚守法律面前人人平等的法治原则

十八届四中全会《决定》指出，平等是社会主义法律的基本属性。任何组织和个人都必须尊重宪法法律权威，都必须在宪法法律范围内活动，都必须依照宪法法律行使权力或权利、履行职责或义务，都不得有超越宪法法律的特权。必须维护国家法制统一、尊严、权威，切实保证宪法法律有效实施，绝不允许任何人以任何借口任何形式以言代法、以权压法、徇私枉法。必须以规范和约束公权力为重点，加大监

① 习近平：《全面贯彻落实党的十八大精神要突出抓好六个方面工作》，载《求是》2013 年第 1 期。

督力度，做到有权必有责、用权受监督、违法必追究，坚决纠正有法不依、执法不严、违法不究行为。[①]

坚持法律面前人人平等，是一个古老而又顽固的命题，它起源于政治学。公元前430年，在一场雅典人纪念死去的战争英雄的集会上，著名政治家伯利克利斯曾说："……当私人纠纷产生时，所有人在法律面前一律平等……"公元前552年的波斯人欧塔涅斯（Otanes）也提出："人民统治的优点，首先在于它最美好的名声，那就是——在法律面前人人平等。"而其作为法制概念提出最早见于1776年7月4日美国的《独立宣言》和1789年8月27日法国的《人权宣言》。资产阶级确立这一法治原则，是对封建阶级特权的否定，在人类社会发展史上是巨大的进步。法律面前人人平等的概念不论在东方或西方都于相当早的时期便已萌芽，政治学家和法学家围绕法律面前人人平等这一原则，做了艰苦卓绝的探索，这种探索一直延续至今。

联合国1948年12月10日第217A（III）号决议通过的《世界人权宣言》第7条规定："法律之前人人平等，并有权享受法律的平等保护，不受任何歧视。人人有权享受平等保护，以免受违反本宣言的任何歧视行为以及煽动这种歧视的任何行为之害。"1912年3月11日颁布的《中华民国临时约法》中第一次正式引进法律面前人人平等原则。1954年新中国第一部宪法明确规定："中华人民共和国公民在法律面前一律平等。"到"文化大革命"期间，法律面前人人平等已名存实亡。1975和1978年两次修改宪法均取消了"法律面前人人平等"的原则。1978年党的十一届三中全会公报庄严宣

① 《中共中央关于全面推进依法治国若干重大问题的决定》，人民出版社2014年版，第6~7页。

布："要保证人民在自己的法律面前人人平等。"1979 年全国人大五届二次会议通过《人民法院组织法》第五条、《人民检察院组织法》第八条、《刑事诉讼法》第六条，1982 年《宪法》第三十二条都恢复了"法律面前人人平等。"此后的宪法、法律的制定和修改都坚持了法律面前人人平等的原则。我国现行《宪法》第三十三条规定："中华人民共和国公民在法律面前一律平等。"

在建设社会主义法治国家的今天，坚持法律面前人人平等原则理应是法治文化建设的本质要求。在法治文化语境下，法律面前人人平等是人们的普遍心理需求。博登海默指出："人的平等感的心理根源之一乃是人希望得到尊重的欲望。"马斯洛的需要层次理论指出："人有社会尊重的需要。"可以做多方面理解：首先，人是生活在社会组织之中，需要得到社会、组织和他人的尊重，需要得到各个层面的平等对待，否则他就无法参加平等社会交往，分享社会资源，个体的发展、个人的生存都将面临种种麻烦；其次，构建和谐社会，实现民主法治、公平正义，要求法律面前人人平等；最后，现实社会中存在着法律上、事实上的不平等现象，需要我们在法治文化建设中探索消除种种不平等的机制，从而消除"同案不同判"、"同命不同价"等不平等现象。

建设中国特色社会主义法治文化的过程，就是不断推进法律面前人人平等的过程。因此，坚持法律面前人人平等原则的全面实现，是我国法治文化的永恒追求。通过不断健全现行法律制度，完善社会主义市场经济机制，继续推进社会经济大发展、大繁荣，从法律适用的平等，逐步向立法平等、司法平等、执法平等、守法平等推进，在人民当家做主的政治条件下，真正使法律面前人人平等的法治原则落到实处，造福于全体民众。

新一届党和国家领导集体，在开展声势浩大、震撼人心的法治反腐，就是坚持法律面前人人平等法治原则的最好诠释。对贪腐行为零容忍，对位高权重的腐败分子坚持依法审判、公开审理，既彰显了法治的力量，也使广大民众看到了法律的神圣和威严，亲身体会到法律面前人人平等原则的法治价值。它增进了人民群众尊法学法信法用法守法的自觉性，树立了人民群众对法治的信仰，从而促使我国法治文化建设为实现法治的理性统治作好理论铺垫。

四、坚持依法治国和以德治国相结合

十八届四中全会《决定》指出，国家和社会治理需要法律和道德共同发挥作用。必须坚持一手抓法治、一手抓德治，大力弘扬社会主义核心价值观，弘扬中华传统美德，培育社会公德、职业道德、家庭美德、个人品德，既重视发挥法律的规范作用，又重视发挥道德的教化作用，以法治体现道德理念、强化法律对道德建设的促进作用，以道德滋养法治精神、强化道德对法治文化的支撑作用，实现法律和道德相辅相成、法治和德治相得益彰。

党的十五大提出依法治国方略的同时，提出“把依法治国与以德治国紧密结合起来”作为整体治国方略，吸纳和弘扬我国优秀传统文化科学运用于依法治国的实践活动，是实现我国从人治价值体系向法治价值体系跨越的重要理论保障。党的十八届四中全会《决定》提出“一手抓法治、一手抓德治”，“实现法律和道德相辅相成、法治和德治相得益彰”，这是对中国特色社会主义法治文化内涵科学的注释。把法治与德治的结合，庄严地写入党的历史文献，既是对我国学界争论的科学总结，也极大地丰富了我国法治文化的科学内涵，在广大人民群众中产生了强烈反响，受到史学界、社会学界和法学界专家学者的高度赞同。

中华民族素有“礼仪之邦”美称，我国古代倡导的以礼治国，就体现了治国中的德法兼施。孔子作为儒家学派的创始人，主张以德治国，对后世产生了巨大的影响。孟子、董仲舒又先后发展了孔子的德治思想，使其逐步完善成为治国方法，被后来历代统治者所尊崇和采纳。“以礼治国”是包括丰富内容的治理国家和社会的中华民族传承的规范总称，包括德治与德育，也包含法制与法治。“德”作为治理国家、治理社会和调整个人行为规范的传统准则，它源于中国优秀礼仪文化，经数千年中国国家治理和社会治理的实践检验得以雄辩证明其存在的必要性。“德治”在历史的长河中能够一直被中华民族广泛认同与自觉尊崇，它的维护和发扬不是靠国家机器的强制力，而是靠民众广泛认同，靠社会舆论的约束而坚持和发扬。在依法治国和以德治国相结合中，必须舍弃传统文化中的糟粕，选择优秀的礼仪道德观与依法治国相结合，才能产生良好的法治效果和社会效果。孔子云：“道之以德，齐之以礼，有耻且格”，说的就是用道德统治民众，用礼义来约束百姓，民众就可知耻辱而且能够纠正自己的错误。孔子认为统治者只有实行德政、德治进行德育，才会在百姓中树立威信，才能得到拥护和爱戴，国家才会长治久安。孔子的德治思想，不仅影响了中国几千年，而且正在走向世界，被东西方不少国家奉为当今治国安邦的重要精神元素。现今中国孔子学校在国际上的兴起，足以说明这一点。中国社会发展进步的历史已经证明，符合国情、具有民族特点的法治文化，才是我们需要选择的法治文化。

法治就是倡导国家实现法律的理性统治，使宪法法律规定的社会制度、国家治理方式、经济发展模式，不因领导人的改变而改变，不依领导人的注意力改变而改变。以德治国，就是要以“为人民服务”为核心，以集体主义为原则，以爱祖国、爱人民、爱劳动、爱科学、爱社会主义为基本要求，以职业道德、社会公德、家庭美德建设为落脚点，建立与社会主义市场经济相适应，与社会主义法律体系相配套的社会主义思想道德体系，并使之成为全体人民普遍认同和自觉遵守的行为规范。

五、根植中国社会主义建设伟大实践

十八届四中全会《决定》指出：中国特色社会主义道路、理论体系、制度是全面推进依法治国的根本遵循。必须从我国基本国情出发，同改革开放不断深化相适应，总结和运用党领导人民实行法治的成功经验，围绕社会主义法治建设重大理论和实践问题，推进法治理论创新，发展符合中国实际、具有中国特色、体现社会发展规律的社会主义法治理论，为依法治国提供理论指导和学理支撑。汲取中华法律文化精华，借鉴国外法治有益经验，但决不照搬外国法治理念和模式。

中国特色社会主义实践、理论基础与之相适应的社会制度，是中国特色社会主义法治文化形成、发展、完善的基因，前者为“因”，后者为“果”。中国社会主义伟大实践是中国法治文化建设的源泉，离开中国的国情和中国传统文化这个根基，就会使法治文化建设走向歧途，不是犯崇洋媚外的错误，就是犯全盘照搬西方法治的错误。无论是哪种错误，都直接破坏中国特色社会主义法治文化的健康发展，都将给中国法治文化建设带来种种负面效益，甚至导致中国的司法改革畸形发展。

一个国家法治文化的形成，绝对不能脱离这个国家的优秀传统文化的传承，法治文化无论在任何时候，都只能是优秀民族文化的发展和弘扬。这是客观事实，不容置疑。无论在全面肯定、部分肯定或者否定中国法治文化源流学术观点上持何种倾向，都无法漠视这个事实。同时，也应该指出，中国经历漫长的皇权统治，封建统治格局占有相当长的历史，宗族观念、同村同事同学小圈子、家庭成员和亲友间的依赖，构成中国特有的亲情文化。这种文化很有利于人治的存在和昌盛，很不利肃清皇权和封建统治的遗毒，不利于现代法治理念的生存与发展。因此，在中国构建法治大厦，既要正视中华法治文化鲜亮的一面，又要看到不足的一面。构建中国特色法治文化具有较大的难度，并且容易出现反复。法治的前进步伐总是在“进与退”之间螺旋式发展。中国法治文化的构建，在很大程度上要通过党和政府的领导机构和领导干部对法治的尊崇、对法治的信仰，依靠榜样的带头作用和正确引领，形成全体民众的统一认识和思维方式，才能够从根基上肃清封建残余，扫清法治发展的障碍，这就是中国国情。离开这个国情，无论多好的政治主张和法治措施都不能产生理想的效果。这不仅仅是中国实践的经验，同样是世界各国积累的经验。

世界是丰富多彩的，一个国家走什么道路，是由这个国家的历史文化传统、经济社会发展水平、面临的形势任务等因素综合决定的。近代以来，面临中华民族亡国灭种的危机，许多人主张变法图强，先后提出“君主立宪法治”、“议会民主法治”、“五权宪法法治”，但都遭到失败。近年来，我国法治建设应该走什么样的道路，有这样那样的议论和争议。国内一些学者大肆渲染西方法治理念和法治模式，鼓吹照搬西方宪政制度，推行多党制、议会民主和三权分立。国外敌对势力把法治作为“武器”，把所谓的“维权”作为与我国争夺群众、争夺人心的重要手段，目的就是企图从法治问题上打开缺口，否定中国共产党的领导和我国的社会主义制度。现在世界上一些国家，之所以出现政治混乱、经济停滞、民生凋敝、社会动荡，究其原因主要就在于脱离具体国情、盲目照抄照搬西方国家的民主法治模式，其恶果正在显现，中国决不能落入这样的陷阱。只有扎根本国土壤、汲取充沛养分的道路，才最可靠、也最管用，脱离国情和实际的做法，即使搞出来，也只是空中楼阁、纸上谈兵，得不到民众的响应，也解决不了我国发展面临的实际问题。“鞋子合不合脚，自己穿了才知道。”法治建设必须从我国长期处于社会主义初级阶段这个最大国情和最大实际出发，同改革开放不断深化和社会主义现代化建设不断推进相适应，顺应时代前进潮流、反映实践发展要求。当然，要汲取中华法律文化精华，借鉴国外法治有益经验，做到为我所用，但决不照搬外国法治理念和模式。①

第二节　中国特色社会主义法治文化的价值取向

社会主义法治是人类发展至今的高级政治文明，社会主义制度的优越性，决定了它是比资本主义法治更优秀的法治文化，因为它的内在生命是社会主义价值体系。建设社会主义法治，就必须把社会主义价值体系渗透到社会政治过程中，从而在全社会确立和培育社会主义核心价值观。

法治与国家、社会和人的价值体系是有机地联系在一起

① 徐贵相：《中国特色社会主义法治理论的基本内涵》，载中国共产党新闻网 2014 年 12 月 23 日。

的，在社会主义制度语境下，人民的价值体系对法治的价值取向具有核心价值意义。著名法学家卢梭对立法做了一个形象的比喻：“正如建筑家在建立一座大厦之前，先要检查和勘测土壤，看它是否能担负建筑物的重量一样，明智的创制者也并不从制定良好的法律本身着手，而是事先要考察一下，他要为之立法的那些人民是否适宜于接受那些法律。”① 卢梭这个形象比喻的实质内涵就是强调法治建设中要注重人民的价值追求。

社会主义法治文化的价值取向，与社会主义核心价值观有着密切联系，它围绕社会主义核心价值观来确立价值取向，它是从法治这个角度来保障社会主义核心价值观得以实现的重要文化力量。

党的十八大报告用24个字提出覆盖全国各方面意见、反映现阶段全国人民最大公约数的社会主义核心价值观的表述。这个表述是分别从国家、社会、个人三个层面进行的。从国家层面看，是“富强、民主、文明、和谐”；从社会层面看，是“自由、平等、公正、法治”；从公民个人层面看，是“爱国、敬业、诚信、友善”。开国领袖毛泽东一再强调正确处理国家、集体、个人三者的利益关系，这三个层面的社会主义核心价值观的表述，也体现了同样的思想方法。在这个基础上，有利于积极培育社会主义核心价值观。核心价值观包含两层意思：一是概括在社会主义条件下，人的发展和时代的发展共性的内容；二是表述在国家、社会和个人价值观三个层面上如何构建各自的价值理念。法治作为社会主义核心价值观的内容之一，决定法治文化的价值取向必须紧紧围绕社会主义核心价值观来思考、来确立。概括起来，法治文化的价值取向主要表现在法律至上、权力制衡、维护人权、

① ［法］卢梭：《社会契约论》，商务印书馆1994年版，第59页。

公平正义、程序公正五个方面。

一、法律至上

坚持依宪治国，完善法律体系，树立宪法与法律的绝对权威，是法治文化建设的终极追求。宪法是国家的根本法。法治权威能不能树立起来，首先要看宪法有没有权威。必须把宣传和树立宪法权威作为全面推进依法治国的重大事项抓紧抓好，切实在宪法实施和监督上下功夫。法治社会强调的是不受人的因素干扰、尊重规则的理性社会治理过程，既要靠党的积极主张和政府的有力引领，也需要社会组织和公民个人对宪法法律的尊崇和实践。

十八届三中全会提出，要进一步健全宪法监督机制、监督程序。十八届四中全会提出，完善全国人大及其常委会宪法监督制度，健全宪法解释程序机制，明确提出依法撤销违宪违法的规范性文件。四中全会还确立了国家宪法日，确立了宪法宣誓制度，使各级领导干部和广大人民群众通过参加宪法宣传日和向宪法宣誓的活动，接受宪法精神的熏陶，激发学习宪法、彰显宪法权威的法治热忱，从而培养忠于宪法、维护宪法、依宪办事的自觉性。国家法律体系是国家宪法总纲的展开和具体化，在中国一切权力属于人民，党领导人民制定的法律制度，真实、具体地体现人民的意志，符合广大人民群众的价值追求，完整准确地执行法律的过程就是实现人民当家做主的过程。任何不执行法律的行为都是违背人民意志的行为，是法治文化必须排斥的行为。因此，宪法法律至上是社会主义法治文化的核心价值追求。

当前，在我国不尊崇宪法和法律的现象较为突出。宪法得不到全面贯彻执行，法律实施不到位，有法不依、执法不严、执法推诿、受冤屈的群众告状难等违背宪法和法律原则的现象还较为普遍，执法司法活动中不断发生冤假错案，一些法律工作者办关系案、金钱案的现象也时有发生，一些领导干部受人情世故影响或拜金主义腐蚀，出面干预案件，严重影响执法人员秉公断案。不遵从宪法和法律，还突出表现在宪法规定的公民权利难以保护，宪法规定的公民义务又往往得不到有效履行上。种种践踏宪法法律的现象，直接贬损着宪法和法律的权威。这些现象的存在，对于落实依法治国有着极大的破坏性，必须予以根治。

法治文化建设就要围绕倡导和引领全体公民树立社会主义法治信仰、践行社会主义法治理念、树立宪法法律至上的法治观念、遵守宪法法律的规范、自觉守法护法用法等方面，提出法治文化精神层面的建设主张，制订法治文化宣传教育的有效措施，倡导和引领全社会民众自觉做宪法法律的守护者和执行者。通过开展法治文化活动，舍弃“信访不信法”、“人情干预法”、“找媒体炒作”、“找领导代言”等非法治的行为，养成“有问题找法律”、“有纠纷找法院”、“遇问题学法律”。特别要杜绝高级领导过问个案，直接向办案人员发指令、提要求的非法治行为。纠正这些非法治行为，还需要全体民众，包括高级领导干部，都能自觉做到“心中树立法治信仰、脑袋装满法律规章、认真学习宪法法律、助力法律实施过程”，使我国已经初步形成的社会主义法治体系，为培育社会主义核心价值观产生重要作用。

二、权力制衡

对公权力的机关和掌管执政权力的工作人行使权力的行为给予法律制约，使权力机关和拥有某种行政权的官员不得任性用权。权力制衡理念是法治理论的重要组成部分。我国对权力的制衡，是构建大社会小政府法治语境下的现代法治理念，是人治与法治一个根本的理念区别。我国在简政放权、政府瘦身、取消审批制等方面都作出很大的努力，尤其是新一届政府班子上任以来的力度非常大，人民政府正在朝着为民、便民、惠民的大社会小政府跑步前进。过去要盖几十颗官印、办事人员跑断腿才能办妥的公司注册等审批项目，如今在政府职能部门集中办公区、一条龙服务的格局下，花个把小时就能够办完全部手续。政府眼睛向下，正视民众的诉求，已经得到广大民众的称赞。但是，我们不要被表面现象所迷惑，国家工作人员是否从心底里视人民为主人还需要打一个大大的问号！2015 年 5 月 6 日，李克强总理在国务院常务会议上痛斥政府机构故意给百姓设置障碍：“证明‘你妈是你妈’，这怎么证明？简直是天大的笑话！”总理发怒的新闻报道还没见报，5 月 6 日，深圳一市民在为女儿办医疗卡时又闹出了被要求证明“你女儿是你女儿”的同样笑话。异曲同工的还有西安的市民遭遇要证明“你爸是你爸”的障碍。① 这样的极端事例，居然前前后后在不同城市出现，暴露了政府官员的工作作风和办事态度，说明人民政府的机关工作人员还大有当官做老爷的人在。公民去政府机关办事，门难进、脸难看、言语冲、事难办等衙门作风依然没有得到根本好转。因此，构建社会主义法治要围绕现代政府职能而设计，法治文化要为公权力制衡提供理论依据和研究成果。

十八届四中全会《决定》指出：“法律的生命力在于实施，法律的权威也在于实施。各级政府必须坚持在党的领导下、在法治轨道上开展工作，创新执法体制，完善执法程序，推进综合执法，严格执法责任，建立权责统一、权威高效的

① 《这些凡人的证明何时了》，载《老年文摘》2015 年 5 月 14 日。

依法行政体制，加快建设职能科学、权责法定、执法严明、公开公正、廉洁高效、守法诚信的法治政府。”

《决定》还就行政机关依法履职作出系列规定：依法全面履行行政职能，健全依法决策机制，深化行政执法体制改革，坚持严格规范公正文明执法，强化对行政权力的制约和监督，全面推行政务公开。在制约行政权力方面，《决定》做出明确规定：行政机关要坚持法定职责必须为、法无授权不可为，勇于负责、敢于担当，坚决纠正不作为、乱作为，坚决克服懒政、怠政，坚决惩处失职、渎职。行政机关不得法外设定权力，没有法律法规依据不得作出减损公民、法人和其他组织合法权益或者增加其义务的决定。建立重大决策终身责任追究制度及责任倒查机制。加强党内监督、人大监督、民主监督、行政监督、司法监督、审计监督、社会监督、舆论监督制度建设，努力形成科学有效的权力运行制约和监督体系，增强监督合力和实效。加强对政府内部权力的制约，是强化对行政权力制约的重点。完善政府内部层级监督和专门监督，改进上级机关对下级机关的监督，建立常态化监督制度。完善纠错问责机制，健全责令公开道歉、停职检查、引咎辞职、责令辞职、罢免等问责方式和程序。《决定》的这些充满法治文化思想的规定，给法治文化建设权力制衡价值取向提供了丰富的内容，指明了法治文化发展的方向。

三、维护人权

享受充分的人权，是人类长期以来追求的理想，当今，人权问题已经成为国际社会普遍关心的重大问题。中国政府对联合国通过的《世界人权宣言》给予高度评价，认为它“作为第一个人权问题的国际文件，为国际人权领域的实践奠定了基础”。“人权问题虽然有其国际性的一面，但主要是一个国家主权范围内的问题。因此，观察一个国家的人权状况，不能割断该国的历史，不能脱离该国的国情；衡量一个国家的人权状况，不能按一个模式或某个国家和地区的情况来套。”①

中国的政体和国体要求执政党、国家权力机关和人民政府必须构建法律体系，切实保护好广大民众的人权，保证公民的合法权益不受非法侵犯。新中国成立以来，国家已经在保护人权方面作出了不懈的努力，建立了一整套保障公民人权保护的法律体系，中国人民享有广泛的人权保护。我国通过法律制度的建立，构建起了保护公民的生存权、健康权、政治权利、经济、文化、社会权利、司法中的人权、公民的劳动权利、公民的宗教信仰权、妇女的权益、少数民族的权益、残疾人的权益等完备的人权保障法律体系。

中国妇女权益的保障、中国少数民族的权益保障、中国残疾人的人权保障、中国司法中的人权保障，都是中国人权保障的缩影和代表。据 1994 年国家新闻办公室发布的《中国妇女的状况》报告称：“在我国，保障妇女的合法权益是全社会的共同责任。国家机关、社会团体、企事业单位、城乡基层群众性组织，从自己的工作职能和任务出发，依法维护和保障妇女权益。”“新中国宣告了中国妇女在政治、经济、文化、社会和家庭生活等各方面均享有与男子平等的权利，他们和全体中国公民一样成为国家与社会的主人。中国的各种法律保障妇女与男子具有同等的权利和地位，具有同等的人格和尊严。”“……中国妇女已经享有中国社会几千年来从

① 国务院新闻办公室：《中国的人权状况》(1991 年 11 月)，载《中国人权百科全书》，中国大百科全书出版社 1998 年版，第 897 页。

未达到、许多发达国家历时数百年方才得到承认的平等权利。”中国妇女人权的保护集中体现在“妇女具有与男子平等的法律地位”，“已经形成了以宪法为基础，以妇女权益法为主体，包括国家各种单行法律法规、地方性法规和政府各部门行政法规在内的一整套保护妇女权益和促进男女平等的法律体系。”妇女在政治权利、文化教育权利、财产权利、人身权利、婚姻家庭权利等六个方面，享有与男子平等的法律权利。①

我国在民族区域的人权保护方面也做出了功勋卓著的贡献，使全国56个民族友好和谐幸福生活在祖国的城市和农村，整个中华大地呈现一派“民族团结、民族繁荣、民族昌盛、民族发展”的太平盛世。

人民当家做主，是中国执政党和广大人民群众努力探索和实践的人权保障最高目标。因此，人权保障法律体系建设是社会主义法治建设十分重要的组成部分，是法治文化建设的重要工作方向。法治文化的人权保障价值取向，是法治文化发展、研究的重要法律理论领域，是中国法治文化建设不可或缺的法治思想理论组成部分。

四、公平正义

构建法治社会一个十分重要的价值取向，就是执法司法的公平正义，主要体现在公开、公平、公正三个方面。首先，来分析一下“公开”在执法司法中的价值。1978年党的十一届三中全会召开以前，我国实行的政治路线是“以阶级斗争为纲”，实行计划经济制度，这种政治路线和经济政策一个很

① 国务院新闻办公室：《中国妇女的状况》（1994年6月），载《中国人权百科全书》，中国大百科全书出版社1998年版，第969～977页。

大的特点就是其“神秘性”。人民习惯于接受政府的发号施令，不加分析、原原本本、盲目无创造性地落实政府的指示。“神秘观”是那个时期的特有现象。在那个历史条件下，执法司法更有理由常常蒙上一层神秘面纱，表现在公安机关工作中，如其拘留人、逮捕人往往都是在秘密情况下进行，被限制自由的人犯关押的场所、缘由等都是重要机密。这种执法司法的神秘“效益”，就使被抓的人常常与家庭、单位、社区失联，且不给其亲属监督执法的机会和权力。执法人员对于羁押人员的施以非礼，也常常受到“执法秘密”的保护。同样，在司法流程中，也习惯借以保护“司法秘密”为由头，对于当事人的批捕、起诉、审判、执行流程，不告知本人，不及时通知家属，使案件当事人和他们的亲属因此产生“猜忌、怀疑、不满”等情绪。执法司法神秘化，是导致案件当事人、诉讼参入人以及知情群众与执法司法机关产生对立情绪的重要原因。在今天，当媒体曝光了执法司法不公的情况后，这种对立情绪就会无限膨胀，攻击执法和司法的各种言论也会随之泛滥。执法司法不公开，导致人们对行政执法不公、司法审判不公的积怨日积月累。如此情况之下何以谈法治权威?

上述分析说明，执法司法公开是十分重要的法治方式，不可小视。无论是行政执法还是司法诸环节的公开，都具有深刻的法治意义。新一轮的司法改革，把司法公开提到议事日程。党的十八届四中全会《决定》对司法公开做出了明确规定：坚持人民司法为人民，依靠人民推进公正司法，通过公正司法维护人民权益。在司法调解、司法听证、涉诉信访等司法活动中保障人民群众参与。构建开放、动态、透明、便民的阳光司法机制，推进审判公开、检务公开、警务公开、狱务公开，依法及时公开执法司法依据、程序、流程、结果和生效法律文书，杜绝暗箱操作。《决定》还对行政执法机关提出“全面推进政务公开”的要求，坚持以公开为常态、不公开为例外原则，推进决策公开、执行公开、管理公开、服务公开、结果公开。各级政府及其工作部门依据权力清单，向社会全面公开政府职能、法律依据、实施主体、职责权限、管理流程、监督方式等事项。

有公开才有公平正义。公平公正是行政执法和司法活动的最本质的价值追求，在行政执法和司法活动中均具有极高的价值地位。公正是法治的生命线。司法公正对社会公正具有重要引领作用，司法不公对社会公正具有致命破坏作用。必须完善司法管理体制和司法权力运行机制，规范司法行为，加强对司法活动的监督，努力让人民群众在每一个司法案件中感受到公平正义。

《决定》在实现司法公平正义方面，提出“完善确保依法独立公正行使审判权和检察权的制度”，严令“建立领导干部干预司法活动、插手具体案件处理的记录、通报和责任追究制度。任何党政部门和领导干部都不得让司法机关做违反法定职责、有碍司法公正的事情，任何司法机关都不得执行党政机关和领导干部违法干预司法活动的要求”。为了排除地方党政领导干预案件，决定设立“最高人民法院巡回法庭”，“推进以审判为中心的诉讼制度改革，确保侦查、审查起诉的案件事实证据经得起法律的检验”，“明确各类司法人员工作职责、工作流程、工作标准，实行办案质量终身负责制和错案责任倒查问责制，确保案件处理经得起法律和历史检验”。《决定》的规定无疑会对司法机关公正司法，追求实体公平正义的法律效果和社会效果产生重大的实质意义。尤其是在实际操作中，为法官、检察官排除某些领导干部代言案件当事人对具体案件所谓“指示”和“要求”的干扰，送来尚方宝剑，告诫法官、检察官不但有权拒绝，更是不得执行！可以说，领导干部干预案件是冤假错案产生的主要根源，是司法公平正义最大的障碍和难以排除的最大阻力！《决定》的规定，给法官、检察官传递了巨大的正能量，给司法公平正义以最大力度的支持，得到所有法官、检察官和广大人民群众的高度赞扬。

社会主义法治建设的最大功效是通过查办案件，给人民群众带来更多的公平正义，是实现法律公平正义最大化的理性治理现实要求。国家、社会、个人三位一体的法治治理，追求的就是行政执法和司法过程的公平正义，通过司法追求公平正义才能维护法治的清洁源头，保护法治之水从发源地起就不受到污染。法治文化建设的理论研究、宣传引导都必须放在追求实体公平正义的实现上，这是司法机关的重任，也是全党全民的重任。

五、程序公正

程序公正是实现公正公平的前提和保障。建立法治国家，除了法治思想的培育、法律制度的建立和完善、法律实施的落实，还必须要严格法律程序。在我国，执行法律上存在“重实体、轻程序”的现象，特别是一些基层执法部门，轻视法律程序的现象较为普遍。20 世纪末开始的司法改革，在强调适用法律程序方面，有了很大的改观，使人民群众感受到了司法程序的实质意义。程序在现代法治建设中占有特殊重要的意义，是实现国家法治化，规范法律实施行为方式的重要保障。缺乏完备的法律程序诉讼过程或者纠纷处理过程，难以保证司法质量，难以达到司法实体公平正义的效果。进入法律程序审理的案件从一开始就面临着程序的考验，如案件管辖程序、案由审查程序、受理立案程序、侦查程序、鉴定程序、查明被告人身份程序、审查批捕起诉程序、法庭调查程序、法庭辩论程序、被告人最后陈述程序、诉讼参入人法庭发言程序、告知程序、羁押程序、移送程序等，每一项法治活动都有程序的法律约束。民事、刑事案件的审理，除了依据相关实体法律规定外，必须严格遵守诉讼程序的法律规定。民事、刑事诉讼法就是规范民事案件、刑事案件实体审理的法律依据。应该说，程序正义是否得以坚持，是一个国家法治制度是否完备的检验标准。

司法历史证明，不坚持程序法定的价值追求，忽略程序正义，法治建设必将处于一种无序的混乱状态。20 世纪 60 年代那场史无前例的“文化大革命”，使我国的法制建设跌入最低潮。法律虚无主义盛行，法律制度建设只强调实体立法，大量的民、刑案件审理没有成型的程序法，更难谈得上程序正义。缺乏规范程序诉讼的结果是案件审理过程中无原则抓人、捕人、羁押人犯，甚至开庭审判都可以在程序虚无的状态下完成。不尊重程序的法律作用，不追求程序正义价值观，案件的实体部分往往漏洞频出。以证据规则为例，新的证据何时交法庭？因为无程序规定，任凭当事人决定，常常使一些审理活动因证据的变化前功尽弃，推倒重来，严重浪费司法资源。从没有法定程序到不遵守法定程序，再到忽略法定程序，再到违反法定程序，在 20 世纪五、六十年代的司法活动中随处可见，其产生的严重恶果给我们带来沉重的历史教训。因此，在强调构建社会主义法治秩序的今天，很有必要强化司法程序法治化的意识，放松对程序价值的追求，就可能办糊涂案、办冤假错案、办人情案、办金钱案。程序虚无、程序弱化，与法治建设的要求是背道而驰的，是对法治建设的极大破坏。没有程序正义就没有令人放心的实体公正公平。

十八届四中全会《决定》突出强调履行法律程序，在

“深入推进依法行政，加快建设法治政府”和“保证公正司法，提高司法公信力”两个大问题中，共有 13 处提到法律程序，就建立和完善法治体系的法律程序、遵守法律程序、履行法律程序提出具体要求。《决定》强调，坚持“办案结果符合实体公正、办案过程符合程序公正的法律制度”。这是全体法官、检察官、公安民警在今后的法治文化建设中要大力弘扬、认真落实的办案原则。

行政执法和司法裁判坚持程序法定原则，强调的是程序正义，程序正义理念是法治理念的重要组成部分。程序正义不仅有助于形成正确的裁判结果、实现实体正义，而且本身具有独立价值，包括公平、公正、公开、合规、平等。我国传统的法律文化中缺乏程序正义这一理念，人们习惯将程序视为实现实体正义的手段和工具，不承认程序具有独立价值和法律意义，这是对法律程序的错误认识，是不利于法治文化建设发展的非法治思想。我们必须抛弃这种错误认识，充分认识程序公正的法治价值，牢固树立法治文化的程序正义的价值追求。

第六章 中国法治文化建设路径

第一节 以阳光心态深度开发本土法治文化资源

没有中国特色社会主义法治文化，就无法建设法治中国。以阳光心态深度开发本土法治文化资源，是中国特色社会主义法治文化建设路径的必然选择。

自“依法治国，建设社会主义法治国家”在1999年被写入我国宪法后，依法治国方略便正式被以法律的形式固定下来。从此，为尽快建立一套与市场经济相适应的法律体系，我国进行了一系列自上而下的立法并参考域外法律增补了新的法律条文，建立起一套相对先进的法律制度。与此同时，现实生活中出现了大量法律实施不力甚至实际无效的尴尬局面。诸多有法不依的情况，破坏了法律的尊严，使法治面临困境。其原因多种多样，而最重要的是法律因得不到人们的信仰成为了僵死的教条。为了改变这种状况，我们必须从自身的传统与文化中去寻找法律得以生存的理由，使法律成为一种适合于中国人的世道人心的生活方式。

中国传统社会是农业社会，人们以血缘或地域为纽带聚居在一起，形成“熟人社会”，大家倾向于用道德、伦理和礼俗的内容处理关系、解决纠纷。随着市场经济的发展，中国城市基本上转化成了“陌生人社会”，但由于各地农村地理位置、自然环境和人文传统的影响，中国的大部分农村仍然是“熟人社会”。熟人社会相对于陌生人社会更注重道德与伦理，不喜欢冷冰冰的法律制度，更倾向于采取历史传承下来的或民间流传着的社会规则来处理纠纷。中国传统文化中并不乏“法”的资源，这种“法”的资源既体现在精神和思想层面，体现在伦理道德和“礼治”秩序中，也体现在经验和制度层面。民间存在着大量的自生秩序和规矩，对于解决民间纠纷，维护社会稳定起到了极其重要的作用。

一、本土法治文化资源集中表现在儒、法、道三家的法治思想观念中

从中国传统法治文化的精神层面看，本土法治文化资源集中表现在儒、法、道三家的法治思想观念中。

儒家，是春秋末期由孔子创立的一个民间学术派别，继承了传统的周礼思想并把它理论化。儒家提倡“仁者爱人”，主张通过调和改良的方法使社会各阶层实现自我约束，从而达到天下统一、安定有序的大同社会。自汉代以来，儒家凭借其卓

越的哲学思维和高尚的伦理情怀而成为中国的正统思想，它对于形成我国的文化修养和塑造民族的精气神起了至关重要的作用。一提到中华文明，便使人不由自主地联想到孔孟哲学。儒家思想的基本理论，一是“为国以礼”的礼治。孔子认为社会的动乱是由于社会各阶层重利轻义、人心不古的缘故，要想停止争夺，必须相互克制，遵守周礼。基于治国以礼的思想，孔子认为从制度上看公布成文法是有悖于礼治的，因为按照周礼的传统，习惯法反映了民间习俗，是成长于民心的活法，可以根据具体的情节和礼治原则加以灵活适用。二是“为政以德”的德治。孔子不遗余力地进行道德说教，提倡建立一个以仁为核心，以复礼为目的的思想体系，以此作为整个儒家思想的理论基础。儒家学派倡导德治，但当教化无效时，他们也主张诉诸强制，使用刑罚。孔子认为“宽以济猛，猛以济宽，政是以和”，只不过刑罚仅仅是一种必要之恶，道德才是为政之本，这种理论即所谓“德主刑辅”。三是“为政在人”的人治。孔孟既然主张“礼治”、“德治”，必重“人治”，因为人治是礼治与德治的派生。孔子十分重视社会上层阶级特别是君王的个人表率作用，认为“其身正，不令而行；其身不正，虽令不从”，并由此得出政治与人的密切关系：“其人存则其政举，其人亡则其政息”，主张“祖述尧舜，宪章文武”的贤人政治。儒家也重视法度的作用，但始终认为人是法的动因，如果没有人的执行，法将形同虚设。这种思维对后世有很大影响。儒家十分重视法律的内在合理性，强调法律与伦理价值的固有联系，反对徒法自行。这些思想理论关注于人情道德，强调人对于法律的能动作用，这与现代法治实质化的趋势相一致。儒家从“性向善”的人性论出发，主张以人为本，“为政在人”。而法律特别是刑罚作为一种必要之恶，其调整范围有限，难以使民众达到“有耻且格”的精神境界。法律就其本体而言仅仅是一些僵死的条文，如果缺乏贤人的治理，再优秀的法律也不能达到它预期的效果。因此，居于高位的统治者应当树立民本的思想，实行“仁政”，唯有天下归仁，才能达到天下大治的目的。孔孟认为人在本质上是注重感情的，但利益的不当诱导使他们重利轻义、违背伦理，最终脱离善良的本性而迷失方向。为了避免和解决这种情况，就必须克己复礼，以仁义为先，注重道德的感化作用。重视人情因素的法律也会因慰藉人心而获得人们的认可与信仰，成为行动中的法律。这种对于实质法治的追求，为我国法治建设实现实质正义提供了可资借鉴的资源。

儒家主张以和为贵，“无讼”成为司法的追求。“无讼”并非是法律虚无主义，而是中华民族基于道德约束的一种完美状态，更是基于东方文明体现在法律上的一种价值追求。“无讼”体现出的“和谐”思维意义重大。中国传统法治文化中对于法的独特思考，符合秩序和正义的要求，契合了法律实现的终极目标。孔子“仁学”体系的确立，标志着中国法律文化的民本理论的定型。儒家“民本”观念的巨大影响，使中国传统法律文化中包含了诸如重视民心向背、关心民间疾苦、反对苛政暴刑等思想观念。民本思想与现代法治的“民主”精神具有相通之处。民本思想的道德自律功效可弥补法律作用的局限性，从而有利于综合运用道德和法律手段建设法治国家。我们应努力将民本思想与社会主义法治相契合，使其在现代法治的发展中起到积极的作用。儒家主张诚信。现代意义上的诚信就是在中国传统人与人交往诚信原则基础上已融入社会生活的各个方面，不仅属于道德范畴，更属于法律和经济的范畴。在法律方面，诚信原则已作为一条基本的法律原则，规范着人们的法律生活。可见，儒学对于我们民族生活影响至深。儒家以一种独特的思维奠定了古老东方文明的法治文化思想基础。

法家，是春秋战国时期后起的学术派别，因主张“以法治国”和“一断于法”，故称“法家”。他们不同程度地参与了各诸侯国的变法活动，有的兼思想家、政治家和军事家于一身，其理论较其他学派更富于实践色彩。在法家思想的指导下，秦国迅速富强，由边陲小国一跃而成为战国七雄，最终建立了一统天下的秦帝国。借助于秦国的统一，法家将自己一系列的政治主张和治国方略推行于全国，而后汉承秦制，法家思想对中国历史产生了深远的影响。法家思想的基本理论有三点：一是“不法古，不循今”的进化史观。法家认为人类社会是运动发展的，法律制度因势而立。国与国征战不休，“力多则人朝，力寡则朝于人”。要生存发展，必须致力于富国强兵，实行法治是历史的必然。二是“好利恶害”的人性论。在法家看来，“趋利避害”是古往今来人人固有的本性，上至帝王朝臣下至黎民百姓莫不如此。“人性有好恶，故民可治也”。治理国家不能仅仅靠道德说教，还须附立于赏罚制度。三是民富国强的功利主义。法家把“趋利避害”的人性论与国家富强的功利观相结合，用赏赐和刑罚驱使人们耕战告奸，维持社会安定和经济发展。在法家看来，“物竞天择，适者生存”。可见法家的思想理论是提倡法治与效率，这与现代的法治精神有许多相似之处。

法家奉法为先，十分重视法律的外在形式，强调严格遵守法律。这些特征明显体现在春秋战国和秦朝的法治理论与实践中。一是“以法为本”，树立法律的绝对权威。为了维护法律的权威，国家有时竟机械地死守法律教条而置法律的精神于不顾。二是公布法律，重典治国的成文法传统。法家认为，公布法律可以实现定分止争、兴功惧暴、富国强兵。中国从此进入了成文法时代。三是“法不阿贵”、“刑无等级”的平等精神。先秦法家的法治思想十分接近现代西方的法律实证主义理论和形式主义法治观，是中国式形式法治。在两千多年的封建历史中，“外儒内法”始终是传统政治中一以贯之的主线，先秦法治思想的基础，在于以家庭为主导的宗法关系，法家的“法治”追求于法的形式合理性，但在根本价值观上并非个人主义的，而是与儒家相同的对宗法社会价值的尊重，这与现代法治的思维路径大相径庭。在今天市场经济条件下，我们应当吸收法家思想的合理内核，即形式法治的理论，将其应用于民主政治的运作之中，从而有效地促进我国的法治进程。

道家，是以老子、庄子为主要代表的学术派别，主张清静无为的自然法则，即按照人类社会的自身规律办事，反对“有为”的政治。他们认为儒家的礼治是“贵信之薄而乱之首”，法家的法治是“法令滋彰，盗贼多有”。其“清静无为”的宏观政策曾被部分统治者所吸收，造就了许多治世局面。道家思想的基本理论，一是崇尚无为而治，否定有为的人定法。老子认为道法自然，统治者必须清静无为、少私寡欲，切忌过分压榨人民；同时主张使民无欲无知的愚民政策，认为礼义与法令都是违背自然的“人之道”，是社会病态的反映。从这种立场出发，他提倡复古倒退、惟道是从，以至于一般地否定法律和道德的作用。二是追求绝对的精神自由。庄子认为人对客观自然是无能为力的，只能“安时而处顺”，从而陷入了宿命论。他不愿受仁义礼法的羁绊，追求精神上的自我解脱，把人生看成一场大梦，物我两忘，这样就与“道”同体，获得不受任何约束和限制的绝对自由。三是对既存制度的批判精神。庄子形成了相对主义的哲学观点，对当时的仁义道德和法律制度进行了强力批判。道家对礼法的抨击有助于加深对统治阶层虚伪本质的认识，但主张无为而治鄙夷有为的人定法，否定道德、法律的作用，鼓吹法律虚无主义，无疑对法律思想的发展有着消极作用。

就儒、法、道三家的基本法治思想的总体而言，中国传统法治文化是积极与优秀的，是我国现代法治文化必须从中吸取营养的本土资源。其中，中国传统司法思想，更是给予我们诸多启示。

其一，提倡刑罚“明德慎罚”以及反对司法冤滥、追求司法宽和。“明德”是对各级官吏的道德要求，它在司法领域中的表现就是“慎罚”。这种思想经过汉朝董仲舒的加工和改造，演化为“大德小刑”、“前德后刑”、“刑者德之辅”，即“德主刑辅”思想，成为后世各封建朝代立法和司法的指南，也成为了中国传统司法文化的核心内容。

其二，注重法官的品德问题，主张从“自律”和“他律”两方面约束法官的行为。如唐代建立了同职连署制度，要求有关的官员共同审案判决，共同承担错判的责任，以利于互相监督。就当今时代而言，我们首先应在制度上保障法官的经济独立，如推行法官终身制等，使法官不至于为生存问题而蔑视法律的权威；同时应在制度上加强对法官的监督，加重对法官违法行为的处罚力度，确保司法公正。

其三，强调法官必须严格执法，在掌握充分证据的情况下严格依法论罪。我国古代断案很重视证据的作用，如唐代法律认定的证据有当事人的口供、物证和旁证等多种。这对我国进行刑事方面的司法改革有一定昭示意义，比如要避免刑讯逼供的侦查方式，要坚持轻口供、重证据，实施“无罪推定”的司法原则等。

其四，“疑罪从轻惟赦”原则，即对定罪量刑有疑义或有争论的案件，实行从轻处罚或予以赦免的原则。针对刑讯逼供屡禁不止，冤假错案层出不穷的问题，必须从法律制度上坚决落实“疑罪从无”原则。

由此可见，中国现代法治的“文化根基”必须深深扎根在中华传统法治文化的沃土中，否则法治难以被信仰。中华传统法治文化在经历了千百年的栉风沐雨后，一定会在当今的法治中国建设中重放光芒。

二、本土法治文化资源主要表现为制度资源

从中国传统法治文化的经验层面看，本土法治文化资源主要表现为制度资源。历代统治者在治理中国这样一个幅员辽阔、人口众多的大国过程中，不断探索新路，积累统治经验，同时，在国家权力难以抵达的民间，民众在日常生活中也渐渐积累起许多化解纠纷的经验。这些经验逐渐上升到法律及制度层面，维持着整个社会的稳定和发展。

中国传统法治文化的本土资源在制度层面主要表现在以下方面。

（一）混合法型

中国古代十分重视法典的编纂，从《法经》《唐律》到《大清律》，法律文献浩如烟海。同时，在正式国家制定法之外，还存在着各种礼仪、习惯、民俗和判例等辅助法律形式，用以解决民间纠纷，调整社会关系。“混合法”就是指成文法和判例法相结合，根据实际情况选择适用。“有法者以法行，无法者以类举”，即在司法审判中，法律有明文规定的，依照法律进行审理判决；法律没有明文规定的，则适用以往的判例或者按照统治者的意志判决。我国是一个典型的成文法国家，但案例历来是中国法典的有机组成部分，在断案时的实际效力很强，其优势明显，而其弊端则在《汉书·刑法志》中也早有深刻的分析。“法典成案”是经过历代国家立法机构录入国家法典的代表性案例，它是中华法系实践的提炼，是历代法制生活的典型反映，是中华法系的根基，最能体现中华法系之“律例一体”而“重律用例”的法制特色。在清代司法活动中，普

遍遵循“依例科断”原则，即以律文为灵魂，以例文为依据，以成案为样板，“有例不得用律，应依例科断”。律与例与成案的综合应用，既保证了国家法制的统一性、原则性、权威性，又保证了司法活动的针对性、实用性、可操作性，也体现出相应的地区差别、民族差别，这是中华法系的一个突出优势，它兼具西方大陆法系与海洋法系的优点。可以说，“混合法”样式是中国古代司法经验的有益总结，对于弥补法律漏洞具有重要意义。在“混合法”中，判例具有灵活性、可操作性，它以其独特的柔性来弥补成文法的缺漏，缓解成文法与社会自发秩序的冲突。在我国法治现代化的过程中，应认真总结判例法的比较优势，借鉴其成功经验，取长补短，构建“混合法”样式，让判例法在今天发挥其应有的作用。

（二）“五听”诉讼制度

中国古代的“五听”诉讼制度发端于奴隶制的周朝，后为封建社会历朝历代承继并发展，显示了其顽强的生命力。“五听”诉讼制度是指古代法官判案时通过观察当事人的言语表达、面部表情、呼吸、听觉、眼神来判断其陈述真伪的五种方式。所谓“五听”，即辞听，听当事人的陈述，若理屈则言语错乱；色听，观察当事人的表情，如理亏就会面红耳赤；气听，听当事人陈述时的呼吸，如无理就会紧张得喘息；耳听，审查当事人听觉反应，如无理就会紧张得听不清话；目听，观察当事人的眼睛，无理就会失神。这充分说明西周时已注意到司法心理问题并将其运用到审判实践中。“五听”诉讼制度总结了审判实践中一些十分有益的经验，其内容包含着一些合乎审讯学、心理学和逻辑学的科学成分，可以为我们今天的诉讼制度建设提供借鉴。

（三）自首制度

我国传统法治文化中蕴涵着丰富的法治营养，许多科学的立法技术和具体规范对当下的法治中国建设有着非常现实的借鉴意义。中国古代发达的立法技术莫过于唐律。唐律科条简要，宽简适中，结构严谨，为举世所公认。唐律全面系统地发展了传统刑法的自首制度。首先，它严格区分了自首与自新：以犯罪未被举发而能到官府交代罪行的，叫作自首；犯罪被揭发或被官府查知逃亡后，再投案者，称作自新。自新是被迫的，与自首性质不同。唐代对自新采取减轻刑事处罚的原则，对分化犯罪团伙及减轻犯罪后果起着促进作用。其次，自首又细分为“自首不实”与“自首不尽”。自首不彻底的叫“自首不实”，对犯罪情节交代不彻底的叫“自首不尽”。如此精致、细腻的规定，对我们今天刑法中的自首制度有着很强的借鉴意义。

（四）民间调解

民间调解机制由来已久，我国古代对于用非诉讼的方式解决纠纷探索出了一套行之有效的方法，也积累了丰富的经验。由于民间调解机制在处理当事人之间的纠纷的同时还能保证处理过程的简洁、快速，与国家法律诉讼程序的拖沓、繁杂形成鲜明对比，所以它的适用具有经济实惠特性，在中国的熟人社会中应用起来更为顺手。就中国的民情而言，许多民事争议，如果不甚严重，当事人大多不愿意通过法律诉讼解决，甚至很多人主动要求政府相关部门进行调解。除此之外，争议双方也会寻求社会中介组织如行业协会、消协进行调解。实践证明，通过基层组织、法院等主体进行调解解决纠纷，不仅可以维护当事人之间的良好关系，还可以减轻司法机关的压力，节省诉讼资源。这种重视调解的优良传统对于安定社会、维护团结所做出的贡献是其他法律制度无法比拟的。在法治中国建设中，我们应保留民间法解决纠纷的自治空间，放弃法院司法一元主义观念，构建民间法调处机构，让民间调解机制发挥更大的作用。现代调解制度建立在自愿、合意的基础之上，以平等、自由、效率为价值取向，体现了现代法律的基本精神，也体现了公民对现代法律制度的价值选择。在诉讼纷争频发，司法压力日趋繁重的现实情况下，需要一些调和矛盾解决纠纷的机制，民间调解实为首选。

（五）习俗

习俗是规范现代人们交往行为的制度性事实。习俗之所以能够代代传承、生生不息，是因为它是人们在长期生产生活中形成的口耳相传、约定俗成的“默会性知识”。这种知识规范着人们的日常行为，表达着人们的生活情感，承载着人们超越的道德理念，反映着理想人世的生活期待。习俗并非是阻碍法治现代化进程的绊脚石，而是现代民族国家法治建设的助推器。根据现代法律价值对习俗进行改造，通过立法将其吸收到法律体系中来，通过司法将其作为特殊法源使之成为裁判尺度，使法治运行事半功倍。1993 年，北京实施“禁放令”，全面禁止人们在春节期间燃放烟花爆竹，目的是为降低灾害事故，防止环境污染。可千百年来人们已经形成春节燃放爆竹、驱鬼辟邪的习俗，通过立法的方式断然否定这一习俗有违民意。于是人们知法犯法，警察则疲软执法，安全事故仍然频发，这一规则无法得以真正实施。经过法律与习俗的十年博弈，2006 年“禁放令”改为“限放令”，充分尊重习俗，使“限放令”落到实处。当下中国的法治建设中，普遍性的规则常常遭遇习俗的抗争，弄得不好就会导致纠纷扩大，矛盾升级，这就需要我们有效处理法律与习俗的关系，实现法律效果与社会效果的统一。有的地方有“年底不要账”的习俗，法官若想在春节前了结一个债务纠纷往往勉为其难；有的地方“正月里不打官司”，这些地方法院的立案庭正月里就冷冷清清。习俗作为一种生活方式，是法治中国建设重要的本土资源，是法治的重要支撑，是法律运行的力量之源。通过历史传承积淀的民族习俗，是建设现代法治中国的本土根基。

综上所述，中国传统法治文化中蕴含着丰富的本土资源，如何继续挖掘和利用更多的本土资源是法治中国建设中的一项十分艰巨的基础工程，意义重大。对中国传统法治文化本土资源我们绝不能简单看待，必须研究它们赖以发生特定功效的社会基础和文化环境，从整体上把握它们，汲取其积极、合理的成分。古老的传统法律的影响是顽强坚韧的，一个完全异质的法律文化去改造一个有关根深蒂固的社会基础和文化土壤的法律规则与体系，绝非易事。全面系统考察中国传统法治文化的现代价值，弘扬中国传统法治文化的精华，寻找最合乎中国国情民情具有本土生命力的法律规则，是一件旷日持久而光荣艰巨的工作。

第二节　以全球视角与域外法治文化共同发展

当今时代，一个国家法治环境的优劣，已经成为衡量其软实力的重要指标。中国特色社会主义法治文化应以全球视角积极借鉴域外法治文化并与之共同发展。域外法治文化，尤其是欧洲各国法律在国际法领域中的国家主权平等、和平解决国际争端、善意履行国际义务和国际合作方面，有许多值得我们学习借鉴的东西。客观地说，目前我国各部门法基本上都是借鉴大陆法系国家的规定，我国法治的现代化有一个明显特征就是外源性，也就是借鉴、移植的特性。

域外法治文化的核心思想有三点：一是坚决维系国家主权和法治统一，二是保障公民权利和人权，三是权力分立制衡。

17世纪英国资产阶级法学家提出了近代法治的“主权至上”、“个人权利”、“权力制约”三要素。强调主权至上是鉴于英国内战时期的惨痛经验。霍布斯认为，只有最高公共权力的建立或存在，才可能有每个人的社会生活所必需的基本的和平与安全，因此主权是绝对的。同时，他认为国家的权力来自个体的人，人是为了获得和平而通过契约建立了国家，这一理论否定了“君权神授”，同时也奠定了国家权力来自人民的思想。洛克则将公民的个人权利扩展至“生命、自由与财产”的权利，认为国家必须保护这三项基本权利。为了保证公民权利，限制政府权力，洛克提出了“以权利约束权力”以及“权力分立”的主张①。英国的法治思想直接影响了美国的法治理念。在美国建国过程中，除了强调基于个人自由和平等的民主政治，便是将洛克的分权思想付诸政治实践。分权有两个方面，一是针对美国有13个殖民地的政治现实创造了中央与地方分权的联邦制，二是在权力架构层面则强调立法、行政和司法的分权。但分权也是有限度的，联邦分权不允许分裂国家，确立了联邦至上，即主权至上，保证了美国作为民族国家的统一。而三权分立则是为了权力的相互制衡，但这一制度在当时并未被其他资本主义国家普遍采纳。

法国资产阶级革命时期的法治学说的代表人物是孟德斯鸠和卢梭。孟德斯鸠提出三权分立理论，把司法权独立出来；这一思想在美国得以实践。卢梭的法治思想强调人民主权，强调法律是人民“公意”的体现，强调主权对公共利益的表达和维护。卢梭认为，法治的目的在于自由，但他的自由并不是消极的，而是任何公民都不能拒绝的；为实现真正的法治，卢梭甚

① 参见［英］洛克：《政府论》下篇，瞿菊农、叶启芳译，商务印书馆1964年版。

至认为，应当强迫那些拒不服从公意的人服从公意，也就是要“迫使他们自由”。德国直到19世纪末通过铁血政策才完成了国家的统一，进而完成了法治的统一。德国法治思想的一个重要贡献是“民族精神”，强调法治要在本国文化基础上回应本国需要；另一个思想是“法治国”，特别强调国家为公民提供福利性权利，在制度安排上则强调行政权力与行政行为的合法性和可预测性，强调严格执法。20世纪下半叶，随着资本主义进一步扩张，以及同社会主义制度的竞争，资本主义国家的法治更强调法律的同等保护、正当程序以及普遍人权。

以上这些核心思想凝结了西方各国政治法律实践的一般经验，这些经验为中国特色社会主义法治国家建设提供了大量可供借鉴与汲取的法治文化的思想资源和制度资源。

建设中国特色社会主义法治文化，可供借鉴的域外法治文化还涉及其他方方面面。

一、重视地方性法规

美国是一个联邦制国家，联邦与各州之间在立法权分配上有不同特点，与我国国情有很大区别。但在重视各州和地方权力这一点上，还是值得我们注意的。毛泽东曾在与斯诺的谈话中直接讲到美国对各州下放权力的特点。1982年中国宪法借鉴了西方国家处理中央和地方之间关系的经验。1982年的中国宪法，就中央来说，主要是扩大全国人大常委会的职权，除基本法律由全国人大制定外，其他法律由全国人大常委会制定。就地方来说，扩大省级人大及其常委会的权力，即制定地方性法规的权力。以后在修改有关组织法时，又将制定地方性法规的权力扩展到省级人民政府所在地的市和经国务院批准的较大的市的人大及其常委会。这体现了加强地方上制定规范性文件的倾向。

二、引入判例法

英国的判例法法律样式大致成文于中世纪，19 世纪确立了“遵循先例”原则。成文法和判例法是当今世界上最具影响力的两种法律形式。在实行成文法的国家，审判机关依据国家立法机关统一制定的法律进行审判而不顾及已往判例。而实行判例法的国家，审判机关依据国家的法律政策和法律意识，结合案件事实作出判决，判例中抽象出来的原则和精神对下级审判机关和以后的审判具有约束作用，采用“遵循先例”原则。判例法是法官创造法，具有灵活性特征。成文法有许多优点，但其缺点也是明显的：不够灵活，一经制定，修改便有诸多限制，难以适应瞬息万变的社会现实。成文法是法律实践活动的阶段性总结，它一出现便带有相应的欠缺。成文法是抽象概括，这种概括往往失之宽泛，给法官留下自由裁量的空间。与成文法相比，判例法有缺陷也有优点。优点是：灵活易变，创制新判例来矫正旧判例比修改法律容易得多，能更灵活地适应形势变化。法官援引同类判例能提高审判效率，节省法官的时间和精力，降低司法成本；同类案件相同处理，有助于限制法官的偏见，实现平等。有利于防止司法擅断，遵循先例可对法院判决的偏差与法官自由裁决的范围予以限制，以免出现极端情况。就创制法律的技术方法而言，成文法方法与判例法方法的相互融合，已逐渐成为各国现代法发展的总趋势。

中国是成文法国家，历代法典中都有大量判例，断案时有引用成案的传统与明文规定，当今也应积极大胆借鉴和引入判例法，需要利用判例法的优点来弥补成文法的缺陷。1962 年，毛泽东曾指示：“不仅要制定法律，还要编案例”。我国法律制度并不排斥判例法。最高人民法院选择典型判例，在最高人民法院公报上公布，这些判例对于司法实践起了指导作用。当今，不论是英美法系还是大陆法系都在向“混合法”靠近，而混合法正是中华法系的显著特征。参考国外先进的经验，建立以成文法为主，以判例法为辅的具有中国特色的法律体系，创造一种充满生机的制度文明，是我国法治现代化的必然趋势。而判例在我国司法实践中的广泛运用为采用判例法奠定了一定基础，这对我国的司法改革和法治建设具有重要借鉴意义。

三、遵循罪刑法定原则

1764 年，意大利人贝卡里亚因发表《论犯罪与刑罚》而享誉欧洲，被后世奉为刑事古典学派创始人。他倡议许多进步的刑事学说，其中之一就是罪刑法定原则，即犯罪和刑罚应由法律明文规定，法官不能任意解释，不容许类推。1789 年的法国《人权宣言》第 8 条也规定：“法律只应规定确实需要和显然不可少的刑罚，而且除非根据在犯法前已经制定和公布的且系依法施行的法律以外，不得处罚任何人。”1949 年联合国通过的《世界人权宣言》第 11 条以及 1966 年联合国通过的《公民和政治权利国际公约》第 15 条都规定了“罪刑法定”原则。我国 1997 年修订后的《刑法》第 3 条规定：“法律明文规定为犯罪行为的，依照法律定罪处刑；法律没有明文规定为犯罪行为的，不得定罪处刑。”在中国刑事立法史上，这一修改是重大的进步。

四、明确无罪推定原则

无罪推定，是刑法和刑事诉讼法的一个基本原则。贝卡里亚在《论犯罪与刑罚》中指出，任何人在其罪行没有得到证明时，根据法律应被认为是无罪的人。法国《人权宣言》

第 9 条规定："任何人在其未被宣告为犯罪以前应被推定为无罪。"《世界人权宣言》中也有类似规定。中国 1996 年修订的《刑事诉讼法》第 12 条明确规定："未经人民法院依法判决，对任何人都不得确定有罪。"这一修改在中国刑事诉讼立法史上确立了一个重要的原则。

五、实行陪审制

陪审制首先出现在中世纪的英国，并在美国、英国的前殖民地实行，18 至 19 世纪曾被法、德等民法法系国家接受。在英国和民法法系国家，陪审制仅用于重罪案件或完全不用。在美国，因宪法上规定了陪审制，故至今沿用。中国 1996 年修改后的《刑事诉讼法》第 13 条规定："人民法院审判案件，依照本法实行人民陪审员陪审的制度。"中国在重大刑事案件中实行陪审制已成常态。

六、健全听证制

听证制来源于西方国家，尤其是美国。与美国听证制不同，中国听证制从仅仅适用于行政机关的行政处罚等领域，逐渐向立法听证发展。这一制度的健全运行将促进我国社会主义民主与法治的完善。

七、强化行政诉讼制

1799 年，法国建立了世界上第一个行政法院。开始它仅是行政机关的一个咨询机关，以后发展成为不仅咨询而且也受理行政诉讼的审判机关，它有权宣告政府官员的违法行为无效并裁决受害人应得赔偿。在其他民法法系国家，大多模仿法国，建立了与普通法院平行的行政法院，但它们的组织和管辖范围各有特点。与法国不同，英、美等国并没有独立的行政法院。战后，英国也建立了很多行政法庭，但它们仍从属于普通法院。中国的行政诉讼是由普通法院的行政审判庭受理的。1989 年 3 月 28 日，法工委在《行政诉讼法（草案）》说明中指出，该草案“参考、借鉴外国行政诉讼制度的一些有用的内容”，但它又有许多不同于外国行政诉讼的特点。十八届四中全会《决定》对行政诉讼提出了新的要求：完善行政诉讼体制机制，合理调整行政诉讼案件管辖制度。行政诉讼将在维护法治中起到更加突出的作用。

八、完善国家赔偿制

西方国家建立立宪政体后，在法律上逐渐规定不同形式的国家赔偿制，即以国家作为赔偿的主体。也就是说，国家机关和国家机关工作人员违法行使职权侵犯公民、法人和其他组织的合法权益造成损害时，受害人有权取得国家赔偿。中国在 1994 年由全国人大常委会制定《国家赔偿法》，确认了国家赔偿制。中国的国家赔偿制，从本国国情出发，与其他国家的制度有很多区别，但借鉴了外国的有关规定。中国的国家刑事赔偿已经实施了多年并取得了明显成效。

九、确立无过错责任

19 世纪后期，西方国家随着工业化发展，工厂工人工伤事故频繁发生。但在西方传统法律制度下，受害人要从雇主处取得赔偿非常困难，受害人难于举证，更不必讲诉讼拖延、诉讼费用负担等。在这种情况下，西方的“无过错责任”原则开始出现，即按照法律，行为人在特定情况下造成损害，即使无过错也应承担赔偿责任。从而免除受害人的举证责任，使他可易于获得赔偿。以后这一原则又逐渐演变为社会保险制度或集体保险制度，也即由社会对人身伤害所带来的不幸后果提供广泛保障。中国《民法通则》第106条规定："公民、法人违反合同或者不履行其他义务的，应当承担民事责任。公民、法人由于过错侵害国家的、集体的财产，侵害他人财产、人身的应当承担民事责任。没有过错，但法律规定应当承担民事责任的，应当承担民事责任。"这一章第三节关于侵权的民事责任中进一步列出了诸如产品质量不合格、污染环境等具体情况下的无过错责任。这表明中国民法与外国通行的有关法律在确认无过错责任这一点上大体是一致的。

十、接轨专利法

世界上实行专利制度的158个国家中，有38个国家规定保护发明专利一种，有13个国家规定保护发明、实用外形、外观设计三种专利，有97个国家规定保护发明和外观设计专利，但这些国家大多是将发明专利与实用新型专利合并在一起的。1984年中国第一部《专利法》规定保护发明、实用外型、外观设计三种专利。1992年这一专利法又作了重要修改，同关税与贸易总协定达成的《与贸易有关的知识产权协议》基本接轨。其中一个重要修改是将发明专利的保护期限从原专利法规定的自申请日起15年修改为现在规定的20年，将实用新型和外观设计专利的保护期限从5年延长为10年。

十一、完善司法考试

大陆法系和英美法系均有十分严格的司法考试制度。大陆法系国家的法律职业考试是我们通常所讲的国家统一司法考试。大陆法系国家主要是通过司法考试的形式分别选任法官、检察官以及律师，从事某种法律职业的人往往是由国家通过专门考试选拔或者专门教育程序培养产生的，特别是法官，并不像英美法系那样从优秀律师中选任。大陆法系司法考试的特点主要有三：一是多数国家实行对所有的司法职业均适用的司法考试制度。二是司法考试制度较为严格，一般要经过两至三次考试，才能获得司法执业资格证。三是司法考试与法学教育、法律职业培训联系紧密，实行考试与培训相结合的制度。德国、法国或者日本都是将培训融入考试之中。英美法系国家则称司法考试为法律职业考试或者律师资格考试。因为英美法系国家实行三位一体、律师为本的司法考试制度。取得律师、法官、检察官资格，都需要经过特殊的职业训练，通过严格的职业资格考试。担任法官、检察官均以工作一定期限的执业律师为条件。在英美，法律职业一般要求法学教育背景、法律职业考试资格、律师执业经验三个要素。英美国家检察官、律师和法官并不是处于一条水平线上的。检察官是受雇于国家的律师，在本质上与为一般社会主体提供法律服务的律师一样。经过长时期执业的律师方能成为法官。三者有共同的法律教育，三职业之间具有流动性，而法官则处于法律职业的顶层。1971 年，在全美律师协会（ABA）的推动下，各州正式采取全美律师协会规定的统一时间、统一形式进行的资格考试。由于美国的检察官实质上是受雇于国家的律师，所以他们也要参加这一考试。首先必须是毕业于全美律协认定的 183 家法学院的学生，才具备报名条件。通过考试并经过审核的，便可直接成为律师，而不必经过任何培训。从事律师或者检察官职业多年并业绩卓著的，便有可能被选任为法官，而法袍加身意味着一个律师职业生涯的顶峰。在美国，一个律师大约到 50 岁左右才可能成为一名法官。在英国，检察官必须是执业律师，必须具有专门律师或者初级律师的资格。从 12 世纪起，英国便依惯例从高级律师中任命法官。由此可见，在英美法系国家，法官是从律师或者检察官中选任的，法官在司法职业中具有至高无上的地位。成为法官的唯一条件便是成为一个优秀的律师或者检察官。司法考试制度与法学教育联系较为紧密。在美国，接受法学院教育是进入美国法律职业的唯一途径；在英国，要成为出庭律师、检察官、法官必须经过系统的法律教育。我国司法考试应借鉴国外成功经验，在完善司法考试制度设计的基础上制定并颁布《法律职业资格考试法》，通过对司法考试专门立法的形式来加强对司法考试的管理，提高司法考试的效力和权威。由于司法考试是为国家选拔司法人才的公务活动，应将司法考试活动纳入到国家预算，由国家承担大部分或者全部考试费用。同时，应建立阶段性司法考试模式。根据目前中国的实际情况，未来的司法考试可设计成初试和复试两个阶段，初试阶段以测试考生的基本法律知识为主，全部采用客观性试题，机器阅卷；复试阶段采用主观性试题形式，只有初试的合格者才可以参加复试考试，在复试阶段，可允许考生使用指定的法律法规汇编。只有两次考试合格，才算最终合格。我国还应提高司法考试的报名条件。司法考试是法律职业的入门考试，通过者将获得进入司法三种职业的“入场券”。能够参加考试者的背景应限制在法律专业本科生以上。这样限制的好处在于能够建立法律职业与法律教育更紧密的联系，从职业的层面上对法律教育产生强有力的推动。我国还应建立统一的实务训练制度。世界上大多数成文法国家都设立统一的司法实务训练机关，采用集体研修和到实务部门实习的方式来培养未来的法官、检察官、律师。我国对已取得法律执业资格者，应要求其必须在执业前到中央和省级有关专门机构接受统一法律职业培训。这样，有一大批经过专门法学教育和职业训练、具有较好法律专业素质和职业道德的法律职业者活跃于各个部门机构公正廉洁严格执法，可以构成中国实现法治的根基。

总而言之，中国特色社会主义法治文化应借鉴的域外法治文化的先进成果是多方面的，我们只有虚心学习，一如既往地兼收并蓄，才能真正建设好我们的法治国家。

第三节　法治文化应成为法治中国建设的重要推手

一、针对目前法治建设存在问题找准工作着力点

中国特色社会主义法治文化建设，是伴随着中国法治建设的步伐向前迈进的。只有找准当前法治建设中存在的问题，才能找准中国特色社会主义法治文化建设工作的着力点。

中国特色社会主义法治建设从十一届三中全会算起，也仅仅只有37年时间。十一届三中全会以后，我们党深刻总结了我国社会主义法治建设的成功经验和深刻教训，提出了加强法治，实现民主制度化、法律化，之后把依法治国确立为治理国家的基本方略，把依法执政确立为治国理政的基本方式，取得了社会主义法治建设的历史性成就。党的十五大以来，我国法治建设驶入快车道，中国特色社会主义法律体系已经形成，法治政府稳步推进，司法改革初见成效，司法体制机制逐步完善，全民法治观念逐步提升。尤其是党的十八大以来，更是把依法治国，建设社会主义法治国家提到了国家重要议事日程，迎来我国法治建设史无前例的大好形势。通过社会主义法治理念的学习，法治信仰的树立，法治意识的增强，国家法治建设出现了令人欣慰的历史新阶段。随着

法治建设的发展，法治文化建设也扬帆出海了，这是每一个中国人都有目共睹的。

法治进步了，法治建设中的问题依然存在。党的十八届四中全会《决定》一针见血地指出："必须清醒看到，同党和国家事业发展要求相比，同人民群众期待相比，同推进国家治理体系和治理能力现代化目标相比，法治建设还存在许多不适应、不符合的问题，主要表现为：有的法律法规未能全面反映客观规律和人民意愿，针对性、可操作性不强，立法工作中部门化倾向、争权诿责现象较为突出；有法不依、执法不严、违法不究现象比较严重，执法体制权责脱节、多头执法、选择性执法现象仍然存在，执法司法不规范、不严格、不透明、不文明现象较为突出，群众对执法司法不公和腐败问题反映强烈；部分社会成员尊法信法守法用法、依法维权意识不强，一些国家工作人员特别是领导干部依法办事观念不强、能力不足，知法犯法、以言代法、以权压法、徇私枉法现象依然存在。这些问题，违背社会主义法治原则，损害人民群众利益，妨碍党和国家事业发展，必须下大气力加以解决。"①

《决定》的高度概括，使我们清醒地看到我国法治建设亟待解决的问题还为数不少，不采取积极有效措施，必将严重影响依法治国方略的实施。法治文化作为社会主义法治建设的特殊阵地，在推进社会主义法治建设进程中应当发挥引领的作用。

要发挥好引领的作用，法治文化建设只有从现实中存在的种种法治问题产生的原因入手，用法治理念引导，激励人

---

①《中共中央关于全面推进依法治国若干重大问题的决定》，人民出版社 2014 年版，第 3 ~4 页。

民群众和广大执法司法人员的法治智慧，投身国家法治建设的实践活动。法治文化要敢于大胆批评立法中存在的本位主义现象、小团体利益的狭隘利己思维方式，使我国的法律制度从立法起步阶段就受到人民群众的监督。法治文化还要鼓励人民群众认真监督行政机关的执法行为，对于执法中存在的非法治的行为要及时提出监督意见，督促行政执法部门及时纠正违法现象。法治文化工作者还应该做维护司法实体正义和程序正义的义务监督员，力促案件审理中最大限度地实现公平公正，共同守护住司法最后一道防线。

二、增强全民法治意识是重要抓手

文化是一个古老而又深奥的概念。美国文化人类学家克鲁克洪认为：“文化是历史上所创造的生存式样的系统，既包括显性式样也包括隐形式样，它具有为整个群体共享的倾向，或是在一定时期中为群体的特定部分所共享”①。中国特色社会主义法治文化是与中国社会主义法治国家的法律制度相适应，引领全体公民恪守社会主义法治理念，树立法治信仰，强化法治意识，坚信法治权威的法治文化元素的集合。它具有群众性和广泛性，它是中华文化宝库的精髓。

弘扬中国特色社会主义法治文化与普法教育具有一定的共性。群众不习惯接受法律约束、不信任司法裁判与行政执法，遇事不找法却习惯找熟人、通关系、走非法治渠道。这些现象的产生，原因还是人民群众法律意识尚未形成，法治观念十分淡薄，法律信仰不牢固，法律追求不坚定。社会生活中，公平正义如阳光、空气，受益而不知觉，失之则追悔

① 参见［美］克鲁克洪等：《文化与个人》，高佳等译，浙江出版社1986年版。

遗憾。在人民群众法治意识还比较淡薄的客观情况下，开展社会主义法治文化的宣传教育活动，显得尤为重要。科学有效地组织法治文化宣传教育，让法治文化元素走进大课堂，融入大中专院校和中小学的国民教育体系，强化法治意识的培养，从娃娃抓起，从国民教育抓起，国民的法治意识才能够在比较短的时间里有一个稳步提升。增强全民特别是青少年的法治意识，是不容置疑的法治教育目标，是法治文化重中之重的任务，更是中国特色社会主义法治文化建设的重要抓手。

我们常常从很多案件中看到不少违法犯罪的人，不是知法犯法，而是地道的法盲。就连国家机关公务员这支充满社会精英的优秀队伍，其中也不乏法盲。论科学技术含量、论理论修养、论组织能力，大多数公务员都很出色，可是对于法治营养的吸收，他们常常不太用心。原因很简单，法治建设在新中国成立以来总是在肯定与否定之间摇摆，人治思维重于法治思维，具有习惯性；有没有法律知识，既不是选拔人才，也不是重用干部的标准。做法律工作的同志面对“信访不信法”、“信人不信法”、“信钱不信法”的执法环境，难以产生职业荣誉感和法治神圣感，有时甚至感到没有社会地位。一些地方，法官、检察官跳槽离开司法队伍的现象凸显。从律师中招录法官、检察官成功率不高，其中一个重要原因是律师不愿意来。一些老少边穷的基层法院甚至面临着有指标招不到法律系大学生的尴尬局面。为什么会出现这些现象？归根到底是法治意识淡薄所致。因此，中国特色社会主义法治文化建设面临的重大任务就是努力提升全体民众的法治意识，并以此为抓手，树立全社会的法治信仰和法治权威。

党的十八届四中全会给我国法治建设带来的现实影响和历史意义非常巨大。中国经济发展，国家强盛，社会进步，人民安居乐业，生活美满幸福，向未来提出了新的希望。要让太平盛世稳步推进、持续发展，要把改革开放的蛋糕做强做大，要让人民分享改革开放带来的实惠，离开法治建设必将功亏一篑。人民群众由此而表现出对国家法治建设的急切渴望和需求，党中央审时度势，提出依法治国，建设社会主义法治中国，真实反映了人民的心声，这就是人民群众对党的十八届四中全会热烈拥护的原因所在。人民群众对法治的需求，是刻骨铭心的、发自内心的，广大人民群众渴望通过法治文化宣传教育，吸取更多的法治养分，充填自己法治知识贫乏的大脑，做一个合格的现代法治公民，使自己在法治中国建设中不掉队。

法律的权威源自人民的内心拥护和真诚信仰。人民权益要靠法律保障，法律权威要靠人民维护。要建设社会主义法治中国，必须弘扬社会主义法治精神，建设社会主义法治文化，增强全社会厉行法治的积极性和主动性，形成守法光荣、违法可耻的社会氛围，使全体人民都成为社会主义法治的忠实崇尚者、自觉遵守者、坚定捍卫者。在这样的大气候下，我们必须充分运用法治文化这个特殊阵地，充分发挥法治文化引领、宣传、教育、激励、振奋等功能，大量输送给人民群众法治营养，培育人民群众的法治意识，充实人民群众的法治知识，引导民众养成自觉学法守法用法的法治生活习惯，为构建法治国家、法治政府、法治社会不断地增砖添瓦，做出新贡献。

三、打造法治文化品牌是有效办法

在长期的法治文化建设的探索实践中，从古今中外的优秀法治文化中汲取营养，将法治文化的引导作用和法律政策的规范作用有机结合，发挥人民群众的智慧，多措并举，多元互动，打造鲜明的法治文化品牌，各地已经形成了一套行之有效的办法。

各种以法治文化的亲民和谐为理念的法治文化阵地遍地开花，如法治文化中心、青少年法治教育基地等极大地丰富了文化基础设施的覆盖面和渗透力；而把法治文化有机地融入社区文化活动中心等公共文化服务设施中，如法治广场、法治文化公园、法治文化长廊、法治文化墙等阵地的管理和运营，则彰显了厉行法治的价值追求，发挥了法治文化润物无声的熏陶作用。这些办法扎根中国的土壤，取得了实实在在的效果。

在法治文化的阵地建设中，尤其需要特别重视法治文化品牌的树立和推广。树立一个个深入人心的法治文化特色品牌，不断丰富法治文化的内涵，将有利于各地法治文化的培育不断适应新形势，满足新期待。如设计与普法有关的卡通形象等，一个形象的品牌能够渗透到市民生活的各个方面；如在电视台播放以法治特色品牌冠名的微电影作品，在电台中播出普法专栏节目；如积极利用微博、微信等新媒体平台引导人们尤其是年轻人学法用法，扩大法治文化的受众面和影响力，等等。

贯彻党的十八届四中全会精神，落实到法治文化的培育上，就是要把培育法治文化的途径，由普及法律知识向更加注重法治理念传播、弘扬法治精神转变，由单向灌输式宣传向更加注重双向互动、凝聚共识转变。而在这方面，努力打造多个响亮的法治文化品牌，是扩大法治文化受众面和影响力的有效办法。只有让百姓感受到法律就在我们身边，法律是我们的“守护神”，才能真正提升法治文化的实惠性和亲民性，才能使法治文化真正成为法治中国建设的重要推手。

中篇
法治组织文化研究

第七章
人大法治文化

第一节　地位和作用

人大法治文化最重要的是立法文化。根据宪法和有关法律的规定，人大及其常委会的职权主要有四项，即立法、监督、重大事项决定、选举和任免。其中，立法是有立法权的人大及其常委会最重要的职权之一。因此，人大法治文化最基本的是立法文化。人大法治文化在中国法治文化体系中的地位和作用，是由立法在依法治国方略实施和构建社会主义法治国家中的地位和作用而决定的。

一、人大立法文化是中国法治文化的基础和前提

“法律是治国之重器，良法是善治之前提。”“立善法于天下，则天下治；立善法于一国，则一国治。”依法治国首先要解决有法可依的问题，这就需要立法，立法的数量和质量直接制约着依法治国的程度。依法治国，首先和最重要的，就是依据全国人大及其常委会制定的法律治理国家。建设中国特色社会主义法治体系，必须坚持立法先行，发挥立法的引领和推动作用，抓住提高立法质量这个关键又是良法善治的重要前提。亚里士多德指出，“法治应包含两重意义：已成立的法律获得普遍的服从，而大家所服从的法律又应该本身是制定得良好的法律”。这一精辟的概括表明：一是制定的法律应该是良法；二是法律应获得普遍的服从。否则，法治也就无从谈起。因此，要依法治国、建设社会主义法治国家，就应当高度重视立法工作。

党的十八大提出，要推进科学立法、严格执法、公正司法、全民守法；完善中国特色社会主义法律体系，加强重点领域立法，拓展人民有序参与立法途径。从“有法可依、有法必依、执法必严、违法必究”老十六字方针到“科学立法、严格执法、公正司法、全民守法”新十六字方针，充分肯定了中国特色社会主义法律体系形成这一重大成就，同时也说明，立法工作站在了新的历史起点上。要求“科学立法”制定出的法律，不是一般的“有法可依”，必须是管用的法、解决问题的法、可操作性强的法，这样才能实现良法善治。

二、人大立法文化对中国法治文化具有引领和推动作用

实行依法治国，建设社会主义法治国家，必须发挥立法的引领和推动作用。首先，发挥立法的引领和推动作用，有

利于依法治国的推进。实现国家各项工作法治化，客观上要求我们更加重视立法工作，把立法资源用足用全，把立法手段用活用好，通过立法把党的主张和人民意愿上升为国家意志，用法律制度凝聚社会共识、引领改革发展。经过 30 多年的改革开放，我国现代化建设取得突出成就，积累了丰富的实践经验，特别是中国特色社会主义法律体系的形成，从制度上、法律上解决了国家发展中带有根本性、全局性和长期性的问题，我们有条件也有能力从制度上进行顶层设计和总体规划。

其次，发挥立法的引领和推动作用，有利于降低执政成本，强化法律权威。法律是治国之重器。中国古代思想家韩非把法律看成“御悍马”之“辔策”，能“兴功惧暴，定分止争”。法律的权威、国家的权威、执政党的权威是一个整体。法律没有权威，有令不行、有禁不止，国家和执政党的权威也会受到损害。我国正处在改革发展的关键阶段，发展潜力大同样带来压力大，社会矛盾复杂凸显，需要解决的问题千头万绪，更要强调树立和维护法律的权威。通过法定程序广泛听取意见，在充分讨论、沟通协商的基础上，以法律作为社会认同的最大公约数，形成全社会一体遵循的规则，是预防和减少社会矛盾的最佳途径。我们党越重视立法的引领和推动作用，法律就越有权威，党的主张就越容易被社会认同。

最后，发挥立法的引领和推动作用，是全面深化改革、确保重大改革于法有据的现实要求。新时期我国的法治建设与改革开放相辅相成。当前，改革进入攻坚期和深水区，全面深化改革力度之大、范围之广、影响之深，是前所未有的。各方面的改革举措，许多都涉及制度体制层面的问题，都涉及法律法规的制定、修改、废止、解释以及相关授权、批准、备案等活动。这就迫切要求正确处理立法与改革的关系、法律稳定性与改革应变性的关系，坚持立法决策和改革决策相统一、相衔接，做到重大改革于法有据，使立法主动适应改革和经济社会发展需要。

第二节　现状与对策

经过多年的努力，我国已经建成了以宪法为核心的中国特色社会主义法律体系，这个体系由七个部门、三个层次的法律法规组成。截止到 2014 年年底，我国现行有效法律共 244 件，与法律相配套，国务院制定了 700 多件现行有效的行政法规，地方人民代表大会及其常务委员会制定了 8000 多件现行有效的地方性法规，民族自治地方的人民代表大会制定了 800 多件现行有效的自治条例和单行条例。中国特色社会主义法律体系的形成和不断完善的过程，也是人大法治文化形成和不断完善的过程。

一、立法工作中存在的问题

立法工作的巨大成就有目共睹，但是我们也必须看到在立法和立法文化领域仍然存在一些亟待解决的问题。主要表现在：有的法律未能全面反映客观规律和人民意愿，针对性、实用性、可操作性不强；立法效率需要进一步提高，有些重点领域立法不能及时出台，跟不上形势发展需要；有些法律没有根据客观形势的变化发展及时修改、废止；有些重大制度问题，法律还存在缺位；不同位阶的法律之间衔接不够紧密，匹配性和协调性有待提高。再如，立法工作中部门化倾向、争权诿责现象较为突出，有的部门把立法当作扩大自身权力、与民争利的手段，人民群众对立法的有序参与有待加强；一些地方利用法规实行地方保护主义，破坏国家的法制统一等。其中，立法的部门利益倾向是影响立法质量和立法实施效果的一个主要因素。

长期以来，由行政部门起草的法律法规占较大比例，这总体来说符合客观需要，但在长期实践中也存在一些问题。主要有："有利则争"。有的部门对于自己有利的立法项目积极主动争取，在起草过程中，过分扩大部门权力，将其利益植入法律或法规中，部门利益法制化倾向明显。"无利则惰"。实践中有不少经济社会发展急需、人民群众迫切期盼的立法项目，相关部门认为对维护本部门利益没有作用或作用不大，没有立法积极性，漠然置之，尽量推脱。这也导致了有立法权的人大及其常委会在实践中遭遇"等米下锅—无米下锅"的尴尬境地。"无能为力"。有些立法项目综合性较强，涉及多个部门，统筹协调难度大，单一行政部门权威不够、能力不足，客观上难以承担起起草的责任。

二、加强立法工作对策

要解决立法工作中存在的问题，核心是提高立法质量。张德江委员长在第十二届全国人大常委会第一次会议上的讲话中指出，立法质量直接关系到法律的实施效果，是加强和改进立法工作、完善法律体系的永恒主题。越是强调法治，越要提高立法质量。发挥立法的引领和推动作用，要求牢固树立并不断强化"质量第一"的立法理念，将提高立法质量摆在突出重要的位置，始终把提高立法质量作为加强和改进立法工作的重中之重。

（一）提高立法质量是人大立法工作的核心价值追求

如何提高立法质量是人大立法工作的核心价值追求，是立法法治文化十分重要的研究课题。我们认为可以从四个方面加以努力：

一是增强立法针对性。要紧紧围绕经济社会发展中迫切需要解决的现实问题开展立法工作，尤其是要抓住改革的重点领域和关键环节，深入调查研究，把握客观规律，做好制度设计，使法律规定的内容真正解决现实中的问题。

二是增强立法及时性。立法既要精雕细刻，又要反应灵敏、下先手棋。要针对突出问题，及时启动立法程序，出台相关法律法规予以规范和引导。

三是增强法律的可执行性。法律的生命在于实施，法律必须具有可操作性，才能得到有效实施。在立法中，要研究清楚法律所调整的社会关系，能具体规定的就应当明确规定，能在法律中规定清楚的，就不一定要另搞配套法规。实践经验尚不成熟、又需法律规范的，先作出原则规定，明确改革的基本方向和主要措施，同时为深化改革留下空间，督促制定配套法规。法律立改废条件暂不具备实践又迫切需要的，可通过授权方式先行先试。

四是增强立法系统性。要综合运用制定、修改、废止、解释、清理、备案审查等多种形式，组合协同，做到各项制度相互衔接、统筹协调、形成合力，切实提高立法引领和推动作用的成效。

（二）完善立法体制

解决立法工作中存在的问题，关键是完善立法体制。党的十八届四中全会《决定》提出：“完善立法体制机制，坚持立改废释并举，增强法律法规的及时性、系统性、针对性、有效性。”为加强和改进立法工作，提高立法质量，《决定》

就完善立法体制提出了一系列举措。这些举措主要有：

一是发挥人大在立法中的主导作用。立法是一项综合性很强的工作，人大的主导作用应当体现在法律法规的立项、起草、审议、修改、表决等各个环节。《决定》要求，健全有立法权的人大主导立法工作的体制机制，发挥人大及其常委会在立法工作中的主导作用。

二是明确立法权力边界。从体制机制和工作程序上防止部门利益和地方保护主义法律化。为了防止立法工作中存在的部门利益和地方保护主义法律化的问题，《决定》提出，明确立法权力边界。法律法规以及规章的起草制定，要严格依照《立法法》规定的立法原则和立法权限进行，从国家整体利益出发，科学合理地规定国家机关的权力和责任。

三是完善立法协调沟通机制。立法涉及权利利益关系的调整，立法过程也是不同利益群体间的协商过程。因此，必须加强立法协调沟通，理顺各部门、各工作环节之间的关系，及时解决立法中的重大分歧。在法律的立项、起草和审议的各环节，起草单位和立法机关要广泛听取并认真研究各方面的意见。对于立法中的重点难点问题和部门间意见分歧较大的重要立法事项，牵头起草单位要在深入研究、充分论证的基础上，加强与有关方面的协商沟通，共同研究解决，努力取得共识；必要时，由决策机关邀请有关专家或者委托社会机构对有关问题进行第三方评估，也可以对一些有重大意见分歧的问题，提出若干解决方案，充分听取各方意见后及时作出决定。

四是加强法律解释工作。《决定》要求，加强法律解释工作，及时明确法律规定含义和适用法律依据。解释法律是宪法赋予全国人大常委会的重要职权，也是加强和改进立法工作、保证法律有效实施的重要内容。法律解释具有针对性强、反应及时、便于操作的特点，可以根据改革要求和法律实施的实际情况，及时对法律规定的含义和适用予以明确，从而保证重大改革依法有序进行。例如，2014 年 4 月，全国人大常委会根据司法实践中的情况和改革的需要，通过关于刑法、刑事诉讼法有关规定的七个法律解释，对有关法律适用问题予以明确。法律解释出台后，各方面普遍给予好评，取得良好的法律和社会效果。

第三节　构建以良法为核心的人大立法法治文化

针对立法中存在的问题，需要通过修改《立法法》加以解决。特别是党的十八大和十八届三中、四中全会以来，党中央对完善以宪法为核心的中国特色社会主义法律体系，推进国家治理体系和治理能力现代化，推进依法治国，建设社会主义法治国家，提出了一系列要求，为此，有必要对《立法法》进行修改完善。

《立法法》是关于国家立法制度和规范立法行为的重要的宪法性法律，被称为“管法的法”，又被立法工作者称为“当家法”、“手头法”。2000 年 3 月，九届全国人大第三次会议通过《立法法》。《立法法》确立了我国的立法体制、立法程序、立法监督等一系列内容。2015 年 3 月 15 日，十二届全国人大三次会议以 2761 票赞成、81 票反对、33 票弃权，通过了《关于修改〈中华人民共和国立法法〉的决定》，这是《立法法》自 2000 年颁布施行以来的首次修改。这次《立法法》的修改，对于完善我国立法体制和立法程序，推进国家治理体系和治理能力现代化，推进依法治国，建设社会主义法治国家，具有重大而深远的影响。《立法法》的问世，开创了我国立法法治文化的崭新里程碑，《立法法》的修改是推动新形势下立法法治文化发展的强劲动力。我国《立法法》经过十多年的立法实践，为立法法治文化积累了丰富的理论积淀和实践范例，为这次修改《立法法》提供了重要依据。

为提高立法质量，《立法法》修改从以下两个方面对立法体制机制和程序进行了完善：

一、发挥人大在立法工作中的主导作用

立法是宪法赋予人大及其常委会的一项重要职权。党的十八届四中全会《决定》提出，健全有立法权的人大主导立法工作的体制机制。根据各方面的意见，修改决定从以下几个方面加以补充和完善：

1. 加强立法组织协调。修改后的《立法法》第五十一条规定："全国人民代表大会及其常务委员会加强对立法工作的组织协调，发挥在立法工作中的主导作用。"立法工作涉及部门多，牵扯面广，程序复杂，利益焦点集中，全社会广泛关注，因此要加强人大对立法工作的组织协调。要建立健全人大与"一府两院"等有关方面的沟通协调机制、立法规划和立法工作计划督促落实机制，提高立法规划、立法工作计划的实施效果。立法是一项综合性很强的工作，人大及其常委会的主导作用应当体现在法律法规的立项、起草、审议、修改、表决等各个环节。要发挥人大及其常委会在确定立法项目中的主导作用，把握立法进度主导，把握立法决策主导。

2. 加强对立法工作的统筹安排。统筹安排立法工作，主要应当通过立法规划、年度立法计划等进行。立法规划计划主要涉及立什么、什么时候立的问题。全国人大常委会的立

法规划和计划是从七届全国人大届中开始（1991—1992年），至今已经五届。修改后的《立法法》第五十二条规定：“全国人民代表大会常务委员会通过立法规划、年度立法计划等形式，加强对立法工作的统筹安排。……立法规划和年度立法计划由委员长会议通过并向社会公布。全国人民代表大会常务委员会工作机构负责编制立法规划和拟订年度立法计划，并按照全国人民代表大会常务委员会的要求，督促立法规划和年度立法计划的落实。”

3. 加强和改进法律起草机制。修改后的《立法法》规定了提前参与法律草案的起草工作、直接组织起草法律草案、委托第三方起草法律草案等制度，进一步加强和改进法律起草机制。修改后的《立法法》规定：全国人大有关的专门委员会、常委会工作机构可以提前参与有关方面的法律草案起草工作；综合性、全局性、基础性的重要法律草案，可以由全国人大有关的专门委员会或者常委会工作机构组织起草。专业性较强的法律草案，可以吸收相关领域的专家参与起草工作，或者委托有关专家、教学科研单位、社会组织起草。

4. 发挥人大代表在立法中的作用。人大代表是各级人大的组成人员，全国各级人大代表有270多万人，他们生活和工作在广大人民群众中间，对一部法律中间涉及人民群众切身利益的事情，他们有深刻的体会。立法中有必要发挥人大代表的主体作用。修改后的《立法法》通过一系列具体制度更好地发挥人大代表在立法中的作用：一是，编制立法规划和年度立法计划，应当认真研究代表议案和建议；二是，全国人大常委会审议法律案，应当通过多种形式征求代表的意见，并将有关情况予以反馈；三是，全国人大专门委员会和常委会工作机构进行立法调研可以邀请有关的代表参加；四是，全国人大常委会会议审议法律案，应当邀请有关的全国人大代表列席会议。

二、提高立法质量的根本途径

深入推进科学立法、民主立法是提高立法质量的根本途径。党的十八届三中、四中全会对深入推进科学立法、民主立法提出了一系列要求，常委会组成人员、代表、专家和社会公众也提出了许多好的意见和建议。修改后的《立法法》通过以下几个方面的制度进一步深入推进科学立法、民主立法：

1. 拓宽公民有序参与立法的途径。通过开展立法协商，完善立法论证、听证、法律草案公开征求意见等制度，拓宽公民有序参与立法的途径。修改后的《立法法》规定，列入常务委员会会议议程的法律案，法律委员会、有关的专门委员会和常务委员会工作机构应当听取各方面的意见。听取意见可以采取座谈会、论证会、听证会等多种形式，论证和听证情况应当向常委会报告。同时还规定，常委会工作机构应当将法律草案发送相关领域的全国人大代表、地方人大常委会以及有关部门、组织和专家征求意见。

2. 健全表决机制。修改后的《立法法》规定了单独表决机制和打包修改机制，进一步健全法律草案表决机制。单独表决就是对审议中个别意见分歧较大的重要条款先进行单独表决的制度。修改后的《立法法》规定，法律草案表决稿交付常委会会议表决前，委员长会议根据常委会会议审议的情况，可以决定将个别意见分歧较大的重要条款提请常委会会议单独表决。单独表决的条款经常委会会议表决后，委员长会议根据单独表决的情况，可以决定将法律草案表决稿交付表决，也可以决定暂不付表决，交法律委员会和有关的专门委员会进一步审议。打包修改是指对多部法律中涉及同类事项的个别条款进行修改，一并提出法律案的，经委员长会议决定，可以合并表决，也可以分别表决。修改后的《立法法》对此专门作出了规定。

打包修改的方式是近年来全国人大常委会经常采用的一种法律修改的方式。例如，为依法推进行政审批改革和政府职能转变，进一步激发市场和社会活力，2014 年 7 月、10 月和 2015 年 2 月，国务院决定分三批取消和调整一些行政审批项目。2014 年 11 月，国务院审议通过了《近期加快推进价格改革工作方案》，取消和调整有关行政审批、工商登记前置审批、改革后置审批及有关价格改革，涉及药品管理法等 26 部法律的有关规定。为了实现立法和改革决策相衔接，做到重大改革于法有据，有必要对这些法律的个别条款进行修改后再实施有关改革，为此，2015 年 4 月 9 日，国务院向全国人大常委会提出议案，建议对药品管理法等 26 部法律一揽子打包修改。在全国人大常委会审议过程中，有些常委会组成人员提出，对药品管理法等 26 部法律规定的修改中，有些法律的修改只分别涉及取消和下放行政审批、工商登记前置审批改为后置审批及价格改革的内容，有些法律的修改同时涉及上述两个或三个方面的内容。建议根据情况，对修正案草案修改的法律进行梳理并适当分类，分别进行表决。法律委员会根据新修改的《立法法》第四十三条规定和常委会组成人员的审议意见，建议将修正案草案中的 23 部法律按照修改的内容进行组合，形成四个修改决定草案，提请会议分别进行表决。

3. 增加法律通过前评估、法律清理、制定配套规定、立法后评估等一系列推进科学立法的措施。如修改后的《立法法》规定，法律规定明确要求有关国家机关对专门事项作出配套的具体规定，有关国家机关应当自法律施行之日起一年内作出规定，法律对配套的具体规定制定期限另有规定的，从其规定。有关国家机关未能在期限内作出配套的具体规定，应当向全国人民代表大会常务委员会说明情况。

4. 完善立法公开制度。修改后的《立法法》增加规定法律草案向社会公布征求意见的时间一般不少于30日，征求意见的情况应当向社会通报。为便于法律法规等的查询和使用，增加规定法律、行政法规、地方性法规、自治条例和单行条例、部门规章和地方政府规章的文本，除在相应的公报和有关报纸上刊载外，法律、地方性法规、自治条例和单行条例统一由全国人大及其常委会门户网站中国人大网刊载，行政法规、部门规章、地方政府规章统一由中国政府法制信息网刊载。

第四节 科学立法与民主立法的内容、关系及实现途径

党的十八届四中全会报告要求“抓住提高立法质量这个关键”，“深入推进科学立法、民主立法”。深入推进科学立法、民主立法是提高立法质量的有效途径，是立法法治文化需要研究的重大理论课题。

法治文化中的科学立法、民主立法不仅仅是一种工作方法，也是群策群力、集思广益的制度安排，更是求真务实、严谨严格的工作境界。长期以来，立法机关一直坚持走群众路线，充分发扬民主，扩大公民对立法工作的有序参与，积极探索科学立法、民主立法的有效形式，并通过立法实践总结、形成了一些行之有效的做法。主要有：一是，不断扩大公民参与立法的渠道和方式，坚持和完善法律草案公布机制，

并将采纳情况以适当方式向社会反馈。二是，提请审议的法律草案印发有关中央和国家机关、地方和单位，广泛征求意见。三是，立法调研坚持“三深入”，即深入基层、深入实际、深入群众，召开座谈会，直接听取各方面的意见。四是，充分发挥各级人大代表在立法工作中的作用，无论是论证和确定立法项目，还是起草和审议法律草案，都要认真研究吸纳代表议案提出的相关意见，邀请相关代表参与立法工作。五是，充分发挥专家学者以及智库的作用。对法律草案中专业性强的问题，召开论证会，组织专家充分论证；设立立法用语规范化专家咨询委员会，法律草案提请表决前请语言文字专家审校。六是，选择法律草案中人民群众普遍关心的问题召开听证会，直接听取公众和有关方面意见。七是，科学合理地确定立法项目，开展立法项目立项论证，编制好立法规划和年度立法工作计划。八是，开展立法后评估工作。法律通过后，要对立法的合理性、可操作性等进行评估，根据实际情况及时修改完善。九是，总结立法工作的实践经验，制定立法技术规范，等等。

一、科学立法与民主立法是中国特色社会主义法治文化的重要内容

（一）科学立法

构建社会主义法治文化必须实现科学立法，从而为国家治国安邦提供高质量的良法。科学立法是指在遵循自然、社会、思维等的客观发展规律，从我国具体国情出发的前提下，运用符合客观规律的合理立法程序，以实事求是的态度制定法律，使法律反映并适应经济社会发展的一项基本立法理念。

对于中国特色社会主义法治文化重要部分的立法工作而言，科学立法是党科学执政、科学决策的必然要求，是提高

立法质量的必然要求。科学立法有利于正确处理各种利益关系，合理反映现实的利益关系分配问题，促进经济、政治、文化和社会的协调发展，保证法律实施的效果；科学立法有利于充分发扬民主，保障民主权利，发挥各方面参与立法过程的积极性，进而实现科学决策；科学立法有利于为达成共识提供程序支持、技术支持，为提高立法质量、打造良法提供程序保障。

科学立法的内涵主要有三个方面：

第一，立法要坚持先进的理论指导。坚持以中国特色社会主义理论体系为指导，是科学立法的首要要求。要推进科学立法，就要以中国特色社会主义理论体系作为指导，以此统一思想认识、确定立法思路，始终把坚持四项基本原则同坚持改革开放结合起来，把坚持社会主义基本制度同发展市场经济结合起来，把推动经济基础变革同推动上层建筑改革结合起来，把提高效率同促进社会公平结合起来，把促进改革发展同保持社会稳定结合起来，把坚持独立自主同参与经济全球化结合起来，保证制定的法律有利于巩固和完善社会主义制度，有利于解放和发展社会生产力，有利于发挥社会主义制度的优越性。

第二，立法要从我国基本国情出发，法律要能够切实解决实际问题。制定法律的目的，就是要立足中国实际，解决中国实际问题，满足中国民众的愿望。立法要从社会主义初级阶段这个最大的实际出发，特别注重深入实际，加强调查研究，分析社会生活各方面提出的具体问题。要使制定出来的法律规范，既符合全局的需要，又考虑不同地区的实际情况；既符合长远的发展方向，又切合当前的实际。要坚持立法与经济社会发展进程相适应，区别不同情况作出相应规定，正确处理法律的现实性与前瞻性、原则性与可操作性之间的关系。既要及时把改革的成功经验用法律形式固定下来，又要注意为深化改革留下空间，以发挥法律对于改革开放和社会主义现代化建设的规范、保障、促进和引领的作用。

第三，立法必须实事求是，遵循客观规律。法律是人类对自身所处客观社会关系的一种高度自觉的认识。尽管法律是主观意识，属于上层建筑，但它从属并决定于客观世界。随着经济和社会的发展变化，法律制度也要适应这种发展变化进行修改完善或者废止。所谓“法与时转则治，治与世宜则有功”①。法律的立改废是适应社会进步和法治要求的科学精神的体现。因此，正确反映客观规律，是科学立法对立法工作的本质要求。

（二）民主立法

构建社会主义法治文化必须强调民主立法。民主立法，是指立法机关充分发扬民主，广泛听取和吸纳各方面的意见和要求，采取多种形式和途径保障公民有序参与立法的一项基本立法理念。

民主立法包括两方面的含义：

第一，代议制意义上的民主立法。代议制是通过人民选举产生立法机关，由立法机关代表人民，表达立法意愿，继而制定法律。这是现代国家立法的基本制度，是立法法治文化对民主立法的要求。对我国而言，代议制度是指人民代表大会制度。我国宪法规定，中华人民共和国的一切权力属于人民。人民通过选举的方式选派代表，组成全国人民代表大会和地方各级人民代表大会。全国人民代表大会和地方各级人民代表大会代表人民行使国家权力，并对人民负责、受人民监督。对于法律而言，全国人民代表大会和全国人民代表

① 《韩非子·心度》第五十四篇。

大会常务委员会依据宪法和法律行使国家立法权，是国家立法机关，代表全国人民制定法律。

第二，参与式民主立法。公众参与立法有效地弥补了代议制在具体国家事务管理上的欠缺，进一步增强了公民参与国家事务管理的积极性，扩大了日常民主的范围。对于立法而言，人们不再满足于一次选举代表组成立法机关代表自己表达立法意愿，而是要直接参加到立法中去，表达观点，对立法过程施加影响，从而实现参与的目的。党的十八届四中全会《决定》明确提出“拓宽公民有序参与立法途径”、“广泛凝聚社会共识”。而公民参与立法，表达或者体现自己的利益诉求，对于逐步培养公民理解和处理公共事务的能力是很重要的一个环节。

总结国家和地方立法工作的实践，依据《立法法》的规定和实践中的做法，我国民主立法已经呈现形式多样化的态势。按照立法法治文化实践的要求，民主立法还有待进一步加强。具体可以从下述途径开展工作：

（1）公开征集立法项目建议。在拟定立法规划或者立法计划时，向社会公开征集立法项目建议。如广东在制定立法规划时，通过新闻发布会、互联网、报纸等媒介向社会公开征集立法项目和征求意见，范围广、力度大。

（2）对法律草案进行书面征求意见。书面征求意见，是由法案的起草单位或者立法机关的工作机构将草案发送有关国家机关、社会团体、企事业单位和有关专家，请其研究提出书面意见。常委会的工作机构将提请审议的法律草案印发中央有关部门，各省、直辖市和自治区人大常委会，法律院校和科研机构等组织和专家，广泛征求意见，供有关部门参考。

（3）向社会公布法律草案征求意见。2000 年制定的《立法法》规定重要的法律草案要向社会公布，公开征求意见。

2008年4月15日，十一届全国人大常委会第二次委员长会议决定，今后法律草案一般都予以公开，即实现公布法律草案征求意见常态化、普遍化和制度化。2015年修改的《立法法》规定法律草案原则上都要公开征求意见。法律草案公开征求意见的做法可分为两种：第一种是一般性法律，草案经过全国人大常委会初次审议后，在中国人大网予以公布，向社会征求意见；第二种是关系改革发展稳定大局、关系群众切身利益、社会普遍关注的重要法律，草案经全国人大常委会初次审议后，经委员长会议决定，在主要新闻媒体上全文公布，向社会征求意见，同时也在中国人大网公布。法律草案公布后，人民群众踊跃参与，其中《劳动合同法》（草案）征集近20万条意见，《车船税法》（草案）征集九万多条意见，个人所得税法修正案23万多条意见，有力推进了科学立法、民主立法的进程。

（4）立法调研。立法调研坚持“三深入”，即深入基层、深入实际、深入群众，采取多种形式，如实地走访、电话调查、委托抽样调查等，直接听取各方面意见，着力提高公众依法有序参与立法的成效，使立法更加集中民智、汇聚民意、体现民情，更加符合客观实际。

（5）法案起草和审议过程中召开座谈会。立法中的座谈会是由有关法案起草单位、立法机关或其工作机构根据需要，邀请与该法案有关的国家机关、社会团体、企业事业单位、有关方面的专家和群众，对立法的必要性、可行性、与现行其他法律的关系等内容进行座谈讨论、发表意见的一种民主形式。座谈会充分发挥专家学者以及智库的作用。实践中，起草单位召开座谈会分为两类，一是政策层面的座谈会，即对立法拟规定的政策性内容邀请本系统内部有关人员、其他政府部门、专家学者等进行论证；二是法律技术层面的座谈会，就政策如何在与其他法律不冲突或者能够协调的情况下表述为法律，邀请法学专家和从事法律工作的人员召开座谈会进行研究。而审议过程中的座谈会，则分为协调会和论证会，协调会主要是对其中的争议焦点问题，由有关方面组织相关部门和单位及人员就最终的政策选择进行协调；论证会则是以保障法律体系和谐为目标，对法律草案进行精细化改良的技术性座谈会。

（6）立法论证会。对法律草案中专业性、技术性较强的问题，邀请有关方面的专家从科学性、可行性角度进行研究，提出论证意见。例如，2002 年修订《文物保护法》，修订草案经过九届全国人大常委会第二十四次、二十五次、二十七次会议三次审议，在许多问题上取得了共识，但是在馆藏文物如何管理和利用、民间收藏文物是否可以依法流通两个具体问题上，还有不同意见。为了进一步研究修改《文物保护法》，充分听取各方面意见，全国人大法律委员会、全国人大常委会法制工作委员会依据《立法法》的规定，于 9 月 26 日至 27 日在北京召开立法论证会，邀请部分博物馆、文物商店负责人、文物专家、文物收藏家以及地方文物、工商管理负责人参加，集中研讨论证馆藏文物和民间文物的管理问题。

（7）立法听证会。《立法法》规定，列入常务委员会会议议程的法律案，法律委员会、有关的专门委员会和常务委员会工作机构应当听取各方面的意见。听取意见可以采取座谈会、论证会、听证会等多种形式。我国第一个举行立法听证会的是广东省，1999 年对《工程招标投标条例》（修订草案）举行了立法听证。《立法法》颁布后，各省、区、市人大纷纷举行立法听证会。2005 年 9 月 27 日，全国人大常委会举行第一次立法听证会，就《个人所得税法修正案》（草案）中个人所得税起征点（工薪所得减除费用标准）进行听证。

按照“东、中、西部地区都有适当名额，工薪收入较高、较低的行业、职业都有适当名额，代表不同观点的各方都有适当名额的原则”，从4982名报名申请人中遴选出40人作为公众陈述人候选人，然后从其中确定20人为陈述人，其余为旁听人。20名陈述人来自东、中、西部不同地区；有工人、企业事业单位的技术人员或管理人员、教师、研究员、律师、公务员、农村进城务工人员等，有月工薪收入1500元以下的、1500元以上的、3000元以上的、5000元以上的、10000元以上的等。持不同观点的陈述人占全部公众陈述人的比例，与持不同观点的申请人占全部申请人的比例大体相当。除此之外，还邀请财政部、国务院法制办、国家税务总局、全国总工会的代表，上海、广东、安徽、内蒙古四个省、区、市财政或税务部门的代表共八位作为陈述人，代表《个人所得税法修正案》（草案）的起草单位、执行部门和工人团体出席听证会，陈述意见。

（8）列席或旁听人大常委会会议。公民成为立法的参与者，是我国立法法治文化人民性所要求的。因此，让公民旁听人大及其常委会立法会议成为常态，将立法审议过程公开化，既增强了公民投身民主法制建设实践的参与度和责任感，又强化了立法的监督、宣传作用。北京市人大及其常委会已实行这一措施。

二、科学立法与民主立法的关系

科学立法与民主立法，二者并非孤立，也不能“混为一谈”，而是具有密切联系的。科学立法与民主立法是人大立法法治文化的核心内容。

（一）科学立法与民主立法的辩证统一

立法法治文化要求立法过程要实现科学立法与民主立法

的辩证统一。科学立法与民主立法本质上都是要制定出良法，根本目的都在于使法律更充分地体现人民的真实意志和根本利益。科学立法与民主立法相互依存、相互影响、相互渗透，最终都要以体现全国人民的根本利益为出发点和落脚点。具体说，可以从两个方面来理解：

第一，民主立法离不开科学精神的引导。民主立法的过程要正确认识局部利益与整体利益、当前利益和长远利益之间的关系，就需要在科学的指导下发扬民主。

第二，科学立法离不开民主制度的培育。这里存在两方面因素，一是法律并不像纯粹讲求逻辑理性的自然科学，而是存在诸多非理性因素，因而需要充分顾及人民群众的真实情感。立法只有关注民生，在发扬民主的同时注重科学，才能为人民群众提供优质的法律产品，使立法既能有效限制过当行为又能保护最广大人民群众的根本利益和基本自由，真正实现“既有统一意志，又有个人心情舒畅、生动活泼”的政治局面。二是民主参与是科学立法的必要成本。民主参与的意义不仅在于治理国家事务，协调利益关系，更重要的是要通过参与培养公民的自治能力和法律意识。立法工作并不是简单地由一个专业化的职业队伍“闭门造车”的过程，而是要通过民主协商、利益妥协来实现，而人民群众作为立法赋权者和立法产品最终承受者当然有权在立法过程中获得最大限度的公开和充分的信息。各国立法史已经表明，单纯为实现法典的科学化而摒弃民主立法的做法，只可能对科学立法本身造成最大的破坏。

（二）科学立法与民主立法在一定条件下的冲突

立法法治文化要求解决立法“正确与科学”的问题。民主解决的是多数和少数的问题，科学解决的是正确与不正确的问题，这就有可能产生多数人的意见是不正确的，也即不科学的情况。这在立法中有可能发生。民主立法要求多方参与，强调的是立法过程；科学立法要求立法符合规律，强调的是立法结果。原则上二者是统一的、相互促进的。但由于经济社会的复杂性与主观认识的局限性，不排除在一定条件下，对两者关系的认知产生纠缠不清的困境：一方面，民主立法意味着直接或间接参与立法的政府部门和社会群体逐渐增多，而法律法规所触及的各种政治、经济与社会利益也日趋复杂；另一方面，科学立法意味着法律体系整体结构的理性化，从事立法工作人员的专业化以及法律法规具体条文的技术化。如此，在高度理性化、技术化的立法体系与这些法律法规所嵌入的非理性化、纷繁芜杂的政治社会生活之间就必然产生一种张力，并且在当代中国飞速变革的历史背景下则显得尤为突出。

以 2011 年广受关注的《个人所得税法修正案》（草案）征求意见为例。《个人所得税法修正案》（草案）自 4 月 25 日首次面向全社会公开征求意见，截至 5 月 31 日已收到征求意见 23 万余条，创我国单项立法征求意见的最高纪录。这一方面充分体现了公众对于民主立法的积极参与，反映出老百姓对与之切身利益密切相关的税法的高度关注，以及纳税人维权意识的提高；另一方面，在 23 万多条意见中，针对修正案草案中“3000 元免征额”的讨论成为关注焦点中的焦点，各方利益冲突折射出了科学立法与民主立法之间的内在紧张。这个内在紧张的实质，是局部利益与整体利益、短期利益与长期利益之间的冲突。这就要求立法机关在立法过程中要广集民意，多听取基层群众的意见，特别是社会弱势群体的意见，了解法律所要解决的问题并尽量在法律中回应这些意见和需求，彰显立法法治文化的公正性。

又如，1993 年北京市人大常委会制定了《北京市关于禁止燃放烟花爆竹的规定》，这个规定的内容无疑是科学的，但是实施的效果并不好，群众也不满意。后来改为有条件的禁止燃放，既考虑到群众的意愿，又兼顾治理环境污染的实际。最近几年，随着雾霾天气的加剧，空气污染的严重，春节期间可以感觉到烟花爆竹的燃放明显减少。随着人们认识的提高，禁止燃放烟花爆竹的立法条件会越来越成熟。

以上例子说明，科学立法不能脱离民主立法，科学立法要与民主立法相结合。科学立法与民主立法应当是统一的辩证关系。一般来说，民主性与科学性是一致的，民主越充分，科学性也就越强。但如果只讲民主一个方面，在有些情况下，可能会出现科学性不够的情况。因为真理有时掌握在少数人手里。因此，要清楚认识当前我国国情对民主立法和科学立法的制约因素，通过尽可能地发挥民主立法的作用，扩大立法参与，形成相应制度，实现科学立法，保证立法质量。这样的立法过程制定出来的法律，就能够得到广大人民群众的拥护和支持，也从根本上实现了立法法治文化的思想精髓，保障制定出的良法能够起到推进全民守法习惯的养成，这也是立法法治文化的价值追求之所在。

三、推进科学立法、民主立法的实现途径

科学立法、民主立法等立法法治文化的推进程度和发展水平，是由我国经济社会发展状况所决定的，与社会主义法治国家建设和依法治国基本方略的推进步骤相适应，与中国特色社会主义法律体系的形成与完善相同步，是立法法治文化的精髓。尽管我们在立法过程中不断推进科学立法、民主立法，并且取得了一些意义重大的成果经验，摸索出一些行之有效的方式方法，但是囿于我国经济社会发展阶段、人们的认识水平、公民政治参与意识、立法制度设计以及其他一

些主、客观方面的因素影响，科学立法、民主立法的发展受到一定的制约和阻碍。如立法机关在立法过程中的主导作用、立法机关组成人员的构成、会期制度和议事程序、专门委员会在立法中的作用、各方面利益相关人的利益表达话语权的平衡，以及立法工作机构人员水平素质等，还需要不断改进和完善。这就需要我们大力加强立法法治文化建设，造就立法法治文化融入立法实践的工作局面，通过立法工作的推进和发展，促进立法法治文化迈上新台阶。

（一）充分发挥全国人大及其常委会在立法中的主导作用

发挥全国人大及其常委会在立法中的主导作用是我国政治制度的需要，是实现党的主张和人民意志上升为法治层面的重要保障，是构建立法法治文化的必要前提，是推进科学立法、民主立法的重要环节。

全国人大及其常委会在立法中的主导作用，关键体现在对立法规划和立法工作计划的编制的主导。立法规划和立法工作计划对推动和保证科学立法、民主立法有着重要的作用。立法规划不仅仅是立法项目，它还包括对工作方法的要求。虽然具体的表述不同，但从实质内容上来讲，历届立法规划都一贯地强调科学立法和民主立法，强调要通过走群众路线来确保立法体现最广大人民的最根本利益。

（二）改进全国人大及其常委会的会期制度和议事规则

推进科学立法与民主立法，要考虑如何改进会期制度：一方面可以考虑成倍增加全国人大常委会的会议时间。虽然我国实行与西方国家不同的民主政治制度，但对法律案的审议同样需要有足够长的时间保证。另一方面，会议的形式方面也可以作一定的改造，包括适当增加联组会议的次数等。此外，要考虑充分发挥各专门委员会在立法方面的作用。在坚持法律案由法律委员会统一审议的基础上，初审以后的法律案，各相关专门委员会也应当积极参与，在其职责范围内提出意见。

（三）加强全国人大及其常委会的自身建设

一方面要提高全国人大及其常委会组成人员的专业化程度，大量吸引与法律有关的专业人才；要增强立法主体组成的民主性，要求进一步优化立法主体组成人员的代表性，增加基层普通选民代表和社会各界代表的比例。另一方面要提高组成人员的专职化程度，适当扩大专职委员的比例，保证常委会和专门委员会组成人员以更多的精力投入常委会和专门委员会的工作。

人大法治文化的构建和发展，是人大立法工作规范化、法治化的重要前提和理论保障。实践充分证明，立法工作客观需要立法法治文化的支撑。繁荣和发展立法法治文化，既是立法机关的任务，也是所有参加立法工作的机关团体和广大公民的社会责任。对人大法治文化的研究是一个很有生命力的法治课题，有待我们共同努力研究探索，从而构建起国家完备的立法法治文化体系，保障国家立法工作的健康稳步推进，坚定落实依法治国、构建法治中国的重大历史使命。

第八章 政府法治文化

“一切问题，由文化问题产生；一切问题，由文化问题解决。”① 法治文化是法治政府建设的依据，法治政府建设也只有与文化相适应才能获得持久的生命力。党的十八大报告中明确指出到2020年实现小康社会宏伟目标的新要求，其中重要的一项任务就是“法治政府基本建成”，以执政党文件的形式正式提出到2020年“基本建成法治政府”的重要任务。政府法治文化既是法治文化的核心，又是法治政府建设的关键，在某种程度上决定着法治建设的成败。政府法治文化需要内化为人们内在的法律意识和法律思维，因为法律在实施的过程中也离不开人们内在的法律意识和法治思维的影响，

① 钱穆：《文化学大义》，台北中正书局1981年版，第3页。

人们心中有什么样的法律意识就会有什么样的行为。政府法治文化建设是法治政府建设的基础，政府法治文化建设的程度也将决定着法治国家建设的广度和深度，只有有健全的政府法治文化的支撑，法治国家建设才能具备坚实牢固的基础。

第一节　地位和作用

一、政府法治文化的推进与发展是时代赋予政府的重任

（一）政府法治文化在实现法治政府战略目标中占据重要地位

法治政府是中国政府建设的战略目标，“文化”建设则是其中关键的攻坚阶段。这一阶段不仅是近代中国现代化的历史逻辑经常缺漏的一环，也是当下中国改革开放的必由阶段。因此，政府建设的文化侧重，正在于将文化一体贯彻于设施、制度、行为和观念之中，激活“人”的自觉，激活整体改革开放的成果。

（二）政府法治文化建设是近代中国现代化的历史逻辑

实施依法治国，建设社会主义法治国家和法治政府，也是中国实现法治现代化的过程。如果我们反观清末以来中国法制现代化的进程，在这一传统法制向现代法治的历史性跃进中，我们不难发现这是一个“导致整个法律文明价值体系的巨大创新，因而是一个包涵了人类法律思想、行为及其实践各个领域变化的多方进程”①。这一过程，如果从文化结构

① 公丕祥：《法哲学与法制现代化》，南京师范大学出版社1998年版，第450页。

来看，则是一个从文化的物质（物态）层面、制度层面、行为和精神层面逐步递进、深化的过程。在文化发展由表及里的历程中，“物质文化因为处于文化系统的表层，因而最为活跃，最易交流；制度文化和行为文化处于文化系统的中层，是最权威的因素，因而稳定性大；不易流通的精神文化因为深藏于文化系统的核心，规定着文化发展的方向，因而最为保守，较难交流和改变。”①

（三）政府法治文化建设是当下中国改革开放与小康社会建设的必然要求

1978 年改革开放之后的 30 余年的大发展，仍遵循着大致相同的文化结构。以“四个现代化”的强国战略，以经济建设为中心的基本国策，虽取得了世界瞩目的辉煌，但仍仅仅是物质文化层面的现代化。十一届三中全会之后，邓小平的“改革同生产力迅速发展不相适应的生产关系和上层建筑”②，以及“为保障人民民主，必须加强法制。必须使民主制度化、法律化，使这种制度和法律不因领导人的改变而改变”③ 的论断，充分表明中国现代化的建设，已经突破了单纯的物质文化层面，而开始进入以民主与法制为中心的制度文化层面。2011 年，吴邦国在十一届全国人大四次会议第二次全体会议上宣布，中国特色社会主义法律体系已经形成。虽然，这标志着我国制度文化建设的成功，但观念及精神层面的缺失却导致制度运行面临重重困难与考验。

（四）政府法治文化建设对于落实法律实施具有特殊意义

当下我国法治建设面临的最大问题就是法律制度无法有

---

① 庞仆：《稂莠集——中国文化与哲学论集》，上海人民出版社 1988 年版，第 8 页。

② 《邓小平文选》（第 2 卷），人民出版社 1994 年版，第 141 页。

③ 《邓小平文选》（第 2 卷），人民出版社 1994 年版，第 146 页。

效的实施。有法不依、执法不严、司法不公乃至恶意违法的情况十分严重。一些执法、司法人员在执法、司法过程中以权谋私、贪赃枉法、索贿受贿、徇私舞弊等严重职务违法犯罪现象十分严重。诚如吴邦国所言："法律的生命在于实施。中国特色社会主义法律体系的形成，总体上解决了有法可依的问题，在这种情况下，有法必依、执法必严、违法必究的问题就显得更为突出、更为迫切，这也是广大人民群众普遍关注、各方面反映强烈的问题。我们要在继续加强立法工作的同时，采取积极有效措施，切实保障宪法和法律的有效实施，维护宪法和法律的权威，坚持依法行政和公正司法，增强全社会的法律意识和法治理念，确保各级国家机关把人民赋予的权力真正用来为人民谋利益。"① 在辨明我国现代化建设所处之深刻变革与攻坚阶段之后，我们便明确政府法治文化建设是以"大文化"的宏观立场，来激活法治政府的有效运作。当改革从表层之物质，进入中层之制度与行为后，观念与精神层面的文化建构，便不仅是整体文化建设的关键一环，也是使整体文化有效运行的生命要素。徒法不足以自行，只有"人"才是一切文化（物质、制度、行为、精神）运作的核心与根本。

二、政府法治文化是促使政府工作人员行为方式法治化的重要保障

政府法治文化是融注在每一名政府工作人员心底和行为方式中的法治理念、法治思维、法治原则、法治精神及其价值追求。改革开放30多年来，我国的立法工作逐步加强，以

① 吴邦国：《在形成中国特色社会主义法律体系座谈会上的讲话》，载《人民法院报》2011年1月26日。

宪法为核心的中国特色社会主义法律体系已经形成，国家的经济生活、政治生活和社会生活基本上有法可依。与此相适应，我国的执法队伍基本上建立了起来，人民群众的法治观念也不断增强。但是，我们也应看到，在政府机关及其执法工作人员队伍当中，还有相当一部分人没有形成与社会主义法治相适应的法治理念和法治思维，造成了法律实施机制某些环节的失灵，已制定的法律得不到严格执行，在执法过程中，也出现了一些“灰色行为”。究其根源并不在于法律本身，而在于政府法治文化建设滞后，还没有形成与社会主义法律相适应的政府法治文化背景。依法治国的过程实质就是一个以法治文化代替人治文化的过程，在这个过程中，一个战略性的问题，就是培育具有法治精神、法治理念和法治思维的领导层及工作人员的问题。法治本身所强调的是一套民主、公正、自由的具有至高无上权威的法律制度，而不是领导层的个人智慧和素质。但法治国家也需要伟大人物，推进法治政府建设也必须具有法治理念和法治思维的领导层。特别是在我国这样有几千年封建专制和人治传统的国家里，如果党的领导干部及其工作人员缺乏应有的法律素质，是很难摆脱人治社会的传统影响，难以真正做到依法治国的。中国社会主义现代化，需要具备现代法治理念和法治思维的领导层，这是实现中华民族伟大复兴的基本保障。

政府法治文化的建设十分重要，对于法治政府建设具有推动作用。同时，对于整个社会法治文化的建设具有引领和导向的作用。其中，提高公务员队伍，特别是领导干部队伍运用法治思维和法治方式解决经济社会问题，化解矛盾与纠纷的能力，是政府法治文化建设的主要内容与目标。“徒法不以自行”，法治虽然重视制度的作用，但是并不否认人的作用，没有贤能的人才，法治的理念就无法贯彻，治理的目标就无法实现。法治不仅不排斥选贤任能，而且追求和保障选贤任能，力图通过选贤任能实现法治目标。

第二节 政府法治文化内涵

任何一种文化体系，都存在并表现于人和社会行为的若干基本层面，大体上包括：基本精神或理念层面，积淀为传统和风俗的实践方式、行为习惯层面，社会化的组织的内容，系统化制度化的行为规则、规范层面，物态层面，等等。政府法治文化的范畴也不例外，需要并且应该从这些基本的层面上加以考察和建设，才能深入地把握它的内涵和实现其建设目标。

一、政府法治文化的基本内容

2004 年 3 月 22 日，国务院制定公布的《全面推进依法行政实施纲要》（以下简称《纲要》）具有里程碑意义，它标志着我国法治政府从法律思维到社会实践的重大转变，是我国在法治政府理论和实践上的重大突破。在《纲要》实施的十多年里，是我国政府依法行政工作目标最明确、思路最清晰、发展最迅速、成效最显著的时期。全面推进依法行政，建设法治政府树立了政府的法治形象，有效地提高了广大人民群众对人民政府的认同度。政府法治文化建设对于推动法治政府建设具有重要意义，其主要包含以下内容：

（一）公务人员从法治理念与精神层面确立“依法行政”的价值理念

法治理念与精神层面，公务人员需要达到思想观念的深刻变革，确立“依法行政”的价值理念。司法部原副部长张福森曾言：“在全体公民中普及法律常识，目的是培养公民的法律意识，提高全体公民，特别是领导干部的法律素养，保证依法治国这一根本治国方略得以顺利实施。”① 可见，在治国理念与政府职能变革的情况下，政府公职人员如何将“依法行政”的价值理念注入头脑，成为政府法治文化的核心环节。

（二）公务人员要将法治政府价值理念化为日常行政的行为习惯

行为习惯的形成层面，公务人员要将“依法行政”的价值理念化为日常行政的行为习惯。政府法治文化的建设，应着力于公务人员的习惯养成，通过培训、考核等方面，营造“依法行政”的气氛，鼓励“依法行政”的行为。只有将文化建设的精神层面落实于公务人员的具体行为，乃至化为自然习惯，法治政府的制度运作才能正常和高效。

（三）制度与组织建设层面是政府法治文化建设的关键

制度与组织建设层面，虽取得巨大成就，但仍需深化落实。中国特色社会主义法律体系已经形成，表明法治政府的制度建设基本完成，但法治政府的制度运行并不理想。因此，协调文化的各个层面，将精神与行为注入具体的制度与组织，是政府法治文化建设的关键。

（四）物态文化的营造层面承载着法治文化的具体要求

物态文化的营造层面，具体承载和落实着法治文化的具体要求。政府的物态建设，不仅应考虑行政本身的需要，更要落实法治文化的内涵。如何利用符合法治理念的物质设置

---

① 张福森：《努力开创普法依法治理新局面》，载《人民日报》2001年11月7日。

服务公民，营造良好的法治氛围，正是政府法治文化建设的侧重所在。如，行政机关以便民高效为原则，建设办公大厅、提供配备办事指南、采用网络化办公等方式和内容均处于政府法治文化在物态层面进行建设的范畴。

本研究以北京市的具体情况为中心，以法治政府的内涵为文化建设的最终诉求——“经”，并将广义文化的四个层次进一步展开，形成全面的文化范畴，以作为政府法治文化建设所涉及的细目——“纬”。经纬交错，法治政府的标准（内涵、特征）将在文化范畴的细目中获得更具体的体现。对此，可用表格阐述如下：

<table>
<tr><td rowspan="12">政府法治文化建设的框架和基本内容</td><td>层次</td><td>细目</td><td>要求或举例</td></tr>
<tr><td rowspan="4">精神层面</td><td>概念</td><td>法治政府概念、依法行政概念等</td></tr>
<tr><td>意识</td><td>服务意识、责任意识等</td></tr>
<tr><td>观念</td><td>为人民服务的观念、保障权利观念等</td></tr>
<tr><td>精神</td><td>人的尊严与自由、民主与法治精神等</td></tr>
<tr><td rowspan="5">行为层面</td><td>政治行为</td><td>政治坚定、作风正派、忠于国家、维护政府、遵守法纪、执行政策、服从组织、服从领导</td></tr>
<tr><td>廉政行为</td><td>遵法守纪、廉洁奉公、崇俭避奢、节俭朴素、束身自律、戒贪防腐</td></tr>
<tr><td>业务行为</td><td>忠于职守、履职尽责、依法行政、公正文明、勤勉高效、务实创新、团结协作、顾全大局</td></tr>
<tr><td>社交行为</td><td>通俗易懂、确切简明、严谨文雅、规范适用</td></tr>
<tr><td>道德行为</td><td>职业道德、社会公德、家庭道德、个人品德</td></tr>
</table>

续表

<table>
<tr><td rowspan="13">政府法治文化建设的框架和基本内容</td><td rowspan="11">制度层面</td><td rowspan="8">制度</td><td>行政立法与行政决策</td><td rowspan="8">基本原则：人民主权原则、分权与制衡原则、法治原则、行政合法性原则、行政合理性原则、法律优先原则、法律保留原则、越权无效原则、自然公正原则、正当程序原则、禁止不利变更原则、平等原则、比例原则、公益原则、公开原则、遵循先例原则、信赖保护原则、法不溯及既往原则。
基本要求：合法行政、合理行政、程序正当、高效便民、诚实守信、权责统一。</td></tr>
<tr><td>政府信息公开</td></tr>
<tr><td>行政执法与行政程序</td></tr>
<tr><td>行政许可</td></tr>
<tr><td>行政处罚</td></tr>
<tr><td>行政强制</td></tr>
<tr><td>行政复议、诉讼与赔偿</td></tr>
<tr><td>对行政行为的监督</td></tr>
<tr><td rowspan="3">组织</td><td colspan="2">办公厅和组成部门（27 个）：政府办公厅、发展改革委、教委、科委、经济信息化委、民委、公安局、监察局、民政局、司法局、财政局、人力社保局、国土局、环保局、规划委、住房城乡建设委、市政市容委、交通委、农委、水务局、商务委、旅游委、文化局、卫生局、人口计生委、审计局、政府外办、社会办。</td></tr>
<tr><td colspan="2">直属特设机构（1 个）：国有资产监督管理委员会</td></tr>
<tr><td colspan="2">直属机构（18 个）：地税局、工商局、质监局、安全监管局、食药监管局、国有文化资产监管办、新闻出版广电局、文物局、体育局、统计局、园林绿化局、金融局、知识产权局、民防局、政府侨办、政府法制办、信访办、政府研究室。</td></tr>
<tr><td colspan="2" rowspan="2">物态层面</td><td>设置</td><td>办公场地</td></tr>
<tr><td>物品</td><td>国徽、着装、文书样式等</td></tr>
</table>

二、政府法治文化的特征

“法治文化”应该包括法律制度结构（制度与器物）和法律观念结构（观念），以及自觉执法、守法、用法等行为方式（行为），是包含民主、人权、平等、自由、正义、公平等价值在内的人类优秀法律文化类型。具体而言，法治文化就是在建立法治社会的过程中，形成的一种文化形态和社会生活方式，其核心是法治理念和法治思维模式的确立，以及在此理念支配下相应制度和组织机构的建立与运行。

“法治政府”是以人民民主为基础，以依法行政为核心，以保障人权和推动小康社会建设为目标的现代政府。具体而言，法治政府应是政府从决策到执行及监督的整个过程都纳入法制化轨道，权利与责任紧密相连，集阳光政府、有限政府、诚信政府、责任政府于一身。“政府法治文化”是“法治政府”与“法治文化”的交叉融合，既可以看作是“法治政府”中的文化建设环节，又可以看作是“法治文化”中政府所涉及的相关领域。因此，“政府法治文化”兼顾了两者的特征。

第一，示范性和引领性。“政府”是政府法治文化建设的核心主体和关键场域。在“法治国家”的构建中，“政府”既是最核心的法律实践主体，又是最关键的法律发生场域。“政府”体现了政府法治文化建设的示范性和引领性。

第二，关键性和目标性。“法治”是政府法治文化建设的理念与目标。“法治”是人类制度文明的优秀成果，更是我国的战略性国家目标选择，是国家制度文明的核心理念。因此，“法治”体现了政府法治文化建设的关键性和目标性。

第三，思想性和综合性。“文化”是政府法治文化建设的重要环节和关键阶段。“文化”是物质、制度、行为、理念的综合体现。“文化”将理念化为行为，以自觉的行为带动制度的有效运行。因此，“文化”体现了政府法治文化建设的思想性和综合性。

除了上述抽象的描述特征外，根据国务院《纲要》中有关“法治政府”建设的具体目标，我们可以将“民意、有效、诚信、责任、服务”等特征，看作是政府法治文化建设的具体实践特征，制作表格如下。

法治政府的特征总结 / 法治政府的建设目标	民意	有限	诚信	责任	服务
第八章　政企分开、政事分开，政府与市场、政府与社会的关系基本理顺，政府的经济调节、市场监管、社会管理和公共服务职能基本到位；		√			√
第九章　法律、法规、规章得到全面、正确实施，法制统一，政令畅通，公民、法人和其他组织合法的权利和利益得到切实保护，违法行为得到及时纠正、制裁，经济社会秩序得到有效维护；		√	√		√
第十章　科学化、民主化、规范化的行政决策机制和制度基本形成，人民群众的要求、意愿得到及时反映；	√			√	
第十一章　高效、便捷、成本低廉的防范、化解社会矛盾的机制基本形成，社会矛盾得到有效防范和化解；					√
第十二章　行政权力与责任紧密挂钩、与行政权力主体利益彻底脱钩；		√		√	
第十三章　行政机关工作人员特别是各级领导干部依法行政的观念明显提高，尊重法律、崇尚法律、遵守法律的氛围基本形成；		√		√	
第十四章　依法行政的能力明显增强，善于运用法律手段管理经济、文化和社会事务，能够依法妥善处理各种社会矛盾。					√

第三节　依法行政是政府法治文化的关键

一、我国依法行政取得了明显成效

“法治政府”作为依法治国的重要组成部分，依法行政也取得了明显进展。1999 年 11 月，国务院发布了《关于全面推进依法行政的决定》，要求各级政府及其工作部门加强制度建设，严格行政执法，强化行政执法监督，依法办事的能力和水平不断提高。党的十六大把发展社会主义民主政治，建设社会主义政治文明，作为全面建设小康社会的重要目标之一，并明确提出“加强对执法活动的监督，推进依法行政”。2004 年 3 月 22 日，国务院发布了《全面推进依法行政实施纲要》，提出：全面推进依法行政，经过十年左右（即 2014 年）坚持不懈的努力，基本实现建设法治政府的目标。2008 年 5 月 12 日，国务院发布了《关于加强市县政府依法行政的决定》，针对市县政府的实际情况，提出了依法行政八个方面共 30 项任务。2010 年 10 月 10 日，国务院发布了《关于加强法治政府建设的意见》，明确九个方面提出了各级政府依法行政必须努力完成的 29 项任务。《纲要》发布十多年来，各级政府始终坚持“依法行政”，努力依法办事，在建设法治政府方面取得了一定成绩，为“基本建成法治政府”创造了良好的制度条件。

二、政府法治文化通过促进法治政府的构建体现政府的权威

习近平总书记在《纪念现行宪法公布施行 30 周年大会上

的讲话》中指出："宪法的生命在于实施，宪法的权威也在于实施。""法治政府"的权威也在于实施，在于所有公务人员和领导干部对于"法治理念"的理解，"法治思维"的内化，"法治方式"的掌握，即在于我国"法治文化"从制度层面向行为与思维观念层面的突破，考验着"法治政府"建设者的智慧与勇气。

随着"法治政府"建设的深入，"法治思维"与"法治方式"被明确提出。国务院《关于加强法治政府建设的意见》，第一次要求行政机关工作人员特别是领导干部要"切实提高运用法治思维和法律手段解决经济社会发展中突出矛盾和问题的能力"。十八大报告更是明确提出"提高领导干部运用法治思维和法治方式深化改革、推动发展、化解矛盾、维护稳定能力"。

可见，我国"法治国家"的建设经历了从"目标"到"制度"，从"制度"到"理念"，并落实于"思维"与"方式"的过程：如何将依法治国的抽象目标落实为系统完善的具体制度；如何在制度运作中树立法治理念以增强全社会法律意识；如何在政府运行中提高公务人员的法治思维与法治方式，最终落实依法行政的个案要求。每一层转化，都是一次"文化"范畴的过渡，在外层"物质文化"的保障下，由中层的"制度文化"，落实为内层的"行为"与"思维观念"。按照钱穆先生的"文化起源决定"论述，针对"法治政府"建设的新阶段，或许，我们可将上述表达转化为，在"制度文化"中产生的问题，都将由"行为"和"思维观念"层面的文化来解决。

三、政府法治文化建设要求培育政府人员七个方面的法治理念

一个社会能否实现法治，先决条件之一是这个社会有无

尊崇法治的心理，是否培养起了追求法治的信念，法律制度是否优劣，法律规范能否得到实施，关键也取决于人们的法律素质和法治理念。法治政府的建设，不仅需要内容良好、体系完备的法律法规和完善的立法、执法、司法、法律监督制度，而且需要与现代法治国家、现代法治社会相适应的法治文化。“一切法律之中最重要的法律，既不是铭刻在大理石上，也不是刻在铜表上，而是铭刻在公民的内心里，它形成了国家的真正宪法。”法治文化是建设法治政府的重要精神支柱，是建设法治政府的内在动力，法治文化对建设法治政府的支持远比制度、设施牢固得多，因而加强政府法治文化建设更具有根本性和战略意义。

政府法治文化建设，是落实“法治理念”，掌握“法治思维”，运用“法治方式”，建成“法治政府”，实现“法治国家”的重中之重。其标志着改革开放以来我国“法治国家”整体建设历程的最新阶段和文化突破。政府法治文化的建设，需要从每一名公职人员入手，培育和根植其最基本的法治理念：

（一）权利优先理念

作为一名公务人员，最基本的应该树立对于行政相对人的权利进行尊重的理念和意识。此权利非彼权力，公务人员在行政管理活动中应充分尊重和保障公民权利，在行政权和相对人权利发生冲突时在法律允许的限度内尽可能较少侵害公民的权益，兼顾行政管理和公民权利的保护。同时，在大多数情况下不溯及既往，遵循有利于相对人的原则行事。公务员在执行公务时，一定要将公民放在中心的位置，将其作为出发点和落脚点，要时刻牢记公民不是对象而是目的。权利优先理念着重强调行政相对人的地位，提升了政府机关工作人员的服务意识，在此基础上，行政机关人员的法治思想素质得到改善，观念得到转变，从而为建设政府法治文化打下了良好的思想基础。

（二）合法行政的理念

现代行政法治强调“无法律无行政”。公务员在实施行政行为的过程中，必须有明确的法律授权，在法律规定的职权范围内活动，真正做到有法可依，这是行政权力正当性和行政执法权威性的要求。合法行政理念就是在行政管理活动中贯彻法律至上的理念，严格遵从法律优先和法律保留，切实做到既不越权，也不失位。只有在合乎法律的范围内实施行政行为，才能将公务员的行政活动纳入法治化的轨道，为政府法治文化的建设树立行为圭臬，推进科学、合理的政府法治文化风尚。

（三）合理行政的理念

合理行政理念是对合法行政理念的补充和更高的要求。公务员在实施行政行为，尤其是执法过程中要严格遵从比例原则，所采取的措施和手段应当必要和适当，对于可以选择采用多种形式实现管理目的时，应采取对相对人损害最小的方式，节约行政执法成本，提高行政收益，实现良好的社会效应；在行使自由裁量权时应当充分考虑当事人的利益，同时尽可能地使自己的行政行为符合公共利益，兼顾行政管理和公民的私权保障，为推动法治政府文化建设创建和谐高效的行政执法环境。

（四）正当程序的理念

程序正当能够有效地保障实现实体正义。正当程序的理念要求公务人员按照法律规定的程序办事，从而有效地规范行政行为，同时加强行政公开，使得政务更加透明，充分保障行政相对人依法享有的知情权、表达权、参与权和救济权。公平公正的法治政府文化建设过程中，公务员应当严格遵守相关法律法规中有关程序的规定，如时限、听证等，使得程序正当和法治化，而不仅仅是停留在口头和原则性的要求上，真正做到依法行政、程序正当。

（五）信赖保护的理念

公务员应具有信赖保护的理念。公务员公布的信息应当真实准确及时，非经法定原因和程序，不得随意撤回、撤销和变更，如果确因公共利益的需要，不得已需要废除行政决定的，要依法给予及时足额的行政补偿。对于因其违法行为对当事人造成损害的，要依法给予充分的行政赔偿，并且承担其相应的法律责任。诚信的公务员才能打造一个诚信的政府，诚信政府可以为社会做信用的表率和楷模，这必将对提升政府权威品质、培育信用社会起到极大的推动作用。

（六）高效便民的理念

高效便民理念的内涵囊括了行政效率理念和便民理念。法治政府必然是一个高效的政府，即以有限的行政成本投入，获得更多的社会效益。这就要求公务人员在实施行政行为时，应当严格遵守法定时限，不推脱敷衍，积极履行法定职责，不推责不怠慢，提高行政效率，不消极作为。便利民众是行政管理的出发点和归宿，因此，政府公务人员要尽可能创造有利条件，方便公众的行政参与和监督，同时提供优质高效低廉的公共服务。只有让人民群众享受更多高效便利的实惠，法治政府才会真正成为人民群众满意的政府，法治政府文化建设才会产生愈加深远的积极影响。

（七）权责统一的理念

有权必有责，这是现代法治发展的基本要求。权力要与责任密切挂钩，这样才能呈现责任政府的形象。公务员应对自己的行为负责。公务员的行政活动要严格遵守法律、法规以及规章有关权限的规定，对于行政违法行为或不正当行使职权，要依法承担其相应的法律责任，实现权力和责任的有机统一。同时，公务员应自觉接受行政监督，从而实现权力和责任的对应。权责统一理念使公务员的行政行为更加认真谨慎，为不断推进政府法治文化进程提供从思想意识到行为实践上的保障。

公务员是履行政府相关职能的执行人员，是建设法治政府、推进依法行政的关键，其所作出的行为对政府的形象与公信力具有非常重要的意义。在作出相关行政行为的过程中，公务员需要严格秉持以上法治理念，只有这样，政府法治文化建设才能取得成效，法治政府建设才能真正推行起来。要想达到法治政府建成的目标，应从提高公务员，尤其是领导干部的法律素养和法治理念开始，着力建设政府法治文化，从而引领社会上法治文化发展的潮流，营造良好的法治文化氛围、法治风尚、社会法治舆论和法治环境，推进法治政府乃至法治社会的建设进程。相信在此基础上，我国法治政府的建设和政府法治文化建设会越加完善，政府得以真正成为人民服务的法治政府。

第四节　建设法治政府是政府法治文化的目标

人类社会对于法治的追求，早在两千多年前的古希腊时代就开始了。伟大的思想家亚里士多德认为“法律恰恰正是免除一切情欲影响的神祇和理智的表现”，旗帜鲜明地指出“法治应当优于一人之治”。法学家和相关学者对于法治理论研究不断深化的过程，既是法治相关理念和制度体系不断发展完善的过程，也是人类对于法治政府的内涵和要求不断深化和发展的过程。政府法治文化的建设是法治政府建设的关键和本质要求。只有加强政府法治文化建设，才能真正实现法治政府的目标。

一、我国法治政府建设的发展进程

法治作为一种治国理政的方式，其在控制公共权力、保护公民权利、保障社会正义等方面的优越性，已经被普遍认同。法治政府的思想与实践，已不仅是一种制度，同时也是一种思想理念，更在一定程度上深化为一种文化。因此，推进法治政府建设，既要重视制度建设的不断完善，还要加强思想理念的灌输和文化氛围的营造。在我国，顺应时代的呼唤和现实的需求，法治政府建设一直持续进行并取得丰硕成果。

（一）我国法治政府建设迈出了坚实的步伐

回顾我国推进依法行政建设法治政府的历程，国家出台的重要文件规定和法律法规为制度建设铺就了一条坚实的路径，在推进政府依法行政的进程中发挥着积极作用。

1978 年党的十一届三中全会提出的“有法可依，有法必依，执法必严，违法必究”，表明了党和国家进行法制建设的坚定决心。1990 年 10 月 1 日实施的《中华人民共和国行政诉讼法》第一次确立了“民告官”制度，给政府机关带来观念上的冲击，使行政机关认识到如果自身行为触犯法律就会受到监督和约束，在我国民主制度建设上具有重要意义。1993 年国务院的工作办法中规定的“依法办事，依法行政”第一次出现于政府文件中。而 1995 年 1 月 1 日实施的《中华人民共和国国家赔偿法》把行政赔偿作为一种法律制度确定下来。与《行政诉讼法》相比，1996 年 10 月 1 日实施的《中华人民共和国行政处罚法》实际上是渗入到行政活动过程当中的全程规范，明确了行政处罚当事人的权利和行政机关相应的义务。1999 年 10 月 1 日实施的《中华人民共和国行政复议法》是行政机关自身纠错的一种法律制度，开拓了解决行政争议的另一个渠道。1999 年 11 月，国务院颁布《关于全面推进依法行政的决定》。在这个文件中，国务院将依法行政作为贯彻依法治国方略的重要内容，第一次全面地阐述了依法行政工作各个方面的具体任务和要求。1999 年九届全国人大二次会议修订宪法时将“依法行政，建设社会主体法治国家”写入宪法。2000 年 7 月 1 日实施的《中华人民共和国立法法》规定了立法必须遵守的相关程序和规则。

2004 年 3 月 22 日，国务院制定公布的《纲要》，标志着我国法治政府从法律思维到社会实践的重大转变，是理论和实践上的重大突破。该纲要总结了改革开放 20 多年来政府法制建设取得的历史经验，第一次明确提出了要用十年左右的时间基本实现建设法治政府的目标，并制定了全面推进依法行政的七项基本原则，建设法治政府的六项基本要求和全面推进依法行政的七项任务和措施，是推进依法行政、建设法治政府的一面旗帜、一个纲领。之后，我国法治政府建设工作越来越朝着健康的方向发展。2004 年 7 月 1 日实施的《中华人民共和国行政许可法》不仅对行政许可行为做出了规范，而且对设立行政许可的原则也做了规范，它还确立了信赖保护原则。2007 年，党的十七大明确提出，要全面落实依法治国基本方略，加快建设社会主义法治国家。2008 年 5 月 1 日，《中华人民共和国政府信息公开条例》实施，开启了行政公开的新篇章。2008 年 6 月，国务院下发《关于加强市县政府依法行政的决定》，对市、县一级政府提出了进一步的要求，包括要求制定六个方面的措施和制度。随着法治政府建设的深入，“法治理念”、“法治思维”、“法律手段”、“法治方式”等概念被明确提出。到了 2010 年 10 月发布的《国务院关于加强法治政府建设的意见》，对今后一个时期推进依法行政工作做出全面部署，从九个方面指出了各级政府依法行政必须完成的 29 项任务，并提出了加强法治政府建设八个方面的落实措施。2012 年 1 月 1 日，《中华人民共和国行政强制法》颁发，这是保障和监督行政机关依法履行职责，保护公民、法人合法权益的一部重要法律。2012 年党的十八大再次重申建设法治政府的明确目标和时间表，明确提出了“提高领导干部运用法治思维和法治方式深化改革、推动发展、化解矛盾、维护稳定能力”。这就为加强政府法治文化建设提供了新的发展契机。

（二）必须切实加强政府法治文化软实力建设

从这些年推进依法行政、建设法治政府的进程看，制度建设对于规范行政机关权力的行使，促进行政机关依法行政，发挥了重要影响和巨大作用。同时，从“法治政府”到“法治理念”，再到“法治思维”、“法治方式”，可见，我国法治政府建设已经由目标到制度，由制度到理念和精神，并逐步落实于行为方式，层层深入。在《纲要》颁布已经十多年的今天，我们依然经常能看到这样的一幅景象：一边是大量的有关推进依法行政的制度在陆续出台，另一方面，大量与依法行政背道而驰的诸如暴力拆迁、城管打人等负面事件不断发生，政府形象屡遭损害，公信力经受考验。深入思考这种情况发生的原因，我们认为，与行政机关工作人员的法治思想、理念、素质等紧密相关。毛泽东同志曾经说过，人的因素是决定性的，任何法律制度，不管其制定得如何好，最后还是要靠人去执行的。邓小平同志曾经深刻地指出：“加强法制的根本问题在于教育人”。上述种种现象迫使我们思考这样一个问题：在全面推进依法行政加强法治政府建设的今天，我们在继续重视加强制度建设的同时，是否还应考虑推进依法行政的另一个途径，即在重视人的法治素质全面提升的前提下推进法治文化建设，从而形成一种政府法治文化，切实加强法治政府的软实力建设。文化是一种观念认识、思维习惯和行政方式。从这一意义上讲，政府法治文化即依法行政文化，实质上是政府机关公职人员对法律制度的观念认知、思维习惯和工作方式。因此，在当前形势下，深入推进依法行政建设法治政府既要重视加强制度建设，还要注重人的法治思想、理念和素质的提升，对政府机关公职人员特别是广大领导干部进行法治思想、理念、精神的灌输，进一步提升其运用法治思维和法治方式解决实际问题的能力和素质。我们认为，深入推进依法行政，建设法治政府，应该实行制度和文化双轮驱动推进模式。因此，应该一方面继续重视加强制度建设，另一方面还要加强政府法治文化建设，注重提高公职人员特别是领导干部运用法治思维和法治方式解决实际问题的能力和素质。在这个过程中，“人”的重要性被凸显出来，特别是高级领导干部运用法律思维和法律手段解决问题的能力，这对推进法治政府建设在理论和实践上的进一步发展有着决定性的意义。

政府法治文化建设正是深化文化体制改革的重要方面。法治政府本身尤其体现了制度文化的成就，法治政府的建设更需要从大文化的角度切入，注重思想观念、行为、制度、物态等多文化层面的融通与配合。因此，我们必须对法治政府本身的内涵和特点予以界定，并从中提取法治政府的文化内涵。

（三）法治政府具有深层次的科学内涵

“法治政府”是国务院制定公布的《纲要》首次提出的新概念。该纲要提出：“全面推进依法行政，经过十年左右（即 2014 年）坚持不懈的努力，基本实现建设法治政府的目标。”十八大报告又以执政党文件的形式正式提出到 2020 年

"基本建成法治政府"的重要任务。从"建设法治政府"向"建成法治政府"的历史跨越，意味着政府依法行政本身不是目的，"法治政府"才是终极理想。

学界对"法治政府"的内涵作出了多角度的界定尝试：动态和静态①、广义和狭义②、形式和实质③。本研究采取描述性方式，从生成的角度对"法治政府"的产生基础、运作过程和最终目标三个层面进行结构性界定。当我们试图以生成的眼光、以结构的逻辑来界定"法治政府"，十八大报告对"法治政府"的描述给予了我们极大的启示。

人民民主不断扩大。民主制度更加完善，民主形式更加丰富，人民积极性、主动性、创造性进一步发挥。依法治国基本方略全面落实，法治政府基本建成，司法公信力不断提高，人权得到切实尊重和保障。

十八大报告突出表达了"法治政府"的中国特点和时代语境。"法治政府"植根于"人民民主"，没有"人民民主"的逻辑起点，政府运作的合法性与规范性就会失去根本性的依托和力量。"法治政府"的最终目标是"人权得到切实尊重和保障"，可见"法治政府"不是单纯的技术层面建设，更有价值层面的目标诉求。若考虑到中国现代化变革的整体性，以及十八大报告将"法治政府"纳入"全面建成小康社会和全面深化改革开放的目标"之中，则"法治政府"落实之"人权保障"便有了更宏观的目标。"法治政府"的三层

---

① 刘靖华、姜宪利：《中国法治政府》，中国社会科学出版社2006年版，第136～137页。

② 朱德米：《当代中国法治政府建设的困境和前景》，载《衡阳师范学院学报》（社会科学版）2001年第2期，第9～10页。

③ 申来津、李晓琴：《法治政府的本体追问与价值取向》，载《学术交流》2007年第3期，第34页。

结构式内涵界定，阐述如下。

“人民民主”是“法治政府”的生成基础和逻辑起点。只有人民才是国家主权的真正享有者，只有人民才是国家政权的唯一来源。只有确立了人民民主，法治政府才有了最基本的法理依据和价值属性，即承认政府的权力源于人民，政府的合法性和正当性取决于人民的认可与承认。只有确立了人民民主，拥有和行使公权力的政府才会自觉限制自己的权力，才会成为有限政府，进而成为真正的法治政府。法治政府应时刻不忘自己拥有的公权力是以民众的权利让度和公众认可为前提的，这种权力是有限的，是要严格受到宪法和法律制约的。只有确立了人民民主，政府才能确立权利本位的执政理念，坚持为公民服务，成为服务政府、法治政府。法治政府只有首先确立人民民主或主权在民的思想理念，才能从根本上接受人民监督，坚持为人民服务，实现维护和保障好人民的合法权利。

（四）从政府法治文化层面看，依法行政是过程，法治政府是目的

“依法行政”是“法治政府”的核心环节和实现过程，推进“依法行政”基本就是建设“法治政府”的同义表述。前者是实现过程，后者是最终目标。按照构建法治政府的一般规律，只有培育与确立依法行政理念，并使这种理念转化为依法行政制度和融入依法行政实践，才能真正实现行政法治。因此全面推进“依法行政”所要遵循的原则便成了描述“法治政府”第二层面内涵的要素。《纲要》提出的“依法行政”的六项要求就是吸收世界先进理论成果并结合中国实践，对“法治政府”形象的具体描述。包括：第一，合法行政，即法律保留原则。第二，合理行政的要求，即比例原则。第三，程序正当，即正当程序原则。第四，高效便民，即中国

实践的要求。第五，诚实守信，即信赖保护原则。第六，权责统一，即行政责任原则。

“人权保障”和“小康社会”是“法治政府”的实现目标。随着“国家尊重和保障人权”被写入宪法，人权成为我国依法治国和建设法治政府的必然要求，也是以人为本理念在法治政府层面的具体落实。此外，法治政府建设还有着基础性的制度平台意义，是政治、经济、文化、环境等一切领域的保障基础。2010 年国务院公布的《关于加强法治政府建设的意见》就已经指出：“全面推进依法行政，不断提高政府公信力和执行力，为保障经济又好又快发展和社会和谐稳定发挥更大的作用。”党的十八大报告更是将法治政府纳入小康社会的整体目标。可见，如何处理好政府与市场、政府与社会的关系；如何落实政府经济调节、市场监管、社会管理和公共服务的职能；如何善于运用法律手段管理经济、文化和社会事务，能够依法妥善处理各种社会矛盾等，都是法治政府在中国现代化转型的宏观背景下应实现的重要目标。中国现代化转型的伟大事业要求，中国的法治政府不仅要有合法规范的一面，更要有支撑国家转型和发展的积极作为。因此，如何在法治基础上实现有作为的良法善治，进一步凝聚公信和民心，推动社会整体的和谐和小康，才是中国法治政府的落脚点。

随着“法治政府”研究的深入，我国学者对“法治政府”特征也展开了丰富而有见地的讨论，我们在吸取学界的有益成果的基础上，[①] 并根据本研究的路径和侧重而进行具

---

① 学界有关“法治政府”特征的代表成果主要有：马怀德：《法治政府特征及建设途径》，载《国家行政学院学报》2008 年第 2 期。郭学德：《“法治政府”的基本内涵及特征》，载《学习论坛》2005 年 7 期。叶敏、陶振：《论我国法治政府模式的内涵、特征与缺陷》，载《求实》2009 年第 5 期。

体处理。根据上文对“法治政府”结构性的界定，将“法治政府”的内涵概括为：法治政府，是以人民民主为基础，以依法行政为核心，以保障人权和推动小康社会建设为目标的现代政府，具体表现为民意政府、有限政府、诚信政府、责任政府和服务政府；其核心特征包括民意、有限、诚信、责任、服务。因此，人民民主的价值核心、依法行政的执法理念、人权保障的执法目标、小康社会的综合要求等，无疑将是政府法治文化的核心组成。

二、政府法治文化在法治政府建设中的作用

政府法治文化建设是法治政府建设的重要一环，政府法治文化建设与法治政府的建设相辅相成，法治政府建设能够为政府法治文化建设提供有力的支撑和社会环境，政府法治文化建设是法治政府建设的关键，可以从根本上推动法治政府的建设进程。政府法治文化建设在法治政府建设中具有举足轻重的地位和作用。具体说来，主要体现在以下几个方面：

（一）政府法治文化建设中的制度文化建设可以为法治政府建设提供强有力的制度保障

毫无疑问，法治政府建设需要制度的保障，只有具备健全的法律体制，有一整套科学、合理的运作机制，才能做到按照规范做事，防止恣意妄为。从现有制度体系上来讲，我们已经建立了包含《公务员法》《行政许可法》《行政处罚法》《行政强制法》《行政诉讼法》《行政复议法》等基本法律以及行政法规和地方性法规的比较完善的行政法律制度体系。相关部门及时对法规、规范性法律文件进行清理，保证法制统一和政令畅通。这些基本上解决了政府依法行政有法可依的问题，夯实了政府的法治基础。可见，制度建设对法治政府建设起着重要的推动作用，其本身也属于政府法治文

化在制度体系领域进行建设和探索的范畴。

（二）政府法治文化建设的观念文化和行为文化是政府法治文化建设的核心

政府法治文化建设中的观念文化和行为文化建设是政府法治文化建设的核心内容，也是推动法治政府建设的关键性因素。法治政府的建设也不仅仅取决于其法律法规制定得多少，更要取决于其法律法规制度本身制定得是否良秀以及其实行得好坏，而这又特别要取决于公职人员，特别是领导干部的法律意识、法治观念、法律精神的确立程度，法治行为方式的自觉程度，总括来说就是“人”的法律素养的成熟程度。政府法治文化建设，关注的是制度建设中的文化培育。徒法不足以自行，只有“人”才是一切文化运作的核心与根本。当下我国法治建设面临的最大问题就是法律制度无法有效的实施。有法不依、执法不严、司法不公乃至恶意违法的情况十分严重。在这种情况下，增强公务人员的法律意识，提高公务人员的法律素养就显得尤为迫切。

（三）政府法治文化建设的物态文化是法治政府建设的重要组成部分

政府法治文化建设的物态文化建设也具有其重要意义，这是制度、观念以及行为文化在物态层面上的体现，是法治政府建设的重要组成部分。以便民和人文关怀的原则为例：从制度上而言，该原则更多地表现为法律规范的内容，如对行政行为时限的规定、相对集中行使行政许可权的规定都是以便民原则为指导思想的。对公务人员而言，该原则贯穿其行政行为与公务活动的一举一动中。但是，就物态文化层面而言，该原则的表现方式显然具有直观性与现实性。如政府办公场所的为公民提供的服务指南、为方便民众而设立的等候室，甚至是免费开水的提供都是固化的物态，具有直观性，这些都体现了行政机关的人文关怀。与观念文化相对而言，物态文化范畴更多地体现为硬件方面，这些都为法治政府建设提供了环境上的支持和保障。只有不断完善物化的硬件设施和配备，民众才能因此真正受到实惠，行政行为才能真正实现依法行政的目标。

（四）政府法治文化建设中诸方面的内容必须形成良性互动态势

在政府法治文化建设的过程中，这几个方面的建设需要有一个良性的互动。如果这个互动中断，政府法治文化建设的效果就要受影响。其互动关系表现在：第一，观念支配行为，思想决定行动。树立良好的法治观念是践行法治行为的前提和基础。第二，制度对观念具有培育的作用。良好的制度和规范影响和塑造着人们的思想观念。很多良好的习俗，很有可能都是由最初的强制性的行为逐渐地变成人们自觉的意识和习惯。第三，制度对行为的约束作用。人们应当在现有的法律框架体系内实施法律所允许和鼓励的行为。第四，物态文化是其他三种文化在物态方面的体现，同时对其他三者也有促进作用。因此，我们不仅要继续加强立法工作，不断健全现有法律制度作为工具，而且还需要从制度、观念、行为以及物态等各个方面来努力推进政府法治文化建设。唯如此，法治大厦才能得以建立。

（五）政府法治文化建设是推动法治政府建设的内在动力

政府法治文化建设本身属于法治政府建设的范畴与内容，不仅如此，政府法治文化建设还应是法治政府建设的核心理念与深层底蕴，是推动法治政府建设的内在动力。一方面，政府法治文化建设在整个社会的法治文化建设中起到先锋和引领的作用，对整个社会法治文化建设起到导向的作用，具有更为重要的意义。政府法治文化建设对于公民法律意识的提高和法律素养的培养具有倡导和鼓励的积极意义。另一方面，法治政府的发展不仅仅取决于相关法律制度的构建，更取决于法治文化的灵魂和支撑。与西方法治政府由古典法治政府到近代法治政府再到现代法治政府的演进顺序不同，我国由执政党所领导的自上而下和自下而上的法治政府建设是一条跨越式的制度构建道路。在这一过程中，政府的作用尤为重要，而作为其成员的公务人员的重要性不言而喻。因此，我国的政府法治文化建设必须加强公务员队伍，特别是领导干部队伍法律意识、法治思维的培养，着力于提高公务员队伍通过法律手段解决经济社会问题、化解矛盾的能力。

综上所述，政府法治文化建设不仅是法治政府建设的重要内容，其本身更是法治政府建设的内在动力和核心理念。我们应当准确认识和定位政府法治文化建设在法治政府建设中的重要地位和作用，不断发展和完善政府法治文化，着力于提高公务人员的法律素养，从而推进法治政府建设的进程。

第九章
法院法治文化

第一节　地位和作用

在当代中国，经过60多年的政治、经济、社会诸领域的改革和法治建设，社会主义法律体系已经建立。规范意义上的法治建设基本完成，意味着国家各个层面的活动已“有法可依”，公民的基本权利体系框架亦已搭建起来。此时，法治的重心自然转向法律的实施层面，即如何让良法通过法律实施实现善治。这需要两个层面的主体合法、正当、有效地参与：一个层面，就是国家行政机关与司法机关的执法司法活动，另一个层面是公民个人的崇尚法律、信仰法律的守法行为。其中司法机关，尤其是法院，担当着重要的角色。首先简要分析一下西方法院在法治文化中的地位和作用，然后展述我国法院法治文化在国家法治文化体系中的地位和作用。

一、西方法院在法治文化中的地位和作用

西方国家法院处于法治文化的核心，尤其是英美法系的法院组织。可以说，英美法系国家的现代法治文化，正是围绕着法院的工具理性建构起来的。

对“rule of law”这个法治的英文概念有重大贡献的英国学者 A. V. 戴雪很早就给出了法治的三种含义：第一，“除非根据国家常设法院的判定，某人明确无误地违反了以常规法律程式所确立的法律，任何人不应遭到处罚，或者其人身或者财产可以合法地遭到损害”；第二，“不仅我们每一个人不能超越法律，而且在这个国家，每一个人，无论他的身份或地位，都应接受国王常规法律的约束，服从国王常设法院的管辖”；第三，“宪法中遍布法治精神，是因为宪法一般原则（如个人自由的权利、公共集会的权利等）的形成，是司法判决的结果，法院审理特定案件、界定私人权利而做出了那些判决。”[①] 上述法治的三种含义，都围绕着法院的判决、管辖或审理而阐述，足见法院的实践活动在英国法治文化生产中所具有的不可忽视的建构意义。即使是当代英国学者，对此问题仍保有同样的理解。如英国学者艾伦·麦克法兰 2014 年年末在清华大学的演讲中提到：“在英国，法治首先意味着普通法的至高无上地位，不受强权的影响，排斥政府内的随

① ［英］汤姆·宾汉姆：《法治》，毛国权译，中国政法大学出版社 2012 年版，第 4 ~5 页。

意性和特权，所有阶层皆服从法庭所执行的这个国家的法律。”“简单讲，法治一直通过法庭和议会产生作用。从而，英国的司法原则也被延伸运用到决定王室及其臣属的地位等方面上去。”①

在美国法治发展的历史上，美国宪法为法治提供了关键性的营养。在宪法的第 1、2、3 条中，分别明确了国会、总统以及联邦司法机关的权力，创设了“三权分立”的国家体制。不过，建国之初的立宪者，并没有赋予法院司法审查权。美国联邦最高法院通过 1803 年马伯里诉麦迪逊案件，确立了法院的司法审查制度，夯实了法院在国家三权鼎力中重要一“鼎”之地位，从而使得美国的法治文化更多以法院的意志和行为方式出现。对于这一法治文化现象最为极端的描述是美国 20 世纪上半叶的“现实主义法学派”。在该学派的观念中，强调法律不过是法官的裁判行为。美国著名学者，曾担任过美国最高法院大法官的霍姆斯就曾说过，“我所理解的法律就是指法院事实上将做什么的预言，而绝不是空话。”②

在大陆法系国家中，法官虽然是“文官类型”③ 的职业，但“历史和宪法的条件决定了他们作为国家官员中的专家地位”④。法官是法典和制定法的技术性的解释专家和权威，因

---

① ［英］艾伦·麦克法兰：《法治为何重要》，载《南方周末》2014 年 11 月 27 日。

② ［爱尔兰］J·M·凯利：《西方法律思想简史》，王笑红译，法律出版社 2002 年版，第 347 页。

③ 参见［德］K·茨威格特、H·克茨：《比较法总论》，潘汉典等译，法律出版社 2003 年版。

④ ［美］罗杰·科特威尔：《法律社会学导论》，潘大松等译，华夏出版社 1989 年版，第 263 页。

此在意大利、法国有“法官文化”的提法。[①] 或许与普通法传统国家相比，法院在法治文化中并没有那么高的地位，这并不意味着法院在整个国家的政治体制中作用和地位不突出。

二、中国法院法治文化在法治文化体系中的地位

研究中国法院法治文化在整个法治文化中的地位，应该以中国当代司法场域为范畴。思考当代中国司法场域，[②] 就会发现，在之前的司法场域中，法院、检察院、公安机关、司法行政部门（律师受其管理）、学术界司法问题研究者、人民为了控制司法资源，获得更多司法合法性进行着权力的竞争。

（一）法院与检察机关、公安机关的关系

首先，在新中国成立后逐步建构出的司法场域中，法院与检察院在“一府两院”政治架构中分庭而立。按照宪法设计，检察院应该是“国家的”法律监督机构，即对所有国家机关、社会团体、企事业单位和公民的执法、守法活动实行法律监督，当然也包括对法院司法活动的监督。但目前检察院更多行使的是以公诉权和抗诉权为符号的诉讼监督权，并不断得到强化。而对其他国家机关、社会团体、企事业单位以及公职人员、公民的法律监督权则付之阙如。这就构成了一种中国当代司法文化现象：法院与检察院为突出各自的重要性而不断强化各自的司法资源，以致形成争夺司法资源的态势，最终造成现有的权力格局：“检察院对法院的制约途径

---

① P. G. Monateri, *THE “WEAK” LAW*: *CONTAMINATIONS AND LEGAL CULTURES*, Global Jurist Advances, 2001 Vol. 1, No. 3.

② 本书所谓的司法场域，是指以审理案件为中心活动的结构化关系空间，在这个隐喻的空间中，不同行动者的互动是由其在某种等级系统中的关系型定位塑造的。

相对较多。”①

其次，法院与公安机关的关系。有学者的论述值得我们特别关注：“根据宪法和人民法院组织法的规定，法院是‘国家的审判机关’，‘人民法院依照法律规定独立行使审判权，不受行政机关、社会团体和个人的干涉’。公安机关是行政机关，无权对法院的审判活动进行任何程序的或者实体的制约。因而，在法院和公安机关的‘互相制约’方面，只可能体现为法院对公安机关的制约。但是在我国刑事司法中，公安机关往往具有优先于法院、检察院的地位，有时形成了实际上凌驾于两机关之上的事实。并且，由于公安机关和检察院在权力性质上具有一定的相似性，如果出现检察监督运行不力的情况，公安机关势必成为刑事司法活动的主导者，是否立案、是否采取强制措施，采取何种、多久以及如何变更强制措施等对人身自由产生直接影响的行为，公安机关都能够自主决定，甚至能对法定程序做出任意的、扩张的解释。”② 公安部门的“强势”地位不仅体现在刑事司法中，在社会治安综合治理体系中也一直占据着领导者的地位，其强势地位由来已久，法院、检察院等其他政法机关成为其制度配合者。

（二）法院与律师的关系

法院与律师的权力结构关系，下面所引用的律师观点具有一定代表性：“我国目前的司法权力配置非常不合理，公安有着超大的权力，两院（检察院、法院）配合公安，形成公、检、法三机关相互配合、相互制约（公安制约法院定

① 韩大元、于文豪：《法院、检察院和公安机关的宪法关系》，载《法学研究》2011 年第 3 期。

② 同上。

罪）的合力，共同构建成一部强大的司法权力运行的机器，‘犯罪行为人’经公安和检察进行一系列的抓捕、审查起诉的加工工序，最后由法院产出‘罪犯’的成品，然后在产品上贴上‘罪犯’的标签将之投入监狱。在这部强大的司法权力运行链条中，律师不过是这部机器上的一个美丽的装饰，并未真正成为运行链条中的组成部分。”① 律师作为当事人的诉讼代理人，是当事人利益的代表者，因而是当事人权利的延伸主体。尽管在“法律共同体”概念宣称之下，律师与法官、检察官同为法律正义的维护者，但律师在其职业等级中的地位归根结底对应于他的委托人在社会等级中的地位。因此，在司法场域中，律师处于从属地位是一个不争的事实，也是布尔迪厄所称的“结构上的同构性”的表现。

不过，在新一轮的司法改革中，法院与律师的权力关系有了新的导向性改变。主要的政策指引是2015年8月孟建柱在全国律师工作会议上的讲话，即对于律师的定位是“诉讼活动的重要参与者，是推动人民法院司法为民、公正司法的重要力量”。讲话指出，律师参与诉讼活动对于人民法院提高审判质效、确保公正司法、践行司法为民宗旨、依法保障当事人合法权益、深化司法改革、加快建设公正高效权威的社会主义审判制度具有重要意义。在这个意义上，律师更加接近“法律职业共同体”角色，而非仅仅是当事人的代理人，由此可共享更多的司法权力资源。

（三）法院与人民的关系

“人民司法”作为当代中国法治文化的一种符号性意义表达，使得当代中国法院一直摇摆于精英化与大众化之间。

---

① 张燕生：《司法权力运行机制改革之我见》，载张燕生网易博客2014年12月12日。

为人民司法、司法要走群众路线，滋生了马锡五审判方式在当代的变体：枫桥经验，但人民或群众在此间更多是以“他者”或者称之为“法治文化消费者”的形象出现。司法场域中，法院、检察院、公安机关等司法机关是法治文化的主要生产者，当事人（及其代理人律师）、一般社会公众（以“人民”为总称）的角色更倾向于是法治文化的消费者。尽管“人民司法”是司法机关一直挂在嘴边的宣传口号，但由于当事人（或“人民”）不拥有司法知识、司法技能等司法文化资本，律师更多拥有的是一定数量的司法经济资本，[①] 从而都没有真正成为法治文化的生产者。不过，文化生产者可以不顾消费者的需求，消费者也拥有选择产品的自由。司法公信力问题，就是萦绕在司法者头顶的“紧箍咒”，也是司法消费者的最直接还击。党的十八届四中全会之后，“人民”也将通过一系列新的制度设计有可能成为新的司法场域中的行动者，因四中全会《决定》明确提出“保障人民群众参与司法”，并指明了具体方式：“完善人民陪审员制度，保障公民陪审权利，扩大参审范围，完善随机抽选方式，提高人民陪审制度公信度。逐步实行人民陪审员不再审理法律适用问题，只参与审理事实认定问题”。上述规定隐含着对此问题的重视程度。

尽管存在上述冲突和竞争关系，但不同行动者仍然处于一种动态的、功能性的相互补充关系链条中。这一链条的链接点就是“法律”。大家共同关注法律所指引的正义，法律所具有的统一性、一致性，都需要通过“适用法律”，获得

① 律师从经济收入上一般高于法官，但其司法文化资本一直处于被法院、检察院以及公安机关压制的状态，律师尽管也有法律教育的背景，但更容易被法官视为“经济人”。本书观点认为，真正的“法律职业共同体”建构关键点在于对司法文化资本的共识与共享。

自己行为的合法性和合理性，从而占有更多司法资源。在这个链条中，法院因为直接处理冲突的法律关系，而成为对法律适用最贴近的主体。也正因为此，法院在法治文化中所可以给予的贡献就在于：通过严格、精准、合乎理性的适用法律，生产公正的司法产品，满足社会对公正的司法需求，从而获得公正的社会评价，最终增加社会对公正的信仰。而所有的这些集中起来，就构成以“全面推进依法治国”为符号的国家权力场域的正当性与合法性根基。

三、中国法院法治文化在法治文化体系中的作用

普通法国家法院有遵循先例的传统，而该传统源自习惯法体系，先前法官的判决成为判例为后来法官所遵循，判例因此上升到法律渊源的高度。在这个意义上，法官是立法者。中国法院当然不具有这样的传统。但是，正是在当代法治文化建构的过程中，法院法治文化在精神、组织、载体、法制设施等方面都为法治文化体系贡献出越来越重要的组织理性。

（一）通过审判活动保护公民权利，限制政府权力

尽管对法治文化的内涵并没有达成真正的共识，但很多学者都提到法治文化应该包括民主、人权、平等、自由、正义、公平等价值在内。站在历史与文化的视角上，中国当代法治文化在精神层面，首先要树立的是公民权利理念，之后要明确的是规制政府权力态度。这两者的实现很大程度上依赖于法院的文化实践。

首先，保护公民权利。当人们说“司法是社会正义的最后一道防线”时，或许还是一种期待，随着习近平总书记2014年在中央政法工作会议上提到，“从一定意义上说，公平正义是政法工作的生命线，司法机关是维护社会公平正义的最后一道防线。”这是法治文化意义系统中的修辞策略，目

的是指引行动。或许在当下司法机关，尤其是法院无法承担起社会正义最后一道防线的重任，但该话语作为一种文化符号，是一种政治意义的阐释，塑造了一种关于法治文化的想象。它对于行动的指导意义，正如中国社会科学院法学研究所所长李林对其解读："十八大以来，我们比较多地提到了让人民群众在每一个司法案件中都感受到公平正义，就是说公平正义既有抽象的一面，也更是具体的，对每一个当事人，对每一个人民群众来讲更是实实在在的利益和权利。因此，就要求我们的法院、检察院等司法机关认真对待每一个案件，认真对待每一个当事人的权利。只有在每一个案件的过程当中实现了公平正义，才会有整体的司法公正，才会有整个社会的公平正义。可能它是这样的逻辑和相互关系。"①

其次，行政机关依法行政除了指行政机关自身依照法律履行法律赋予其的职责外，在法治意义上更强调对行政权力的制约模式。对公权力进行有效的监督和制约，需要司法机关，尤其是法院的行动。行政诉讼承担着对非法行政行为的认定和如何进行救济的裁判功能。行政诉讼所具有的三大功能：监督行政机关依法行政、保护行政相对人合法权益和解决行政争议，即监督、救济、解纷在依法治国的法治文化中的作用将越来越凸显。

（二）通过审判活动建构公民法治观念和意识

公民守法前提是法律在普通人的内心得到确信。在现实生活中，人们往往通过公开的审判活动形成他们对法的认识，"如果他们发现幕后活动比公开秩序更重要，发现最后的判决取决于法律之外的诸多因素，发现即使是公正的判决也无法执

---

① 李林：《司法是实现社会公平正义的最后一道防线》，载凤凰网2013年11月16日。

行，发现法官的学识、品格、能力和举止均不可信任，他们还会把法律与公正相联系吗？他们心中可能产生对法的尊崇与信仰吗？”[①] 法院法治文化在某种意义上是精英文化，可以借助其文化权威的优势地位，通过自己主要的文化活动——审判，主要的文化产品——判决书，将自己的法治文化观念在一定的情境——审判法庭中为公民所接收、接受直至遵从。

公民的法治意识，最高境界是信仰法律，最低限度是遵守法律，当然也分为自愿遵守和被迫遵守两种心态。从低到高，需要时间去建构，更需要制度的安排。法院审判机制是重要的制度架构。有学者曾敏锐指出：“由于法院公开审判、律师制度、审判监督程序等一系列通往正义的途径是敞开的，即使当事人在所有的救济手段失败后，他们往往不会成为‘国家’的反对者，他们可能产生对他人的怨恨：抱怨某一些法官的司法腐败，抱怨对方当事人的神通广大；或者产生对自我的抱怨：抱怨自己不懂法律，抱怨自己没有钱请好律师，抱怨自己没有社会关系。但是，在这种种怨恨中，当事人唯独不会对国家的治理方略——社会主义法制本身——产生仇恨，反而对‘法制’的正当性产生了更强烈的热望：‘健全社会主义法制’。”[②] 其所达成的目的，正如一位学者所言：“法治文化所孜孜以求的，不过是以法治的名义，打消社会中各个阶层的疑虑，赢得不同社会群体的信任与合作，并最终将他们‘一视同仁’收编为法治的对象”。[③]

---

① 梁治平：《转型时期的法律与社会公正》，载李楯主编：《法律社会学》，中国政法大学出版社 1998 年版，第 339 页。

② 强世功：《惩罚与法治：当代法治的兴起（1976－1981）》，法律出版社 2009 年版，第 209～210 页。

③ 冯象：《政法笔记》（增订版），北京大学出版社 2012 年版，第 130 页。

第二节　法院法治文化现状

中国当代法院文化建设始于20世纪90年代末，勃兴于2010年至2012年。从20世纪90年代末，一些基层法院面对案件连年攀升、审判任务异常繁重的状况，面对党和人民对审判工作的高标准、严要求，如何全面实现公正司法重任成为审判工作的突出矛盾，加之审判队伍中出现了一些不和谐的因素，开始自发探索文化建院的新思路。2005年，在开展党员先进性教育期间，时任最高人民法院院长肖扬在人民法院出版社临时党委关于加强全国法院文化建设的整改建议报告上批示：要像抓思想建设、组织建设那样抓好法院文化建设。不久，院党组正式做出加强全国法院文化建设的决定，并且指示办公厅以院名义向全国法院发出加强法院图书馆等法院文化设施建设的通知。从此，正式拉开了全国法院文化建设的大幕。2010年，最高人民法院正式发布《关于进一步加强人民法院文化建设的意见》，使法院文化建设步入了规范、有序、理性的快车道。经过十年文化建院实践，法院文化逐步走上以突出法院法治文化建设为核心的文化建设之路，可以说，法院法治文化如今已经在全国法院普遍开花，结出的果实也非常喜人。

一、物质文化成果显著

法院法治文化建设最为显著的成果就是法院在进行物质文化的建设过程中，融入当代法治理念和传统法院文化遗产精髓。如在法院建图书馆、博物馆、法制史教育基地和法治文化长廊等。上海二中院在该院审判执行综合楼的六层和七层楼道设置的“文化长廊”，由前进中的二中院、情怀、情操、情趣、历史回眸、展望未来等八个部分的照片、实物和多媒体演示等，全面展现该院的发展历程，昭示了法院人的光荣、梦想与追求。[①] 还有一些法院在法庭和公共厅堂、通道装饰了凸显公平、公正、平等、人权、法治等的价值符号。法官在审判时走法官通道、穿法袍、使用法槌等器物，等等。这些都是物质层面文化建设的果实。如山东省东营市中级人民法院审判大楼的外观，从四面看形成一个“山”字，寓意着“执法如山”；审判法庭形方顶圆，昭示着“无规矩不成方圆”；楼正面一个硕大的古体“法”字，让人一看就知道是法院。[②]

法院盖楼，进行基础建设，本身是为了使其审判活动具有自己的专属场所，因此这些建筑首先要满足基本的使用性功能，同时也在彰显中国法制的全新形象。各具特色的法院审判大楼的建设，点缀了中国许多城市的法治形象，坚定了习惯在法治环境下投资的世界顶尖企业集团对中国经济建设的火热加盟。除此之外，这些建筑还应该满足一些美学上的要求。但是通过上文的描述，我们发现，这些建筑被赋予了法律文化含义，它们争相地、有的时候也有些无序地，表达着与审判、法律、司法传统有关的信息。因此，我们要说，这些物质设施都是法院文化的制造物，官方说法是“相关物质表现”[③]。无论这些建筑样式、装修风格、物品摆放等物质形态最终以什么方式呈现，它们都是法院文化生产者将自己的意图表达于制造物中的手段，并且希望社会中的不特定主

---

① 《上海二中院建立法院文化长廊》，载人民网2012年1月2日。

② 《文化软实力引领可持续发展——东营法院文化建设成效显著》，载最高人民法院网2008年9月24日。

③ 2010年最高人民法院发布《关于进一步加强人民法院文化建设的意见》中对法院文化的定义。

体能够理解并认同。“当文化或技术的制造物被稳定化时，它们使生产它们的工作领域稳定化，使生产它们的实践稳定化，使隐含于它们的生产和使用之中的社会关系稳定化。”① 物质实体所具有的稳定性，划分出一个法院的工作领域或者说“地盘”，也使得法院在社会背景中凸显出独特性，就像东营法院的审判大楼建设“让人一看就知道是法院”。

二、积极锻造制度文化、精神文化

然而，法院文化建设远远不能止步于“一看就知道是法院”。一座挂着法院门牌的建筑中，如果没有法官，没有与审判有关的活动实践，是无法履行法院的职能的。作为国家审判权力机关，四个级别的法院，从中央到地方，法院集体以国家机器的一个重要组成部分出现，其功能在于维护社会、法律、政治秩序的稳定性。法院解决纠纷也好，判断权利归属也好，都不过是在维护既定的社会秩序；法院适用法律和对法律进行各种解释，也不过是一次又一次以国家法律的权威性维护现有政治秩序的合法性（通过法律适用和法律解释）。法院只有在其审判的基本功能得到实现的基础上，通过追求实现社会公平正义这个核心价值，才与法治文化勾连得更加紧密。

为了保障公正司法，最高人民法院在本世纪之初就积极推出司法为民、法官中立、法治文明、法治礼仪、判案注重与民间习俗相对接、量刑规范平衡司法、推行司法公开透明、增强裁判文书的说理性、要求法律文书上网公布、提倡法官判后说法等法治文化诸多新概念，使法院法治文化不断激起中国法治文化串串涟漪。

---

① ［美］戴安娜·克兰主编：《文化社会学——浮现中的理论视野》，王小章、郑震译，南京大学出版社2006年版，第172页。

法院意味着一种社会关系、一种制度实践，更是行为策略和主观精神，而这些被集中建构为法院法治文化。法院作为一种文化的生产者，以制度、行为以及意义的生产，建构了法院文化，也就完成了法院所具有的上述功能。

法院文化建设的过程，也是锻造法官对法律的信仰、对公平正义的追求、对程序正义的维护、对司法效率的遵行的过程。“培养‘崇法致公，追求卓越’的法院精神，塑造‘公平公正、博学笃行、廉洁自律’的法官品格，才是法院工作的需要”。[①] 对精神价值的认同，会引领法官在审判活动中自觉依照法律规定裁判案件，即使在诉讼之外和诉讼中进行非裁断性的调解，也能够依照程序性规定，采取公开、公正、平等以及透明等行为模式，从而为依法调解积累经验。在行为层面，通过法言法语在审判中与当事人进行交流与沟通，并以相应的司法礼仪彰显司法的某些关键特性；在制作裁判文书中突出说理性和说服性，目的是突出审判行为所具有的中立性、公平性、程序性、公开性、平等性等，这些与法院精神层面的价值追求是相辅相成的。在制度层面，包括教育培训、司法职业伦理规范以及法院各种管理制度，一方面培育行动者，另一方面限制和管理行动者，从而保证审判行为具有上述特性，并暗合精神层面的需求。

回过头来，我们就会发现，从制度文化到行为文化，再到精神文化，法院文化的内在与外在相关物质形态整合为我们所论述的法院法治文化。法院法治文化建设并非法院自娱自乐，其最终落脚点是参与中国特色社会主义法治文化的建

---

① 龚廷泰：《法院文化建设的最高境界：追求司法的真善美》，2012年8月25日在中国社会科学院法学研究所召开的“依法治国与法治文化建设理论研讨会”上的专家发言。该论文集于2012年10月出版。

构。这说明法院（通过法官的审判行为）在国家法律生活与法律实践中具有独特的地位和作用。没有法院文化，法治文化就会失去其一个重要实践基础。“在这个意义上，我们完全可以说：法院是生产、运用、传播、发展法治文化的重要园地，法官则是这一园地里辛勤的园丁。”

法院法治文化同其他法治组织法治文化的现状一样，法治文化的建设和发展还具有很大的局限性，还存在视法治文化建设为软任务，舍不得下足够力气来抓紧、抓实、抓出成效的软肋。当然，问题的存在主要还是思想认识缺陷所致。比如一些院长把抓法院法治文化建设与强化审判职能对立起来，认为在案件压力巨大的现实状况下，首要任务是把审判执行案件办结。这个思路本无可挑剔，问题是这些院长们对法官办案是为了什么的理解狭隘，没有把法官办案提升到为社会营造公平正义的实质这个高度来认识。可以说，法官办案的过程就是实践法治文化建设的过程，而且是至关重要的法治文化建设过程。因此，在今后的法治文化建设中，要重新审视法院法治文化的科学内涵，这是由人民法院在国家法治文化建设中的特殊法律地位所决定的。

第三节　建构以审判为中心的法院法治文化

法治文化不仅仅是规范、价值观、信仰，而且包含所有的社会实践。在司法场域中，法院承担着司法正义最后一道防线的使命，集中为以公正审判为中心的这一职业活动的履行。这一职业行为体现在法院法治实践的文化构成要素——精神文化、行为文化与制度文化之中。法官作为司法的职业者，以案件审判为中心的行为文化，恰好构成了法院价值观、理念等精神文化，以及与规范审判活动的各种制度文化的中心连接点。

一、以审判为中心的法院法治文化内涵

党的十八届四中全会《决定》指出："推进以审判为中心的诉讼制度改革，确保侦查、审查起诉的案件事实证据经得起法律的检验……保证庭审在查明事实、认定证据、保护诉权、公正裁判中发挥决定性作用。"这一方针明确了刑事诉讼制度的改革方向，但其更为重要的价值在于，开启了对法院组织活动最为核心行为的真正关注和研究。

（一）以审判为中心，意味着在司法场域中各种权力关系都要围绕审判行为展开

以刑事审判为突出例证，"以审判为中心"改变了之前盛行的"以侦查为中心"的权力结构。侦查中心主义不仅是对我国刑事诉讼制度的一种理论描述，也是我国刑事司法实际运行状况的真实反映，即侦查活动以及侦查机关制作的笔录、卷宗在刑事诉讼中处于实质上的中心地位，侦查机关收集的证据材料及认定有罪的案件对起诉、审判具有至为关键的影响。[①] 在这种权力架构上，一经审查起诉移送法院，就习惯将被告人视为"罪犯"，检察院、法院的审查活动基本是在依据公安机关认定有罪的状态下完成诉讼程序。这种侦查中心论，带来的结果是难以保证案件质量。因此所造成的冤假错案有目共睹，严重损害了社会公正，并引发司法公信力大面积滑坡。"以审判为中心"则可能带来新的公、检、法

---

① 孙长永：《审判中心主义及其对刑事程序的影响》，载《现代法学》1999 年第 4 期。

的权力关系架构。新的司法原则所指向的具体制度变革，我们认为包括以下内容：

第一，法院不得对检察机关未指控的事实进行审理，严格限制法官在法庭外进行查证、补正，与此同时调整检察机关的法律监督权，将监督的重点置于侦查监督，从而重新划分审判权与检察权的界限。

第二，加强法院对侦查机关的审查。如侦查机关采取涉及人身权利处分措施时必须事先或事后接受司法机关的审查。又如，对于侦查机关采用刑讯逼供等非法方式收集的犯罪嫌疑人、被告人供述和采用暴力、威胁等非法方式收集的证人证言、被害人陈述，法院应当审查后予以排除等。

第三，切实保障诉讼参与人的人权。新《刑事诉讼法》所明确的“尊重和保障人权”原则，需要在刑事审判中通过确保无罪的人不受刑事追究，有罪的人受到公正处理得以实现。如重新安排犯罪嫌疑人、被告人在诉讼中的活动程序，尊重犯罪嫌疑人、被告人的程序权利；加强当事人对刑事诉讼活动的参与，提升当事人对程序的参与程度等。

（二）以审判为中心，意味着在法院范围之内权力分配要围绕审判活动展开

以审判为中心，在法治文化意义上还原了法院组织活动的基本理性。其带来了法院内部新的权力分配，凸显了审判行为在法院组织行为中的中心地位，并借由审判活动所表达出的公正、平等、公开、效率等价值导向，对抗之前司法审判权力运行的行政化倾向十分突出的法院法治文化结构，尤其是政法文化传统。过去，法院内部的司法审判权、审判管理权、审判监督权和司法行政事务管理权等，未能被严格界定和区分，审判权与行政事务管理权不分离。法官与行政管

理人员身份混同，院长、庭长审判职能弱化，行政事务管理权和审判管理权、监督权过大，导致“审者不判、判者不审”、“审与判相脱节”。只有以审判为中心，才能积极推进法院内部审判权力运行的去行政化。此外，一些法院超出职能范围去工作，使审判活动过度社会化，强调为地方服务、为企业服务，参加政府及其部门组织的拆迁、维稳、搜抓违法人员，甚至参加卫生城市创建等活动，不仅妨碍了法院正常审判活动，也严重影响了法院文化形象。党的十八届四中全会《决定》提出“推进以审判为中心的诉讼制度改革”，明确了审判是法院的基本职能，是第一要务，其他职能包括内部行政事务管理职能只能是辅助性、服务性职能，应围绕审判来开展。外部社会化职能更不能影响和妨碍审判职能的正常发挥。此外，对于涉诉信访这一困扰法院很长时间的问题，党的十八大提出了对其进行法治化改革，实行诉、访分离，实现司法的归司法，行政的归行政。《决定》明确提出：“落实终审和诉讼终结制度，实行诉访分离，保障当事人依法行使申诉权利。”

（三）以审判为中心，意味着审判行为应是“以庭审为中心”的审判活动

具体而言，在刑事审判中，就是把庭审作为整个诉讼的中心环节，侦查、起诉等审前程序作为开启审判程序的准备，强调侦查、起诉活动都要围绕审判中的事实认定、法律适用的标准和要求开展，法官居中听取控辩双方意见，依据证据裁判规则作出裁判。民事诉讼中，要强化民事诉讼证明中当事人的主导地位，依法确定其证明责任；明确法院依职权调查收集证据的条件、范围和程序；发挥庭审质证、认证在认定案件事实中的核心作用；严格高度盖然性原则的适用标准，明确法官行使自由裁量权的条件和范围；贯彻一切证据必须

经过庭审质证后才能作为裁判的依据，当事人双方争议较大的重要证据都必须在裁判文书中阐明采纳与否的理由。[①]

综上，以审判为中心，就意味着以司法审判权运行为中心，意味着以行使审判权的法官为主体，突出其主体地位和独立性，实行“谁办案谁负责”、“让审理者裁判，由裁判者负责”。院长、庭长要回归审判职能，法官要回归本职工作，只有参与审判组织、参与审理活动，法官才享有审判权，才能作出司法裁判。以审判为中心是对审判规律的遵循，是对法官这一法院法治文化主体的权力认可，是法院法治文化中最为重要的行为文化。

二、以审判为中心丰富了法院法治文化的核心价值

（一）审判者的文化生产过程是不断追问应然价值的过程

法院审判者的文化生产过程，其意义、价值、目的、理想等构成了一个精神的范畴。精神不是个体意识的简单相加，意义也不是绝大多数人的意见。法官职业活动中应不断追求何种价值以及什么是司法核心价值并没有普世的共识。“2008年，来自亚洲、欧洲、美洲及世界银行的法律专家研究制定了一套完整的《法院卓越业绩国际框架标准》，确立了各国法院普遍认可的若干项司法核心价值观，界定了法院工作考评标准的七大领域，设计了考评的标准和程序，在不少国家产生了一定影响。其中关于司法核心价值观的表述值得借鉴。这些法律专家和有关研究机构深入调查研究了各国法院在扮演其特定角色时奉行的核心价值观，达成了广泛的国际共识，认为最重要的司法核心价值观包括以下十项：法律面前人人

① 潘建兴：《让“以审判为中心”落地生根》，载《人民法院报》2015年3月4日。

平等；公平；中立；独立审判；胜任职责；清正廉洁；公开透明；便捷亲民；及时快捷；确定性。”[①] 比较而言，从“公正与效率”被当成当代中国法院的世纪（21 世纪）主题，到将“公正、廉洁、为民”定位为我国当代法院核心价值观，中国法院所宣示的核心价值一直比较简单，但与其他国家类似的是，司法者所思考的问题类型是一致的，是同一范畴的，不同的只是观点的差异。其所共同认可的范畴包括，具有正义感，平等、中立对待当事人是每一个法官应有的职业美德，也是职业伦理禀赋。构成对该职业伦理约束的是司法廉洁。这些价值体系只有归结到以审判为中心，才有真正的落脚点；反过来，以审判为中心的行为只有在这些价值范畴内才能获得合法性和正当性。

（二）以审判为中心确立了新的法院文化秩序

以审判为中心的法院行为文化，确立了新的法院文化秩序，标志着一些新的规则的应用，这一方面会继续丰富法院文化的核心价值观；另一方面，也确定了一些排外规则，违反这些规则，就可能受到惩罚。因此，该行为文化，一方面链接法院法治文化的精神层面，另一方面链接法院法治文化的制度层面，成为法院法治文化的核心要素。而这恰好也是最高人民法院“四五改革纲要”提出的，将完善主审法官、合议庭办案责任制作为关键环节，推动建立权责明晰、权责一致、监督有序、配套齐全的审判权力运行机制的文化逻辑。正像一位经历了改革的法官所言：“司法改革后，法官和合议庭拥有了对案件的最终裁断权，法官能够将自己对案件事实证据的认识、对法律的理解体现在案件的审理裁判之中，办案成为法官实现其司法理念、价值追求的舞台，法官的自我

① 蒋惠岭：《司法核心价值观概览》，载《人民法院报》2012 年 6 月 8 日。

价值感、职业尊荣感得到增强，其办案的动力由外部驱动转变为内部驱动，办案更为积极主动。”① 因此，以审判为中心的核心审判价值观确立后，并有相应的制度加以保障，才可以对违反者进行追责。即先有正面的肯定和保障，接下来才是负面的否定与惩戒。因此，责任追究，也同样建立在以审判为中心的基础上，即对法官违反审判规则的重大错误行为进行追究。

三、建构以审判为中心的法院法治文化任重道远

文化研究有一种方法称之为“文化菱形”理论。菱形的顶点是社会背景，底端是文化产品，左端是文化生产者，右端是文化产品的受众。“文化分析要考察这个菱形的所有的四个点以及六条线，任何忽略了某些点或联系的研究都是不完善的。”② 在该理论的启发下，将“以审判为中心”作为法院组织行为的文化产品，应着重于在社会背景——社会层面、文化产品的受众——其他社会组织和民众以及个人层面、文化生产者——法官个体互动层面三个层次上被构造。

（一）社会层面

从社会层面上，必须遵循我国宏观意义上的法治文化的约束。法院法治文化是更大的社会政治文化系统及其相伴随的支配与服从系统的一种表达而已，因此其建构和生产的过程应自主遵循社会层面的约束。用通俗的语言来说就是“讲政治”。这种现象可以被看作中国当代社会宏观层面的“政

---

① 吴向东：《司法责任制落实后的几点改变》，载《人民法院报》2015 年 8 月 12 日。作者是海南试点改革法院的员额法官，该院从 2015 年 3 月起开始落实司法责任制。

② ［美］托比·米勒编：《文化研究指南》，王晓路译，南京大学出版社 2009 年版，第 51 页。

法文化”。政法文化作为我国当代法治文化存在了一定历史阶段的文化类型，有其存在的历史和当下原因，其也是我国法治成长的必经阶段。实际上，政法文化的内涵也在不断发生着变化。2014 年，党的十八大报告中提出“提高领导干部运用法治思维和法治方式深化改革、化解矛盾、推动发展、维护稳定能力”。在此之后，“法治思维和法治方式”这对概念不断出现在人们的视野中，这意味着“政法文化”将逐步趋向“法政文化”。在这个意义上，以审判为中心并不意味着法院在法治文化中的地位上升，更不是西方的“三权分立”。不过以党的十八届四中全会《决定》中关于“完善以宪法为核心的中国特色社会主义法律体系，加强宪法实施”、“深入推进依法行政，加快建设法治政府”、“保证公正司法，提高司法公信力”、“增强全民法治观念，推进法治社会建设”四个方面分别对立法、执法、司法和守法提出的具体要求来看，以审判为中心对于保证公正司法、提高司法公信力这一法治文化中的一个环节而言，意义不言而喻。

（二）受众层面

在受众层面，以审判为中心，主要是让检察、公安、律师以及社会组织、公众、个人等重新考量自己对于诉讼活动的认知、判断、立场。如一位检察系统的研究人员提出的观点就有一定的代表性：“其一，以审判为中心的诉讼制度改革必然要求扩大检察机关的起诉裁量权，对检察机关起诉环节的职能和工作模式将产生重大影响。”“其二，以审判为中心的诉讼制度改革必然要求检察机关提高公诉质量。”“其三，以审判为中心的诉讼制度必然要求构建新型的侦诉关系。”“其四，以审判为中心的诉讼制度必然要求检察机关完善职务犯罪侦查模式。"[①] 由此带来了权力关系变迁的可能性。在这个判断的基础上，法院组织作为文化的生产者，应该关注：第一，法院的文化宣传应该围绕"以审判为中心"的组织行为开展。第二，作为"以审判为中心"最为重要的产品——裁判文书——应在"以审判为中心"的诉讼制度下重新撰写。第三，区分不同组织结构关系，运用不同的文化产品推销策略。

（三）文化生产者层面

在文化生产者层面，应注重独立报酬系统的建构。在法院内部，建立并拥有一个自我永久化和自我估价的同辈群体。法官职业群体中要建构公开的普遍目标，并围绕这些目标建立一套普遍性的术语，包括"以审判为中心"，同时让法官自己对自己的行为进行评价，而非经由外部的其他组织、个人进行。最终的目标是司法权威的达成。

第四节　应以筑牢司法正义最后一道防线为己任

2013 年 2 月，习近平总书记提出要努力让人民群众在每一个司法案件中都感受到公平正义，所有司法机关都要紧紧围绕这个目标来改进工作，重点解决影响司法公正和制约司法能力的深层次问题。2014 年 10 月，党的十八届四中全会《决定》和习近平总书记所作的《关于〈决定〉的说明》中明确，公正是法治的生命线；司法公正对社会公正具有重要

① 王守安：《以审判为中心的诉讼制度改革带来深刻影响》，载《检察日报》2014 年 11 月 10 日。

引领作用，司法不公对社会公正具有致命破坏作用。2015 年 3 月 24 日，习近平总书记在主持第二十一次政治局集体学习时强调："公正司法事关人民切身利益，事关社会公平正义，事关全面推进依法治国。""司法是维护社会公平正义的最后一道防线。公正是司法的灵魂和生命。"

一、司法正义的丰富内涵

习近平总书记关于司法公平正义的论述，结合法院审判职能来理解，就是"司法正义是正义体系中的一个组成部分，是司法活动所追求的终极目标。""司法正义所反映的是司法关系各方主体遵从一定的程序和规则为矫正业已发生的不公或者伤害而形成的价值关系。"①

最高人民法院副院长江必新撰文提出"终极目标"和"价值关系"的理解，以及文中围绕司法公正提出的 11 个特点，具有现实理论价值：

"（1）司法正义属于矫正正义。矫正正义要求受到侵害的权利一定会得到保护和救济，违法犯罪活动一定要受到制裁和惩罚。（2）司法正义属于法律正义。司法是执行法律的活动，其特点为规范性，要求依照法律规范作出裁判，从这个意义来说，它与一般的自然正义是不一样的。（3）司法正义属于制度正义。制度正义是相对于丛林正义而言的。正如丹宁所言，公正是与制度性因素相关的正义。司法活动由制度作为保障，司法正义是以法律制度为基础的正义。（4）司法正义属于底线正义。对正义的看法，法定标准和道德标准是不同的，尽管其基本方向一致。法律是道德的底线，故司

① 江必新：《司法正义的特点及其辩证思考》，载《法制日报》2014 年 8 月 27 日。

法正义是底线正义。(5) 司法正义是受法律规范和秩序约束的正义。司法活动不仅要考虑个人的权利自由，而且需要考虑公意和普罗大众的福祉。(6) 司法正义是一种以应答作为基本方式的正义。司法要求对原告和公诉作出应答和反应。这种应答式的正义与立法正义、行政正义是不同的。(7) 司法正义是通过事实恢复和法律论证而实现的正义。司法首先要弄清楚事实，再恢复事实真相，在此基础上进行法律适用。(8) 司法正义是通过三方以上主体参与一定程序或仪式而实现的正义。司法要借助一定的程序或者仪式来增强其权威性，保证事实真相的恢复，使法律适用得以更加正确，增加司法裁判的权威性和法律尊严。(9) 司法正义是综合正义。司法的过程是重新评估和整合有关主体利益的过程，而利益整合的背后是价值权衡，对多元价值的综合、排序决定了司法正义必然是一种综合正义。(10) 司法正义是终局性的正义。从一定意义上说，司法机关是维护社会公平正义的最后一道防线，司法活动是和平解决社会争端的最后一种方式。司法的这个特性要求法官要慎用其权。(11) 司法正义是有限的正义和不完善的正义。司法正义的实现需要依赖一定的程序和仪式而实现，有些程序和仪式能够确保事实真相的恢复和法律规范的正确实施，但有的案件客观上丧失了实现实体正义的条件，这决定了司法正义不可能尽善尽美。”①

司法正义之所以被置于社会正义的最终防线，是因为在当下中国，在一个被社会不公严重困扰的社会中，司法正义非常可贵。司法正义可在相当大的范围内抑制或消除不公正，从而使人们心中的公正意识不致泯灭。而且，社会变迁、改

---

① 江必新：《司法正义的特点及其辩证思考》，载《法制日报》2014年8月27日。

革带来的利益冲突，只能依靠司法机制解决，因为司法的保守性可以起到平衡作用。

二、筑牢司法正义最后防线的基本要素

（一）司法正义的基础源自普通人根据事实材料作出的常识性判断

若干年以来，中国特色的司法被冠以“人民司法”，以人民为主体的司法，一直希望在专业化（精英化）与大众化（民主化）之间获得良好的平衡。这种特色的探索过程必定是曲折的，因为没有很明确的先例可以复制。如果说西方社会重视的是一种以法官为王侯的司法帝国，或者称为“职业化的、封闭的、逻辑性的司法”，中国的司法则侧重于司法为民。但我们有理由相信，即使道路不同，司法所追求的目标是一致的，即达成公正的司法。于是，从作为正义内容的各得其所原则，到作为正义形式引导法官公正判决的一些程序性原则，如平等对待当事人，尽可能不偏不倚，必须在一切重要事实甄别上听取双方的申辩，尽可能同一切的偏见进行斗争，实行司法公开等，都是司法者自己不断加诸于自身的对于司法公正的陈述性表达。然而，司法者意欲达成的公正，如果没有社会一般群体的认同其为公正的表态性陈述，就无法成为真正的事实性陈述。也就是说，司法者的公正性程序和形式，只是获得人民群众关于司法公正的内容真实性评价的必要但非充分条件。

作为事实性陈述的司法公正，关涉的是联系。在这个意义上，人民群众与司法者构成了一个论证共同体。在这一共同体中，所有的论证都应该是被允许的，其目标是通过合意建立对公正的共识和承认。为达成此目的，需要注意以下几个问题：

首先，所谓常识性判断，主要源自参与者情感和行为中所

包含的重要的伦理和道德因素。当下社会中的很多伦理观或道德观，在其根源上，是与某些特定的生活境况相联系的。如“彭宇案”中，法官在裁判文书中所论证的“从常理分析，彭宇与老太太相撞的可能性比较大。如果不是彭宇撞的老太太，他完全不用送她去医院”，实际上挑战了当下为人们所美誉的助人为乐的道德观念，这种论证在没有直接证据的情形下，就很难达成群众对司法公正的共识。不过，也有可能，某种伦理学或道德判断起初往往是纯粹由直觉产生的，起初的情感会决定起初的表态。基于这种可能性，司法者需要把握的是，通过论证，将伦理上的判断纳入理性的范畴，即对这种情感表态可以进行控制和辩护。以“许霆案”为例，广州中院一审判决，许霆以非法侵占为目的，伙同同案人采用秘密手段，盗窃金融机构，数额特别巨大，行为已构成盗窃罪，判处无期徒刑。将取款机定性为金融机构，是司法者认为该行为是严重的盗窃行为的“前见”在起作用，但一般群众的伦理上的直觉则认为：被害人有过错、许霆是弱势群体、许霆无主动恶性等，认为判决过重。该案的再审坚持了盗窃金融机构罪的判决，同时对许霆在法定刑以下量刑，就是对群众情感表达的一种控制。调查显示，大多数人对此结果表示满意。

其次，应尽可能提供案件的事实材料。基于中国传统法治文化对实质正义的不懈追求，当下法院法治文化中也一直有一种文化现象，即对事实认知优先于规范效力。法院审判行为更多建立在以真正事实为中心的真实主义，而非法律真实的辩论主义。真实主义不满足于仅仅从说服力竞技的层面把握事实，而把对真相的追究作为法律上的义务甚至绝对化。具体表现为，在刑事诉讼中，作为案件基础的事实，不仅是法律构成上的事实，而且必须是客观存在的事实，因此当事人的沉默权被忽视，有错必纠原则导致既判力相对化。在民事诉讼中，诚实信用原则被强调，而且法院可以不受当事人辩论的内容和范围约束调查取证，当事人的一些处分权，如撤诉受到限制。这种文化实践经由最新的人民陪审员制度改革达成新的格局，人民陪审员负责事实审，负责法律审。这恰恰是司法正义获得民众认可的最为关键的改革。另外，基于我国经济文化相对滞后、社会公众对法律的认知能力普遍较弱这一现状，在基层法院审判中，尤其是广大农村的人民法庭，应适用一些简单便捷的司法审判程序和审判方式；对于文化水平不高的当事人，应尽可能运用当事人能够理解的司法审判语言。

最后，论证过程应该由公正的程序来框定和保障。有研究表明，程序方面有四个因素是人们判断何谓公正的核心要素，分别是参与机会（发言权）、论证场域中的中立性、权威的可信度以及人们尊严受到尊重的程度。所谓参与机会，是指人们在不同的场合，一旦有机会就如何解决问题或冲突发表意见和建议，就会感觉受到了较为公正的对待。所谓中立性，是指权威（法官）是否具有真诚性、中立性和客观性。所谓可信性，是群众判断有关权威人士（法官、调解员等第三方）是否仁慈和谨慎，是否关心他们的境况、心境和需要，是否考量他们的意见并尝试善待他们，以及是否想要公正对待他们。调查数据支持，对于权威是否可信赖的判断，往往是影响人们判断权威所采取的程序是否公正的主要因素。所谓获得尊严的对待和受到尊重，与人们所希望获得的结果并无实质性关联，但人们地位得到认可的重要性，却与冲突的解决存有特殊的关联。

不过，我们仍然有必要警惕将人民的满意度作为审判评价的唯一标准，因为其带来的负面影响可能是：第一，法官在审理案件适用法律中，根据群众的态度进行调整，意味着法院对其有裁量权。这种裁量权过大，会引发腐败，破坏法制统一。第二，司法的正当性只有在社会舆论中才能得到认可，导致对审判独立破坏性很强的“舆论审判”。

（二）司法正义的实现取决于法官坚守法律基础上的利益衡量

法官对法律的坚守，一方面要求法官以极其审慎的态度发展法律原则，维护法律的稳定性和确定性。另一方面，则要求法官通过对法律原则的创新，实现司法正义。这种看似不可能完成的任务，是作为一种理想存在的，也就是我国当今的司法政策：要求法律效果和社会效果的完美统一。对中国当下的法院而言，司法正义的渊源除法律之外，还有情、理、传统心理，法院判决讲求法律效果和社会效果的统一，很多时候重实体正义，轻程序正义。其司法原理是寻求人情常理的衡平，这既需要司法者的技术性知识，更需要司法者的忠诚与正直。

目前的现状是，社会效果或者通过法官在裁判推理中运用自由裁量权进行利益平衡的推理，或者通过调解得以实现。所谓利益衡量，是由于司法价值目标的多元化，多元价值目标之间矛盾冲突的客观存在，法官在司法过程中对各种价值目标进行考量、比较和权衡，力图在相互冲突的价值目标之间实现平衡以迎合个别利益主体的需要。在美国法官的思维中也存在利益衡量理念。如美国最高法院大法官卡多佐就认为，司法过程除了要遵循法条和先例外，也必须考虑道德习惯、社会影响、生活习俗、公众情感等多种因素，司法就是在各种利益冲突中找到妥协之道。他说：“对各种社会利益及其相对重要性的分析是律师和法官在解决自己问题时所必须利用的线索之一。”波斯纳认为，法官的政治偏向、宗教信仰、理性良知、社会经历乃至情感与情绪都会对司法过程产生影响。因此，他主张用一种实用主义的态度对待司法中的问题。至于调解，目前法院在建立多种形式的解决社会纠纷机制中处于主导地位，正致力于形成多元化、多层次、覆盖全社会的调解网络，依照各自的条件与功能，综合地发挥其社会治理的作用。具体方针是，把司法手段运用于最需要、最有效的地方；同时，通过司法与其他手段之间的配合与衔接，将司法的强制和威慑作用延伸于其他社会治理过程。

需要强调的是，法院首先是法律的法院，然后才能成为正义的法院。无论是强调社会效果，还是司法为民，抑或是让人民群众满意，法官进行自由裁量必须牢牢把握的一个前提是：既有法律对特定个案无语时，法官才可以诉诸正义、政策等价值裁判案件；即使在这种情形下，法官所依据的抽象原则或伦理标准，也仍然是整个法秩序的组成部分，或者至少与法律原则、精神、价值相一致。而法官在主导调解时，也必须依照成文法律所规定的程序进行。

三、建构法院法治文化的目标是达成司法正义

（一）养成法院专门化司法知识

法院作为司法场域中法治文化的生产者，应该以司法知识、司法理论、司法方法作为武器，占据自己的独特地位。即使在法律职业共同体中，不同的司法知识类型也会存在。美国宪法奠基者之一汉密尔顿在《联邦党人文集》提及司法部门（即法院）时有一句著名的话："司法部门既无强制，又无意志，而只有判断"。其实这里的判断，就是指法官根据所拥有的司法知识和司法智慧，对案件进行理性裁判，以获得公正的社会评价。只有真正拥有自己的职业化的、专门的司法知识，才能获取属于自己的职业存在必要性，并获得相应的职业利益。更为重要的是，司法知识所呈现出的专业化、职业化特性，恰好也是法院保持独立性的必要前提。

司法知识生产司法技能，后者包括裁判者的法律解释能力、逻辑推理能力、判决书写作能力、控制庭审能力等。司法知识也生产“法言法语”。审判者所面临的各种纠纷，需要通过查明事实，适用法律规范得出裁判结论。“查明事实”是一种以法律的程序性规定为坚实基础的客观过程，去伪存真，就是要在“假”中寻找“真”。[①] 这是一个司法技能的运用过程。“适用法律”则是一个必须考量价值问题的过程，尽管现在有些法院已经开始通过追求量刑规范、审判行为标准化[②]等模式，来达成审判行为的技术性统一标准，但最终的审判结论仍然会依赖裁判者的价值判断。简言之，法官的判决基于逻辑和价值体系，这种价值非常接近于他必须做出解释的法律文本的价值。因此，法官对法治文化的贡献，并非是一种单纯适应社会的司法技艺，而是创造性地将司法技能、司法知识与法律旨趣（价值）融为一体的实践活动。

该实践活动，最终会提供某些关于法治的知识体系。所谓知识体系，并非意指存在某种唯一正确的知识，而是指尽可能全面呈现各种知识与理论。现实是，目前我们关于法治的理想与想象有些达成了共识，有些则仍有争议；对于西方社会的法治文明如何学习与借鉴也有不同观点。尤其在当下的信息社会背景下，各种关于法治的信息以碎片化的样态呈现，对于司法正义的认知也是如此。因此，法院法治文化建设一方面旨在生产正义的司法产品，另一方面，也生产着对正义的司法产品进行说明和解释的知识体系。

---

① 这种“真”被定义为法律真实。

② 2011 年 9 月，福建三明中院出台《民商事审判全程标准化服务规程、流程》；2014 年 11 月，天津高院出台《审判流程运行标准化》等规范性文件。

这套知识体系，可以用以对当代的法治现象、当代法院的发展过程进行解释，如为何作为东方经验的法院调解在若干年来起起落落？又如“司法为民”理念是如何在法院实践中被践行？等等。也可以用以说明法院各种文化现象，如作为法院组织最为核心的成员法官，在整个中国领土内所形成的法官群体，是否通过法言法语的语言方式以及广泛的沟通方式，如出版学术专著、利用全国性的印刷媒介以及微博、微信等新媒体创造出“法官共同体”，从而凝聚法院的核心价值观。更为重要的是，这套知识体系可以根据受众的反应，不断对其中的各个要素重新选择、阐释、链接。“以审判为中心”的诉讼制度改革，本身就是呼应公众对司法正义的呼唤而出台的。刑事审判中冤假错案的产生，可以看作是法院文化的失败产品，公众对于这些负面产品的谴责，实质是一个与文化生产者的沟通过程，通过一段时间的沟通，使得法院在现有的法律规范内，重新链接了不同的要素，回归到“以审判为中心”，最终的价值导向仍然是司法正义。

（二）丰富法院法治文化符号系统

作为意义结构的法院法治文化，呈现出明显的象征性。法院文化作为人类文化实践的一种，也需要不断通过象征系统或符号系统凸显法院的与众不同。如在心态结构的建构过程中，法院法治文化需要通过法官的司法礼仪模式以及通过物质营造出的法院氛围，凸显其作为象征性符号系统所具有的意义性。法言法语、法官对待当事人的态度等都属于司法的礼仪，而通过法官穿衣戴帽、法庭陈设、法院建筑等器物所显示出来的法院氛围，同样构成了法院法治文化的符号系统的一个组成部分。以法言法语为例，“司法语言极其清楚地揭示出司法场域的运作逻辑中所蕴含的占用效果（appropriation effect）。这种语言将直接取自日常语言的要素与日常语言所陌生的要素结合在一起。……大多数有助于产生两种效果，即中立化效果和普适化效果。”“这样一种体现自主性、中立性和普适性的修辞技术，绝不是一个简单的意识形态面具，它可能是思想和实践实现真正自主性的基础，它表达了司法场域的整个运作过程，尤其是表达了法律规范体系总是要服从的理性化运作。……其实，我们所说的‘法律感’和‘法律能力’刚好说的是这样一种普适化的态度。这种态度就构成了司法场域的入场券，当然可以肯定的是，还多少要掌握一点世代相传所积累起来的法律资源，包括规则文本（canon of texts）、思维方式、表达方式和再生产出规则的行动方式。这种基本态度主张生产一种特定的裁决形式，它完全不同于我们经常运用的普通公平感的这种直觉，因为这种裁决形式是从一个内部连贯一致的规则体中严格演绎出来的。”①

法院符号系统的建立与丰富，有其审美上的意义，也有在大众中树立关于法院的形象，尤其是司法权威的必要性。对司法公正的认知，在某种程度上是对司法权威的信任与尊重。在这个意义上，强调法院文化的符号性功能，是有价值的。总结若干年来各地法院文化建设的经验，归结起来有如下一些误区：

首先，符号系统的冗杂堆砌与无中心意义表达。进入很多法院，我们都可以看到各种文化符号，中国的、外国的、古代的、当代的。有些法院在设计法院的一些标志性图标时，堆积了太多想表达的含义，反而使人无法理解，从而无法达成符号系统所具有的表达功能和教育意义。尽管古今中外有很多法律名家、名作、名言，但其理论体系可能是对抗的，

① 布迪厄：《法律的力量：迈向司法场域的社会学》，强世功译，载《北大法律评论》第1卷第2辑，法律出版社2000年版。

其表达观点也不相同，如果只是简单加以组合，并不能真正提炼出法治精神。这不仅无助于我们法院自身形象的建立，也缺乏向公众进行法治宣传的说服力。

其次，法院文化既有成果没有与公众分享。法院文化建设的诸多成果，如法院博物馆应当向公众免费开放；法院文化长廊不仅是法官自我教育的基地，也应是教育公众的基地；法院应当为公众提供更好的服务设施；法院所取得的荣誉与公众赞誉也应当在法院公众区域中展出，等等。

（三）努力让公众接受法院法治文化

任何文化的进步不完全取决于新观念如何取代旧的观念，而取决于时间流逝中，公众最后的历史选择。当然，这种选择也并非随机，而是糅合了各种社会因素。让公众接受法院文化，既有助于司法正义的实现，也是对中国当代法治文化的重要贡献。

接受是一个过程。这个过程中还可能存在各种亚文化，如在当代中国法治文化中，“在这个反转和重构的过程中，有两种现象是始终存续并不断增殖的。一种是交涉型法律遵守，也就是当事人不断尝试以各种不同的方式和手段，向司法官员以及政府施加影响，以便获得有利于自己的结果。另一种是试行性权力运用，也就是司法官员以及政府一边试探社会的反应，一边自上而下干预社会的日常生活。”[①] 文化的接受过程虽然复杂，但也有基本的发展轨迹：从文本到情境，再到流行，然后变成社会主流文本被接受。从目前看，法院法治文化更多在文本初创阶段，下一步应致力于情境的创造，之后导向被接受。

① 季卫东：《通往法治的道路：社会的多元化与权威体系》，法律出版社2014年版，第11～27页。

第十章
检察法治文化

“检察法治文化”① 是中国法治文化的重要组成部分，是检察机关参与法治国家治理的重要思想基础。检察法治文化是在国家法治文化建设过程中，围绕检察职能创造的并被人们普遍接受的与检察工作相关的物质、制度、行为、思想等文明成果的总称。检察法治文化的形成与发展，既是检察工作的历史积淀，也是国家立法、执法机关和法律专家学者以及广大社会民众共同关注和支持的结果。

① 本书讲的检察法治文化是指大陆检察法治文化，因为检察法治文化直接受其法域性影响。法域性不同，检察法治文化有别。“一国两制”背景下，中国存在大陆检察法治文化、台湾检察法治文化、香港检察法治文化和澳门检察法治文化四种。

本章探讨的检察法治文化，主要侧重于检察精神文化的内容，诸如检察制度、检察行为、检察思想和检察艺术等。研究检察法治文化，事关检察制度的落实和检察工作的科学发展，事关宪法和法律对检察机关的法律监督性质的确定和任务的完成。

第一节　地位和作用

一、检察法治文化的地位

检察法治文化在国家法治文化中的地位，取决于我们国家的国体、政体特点，取决于宪法、法律对检察机关性质、地位和工作职权的确定。我国是以工人阶级为领导的、以工农联盟为基础的人民民主专政的社会主义国家，人民行使国家权力的机关是全国人民代表大会和地方各级人民代表大会。按照宪法规定，只有全国人民代表大会有权修改宪法，制定和修改其他的根本法律；全国人民代表大会常务委员会有权解释宪法和法律，有权对法律进行部分修改和补充。这是国家法制高度集中性和统一性的必然要求。所有国家机关和职权的确定，都要由宪法和法律规定来确定。据此，检察法治文化在国家法治文化建设中的地位，可以从下列三点去认识和理解：

（一）检察法治文化建设要服从服务于国家法治文化建设的总目标、总方向

检察机关是国家权力机构的重要组成部分，是国家权力架构中“一府两院”的重要成员，其担当的是国家法律监督的特殊职责，其法律地位与法律职责来源于国家宪法、法律规定。检察机关的工作内容和法律职权，由全国人民代表

大会制定的宪法和法律来确定，检察机关与人民代表大会及其常委会的关系是国家法治下位机关与上位机关的关系，检察机关的这种法律地位决定检察法治文化必须围绕国家法治文化建设的核心要求来展开，而绝对不能脱离和异化国家法治建设的总体要求。

（二）检察法治文化与其他法治组织文化建设具有良好的协调性

检察法治文化要紧紧围绕维护国家法律的统一，准确、有效地实施法律监督的目的而向前推进，从而使依法治国方略得以全面深入的发展，在法治的框架下筑牢党的执政权，巩固中国特色的社会主义国家制度，保护人民群众的合法权利与权益。按照宪法、法律的规定，检察机关与其他执法、司法机关在办案过程中是各司其职、互相配合和互相制约的关系，任何时候检察机关都不能以法律监督者自居，乱施法律监督权。要坚持在法律规定范围内进行执法办案和法律监督，自觉做到不越权和不缩权去实施法律监督工作。

（三）检察法治文化建设必须在党的统一领导下有序推进

党的十八届四中全会通过的《决定》指出：“党的领导是中国特色社会主义最本质的特征，是社会主义法治最根本的保证”；“坚持党的领导，是社会主义法治的根本要求，是党和国家的根本所在、命脉所在，是全国各族人民的利益所系、幸福所系，是全面推进依法治国的题中应有之义。党的领导和社会主义法治是一致的，社会主义法治必须坚持党的领导，党的领导必须依靠社会主义法治。”这是中国法治文化建设的基本原则，检察法治文化建设必须遵循这个原则。

二、检察法治文化的作用

检察法治文化在国家法治建设中的作用，可以从以下几个方面来认识和理解：

（一）通过检察办案确保宪法法律的统一实施

1. 通过对公安、安全机关和军队保卫部门的侦查活动监督，保障国家司法的公平、公正与效率。仅据2014年的统计数据[①]，全国检察批准逮捕各类刑事犯罪嫌疑人879615人，提起公诉1391225人。坚持依法严惩严重刑事犯罪分子，积极投入反渗透、反间谍和反分裂的斗争，坚决维护国家安全。深入开展打黑除恶专项斗争，依法办理黑社会性质组织犯罪等重大案件。坚决打击群众反映强烈的电信诈骗、拐卖儿童妇女、性侵幼女以及侵害残疾人、老年人和农村留守儿童妇女合法权益的犯罪。加大对拒不支付劳动报酬等犯罪打击力度，维护劳动者特别是农民工合法权益。坚持宽严相济刑事政策，该严则严，当宽则宽，最大限度地增进社会和谐。对涉嫌犯罪但无社会危险性的，作出不批捕决定；对犯罪情节轻微、依法不需要判处刑罚的，作出不起诉决定。在防错纠错方面，坚持独立行使检察权，排除非法证据，对一批缺乏基本证据的被指控犯罪的嫌疑人员，作出不逮捕、不起诉的决定。检察机关坚持把挽救未成年人犯罪问题放在重要地位，对涉嫌轻微犯罪但有悔罪表现的未成年人，作出附条件不起诉的决定，使他们幼小的心灵通过社会帮教，及时矫正改过自新，成为新人。检察机关还通过对真诚悔罪，积极赔偿损失、赔礼道歉，获得被害人谅解的一批轻微刑事犯罪嫌疑人，作出不起诉决定。

2. 通过对人民法院审判活动的监督，促进审判工作公平公正。各级检察机关把维护社会公平正义作为核心价值追求，加强对执法不严和司法不公现象的监督，坚持把严防冤假错

---

① 曹建明检察长2015年3月12日在全国人大会议上的工作报告。

案作为检察司法坚守的法治底线，加大法律监督的工作力度。检察机关从申诉案件中发现的“徐辉强奸杀人案”、“黄家光故意杀人案”、“呼格吉勒图故意杀人、流氓案”等冤错案件，认真复核证据，依法提出纠正意见，监督支持人民法院纠错。对认为确有错误的刑事裁判提出抗诉，对认为确有错误的民事和行政生效裁判、调解书提出抗诉或再审检察建议，对民事执行活动中的违法情形提出检察建议，以维护法律的严肃性。

3. 通过对监狱刑罚执行的监督，促进监狱管理、在押人员改造严格遵循法律法规，提高刑事法律政策的执行力度。据统计，2014 年各级检察机关针对群众反映强烈的一些“有权人”、“有钱人”犯罪后“以权赎身”、“提钱出狱”等执行违法问题，以职务犯罪、金融犯罪、涉黑犯罪为审查重点，对正在监管场所服刑的在押犯实行全面审查；对正在保外就医的，逐人见面、重新体检。监督纠正一批“减假暂”不当的案件，把一批脱离监管场所的罪犯重新收押服刑；特别是对那些犯罪前身居要职的公职人员脱离监狱改造的案件，发现一起纠正一起。为维护法律的严肃性，保障在押人员的合法权益，通过开展专项检查，对久押不决案件的专项监督，集中清理，挂牌督办，敦促相关部门对久押未结人犯依法做出无罪释放、释放或变更强制措施的处理决定。坚决贯彻保障人权、疑罪从无原则，重证据、轻口供的司法原则。

（二）通过对职务犯罪案件查处，确保国家公务人员廉洁公正

全国检察机关坚决贯彻党中央反腐败决策部署，保持惩治腐败犯罪的高压态势，严肃查办一大批各类职务犯罪案件。2014 年，经中央批准，最高检察院调整了职务犯罪

侦查预防机构，整合组建了新的“反贪污贿赂总局”，强化侦查办案、指挥协调等职务犯罪监督职能，与中纪委协同配合，出色地完成了党中央交给的严厉惩治贪污腐败的艰巨任务。全国检察机关坚决拥护党中央对腐败零容忍的鲜明态度，对贪腐犯罪案件发现一起，查处一起，不论职务有多高，功能有多大，只要构成犯罪一律依法惩办。通过纪检监察机关移送的构成犯罪的大、要案件和人民群众检举揭发、控告的贪腐案件，坚持“老虎”、“苍蝇”一起打，使一大批贪官污吏受到法律的严惩，对健全党的肌体，维护党和国家的法治形象，确保国家公务人员清正廉洁的新形象，起到了法律监督机关在治理贪腐犯罪案件高发态势中突出的法治作用。检察机关以对党、对人民、对法律高度负责的精神，依法办理了周永康、徐才厚、薄熙来等重大、特大高官犯罪案件。检察机关还积极回应人民群众反映强烈的“为官不作为”和“为官乱作为”问题，查办国家机关工作人员渎职侵权犯罪案件，开展职务犯罪国际追逃追赃专项行动，与有关部门联合发布敦促在逃境外经济犯罪人员投案自首的通告，加强境外司法合作，抓获一批境内外在逃职务犯罪嫌疑人。检察机关法治文化的建设也在与国家公职人员职务犯罪作斗争中得到很大发展，为重塑公职人员勤政廉政形象起到了重要作用。

（三）通过预防犯罪机制，确保公职人员少犯罪或不犯罪

2014 年，全国检察机关向涉案单位及其主管部门提出防控风险、堵塞漏洞的建议 2.1 万余件。普遍开展惩治和预防职务犯罪年度报告、专题报告工作，深入分析系统性、行业性和区域性职务犯罪的特点和原因，提出防治对策建议。重视发挥职务犯罪警示教育基地作用，广泛开展警示教育和预防宣传等。密切结合办案深化职务犯罪预防工作。

（四）通过提升检察人员政治、业务素质，确保检察法治文化建设健康推进

检察法治文化建设在国家法制建设中的作用是多方面的，核心是通过培育检察人的政治责任感、法律监督职业责任感和检察职业形象，促使检察司法客观公正和高效率。检察法治文化对检察官政治思想和检察业务素质的塑造，对检察法治行为的规范化、法律化引导，具有十分重要的意义。检察法治文化对检察官的作用影响，主要有以下几点：

1. 对检察人员的灵魂具有再造作用。检察法治文化能够潜移默化地使检察人员接受共同的价值观和统一的行为规范，把检察执法人员的思想和行为引导到完善检察事业发展的目标上来，并自觉地为实现这一目标努力奋斗。尤其是在检察人员的内心深处，能够形成一种内在的、深层的心理目标和精神力量，使广大检察人员的思想和行为自觉地统一到检察法律监督职责的总目标上来。

2. 凝聚检察事业合力。检察事业的发展离不开检察人的努力和奋斗，离不开千百万人民群众的支持和鼓励。检察法治文化要求从人的角度和观念层面来认识和研究检察工作，以形成检察工作的共识和合力。当前，我国正处在改革的攻坚阶段和关键时期，社会情况发生了复杂而深刻的变化，检察机关也面临着许多新情况、新挑战，人民群众对检察工作提出了许多新要求新期待，不仅执法办案的任务十分繁重，而且各种思想和观念也无时不在考验着我们的检察干警。在这种新形势下，加强检察队伍建设，走文化育检之路无疑是科学和明智的选择。检察干警对检察工作持有什么样的态度、价值、信念、心理、感情和习惯等，会直接或间接影响检察工作的质量。尤其是检察艺术文化建设工作，具有启迪人们思想、净化灵魂、陶冶情操、传授知识、凝聚力量、鼓舞士

气的功能。开展检察法治文化建设，针对检察队伍履职需要，培养理论思维、科学思维和法律思维，增强依法解决实际问题的能力，会促进检察人的全面发展，增强检察队伍的凝聚力和战斗力。

3. 增强检察监督软实力。加强检察法治文化建设，是检察机关服务科学发展、建设和谐社会的客观需要。检察机关作为国家的法律监督机关，检察官应当比其他法律人有更高的思想觉悟、法律认知和法治情操。检察法治文化建设必须牢牢把握社会主义先进文化的前进方向，弘扬中华民族优秀传统文化，倡导和谐执法理念，培育和谐执法精神，形成具有时代特征、检察职业特点的道德规范和行为规范，用正确的检察法治文化塑造一身正气两袖清风的检察官形象，提升检察监督工作的软实力。

4. 行为约束作用。检察法治文化对检察人员的思想、心理和行为具有约束和规范作用。检察法治文化的约束不是制度式的硬约束，而是一种软约束。这种软约束产生于检察机关的法治文化氛围形成后所产生的群体意识、社会舆论、共同的习俗和风尚等，使检察人员达到执法行为的自我控制，严格公正执法，理性平和文明执法，还能加大领导干部和公民群众对检察工作的认知度、支持度和监督力度。检察监督离开人民群众的了解、支持和监督，就会丧失群众基础，就有可能陷入孤家寡人的境地。

5. 形象美化作用。优秀的检察法治文化，能向涉案对象和公民群众展示检察机关的行为规范、管理特点、工作运营状况和高尚的精神风貌以及良好的工作习俗等，进而使检察机关良好的整体形象得到人们的认可，树立检察执法公信力，扩大检察机关的社会影响，这是检察机关的一种巨大的无形资产。

第二节　概念、范围和特征

一、检察法治文化的概念

2010年2月，最高人民检察院下发了《关于加强检察文化建设的意见》（以下简称《检察文化建设的意见》），对检察文化作了如下表述："检察文化是指检察机关在长期法律监督实践和管理活动中逐步形成的与中国特色社会主义检察制度相关的思想观念、职业精神、道德规范、行为方式以及相关载体和物质表现的总和"。

检察文化的核心内容就是检察法治文化，我们对检察法治文化可以作如下理解：其一，文化的主体是检察机关和广大检察官；其二，检察法治文化是在长期检察监督实践和检察实务管理中逐步形成的；其三，检察法治文化包括法律监督实践内容和检察管理活动内容；其四，检察法治文化是多种法治文明成果相互作用的集合体，是具有中国特色社会主义检察制度的思想观念、职业精神、道德规范、行为方式以及物质成果的总和。

任何一种文化现象的形成都有比较漫长的过程，既要有创设主体的因素存在，也要有社会公民的参与认知，还有它的法域性特点。检察法治文化脱离不了这个规律。这样来理解和认知检察法治文化，才能使检察法治文化建设与检察工作开展同步，大胆吸收对于我们有借鉴作用的一切文化，不断完善中国特色检察法治文化，使检察文化成为推动检察工作开展的重要力量源泉。在这里我们要探讨一个问题，那就是除了检察机关和检察官创建检察法治文化外，还有没有其他力量在影响和制约检察法治文化的形成与发展？我们的回答是肯定的。在所有法治文化发展的过程当中，都离不开社会民众的参与和认知。社会公民作为法治文化的受众对象，是检验各个职能机关法治文化是否具有时代价值的重要群体。根据这一思路，我们对检察法治文化概念作如下表述：检察法治文化是检察机关和人民群众在长期的法治社会实践中逐步创造形成并被区域内人们认可的与检察制度和检察职能相关的物质文明、制度文明、行为文明、精神文明以及其他诸种文明要素构成的总和。

目前，对检察法治文化的研究还处在一个有待完善发展的状态，基本状况是对检察制度文化研究颇丰，对检察行为文明构建已初成体系，对检察思想（含理念、意识）文化的研究还有待深化创新，对检察艺术文化的研究还有待繁荣，对检察物质文化的研究还刚刚起步。

检察法治文化的内涵，包含三个层面①：一是检察法治意识和观念的层面，这是最重要、最基础的层面。只有全社会成员都具备相应的检察法治意识和观念，才能够形成法治国家、法治政府和法治社会的观念基础。对于普通公民而言，既要有对检察工作权利意识的认知，又要自觉遵守法律的义务观念；对于领导干部而言，除了相应的权利义务观念之外，还要有检察法治的权力观，带头守法和维护法律监督权威的职责意识，支持检察机关依法开展工作。二是检察法治思维和理念的层面，只有使检察法治意识和观念上升到人们的法治思维和理念的层面，才能对检察制度建构和实践活动起到

① 张立伟：《什么是法治思维和法治方式》，载《学习时报》2014 年 3 月 31 日。

巨大的推动作用。三是检察法治的价值与态度层面，表现在人们的内心价值观和态度上对于法律监督工作的内在认同和尊崇，甚至内化为人们的日常生活方式或行为习俗。这是检察法治文化的最高层面。这样来认识和理解检察法治文化概念的内涵，有利于落实党的十八届四中全会《决定》中确定的“完善确保依法独立公正行使审判权和检察权的制度、优化司法资源配置、推进严格司法、保障人民群众参与司法、加强人权司法保障、加强对司法活动的监督”六项规定的落实，有利于中国特色检察法治文化体系的进一步完善。

二、检察法治文化的范围

检察法治文化的范围或者说内容大致可以分为六个部分：即检察物质文明成果、检察制度文明成果、检察行为文明成果、检察思想文明成果、检察认同文明成果和检察艺术文明成果。

（一）检察物质文明成果

检察物质文明成果也称为检察器物文化，它是检察机关在器物上将自己的目标追求、行为表现区别于其他法治组织或机关的标志物，显现检察法治文化的物质元素。比如，将《宪法》赋予检察机关的“国家法律监督”、“维护法制统一”和“公平、公正、正义、理性、平和”的法治功能和法治职能定位，通过一定的建筑设计或工作场所或服饰特点，将它们的内涵意义展现出来，让人们一看这就是检察机关。检察器物文明成果还包括检察机关历史遗址遗物、检察先驱们使用过的器物以及与检察事业发展具有历史象征性的相关器物。

（二）检察制度文明成果

检察制度文明成果包括检察制度建设的法律、法规和规章制度。既包括国家立法机关和高检院制定颁布的法律、法规、办法、决定、司法解释和其他司法文件、司法通知等，也包括地方检察机关结合当地实际需要制定的相关法律文件规定等。

（三）检察行为文明成果

检察行为文明成果包括履行检察工作过程中遵循的司法工作所有规则、办法和制度性文件。例如最高检察院制定的《检察官誓词》《检察机关执法工作基本规范》和《检察官职业道德基本准则（试行）》，以及适应“三大”诉讼法需要制定检察工作实施细则、办法等，都是检察机关执法办案和实施法律监督的行为准则，都是规范检察法治行为的重要依据。

（四）检察思想文明成果

检察思想文明成果是指统一检察人员思想观念或意识形态工作方面的文件和规定。检察思想文化旨在一定时期或一定阶段统一检察人员的思想和强化某一种意识。诸如社会主义法治理念读本、事关检察队伍意识形态统一的文件和检察理论研究成果等。检察思想文化建设要“讲学习、讲政治和讲正气”，以构建和提升检察人员的思想意识和观念，并用此指导检察人员该怎么干和不该怎么干。我们常说的统一思想认识问题，就是这个意思。

（五）检察认同文明成果

检察认同文明成果是指检察制度、检察行为和检察思想等被社会公众认同和接受，也可以说它是检察个性文化对社会公众文化影响、感觉和融汇的程度。一国认同文化的作用，足以瓦解他国的政治制度和民族凝聚力；同时，本国社会公众对自身文化的强烈认同，既是自身自立于世界民族之林的精神力量，也是自己民族在国际竞争中立于不败之地的精神武器。可见，检察认同文化的建立在社会生活中的重要作用和意义。

（六）检察艺术文明成果

主要有检察文学、检察影视和检察艺术作品等。它包括以语言文字为工具载体反映检察事业的文学作品，有涉及检察司法的小说、散文、诗歌、剧本和报告文学；有展示检察司法的电影、电视或网络视频；有展现检察官司法形象的艺术品，包括绘画、雕塑、建筑、音乐、舞蹈和曲艺等。

三、检察法治文化的特征

检察法治文化的特征是指其自身存在时表现出来的独特的性质、风格和色彩，主要有监督性、正义性、规范性、法域性、认知性和规律性等，这是检察法治文化的内在性质特征，它源于国家法律规定和检察机关的法律职能定位。这方面的论述较多，本章节不再涉及。主要从检察法治文化的创设主体和一些外在表现上做一探讨：①

1. 创设主体具有特定性。检察法治文化的创设主体主要依靠顶层设计，检察官只是检察文化的实践者。比如检察制度的宪法规定和人民检察院组织法规定的内容，只能由全国人大通过立法来赋予、来设定；检察机关通过参与刑事、民事、行政即“三大诉讼”形成的检察法治文化内容，只能通过国家立法和检察机关制定的行为规则才能付诸检察实施。检察官在履行法律监督职责和司法办案过程中，只是顶层设计的制度文化和行为文化的实施者和“操盘手”，实施中不能任意、随意变通和更改。这是检察法治文化建设始终要遵循的核心原则。

2. 形式表现具有多样性。检察法治文化主要根植于检察机关的刑事案件侦查监督、审判监督和刑罚执行监督；根植

① 这里是从广义检察法治文化现象来解说。

于惩治公职人员贪腐和渎职犯罪案件的法律监督；根植于对民事、行政案件的法律监督。十八届四中全会《决定》，又把公益诉讼的提起公诉交给了检察机关，这对拓展检察法律监督职能无疑是一种全新尝试。检察工作职能的广泛性和多样性，决定检察法治文化表现的多样性。不同的法律监督对象和监督内容有不同的特殊性，有不同的监督实施方法。例如对于公职人员贪腐案件和渎职案件的检察监督，既包括侦查、询问、预审、审查批捕、审查起诉和出庭支持公诉，也包括向案发单位和部门提出检察建议，监督发案部位主管部门建章建制堵塞漏洞，预防同类案件再次发生。对公务人员职务犯罪的法律监督，还体现在腐败案件的预防机制上，检察机关设有专门从事职务犯罪预防犯罪职能机构，专司职务犯罪预防工作。实践证明，用预防机制来减少贪腐案件的发生，是阻止公职人员在行使职权中杜绝钱权交易和不坠入贪腐犯罪深渊的有效举措。

3. 涉及对象的复杂性。检察法治文化与检察机关的职责范围密切相关。检察法治文化涉及的研究对象，上至国家高管下至平民百姓，检察工作的特性使得检察官要与社会上各种类型的人物打交道。由于涉及对象具有不同层次、不同领域、不同文化结构、不同社会地位的特点，检察官在工作交往中必须根据上述种种差异，采取不同的方法和措施，不断调整检察执法办案的侧重点，或运用各种科学手段尽快突破案件和查明事实，以担负起检察法律监督的神圣重任。

4. 检察法治文化的地域性。从一定意义上讲，检察法治文化产生于法治建设的大背景下，无论是哪一种检察法治文化的存在，不仅会对现在的检察制度建立和工作开展有积极影响，还会对今后国家检察制度的完善和发展产生影响。这是因为一种检察法治文化产生于并且服务于特定地域。本章所研究的检察法治文化，只是适用于中国大陆地域的检察法治文化。作为中国检察法治文化，除了适用大陆的检察法治文化，还有台湾地区、香港地区、澳门地区等检察法治文化，分别对应于台湾、香港、澳门地域，不同的检察法治文化都具有很强的地域性。检察法治文化的地域性是由检察业务的特殊性而形成的。法域性是所有法治文化固有的特性。我国目前存在大陆检察法治文化、台湾检察法治文化、香港检察法治文化和澳门检察法治文化，因为适用的地域性不同，导致一国四地检察法治文化具有差异，这是由我国“一国两制”的特点所决定的，是与四地不同法域文化特性分不开的，这也是我们研究检察法治文化需要特别关注的问题。

5. 具有文字承载、形象展现和艺术色彩的特性。其一，文字承载特性。语言是人类特有的表达意思、交流思想的工具，担负着人类文明成果传播和交流的服务功能。文字作为语言载体对于检察法治文化的传承至关重要。首先是检察法律制度和各种检察法治文本离不开文字语言的固化；其次是检察文学作品需要通过文字来承载，这就要求检察法治文学作品创作要有深厚的文字功底，才能创作出有血有肉的力作，产生强烈的震撼力；再次是检察法治文化的法治预防、法治宣传和法治教育等都离不开准确的文字载体。其二，形象展现特性。形象特性是使检察法治文化内涵实现外化的一种形态，便于民众接纳吸收的一种功能。比如将检察职能用图解方式表现出来，就很方便民众直观形象了解检察工作的原则、方针，从而在检察法治文化活动中理解其法治价值，支持检察机关执法办案和实施法律监督工作。其三，艺术性。艺术性是展示检察法治文化的生命力，艺术性可以运用到检察工作之中，也可以展现在检察器物之上，还可以展现在检察法治文艺作品中。比如检察建筑、检察工作场所的法治文化元素的布置等，都具有一定的艺术价值，都要求体现艺术含量。尤其是法治文艺作品创作，其艺术性要求很高，既要源于检察社会生活又要高于检察社会生活，否则就称不上是检察文化艺术作品。

第三节　现状和存在的问题

一、检察法治文化建设的现状

中国特色法律体系的形成标志着检察制度的初步完善。从文化的角度审视检察制度成果、检察行为成果、检察思想成果和检察认同成果等，应当说是成绩斐然。比如，不少外国检察机关已与我国检察机关有交往活动，特别是法治建设方面的国际交流；中国特色检察制度受到国外学者的广泛关注；中国特色检察体制完备，检察法治文化建设很好地溶于中华地域文化和人文文化。许多基层检察院在开展法治文化建设中，建立了检察史展览、检察博物馆、荣誉室、法律文化长廊、法治广场、法律浮雕等文化景观，凸显了检察法治文化的法律属性。一些检察官的感人事迹还被改编为小说和影视作品，使广大民众直观地了解到检察工作。中国检察官协会和中国女检察官协会相继成立，为全国范围的检察官之间的交流沟通提供了平台。2007 年 9 月 12 日在革命圣地井冈山落成的中国人民检察博物馆，全面、真实地展现了人民检察制度诞生后的曲折历程，这个博物馆的创立，是促进检察法治文化传承发展的重要之举。

二、检察法治文化建设存在的问题

检察法治文化上存在的问题，集中体现在法律思想文化和法律行为文化上。对此，曹建明检察长在2015年全国人大会议报告上有详细列举，他说：一是一些检察人员的人权意识、程序意识、证据意识和规范意识没有真正牢固树立，有罪推定、口供至上、片面追诉等惯性思维尚未彻底消除；二是运用法治思维和法治方式服务大局、惩治犯罪、化解矛盾的能力有待提升；三是不敢监督、不愿监督、监督不规范的问题不同程度存在；四是检察队伍整体素质还不适应新形势新任务要求，办理金融证券、知识产权、生态环境、信息网络等新型案件专业人才缺乏；五是落实司法改革任务需做大量艰苦工作，有的检察人员存在畏难情绪；六是一些检察人员特权思想、霸道作风严重，违法取证、违法查封扣押冻结处理涉案财物、滥用强制措施、限制律师合法权利等司法不规范行为时有发生，有的甚至以权谋私、以案谋钱、贪赃枉法。

上述问题存在的根源是什么？怎样彻底解决这些检察法治建设中的"顽症"？从检察法治文化建设的角度上看，根源在于检察思想文化和检察行为文化建设不够，在于检察法治文化理论研究不够和实践经验总结不到位等。

首先，解决检察思想文化和检察行为文化的问题，核心是树立检察法治思维和法治方式。什么是法治思维？按照张立伟的研究意见，就是将法治的诸种要求运用于认识、分析和处理问题上面。[①] 法治思维需以法治概念为前设，法治概念

① 张立伟：《什么是法治思维和法治方式》，载《学习时报》2014年3月31日。

的核心内涵包括法律精神、法律实体和法律形式等层面要件。法治思维与法律思维都是根据法律的思考，都是以法律规范为逻辑基准进行分析推理判断。二者的不同之处主要有二：一是法治思维蕴含着价值意义上的思考判断，即在法治思维中必须贯穿以人为本或者人权的基本价值标准；二是法律思维往往更侧重于强调一种职业化的思维方式，为法律职业者所掌握运用，而法治思维更侧重于强调一种治国理政的思维方式，是为执政者或者公权力的执掌者掌握运用的思维方式。与法治思维所对立的是人治思维和特权思维。法治方式就是运用法治思维处理和解决问题的行为方式。法治方式与法治思维是内在和外在的关系，法治方式就是法治思维实际作用于人的行为的外在表现。通常人们所说的“办事依法、遇事找法、解决问题用法、化解矛盾靠法”，都属于法治方式的范畴。凡作决策、处理问题，都要先找法律依据。有法律依据的，看看法律是怎么规定的，所提出的处理措施是否符合法律规定。没有法律的具体依据的，看看上位法、宪法中有没有原则性的规定，有原则性规定的，要按照法律原则进行办理。有些事情可能是全新的，也要按照法律的基本原理进行比照处理，使之符合法律精神、合乎法理。有些情况下，出现法律规则之间相互冲突的情况，则要按照下位法服从上位法的原则，依照法定程序来处理。而在这方面，我们往往做得很不够，很不到位。检察法治文化建设，离不开法治思维和法治方式的运用。

其次，解决检察法治文化理论研究和实践经验总结不到位的问题，关键是落实《检察文化建设的意见》第 14 条规定，即“要在实践的基础上，不断总结检察文化建设规律，加强对检察文化的基本内涵、基本范畴、基本特征以及检察文化建设与检察事业科学发展的关系等理论研究，逐步形成中国特色社会主义检察文化理论体系，为检察文化提供理论支撑和科学指导”。目前，检察法治文化建设的理论研究情况，无论是对检察法治文化主体的理解，还是对检察法治文化内涵的理解上，都没有达成一致性意见。以法治文化主体概念研究为例，有检察机关说、检察官说、检察人员说、复合说四种不同观点。对检察法治文化内涵的理解上，更是众说纷纭，“百花齐放，百家争鸣”。争议比较大的是可否把检察机关组织的一般性文体活动都理解为检察法治文化的内容，现在没有统一认识。应当特别强调的是，对检察法治文化的实践经验应当很好总结一下。必须承认，检察机关多年来创造的涉及检察制度文化、行为文化和认同文化等是卓有成效的。我们应当对其进行归纳、分析，使之系统化和理论化。总结推广先进经验，是人类历史上长期运用的行之有效的方法之一。这对检察机关法治文化构建同样适用，比如人民监督员经验、检务公开经验和涉农检察工作经验等，在现实社会发展和检察事业发展中都起到了积极作用。而这些不凡的成就怎样上升为工作制度、工作规范和国家法律的层面，我们却缺乏认真研究。还有，各地形成的富有创造性的地域性经验都应当很好总结，以便在全国检察机关推广发酵，产生更大的作用。

第四节　发展目标和实现途径

一、检察法治文化的发展目标

检察法治文化的发展目标，就是最高人民检察院在《检察文化建设的意见》第4条中规定的内容，即：“对检察文化建设重要性认识更加深刻，检察文化建设工作思路更加清晰，活动载体更加丰富，基础设施更加齐备，工作机制更加健全；通过加强检察文化建设，检察人员职业信仰进一步坚定，检察职业精神进一步弘扬，检察职业素质进一步提高，检察职业行为进一步规范，检察职业形象进一步提升；中国特色社会主义检察文化理论体系逐步确立，为推进检察文化建设提供有力的理论支撑；在围绕中心、服务大局方面成效明显，为推动社会主义文化大发展、大繁荣，促进各项检察工作健康发展发挥积极作用。”

二、检察法治文化的实现途径

党的十八届四中全会《决定》指出：“必须坚持一手抓法治、一手抓德治，大力弘扬社会主义核心价值观，弘扬中华传统美德，培育社会公德、职业道德、家庭美德、个人品德，既重视发挥法律的规范作用，又重视发挥道德的教化作用，以法治体现道德理念、强化法律对道德建设的促进作用，以道德滋养法治精神、强化道德对法治文化的支撑作用，实现法律和道德相辅相成、法治和德治相得益彰。”根据这一要求，建设完备的检察法治文化需要方方面面的努力，尤其是在检察行为文化、检察思想文化和检察艺术文化建设方面，要加强领导，深入谋划，齐抓共管，使检察法治文化建设落到实处，开创检察法治建设新局面。

检察法治文化建设的实现路径，分一般实务路径和哲学辩证路径两种：

（一）一般实务路径

1. 要把检察业务开展作为检察文化建设的切入点和创新点。如前所叙，检察法治文化在国家法治建设中的突出作用在于司法办案和强化法律监督。检察法治文化建设离开司法办案和法律监督就是无源之水、无本之木，就会成为空泛且无生命力的文化。检察机关在法治文化建设中，要把检察业务工作开展作为切入点和创新点。要认真履行查办和预防职务犯罪、“三大”诉讼监督和司法改革职责任务；坚持有案必办，有腐必反，决不能让党纪国法成为“橡皮泥”和“稻草人”。当前和今后一个时期，要重点强化对刑事诉讼活动的法律监督，坚决纠正冤假错案，继续整治违法减刑、假释和暂予监外执行中存在的各种问题，维护司法的公平正义。要依法排除来自司法机关内部和外部的干扰，在权势、金钱、人情关系面前，站稳脚跟，挺直脊梁，只服从事实、只服从法律，坚守法律公正的底线。结合检察业务开展法治文化建设，要坚持宪法、法律规定赋予我们的各项职权，既不越权，又不缩权；坚持最高检察院制定的办案行为规范和思想规范，把检察工作置于党和国家大局来进行思考、谋划，准确定位，服务于党和国家的中心工作，适应人民群众对检察执法的新要求、新期待，使检察司法办案和履行法律监督职责的丰富实践成为法治文化发展的不竭源泉和动力。

2. 积极营造以公平正义为核心的检察法治文化环境。公平正义是检察法治文化建设的生命线。检察机关执法办案必须做到严格公正司法，严格依照法定权限和程序行使权力；坚持以事实为依据、以法律为准绳，确保事实认定符合客观真相、办案结果符合实体公正、办案过程符合程序公正，努力让人民群众在每一个司法案件中都感受到公平正义。检察机关和检察人员司法办案，一定要坚持独立思考、独立执法、独立行使检察权（即法律监督权），不为其他的权力或者社会舆论所干扰，确保司法公正在检察环节得以实现。监督者必须接受人大监督、人民监督、民主监督、舆论监督，正人先正己，打铁还需自身硬，使检察司法权始终在阳光下运行，防止权力被滥用。要严格执行检察官办案责任制和执法过错追究制，做到有法必依、违法必究，把公正司法、文明执法和法律监督落到实处。

3. 繁荣和发展检察文艺创作。检察文艺是党和人民文艺事业的重要组成部分，火热的检察改革和实践为检察文艺创作提供了丰富资源和广阔舞台。繁荣和发展检察法治文艺创作，要以优秀检察官群体为原型，以检察机关查办的典型案例为基础，通过艺术的形式再现新时期人民检察官忠诚履职、敢于担当、司法为民和清正廉洁的职业品质和崇高精神。检察文艺创作要深入学习贯彻习近平总书记在文艺工作座谈会上的讲话精神，认真落实党中央关于繁荣发展社会主义文艺的指示精神，坚持以人民为中心的创作导向，准确把握文艺创作规律和检察工作规律，坚持贴近检察实际和社会生活，紧扣严格规范司法和深化司法体制改革主旋律，突出反映检察队伍践行“三严三实”、强化法律监督和维护公平正义的鲜明主题，讲好检察故事，为繁荣发展检察文化和推进检察事业创新发展服务。[①] 要鼓励检察文艺创作，采用征稿、采风和笔会等形式，广泛开展作家基层行、文化论坛等活动，邀请和组织检察文艺创作者深入基层、深入办案一线，体验生活，吸取养分，组织创作更多检察人员和人民群众喜闻乐见的检察法治文艺作品。要把握正确的创作方向，坚持贴近检察生活、贴近检察人员、贴近检察一线，增强精品意识，打造思想性、艺术性、观赏性兼备的文化精品，热情讴歌检察官刚直不阿的司法事迹，增进人民群众对检察工作的理解与支持，竖起新时期检察机关的法治新形象。

---

① 王少峰2015年10月9日在电视剧《检察官》开机仪式上的讲话。

4. 深入开展检察法治文化宣传教育。开展好检察法治文化宣传教育，是占领中国特色检察制度的舆论阵地的重要手段和智力支持，是展示检察机关和检察官立检为公和执法为民形象的窗口，是增强人民群众的法治意识的有效途径，是检察机关面向社会和取得人民群众理解支持的纽带桥梁。要按照“谁执法谁普法”要求，充分发挥检察机关在执法办案中的释法普法作用。依托检察工作载体，提高检察机关普法的计划性、系统性和科学性，传播检察职能正能量，提升司法公信力，进而增强全社会厉行法治的积极性、主动性和创造性。

5. 不断拓展检察法治文化的载体。要密切与主流新闻媒体的联系，充分运用报纸、杂志、电视尤其是互联网等新闻媒体，通过设立专栏、制作专题片或专访等节目，搭建检察宣传平台，大力宣传检察机关的性质、职能和文化建设工作的新成绩、检察队伍的新面貌、检察改革的新进展，营造良好的社会舆论环境。组织检察人员用身边人、身边事、自己的语言精心设计制作反映检察工作理念、廉政勤政要求的“文化橱窗”、“文化长廊”和“文化墙”。加强检察历史资料的搜集、整理、积累、研究和利用，通过建立检察博物馆、荣誉室、文苑室、院史室，编辑检察志等，展示检察法治文化的深厚底蕴和文化传承，激发检察人的职业使命感、职业荣誉感和归属感。建立和完善检察机关新闻发布制度，积极推行“检务公开”、“阳光检察”、“检察开放日”活动，不断提高检察工作的透明度，树立检察机关良好的执法形象。要通过微博、微信和客户端等现代化媒体，全面展示检察法治文化建设的重要成果、及时传递检察机关的重要信息、探讨交流检察法治文化建设的经验做法，铸造检察人员共同的网上精神家园，为社会各界对检察工作的认可、理解和支持创造良好的舆论环境。

6. 努力造就德才兼备的检察法治文化人才队伍。加强检察法治文化建设，队伍是基础，人才是关键。推进检察法治文化建设，必须牢固树立人才是第一资源和生产力的思想观念，尊重劳动、尊重知识、尊重人才、尊重创造。要加快培养造就德才兼备、锐意创新和结构合理的检察法治文化人才队伍。要加强检察法治文化工作者专业化培训，不断提高做好检察法治文化工作的能力和水平。

（二）哲学辩证路径

检察法治文化实现的哲学辩证路径，就是要处理好与检察法治文化建设相关的一些辩证关系。主要有：

1. 检察法治文化建设与国家法治文化建设的关系。两者是从文化与主文化的关系，作为从文化的检察法治文化，必须紧紧围绕国家法治文化建设的总思路、总目标推进与发展。

2. 中国法治文化建设与相关检察法治文化建设的关系。中国检察法治文化不是自然形成的，而是中国共产党和中国人民选择新的社会治理思维和治理方式的结果，是中国法治文化不可或缺的组成部分。

3. 检察法治文化建设与检察队伍建设的关系。检察法治文化是检察队伍建设的重要思想源泉和行为遵循，是检察队伍建设的重要保障，检察法治文化作用于检察队伍建设，检察队伍建设离不开检察法治文化的指引。

4. 检察法治文化建设与检察业务建设的关系。检察法治文化服务于检察业务建设，对检察业务建设提出新思路、新举措。反过来，检察业务建设又对检察法治文化的发展起到推进作用，两者密不可分。

5. 检察物质文化建设与检察非物质文化建设的关系。二者都是检察法治文化建设的重要组成部分，缺一不可，必须携手共进，共同发展。

6. 现实检察法治文化建设与未来检察法治文化建设的关系。前者为后者奠定基础、条件，后者为前者实现完善、新生。处理好上述六个方面的关系，能够较好地理顺检察法治文化发展的思路，不走或少走弯路，使检察法治文化建设健康发展。

应当特别强调的是，检察法治文化虽然具有民族性、地域性、法域性和传承性的特点，但这并不因此而“具有封闭性与收敛性，相反具有开放性与包容性，加之其与中国近三十年的改革开放进程共识性叠加”，使检察法治文化面对的是已经铸就的“‘多变’的社会客观情景以及‘多元’的思想文化格局”，即“近代、现代的中国以及西方的现代及其后现代、中国化的马克思主义、西方文化与中国传统文化。”① 在这样一种背景之下，在检察法治文化建设的过程当中，“无论是构筑精神心理层面的检察精神文化，还是建构理性范围的检察制度文化以及形式层面的检察物质文化建设，必然也将在‘多元多样多变’之中寻觅一种‘不变与同一’的中国元素，如此，也才能放眼世界，也不失去自己的主观规定性。”鉴于中国特色法律体系已经形成，依法治国方略已经实施，未来检察法治文化建设只能是深入推进检察改革，使中国特色社会主义检察制度逐渐完善。认真落实党中央关于深化司法体制改革的意见，加强调查研究，加强顶层设计；重点研究完善确保依法独立公正行使审判权和检察权的制度，建立健全司法人员履行法定职责保护机制，完善检察机关行使监督权的法律制度等重大改革部署；努力使检察法治文化成为中国特色社会主义先进文化的有机组成部分。

---

① 张启江、王尊波：《检察文化建设的“变与不变”》，载《时代法学》2013 年 4 月第 11 卷第 2 期，第 75 页。

第十一章
公安法治文化

公安法治文化是由公安法治的行为要素、制度要素、精神理念要素和物质要素组成的文化体系。公安法治文化与中国特色社会主义法治文化的价值取向相一致，是法治精神与法治文化在公安组织活动及警务管理中的实践和实现。公安法治文化是中国法治文化体系的重要组成部分，公安法治文化的状态集中体现了中国法治文化的品质，代表着中国法治文化的高度，对社会公众认识法治、体验法治都具有广泛而直接的影响。本章主要论述公安法治文化在中国法治文化体系中的地位及作用、公安法治文化建设的成就、公安法治文化面临的问题与对策、和谐警民关系及构建平安社会与公安法治文化的关系。

第一节 地位和作用

一、公安法治文化的内涵

公安法治文化是法治精神与法治文化在公安组织活动及警务管理中的实践和实现，是由相互作用的诸多要素组成的文化体系，主要包括公安法治的行为要素、制度要素、精神理念要素和物质要素。其中，公安法治行为要素，包括警察的职业行为和生活方式，代表着公安法治行为文化；公安法治制度要素，包括健全的、规范公安权力的法律规章、组织机构和管理体制，体现着公安法治制度文化；公安法治精神理念要素，包括公安机关及人民警察所信仰和遵循的以现代法治理念为核心内容的思维方式和价值观念，彰显着公安法治精神文化；公安法治物质要素，包括公安建筑、公安标识、公安徽章、公安车辆、警具，通过物质外在的形态和象征意义，昭示着公安法治文化理念。在这些层面中，公安法治精神理念是公安法治文化的核心，在整个公安法治文化系统中居于决定性的地位。

公安法治精神理念与中国特色社会主义法治文化的价值取向相一致，主要包含五种观念：一是依法控权观念。建设社会主义市场经济的现代社会必须以公民权利和社会权利为本位，必须控制国家公权力，防止公权力过度扩张。公安机关必须树立权力谦抑理念，敬畏权力，慎用权力，准确把握权力的边界，正确行使执法权，妥善处理公安执法与公民权利的关系，避免不当行使权力损害公民的合法权利。二是尊重和保障人权观念。我国宪法明确规定尊重和保护人权，公安机关作为重要的执法机关，必须把尊重和保障人权作为依法行政的重要方面，在执法与管理服务中体现以人为本，尊重人的主体地位。公安执法活动的首要目标和根本任务在于尊重和保障人权。三是法律至上观念。法治即依法治理，其基本含义是任何人和组织的社会性活动均要受到既定法律规则的制约。法律具有高于伦理道德、政策政令等其他社会规范的最高权威。因而法律被普遍服从，信仰成为法治的必然要求。公安机关及人民警察必须忠于法律、信仰法律，将法律视为至高无上的权威，并作为最高的行动指南。四是正当法律程序观念。正当法律程序是公平正义的重要内容。程序公正，不仅能保障实体公正，而且能让全民看到公正如何实现，从而确立法律的权威，引领全民信仰法律。公安机关及人民警察必须牢固树立正当法律程序的理念，公正执法。五是公开透明观念。阳光是最好的防腐剂。“阳光行政”是实现现代公安法治的重要保证。公安机关要维护公民和社会的知情权，让行政和执法过程公开透明，置于阳光之下，杜绝“暗箱操作”，遏制腐败的滋生。

二、公安法治文化在中国法治文化体系中的地位及作用

在我国的法律体系中，法律主体分有立法、司法和执法机关。公安机关是具有部分刑事司法职能的国家治安行政机关。公安机关依法对公共秩序和安全进行行政管理，主要涉及治安、户政、交通、消防、边防、出入境、网络安全管理等国家行政管理职能，拥有行政强制权、行政处置权和行政处罚权，关系到社会和公众的切身利益及合法权益；公安机关还依法行使刑事执法权力，开展刑事侦查，采取强制措施，使用武器警械，直接涉及社会法人的权益

及公民的人身权利。公安机关拥有200多万公安民警，与其他法律主体相比，队伍最大，与社会公众联系最多，最受社会公众关注。因此，公安机关所具有的公安法治文化对社会和公众的影响最直接、最广泛。公安法治文化的状态集中体现了中国法治文化的品质，公安法治文化所蕴含的法治精神、所形成的法治制度、所表现的法治行为、所承载的物质形态都代表着中国法治文化的高度，对社会公众认识法治、体验法治具有广泛而重要的影响。公安法治文化的状态也反映着我国公安机关的执法水平和执法者素质，在国际交往和合作中，公安法治文化在很大程度上代表着中国法治文化的总体形象。因此，公安法治文化对于依法治国、构建法治中国具有重大意义，是中国法治文化体系的重要组成部分。

公安法治文化对于建设社会主义法治作用重大。公安法治文化坚持法律至上原则，遵循宪法和法律，依法行政、依法管理，严格执法。公安机关将公安法治文化落实到公安工作的所有环节，通过公安立法，确保公民、法人和其他组织的合法权益受到法律、法规的切实保护。通过公安执法，保证法律的实施，一方面以刑事执法，严惩各类违法犯罪，切实保障公民、法人和其他组织的各类合法权益；另一方面以行政执法，将行政管理纳入法治轨道。通过监督机制，有效监督公安权力运行，规范公安权力的行使，遏制和防范公安机关消极腐败现象，减少其对社会造成的冲击和损害。这些都将保障法律的公正实现，保障公民、法人和其他组织的合法权益，促进社会主义法治建设的不断完善与深化。

第二节　公安法治文化建设的成就

我国的公安法治文化是伴随着改革开放的进程与节奏而不断发展完善的。十一届三中全会确立改革开放方针政策30多年来，公安机关主动适应时代发展进步的潮流，努力奋斗创新，不断加强和改进法治建设，取得了多方面的重大进步。

一、公安执法思想与观念实现了历史性转变

新中国成立后相当长的一段时间内，由于施行“以阶级斗争为纲”的路线、方针和政策，公安机关基本上被定位为专政机关，而忽略了其社会服务职能。受“极左”思潮的影响，公安机关在执法观念上存在不少误区，主要体现在一味强调专政职能，重打击、轻保护，忽视民权、民意、民情、民心；办案中刑讯逼供和超期羁押时有发生；冷漠、歧视态度与特权思想存在于公安工作的各个环节之中。进入改革开放的历史阶段后，公安机关从转变落后的执法思想观念入手，开始了公安执法理念、公安执法模式的革命，逐步实现了公安执法思想与观念的历史性转变，树立起与现代法治社会相适应的、以“执法为民”为核心的公安执法思想观念。其主要精神包括：

1. 法律至上，依法履行职责。法律不仅是公安执法手段，更要成为目的和价值追求。公安机关及人民警察要依据宪法和法律赋予的职责权限，依照法定程序行使权力，履行义务，并依法承担由此产生的法律后果。

2. 法律面前人人平等。我国宪法规定，中华人民共和国

公民在法律面前一律平等，任何组织或者个人都不得有超越宪法和法律的特权。公安机关及人民警察要依据法律面前人人平等原则在法律上平等地看待执法对象，无区别性执法，自觉维护广大人民群众的权益。

3. 尊重和保障人权。公安机关及人民警察尊重和保障人民群众共同的普遍人权，坚持以人为本，在案件或事件的处理中，公平公正、及时高效地处理人民群众的权益争议，及时有效地预防和打击各种违法犯罪活动，尊重和保障被害人、行政管理相对人、违法行为人、犯罪嫌疑人、服刑人员等的个人人权。

4. 公正文明执法。公安机关及人民警察将公正作为公安执法的价值追求，公安执法应遵循证据意识、程序意识和权限意识，不仅要实现实体公正，而且要体现程序公正。公安民警在执法活动中要警容严整、言行文明、举止得当，要理性、平和、文明、规范执法，不断提高执法质量和执法水平，实现法律效果和社会效果的统一。

5. 为民服务，清正廉洁。为人民服务既是公安执法的宗旨，也是公安执法的具体要求。公安机关及人民警察要牢固树立服务意识，将服务蕴含在公安执法和行政管理的各项活动中，在执法和管理中体现服务，为服务强化执法和管理。公安民警在执法活动中要坚守职业道德，廉洁自律，秉公办事，不徇私情，不谋私利，树立公安机关执法权威。这些执法思想与观念的重大转变，决定和保障了公安法治文化的面貌与成就。

二、公安法律体系基本形成

我国公安法律体系建设始于 1978 年，党的十一届三中全会提出必须加强社会主义法制，做到有法可依、有法必依、执法必严、违法必究。公安部随即着手健全公安法规工作。1990年，全国公安法制工作会议提出了“完善公安法规体系”的目标。党的十五大提出依法治国、建设社会主义法治国家的治国方略，极大促进了公安法律体系建设的步伐。2000年，公安部出台《公安部关于加强公安法制建设的决定》，要求“提高立法质量，加快立法进程，建立科学、完善的公安法规体系”。2003年，《中共中央关于进一步加强和改进公安工作的决定》进一步提出了“完善法律体系”的明确要求。党的十八大和十八届三中全会提出全面推进依法治国、建设法治中国的战略部署，习近平总书记又从实施依法治国基本方略、建设社会主义法治国家高度，对政法机关明确提出了加强法治建设的新要求，随即，公安部提出了建设法治公安的新目标。

公安机关依据这些目标要求和政策指导，编制公安立法规划及年度立法计划，按计划有条不紊地循序推进，公安立法重视立法实效性，注重制度设计的精细化和可操作性，注重兼顾公平与效率的统一，在维护公民、法人和其他组织合法权益的同时，尽量节约执法资源，强化执法监督，提高执法效果。在加强立法建设的同时，也高度重视立法的协调统一，多次对公安法规进行全面的清理，及时提出废、改、立的意见和建议，不断完善执法依据。改革开放后经过30多年的努力，与中国特色社会主义法律体系相协调、相配套的公安法律体系已基本形成。我国公安法律体系以《人民警察法》为核心，以公安组织法、公安刑事法、公安行政法、公安监督法、公安救济法、警务保障法、警务国际与区际合作法为主要门类，由公安法律、公安行政法规、公安地方法规、公安部门规章、公安地方规章组成，是既相互独立，又有机联系的统一整体。《人民警察法》是公安机关依法履行职责的依据，是公安队伍科学管理的依据，也是制定相关警察单行法律、法规、规章的依据，是公安法律体系的核心。公安法律体系主要包括：

1. 公安组织法。如《公务员法》《公安机关组织管理条例》《人民警察警衔条例》《公安机关人民警察训练条令》《人民警察内务条例》《人民警察奖惩条例》等。

2. 公安刑事法。如《刑法》《刑事诉讼法》《公安机关办理刑事案件程序规定》《公安部刑事技术鉴定规则》《看守所条例》《最高人民检察院、公安部关于公安机关管辖的刑事案件追诉标准的规定》等。

3. 公安行政法。有国籍户政管理规范、治安管理规范、消防管理规范、道路交通管理规范、出入境管理规范、边防管理规范、公共信息网络安全管理规范，等等。如《治安管理处罚法》《行政强制法》《公安机关办理行政案件程序规定》《集会游行示威法》《企事业单位内部治安保卫条例》《枪支管理法》《娱乐场所管理条例》《禁毒法》《消防法》《道路交通安全法》《出入境管理法》《计算机系统安全保护条例》等。

4. 公安监督法。如《行政监察法》《审计法》《行政复议法》《行政诉讼法》《公安机关督察条例》《公安机关人民警察执法过错责任追究规定》《公安机关人民警察纪律条令》《公安机关信访工作规定》《公安机关内部执法监督工作规定》等。

5. 公安救济法。如《行政复议法》《行政诉讼法》《国家赔偿法》等。

6. 警务保障法。包括《人民警察法》的相关内容，如《警械武器使用条例》《公安机关人民警察内务条例》《公安机关财务管理暂行办法》《枪支管理法》《公安机关公务用枪管理使用规定》等。

7. 警务国际与区际合作法。如《引渡法》《国籍法》《打击跨国有组织犯罪公约》《刑事司法协助条约》《上海合作组织公约》以及《刑事诉讼法》《公安机关办理刑事案件程序规定》中的相关规定等。总体上看，我国已基本形成了较完备的梯次配套的公安法律体系，为公安工作和队伍建设法制化、正规化提供了更加全面有效的法律保障。

三、公安执法能力明显提高

公安机关的基本任务就是执行法律，运用法律手段打击犯罪、管理社会治安和开展其他公安行政管理工作。严格、公正、文明执法是依法治国、依法行政的关键所在和重要内容，是公安机关赢得人民群众尊重和信赖的根本依据。为此，公安机关高度注重执法工作，把执法质量作为公安执法工作的生命线，长期坚持不懈地开展执法规范化建设。1990 年，全国公安法制工作会议提出“改善执法活动，提高执法水平，健全公安执法监督机制，保障公安机关依法有效地行使职权”，推动公安执法水平大幅度提升。2003 年，党中央《关于进一步加强和改进公安工作的决定》明确提出“严格、公正、文明执法是公安执法工作的总要求”。2004 年，全国公安机关组织开展“两个违规”专项治理，推动广大公安民警牢固树立执法为民思想，严格依法履行职责，做到“人民公安为人民”，并在全国公安机关开展以岗位练兵、案例点评、法律知识竞赛、执法技能培训等为主要内容的“大练兵”活动。2005 年，公安部制定《公安机关领导干部法律学习培训规定》，要求公安机关领导带头加强法律学习，提高法律素质。同时，全国公安机关组织开展了方便民众的“大接访”活动。同年，按照中央政法委的统一部署，全国公安机关组织开展了“规范执法行为，促进执法公正”专项整改活动。2006 年，公安部制发《关于进一步提高公安队伍法律素质的指导意见》，建立全体公安民警法律学习培训工作制度，并在全国公安机关开展了以“抓基层、打基础、苦练基本功”为内容的“三基”工程建设，采取了一系列措施，规范执法行为，促进执法公正，有效防止和解决了公安执法中的突出问题，公安机关的执法质量得到明显提高。2007 年，公安部首次命名了 100 个全国县级公安机关执法示范单位，并对深入开展培养创建执法示范单位工作做出部署。各地公安机关紧密结合本地实际，培养创建了一批具有不同特点和代表性的执法示范单位，从整体上提高了公安机关的执法规范化水平。2010 年，公安部要求全面提升公安机关的执法公信力，强调公安执法既要严格公正，又要理性平和。公安机关针对人民群众反映强烈的执法问题，持续开展执法规范化建设，主要在提高执法主体素质、完善执法制度机制、强化执法监督管理、规范执法办案场所等方面采取措施：大力加强执法主体建设，系统开展全员执法培训，全面实行执法资格等级考试制度，1000 余万人次参加执法培训，183.3 万名民警取得基本级执法资格；2012 年，公安部出台了《公安机关执法公开规定》，2013 年制定了《公安机关执法细则》，发布了有关“巡逻盘查”、“现场处置”、“涉案财物管理”等执法重点环节的 330 余件规范性文件；构建科学、系统、高效、规范的执法管理体系，全国 95% 的县级公安机关设置执法勤务机构、98% 的派出所配备了法制员；规范化改造执法办案场所，办案区与其他功能区实行物理隔离，安装可覆盖全区域的电子监控设备，对讯问过程全程录音录像，落实安全管理责任。2013 年，公安部部长郭声琨在全国公安机关深化执法规范化建设推进会上，提出建设法治公安的总目标，并对进一步深化执法规范化作出部署。经过多年持续努力，公安机关执法规范化建设取得阶段性成效，广大公安民警主动学法、模范守法，公安队伍的法治观念和整体素质显著提升；在公安工作中自觉用法、正确执法，执法质量与执法效率明显改善，一批执法优秀单位相继涌现，公安机关维护国家安全、驾驭社会治安局势、处置突发事件、为经济社会发展服务四个方面的能力显著增强，公安机关执法公信力有效提高，受到了人民群众的好评和信赖，警民关系进一步和谐。

四、公安执法监督体系完备有效

公安机关肩负着维护社会政治稳定和治安稳定的重大责任与任务，拥有宪法赋予的执法权力。为了保证人民警察正确运用执法及管理权力，30 多年来，公安机关建立了以执法办案监督为重点的执法监督机制。1989 年，国家颁布《行政诉讼法》，以法律的形式规定了对公安执法活动的司法监督。1991 年，公安部提出把执法监督延伸到公安机关内部，贯穿于公安执法各个环节，在公安机关内部纠正执法过程出现的偏差。1997 年，公安部制定《公安机关督察条例》，建立公安机关的监督机制，2000 年颁发《公安机关督察条例实施办法》，保证督察工作的顺利进行。据此，各级公安机关普遍设立专门的督察部门，严格实施警务监督，大力树立监督权威。1999 年，公安部制定《公安机关内部执法监督工作规定》和《公安机关和公安机关人民警察执法过错责任追究规定》等部门规章，进一步完善监督机制，加大监督力度，强化监督效能。公安机关内部法制、纪检、监察、审计、信访等职能部门密切配合，聚成合力，形成全方位、多层次、法制化的公安内部执法监督体系。与此同时，公安机关还积极接受外部监督，在自觉接受人大、政府、行政监察、检察机关监督的同时，不断拓展监督渠道，主动接受社会各界的监督。自1998年起，公安机关建立了特邀监督员制度，全国县以上公安机关共聘请特邀监督员20余万人。1999年，公安部在全国公安机关推行警务公开制度，实行“阳光作业”。2003年，公安部率先建立新闻发言人制度，各级公安机关普遍推出新闻发言人，深入推进信息公开，充分保障人民群众的知情权，促进对执法工作的社会监督。目前，公安机关以内部监督为主、内外监督相结合的执法监督体系基本形成，并有效发挥监督作用。

第三节　存在的问题与对策

一、公安法治文化存在的问题

近年来，我国公安法治文化不断发展进步，取得了一定的成绩，但是也还存在不容忽视的问题。主要表现在：

（一）法治思维还没有牢固树立、法治人格还没有普遍确立

在现实的公安文化中，仍然存在许多非法治的错误观念，突出表现在，有些执法民警仍把“法治”等同于“法制”，把法律视为管理公民的一种实用工具，法律工具主义思维盛行。在这种思维的支配下，执法者无视法律的权威，唯领导意志是从，按上级意图办事，不依法执法，任意解释或曲解法律，甚至将执法权力转变为搞创收的手段，严重损害法律的权威和公安机关的执法公信力。法律工具主义是人治思维下的法律观念，与现代法治思维相背离。而公安法治文化主

张的现代法治思维是受现代法律意识和法律技术支配的思维方式，崇尚法律至上，限制和监督公权、维护公民私人权利和公正执法。现代法治思维的外化表现就是形成法治人格，法治人格集中表现为尊重法律、追求正义、崇尚秩序。当前，公安机关在全警范围内还没有实现以法治思维对待公安工作，以法治思维解决公安工作中出现的新问题、新挑战，还没有实现法治人格的普遍确立。这在很大程度上限制了公安机关职能的发挥，影响了公安机关的社会形象。

（二）执法行为方式还存在明显问题

在当前的公安行政管理和执法办案中，还存在不规范乃至错误的观念和做法，执法不作为、执法乱作为、执法枉法等问题仍然相当突出，最普遍的是重实体轻程序、重结果轻过程的程序虚无主义，任意“简化”或“变通”程序。对于刑事案件，有的执法者不按法律程序办事，认为只要搞清楚违法犯罪事实，程序合不合法不重要，甚至刑讯逼供，无视程序正义要求，损害犯罪嫌疑人的正当权益，超期羁押，滥用强制措施，滥用留置措施，滥用警械、武器，严重的程序缺陷甚至酿成冤假错案。对于治安案件，有的执法者作出治安裁决后不下裁决书，不告知当事人享有的权利；对于一些违反治安法律、法规的行为，本应批评教育、警告行为人即可，但也给予罚款处理，或以罚款代替处罚，罚款畸重，甚至乱罚款。在行政执法中侵犯相对人人权尊严，违反权限和程序执法，等等。这些问题都反映出当前公安机关在侦办刑事案件和进行行政管理时，还不能规范、严格地运用法治方式开展工作，习惯性错用权力、滥用权力，任意执法现象时有发生。

（三）行政透明度不高，法治监督力度不强

公安机关拥有较大的国家公权力。为保证公安机关正确、有限地行使国家赋予的各种刑事、行政权力，必须制定行政公开程序，保证行政的透明度。公安法治意义下的行政应是“阳光下的行政”，公安行政应遵循全程公开的程序规则。目前，公安机关存在公开程序滞后，行政透明度不高的问题，表现出对行政相对人知情权的漠视和侵害，极大地影响了公安内部的可靠防范和外部的可行监督。现在，对于公安机关的权力监督虽然制定了相关的制度，但这些制度落实不到位，致使监督力度不高，表现在内部监督上存在执法监督工作监督不力、权力与责任脱钩、监督结果与责任追究及干部提拔使用脱钩等问题；表现在外部监督上存在法律性的权力监督刚性不够、权利性的人民监督难以落实、舆论性的媒体监督缺乏理性等问题。这些都导致了监督流于形式，监督实效性不强，使公安权力的行使失去制约和制衡。

二、解决公安法治文化存在问题的对策

要解决目前公安法治文化面临的种种问题，还需从完善公安法治建设入手，不断提高公安法治文化水平。主要对策有：

（一）完善公安法制体系，明确公安法定职权

完善的法制体系是实行法治的基础和前提。公安法制体系虽然已经基本形成，但目前还存在法律规定不明确、法律不配套、法律规定操作性不强的问题。因此，要实现公安法治，必须首先完善公安法制体系，明确公安法定职权。要进一步完善涉及公安机关职权的法律、法规，使之体系配套，确保公安机关的全部权力都有明确的法律授权。要明细公安机关的事权划分与职能定位，科学界定各级公安机关的职责范围与职权界限。要健全行政、司法协助的条件和程序，科

学界定公安机关化解矛盾纠纷、提供社会救助的范围和限度，坚持有限责任原则，排除公安机关不应参与的非警务活动。要做好法律、法规的修改、解释，使之更具有操作性，为公安机关依法行政提供法律条件。

（二）培育公安法治信仰，塑造公安法治人格

真正实现法治要靠法治信仰的支撑。“法律必被信仰，否则形同虚设”[①]。离开对法律的崇信，法治就不可能实现。要大力培育人民警察的法治信仰，使人民警察牢固树立法律至上、法律尊严神圣不可侵犯的观念，在社会生活和公安工作中尊崇法律，捍卫法律至高无上的权威。当个人主张、组织利益、行政决策、社会规范与现行法律规定相左时，要遵从法律的规定。任何个人、组织、政党不能以言代法、以权压法、随意废法，任何违法行为都必须受到法律的制裁。要使全体人民警察真诚信仰法律，维护法律的权威，崇尚法律的力量，捍卫法律的信誉，并使之成为人生信仰，以指导民警的职业行为。

大力培育人民警察的法治信仰还必须坚持以人为本，牢固树立人权保障观念。虽然我国于 2004 年实现了人权入宪，但由于长期受封建专制文化影响，民主政治发展不平衡，特别是现代人权保障意识薄弱等因素的影响，公安机关长期存在不尊重甚至侵犯人权的现象。这是严重背离法治精神的。为此，公安机关要对全体民警开展尊重和保障人权观念教育，坚持以人为本，尊重人的主体地位，确立权利本位思想。公安机关不仅要保卫国家的长治久安，维护国家“公权”，还必须保护公民人身、财产安全，保障人民安居乐业等公民

① 参见［美］伯尔曼：《法律与宗教》，梁治平译，中国政法大学出版社 2003 年版。

"私权"。公安机关在执法活动中，要平等地尊重和保障人权，尊重当事人的合法权利，以人道的方式平等、理性执法，在执法中体现人文关怀，杜绝人格歧视、滥用强制措施、超期羁押、刑讯逼供等侵犯人权现象的发生。

大力培育人民警察的法治信仰的最终目的，是用这种法治信仰引导全体民警形成法治思维和法治人格。所谓法治思维，是在法治精神之下所形成的一种思维定式，主要体现为尊奉法律至高无上，限制和监督公权、维护私人权利、公正执法等。所谓法治人格，是以法治思维为核心内容，是法治思维的整体概括和外部表现，集中表现为尊重法律、追求正义、崇尚秩序。公安机关和人民警察在法治信仰支撑下运用法治思维开展一切公安工作，在公安工作中展现公安整体的法治人格，将有力地推动社会主义法治建设的发展，极大提高公安法治文化水平。

（三）运用法治方式，规范公安执法

法治的本质就是依法治理。公安法治要求公安机关严格依法行使职权，做到规范执法。所谓规范执法，就是使执法工作法律化、制度化、程序化，把公安权力关进法律和制度的笼子。要运用法治的方式，规范公安执法活动，不仅要从实体上规范执法行为，而且更需要从程序上规范执法行为。要强化程序意识，牢固树立程序正义理念，纠正以往重实体正义轻程序正义的错误做法，严格遵守法定程序，以正当的程序，实现公平正义的执法目标。

运用法治方式规范公安执法还必须树立权力谦抑观念，约束警察权力。"一切有权力的人都容易滥用权力，这是亘古不变的一条经验，有权力的人使用权力一直遇到有界限的地方才休止。”[①] 法治的一个重要标志是对国家公权力的制约和限制，因此，制约公安机关权力是法治的必然要求。要破除权力本位观念，深刻理解和秉持对权力的谦抑精神和态度，正确认识权力“姓公为民”的本质，敬畏权力，慎用权力，准确把握权力的边界，做到不弄权、不滥权。要正确认识权力与权利的关系，建立“权利神圣”的价值认知，妥善处理公安执法与保护公民权利的关系，加大对公民私权利的保护力度，并使其成为自觉的公安法治文化行为。

（四）强化执法监督，建设监督体系

公安机关拥有的公权力涉及范围广、权力大，对于公安机关的执法行为，必须加以严格、有效的监督。针对目前公安执法监督不力、监督失效的问题，要大力强化执法监督力度，完善系统有效、内外结合的执法监督体系。

要实行有效的内部监督。公安机关要建立健全系统严密的执法管理体系，在明确执法责任的基础上，建立执法办案责任终身制，加大案件回访及责任倒查的力度，严格落实执法过错责任追究。要落实督察制度，强化对执法过程的刚性制约、施行过程管控，积极应用科技手段，完善网上执法办案信息系统和监督管理系统，努力实现对执法办案的全流程监控。

要主动接受外部监督。公安机关应进一步全面实行警务公开制度，确保执法工作的透明度，在法律允许的范围内，公开执法的各种情况及信息，接受外部监督。要完善接受外部监督的制度，如警民联系制度、特邀监督员制度、执法办案回告制度、案件回访制度和领导公开接访制度等，广泛、及时地接受外部监督。要保证外部监督渠道的多样，既要接

① 参见孟德斯鸠：《论法的精神》，张雁深译，商务印书馆 1987 年版。

受人大、政协、检察院、监察机关、法院等权力部门的监督，也要接受社会、公众和媒体舆论的监督。要充分保障社会、公众和媒体的参与权、知情权、监督权，对于外部的批评、投诉、申诉、控告和举报，要认真审查，及时回应，坚决整改，以强有力的监督推动公安法治的不断进步。

第四节　和谐警民关系是公安法治文化的基础

一、警民关系与公安法治文化

警民关系是我国公安机关及人民警察与社会公众及社会组织之间的关系状态，是在我国政治制度、社会条件和法律框架之下，公安机关及人民警察在履行职能过程中，与社会公众及社会组织之间形成的政治关系和社会关系的总和。主要体现为管理关系、服务关系、公共关系和人际关系，以及公众对警务工作和警察人员的评价关系[①]。

公安法治文化追求和谐警民关系。和谐警民关系是在“警”与“民”两个主体之间形成良性互动，是以“和谐”理念为指导，以共同维护社会和谐稳定为目标，在公安机关和人民警察与社会公众和社会组织之间构筑的一种相互沟通、相互理解、相互尊重、相互信任、相互协调、相互协助、相互促进的良性互动关系，是警民双方共同追求的一种和谐、

① 黄鹏、杨明光：《新时期警民关系概念探析》，载《上海公安高等专科学校学报》2012 年第 5 期。

合作、理想的境界①。具体表现为警察热爱人民、保护人民、依靠人民、接受人民监督，人民信任警察、爱护警察、支持警察的和谐关系。警察热爱人民、保护人民、依靠人民、接受人民监督是公安机关及人民警察遵守法律规定、履行职能使命、依法行使权力的集中体现；人民爱护警察、信任警察、支持警察是社会公众及社会组织对公安机关及人民警察依法行政的正面回应与肯定。和谐警民关系能够保障和促进公安职能的实现，提升公安工作效率与水平，因此，构建和谐警民关系是公安工作的本质需要和内在动因，也是公安法治文化的基础。

二、构建新时期和谐警民关系

目前，警民关系还存在一些问题，导致了不同程度的不和谐状态。如社会公众对公安机关服务的满意度评价还不是很高、对公安执法公信力的信服度还不是很高，甚至出现暴力抗法及袭警事件。究其原因，主要是存在一些违反法治精神、影响警民关系和谐的不利因素，具体表现为：在公安机关方面，一些公安机关和公安民警或不作为、乱作为、作风粗暴，或执法不公，滥用警察裁量权，不遵守法律程序，破坏警察执法的公正性和合理性。公安机关参与一些和公众利益直接相关的非警务活动，越权执法，形成了与社会公众的对立，造成了公安机关的信任危机，削弱了公安机关的公信力，从而影响了警民关系。在社会公众方面，社会公众对公安机关与公安工作认识、了解不够，法律意识、守法自觉还没有普遍确立，公共精神程度不高，由此造成社会公众对公安工作的支持度不高、参与度较弱。

---

① 参见张兆端：《警察文化学》，中国人民公安大学出版社2010年版。

构建和谐警民关系，公安机关和人民警察要担负起主导责任。要培育法治精神，树立平等观念和人权意识，平等对待社会不同阶层公众，平等保护社会不同阶层公众的政治权利和财产权益。特别要确立和践行“立警为公，执法为民”这一公安核心价值观，在思想上真正解决为谁服务、怎样服务的问题，始终贯彻全心全意为人民服务这一公安工作的根本宗旨，坚持“一切为了人民”、“一切依靠人民”，把广大人民群众的利益作为全部公安工作的出发点和落脚点，不断提高权为民所用、情为民所系、利为民所谋的自觉性，遵循中央领导在第二十次全国公安会议部分代表座谈会上的讲话精神，“坚持人民公安为人民，必须时刻把人民群众的安危冷暖放在心上，从人民群众最希望公安机关做的事情做起，从人民群众对公安工作最不满意的事情改起。凡是得民心、顺民意的事情，都要竭尽全力去做；凡是失民心、背民意的问题，都要雷厉风行去改。”要带着深厚感情深入到群众中去工作，真正做到贴近群众、尊重群众、爱护群众、服务群众，牢固树立“群众利益无小事”的观念，在日常工作中想群众之所虑，急群众之所难，谋群众之所求，为人民群众做好事、办实事，使公安工作深深扎根于人民群众之中，从群众中汲取不竭的力量源泉。

构建和谐警民关系，要转变警务职能和机制，由管理型向服务型转变，重视社会公众的安全与服务需求，为他们提供全面、均等的服务，通过热情平等的服务来赢得群众对警察的尊重和信任。公安机关及人民警察要把“严格执法”与“热情服务”结合起来，强化服务意识，在执法中体现服务，在管理中体现服务，实现从管理型向服务型的转变，将服务扩展到公安所有窗口单位，把方便群众作为开展各项工作的前提，主动适应、科学把握构建和谐社会的新形势、新要求，充分考虑群众的承受度和满意度，摆正管理与服务的关系，在管理中贯穿服务意识，用规范管理来实现服务。在公安行政审批、人口户籍管理、公共场所和特种行业管理、出入境管理、交通消防管理等各项公安行政管理工作中，坚决取消那些不便于群众的旧有制度，清理那些不利于创业创新的政策措施，调整那些损害群众利益、与民争利的做法和规定，积极推出便民、利民举措，实现管理职能和服务职能的统一，切实解决人民群众长期不满的公安机关存在“门难进、脸难看、话难听、事难办”的突出问题。以严格公正执法的正气，以便捷高效服务的热情，以诚挚和蔼的笑脸，以文明礼貌的话语，树立良好的公安服务形象，促进警民关系的和谐。

构建和谐警民关系，还要提高执法水平，强化证据意识、程序意识、权限意识和接受监督意识，施行科学的执法制度，做到公开、公正、规范执法，坚决解决执法中的不作为、乱作为、执法随意粗暴等问题，通过理性、平和、文明执法，消除公众对公安机关的负面情绪，提高公众对公安执法的信任度，重塑公安机关公信力。

构建和谐警民关系，还要从社会公众的方面入手，积极倡导社会公众积极支持、协助公安工作。要大力培育公众的公共精神，教育公众尊崇国家法度，遵守法律规定，尊重政府行政并与之合作，自觉关怀与维护公共安全，鼓励和推动公众关注公安机关，支持并协助公安工作，提高公众的参与度。要畅通警民沟通渠道，使社会公众更全面地了解公安机关，更准确地理解公安工作，更主动地认同和支持公安民警，以达成警民之间相互沟通、相互理解、相互尊重、相互信任、相互协调、相互协助、相互促进的良性互动，真正实现警民关系的和谐稳定，最终推动公安法治文化的发展与优化。

第五节　构建平安社会是公安法治文化的核心

一、平安社会与公安法治文化

伴随着我国构建和谐社会的进程，建设“平安社会”的公安法治实践取得了显著的成效。平安社会是和谐社会题中应有之义，是和谐社会的内在要求和必备条件。社会主义市场经济需要一个治安稳定、法治有序的社会环境。只有在安全、法治、稳定的社会环境下，才能持续深化改革，才能专心致志发展经济，创造物质财富与精神财富，才能不断改善人民生活，保障人民安居乐业。

平安社会是人民幸福安康的基本要求。公安机关是打造平安社会的主力军，维护国家安全和社会稳定、打击敌对势力、保护人民、惩治犯罪、服务群众，是公安机关的职责所在与使命所系，保证社会平安、维护法治公平正义是公安机关义不容辞的责任。因此，建设平安社会是时代赋予公安机关的神圣使命，是当前公安法治建设的着力点，也是公安法治文化的核心。

二、应对安全挑战，构建平安社会

当前，我国经济社会快速发展，既存在重大的战略机遇，也面临巨大的现实挑战。社会诸多矛盾及利益冲突的交织聚集，使公安机关面临着多种社会安全隐患：既有国内外敌对势力西化、分化的政治安全威胁，也有各类犯罪案件多发、高发的刑事安全挑战，还有交通事故、火灾事故、危险物品管理等的治安行政管理风险。这些都影响着社会的平安稳定，威胁到社会公众的生活与安全。为此，公安机关要忠实履行职责使命，持续推进平安建设，努力为人民群众创造安居乐业的良好社会治安环境。

构建平安社会，重点在保持社会稳定。社会稳定就是国家政权安全，社会秩序正常，社会治安良好，人民群众安居乐业，社会各阶层和谐共处，社会风气健康向上，整个社会充满生机与活力。公安机关作为国家政权捍卫者、平安中国建设者、公平正义维护者和群众权益保护者，始终把维护国家安全置于首要地位，始终是维护社会稳定的主力军。在所有公安工作中，维护国家安全、社会稳定是重中之重。公安机关要树立全新的社会安全理念和机制，要在新的安全观的指导下，建立健全适应现实需要的全面应对潜在和显在威胁的社会安全制度体系，要在政府领导下，充分发挥公安机关职能责任，动员社会各种力量，实现社会协同、公众参与，充分开发和整合各类安全资源，努力做到平安建设人人参与、平安环境人人共享。

在构建平安社会、维护社会稳定工作中，要确立以以人为本、公平正义为核心的法治维稳理念，体现公安权力行使的正当性和道义性，在权力行使中实现好、维护好、发展好最广大人民群众的根本利益，让公安机关成为维护社会公平正义的一道防线。要实现和保持社会稳定，公安机关必须严肃打击各种破坏社会稳定的势力和犯罪行为，依法严密防范和惩治各类违法犯罪活动，重点针对社会公众深恶痛绝的暴力恐怖、电信诈骗、环境污染、食品药品安全等突出的违法犯罪活动，有力开展打击整治行动，全力维护社会公众的合法权益，坚决维护社会安全稳定。

构建平安社会，要积极顺应人民群众对公共安全、司法公正、权益保障的新期待，善于运用法治思维和法治方式解决涉及群众切身利益的社会矛盾和问题。要教育和引导社会公众崇法、遵法、守法，学会运用法治思维，利用法治方式，在法律的框架内预防和化解社会矛盾。要切实提高处理复杂问题、化解社会矛盾的能力和水平，将矛盾冲突解决在初始阶段，最大限度地减少不稳定因素，把矛盾纠纷消除在基层，消除在萌芽状态，从源头上减少社会矛盾和问题，完善诉讼、仲裁、行政复议等法定诉求表达机制，纠正违法或不当行政行为。畅通和拓宽群众诉求表达渠道，引导人民群众权利理性表达诉求，依法按照政策及时妥善处理群众的合理诉求，并及时反馈处理结果。完善人民调解、行政调解、司法调解联动工作体系，建立调处化解矛盾纠纷综合机制，使社会矛盾和问题不断得到及时化解和向好的方面转化。改革信访工作制度，实行网上受理信访制度，健全及时就地解决群众合理诉求机制，努力实现法律效果与社会效果的统一，促进社会和谐稳定。

构建平安社会，公安机关还要提高应对突发公共事件的能力。需要采取应急处置措施予以应对的自然灾害、事故灾难、公共卫生事件和社会安全事件①，都属突发公共事件。突发公共事件通常不可预知，具有不确定性，一旦发生会对社会秩序以及人民生命财产安全产生严重威胁，造成一定范围的社会恐慌，严重影响正常社会秩序、生产秩序和生活秩序。突发公共事件处置时间有限，常规方法无法解决，公安机关及人民警察作为社会公共事务和社会秩序的管理者，对预防和处置突发公共事件负有重大责任，是预防和处置突发公共事件的中坚力量，应及时、科学、有效应对，提高应急警务

① 参见程琳主编：《公安学通论》，中国人民公安大学出版社2014年版。

能力。在突发公共事件处置中，要遵循应急警务工作的一系列原则：依法处置，一切应急活动均受既存法律约束；以人为本，把保障公民生命安全作为第一要务，采取最恰当的方式和科学可行的方法控制和处理事态，讲求精干高效，快速反应，统一指挥，明确责任；做好预案，预防为主，以坚决的态度和坚强的力量控制事态发展，防止事态蔓延，减少危害，维护社会治安秩序。

第十二章
司法行政法治文化

第一节　地位和作用

一、我国司法行政机关的职能及其地位

（一）我国司法行政机关的职能

司法行政机关作为政府职能部门，承担着法制宣传、法律服务和法律保障等职能，充分发挥着预防民间纠纷、化解社会矛盾、引导群众合理诉求、保障人民合法权益、维护社会公平公正的作用，在中国特色社会主义法治建设中处于不

可替代的地位。2013 年 11 月，司法部吴爱英部长在深入学习贯彻习近平总书记关于社会主义法治建设的重要讲话精神中指出，要通过推动平安中国建设、法制宣传教育、服务保障和改善民生、公正严格执法和依法诚信执业等工作来全面推进依法治国。其中司法行政职能有 13 项。[①] 其核心职能主要体现在三个方面：

第一，法制宣传教育职能。深入开展法制宣传教育，在全社会弘扬社会主义法治精神，传播法律知识，培养法律意识，形成宪法至上、守法光荣的良好氛围，这是司法行政机关的主要职能。通过近 30 年、六个五年“普法”规划，我国的法制宣传教育取得了丰硕成果，但目前公民维权意识的增强与守法意识的薄弱还存在突出矛盾，全民法律意识的提高受到严重制约，强化司法行政机关的法治宣传职能仍然十分必要。

第二，法律服务职能主要是指司法行政机关管理的公证、律师、司法鉴定、法律援助、法律服务中心和基层法律服务所等提供的法律服务。比如，公证事务的发展在一定程度上预防了民事经济纠纷的发生，据统计，1986 年至 2011 年，全国公证数量由 237.53 万件增加到 1076.64 万件，增加了 3.53 倍，年均增长率为 14.2%；每名公证员公证数量由 377.87 件增加到 885.18 件，增加了 1.34 倍，年均增长率为 5.4%。[②]

第三，法律保障职能是司法行政机关对监狱、强制戒毒所的管理以及对刑释解教人员的安置帮教等管理职能。司法行政机关的法律保障职能近年来在社区矫正工作中全面展开。

---

① 王春生：《深入学习贯彻习近平总书记对司法行政工作重要指示精神》，载《中国司法》2014 年第 6 期。

② 朱景文主编：《中国法律发展报告 2012》，中国人民大学出版社 2013 年版，第 6 页。

到2013年10月底，全国各地累计接收社区服刑人员166.5万人，累计解除矫正100.7万人，现有社区服刑人员65.8万人，在矫正期间的重新犯罪率一直保持在0.2%的较低水平。显然，社区矫正工作为维护社会和谐稳定做出了积极贡献，取得了良好的政治效果、法律效果和社会效果①。

（二）我国司法行政机关地位不受重视的现状

在中国传统语境中，通常把承担打击犯罪、预防纠纷、化解矛盾、维护社会安全与稳定、保障权益之职能职责的“公、检、法、司”四机关统称为政法机关，司法行政作为党的政法工作的重要部分，其功能应主要体现在直接维护和实现社会公平正义、维护社会秩序方面，其职能配置应尽量在案件办理的法律程序上与公、检、法形成一个既相互分工，又相互衔接统一的整体和体系。然而，事实并非如此，可从以下三个层面予以实证：

1. 从政策、法律的规定看，司法行政机关的法定地位有被边缘化之嫌。我国宪法对公安机关、检察院和法院的职责和职权均有明确规定，而对司法行政机关则未作规定。同样，我国《刑事诉讼法》没有一处使用“司法行政机关”的全称作为表述，而是根据其部分职能，用其下属部门作为指称。如涉及罪犯改造的，用“监狱”来表述；涉及法律援助的，用“法律援助机构”来表述，等等。司法行政机关在国家法律中得不到完整、全面、准确的表述，这对其地位与权威的形成显然是不利的。②

① 周斌：《贯彻党的十八届三中全会精神推动中国特色社区矫正工作新发展》，载《法制日报》2013年12月9日。

② 肖建中：《司法行政系统文化建设之我见》，载《长沙司法行政》2012年第1期。

2. 权威不足。司法行政权虽与司法挂钩，但在权力结构体系中，它并不属于司法权，而属于行政权。可这种行政权在实践中并没有公安机关的治安管理权、财政部门的财政管理权、税务部门的税收征管权等行政权那样的权威性，影响了司法行政工作的开展。

3. 司法行政机关能力建设薄弱。首先司法行政工作人员不足。截至 2011 年年底，全国共有司法所 40440 个，无人所（即没有政法专项编制的，以下类推）2683 个，占 6.6%；一人所 14563 个，占 36%；二人所 11078 个，占 27.4%。[①] 然而，基层司法所职责多样，导致一人负数责的状况成为常态。其次，经费不足，使司法行政工作人员对诸如进行人民调解、社区矫正等工作有心无力。

（三）司法行政机关在全面推进依法治国中发挥主力军作用

司法行政机关承担着面向全社会开展法制宣传教育、提供法律服务、化解矛盾纠纷、维护社会和谐稳定的重要职责，是国家法治建设的重要部门，在推进依法治国中应该发挥主力军作用：

1. 强化法治宣传职能，树立全民法律信仰。党的十八届四中全会《决定》要求“推动全社会树立法治意识。坚持把全民普法和守法作为依法治国的长期基础性工作，深入开展法治宣传教育，引导全民自觉守法、遇事找法、解决问题靠法”。为此，司法行政机关必须通过法治对社会关系的调整和对人们行为的具体指引，通过法治背后的善恶、是非等价值理念和行为方式来引导、教化和培育人们的法治意识、法治精神、法治理念、法治信仰等，使人们具备规则意识与合作

---

① 司法部基层工作指导司司法所工作管理处：《2011 年度全国司法所和司法助理员工作数据统计分析报告》，载《人民调解》2012 年第 4 期。

精神，在法治实践中逐渐接受或者形成对社会规范、社会秩序、公共安全、社会发展的行为认同和观念共识。①

2. 着力完备法律服务体系。《决定》强调，要“建设完备的法律服务体系”，赋予司法行政机关新的历史使命，为今后法律服务工作指明了方向。如何进一步健全完善法律服务的制度体系、实施体系和保障体系，不断增强法律服务的公益性、均等性、普惠性、便利性，是摆在司法行政机关面前的一项重要课题，是依法治国的重要内容。

3. 着力加强和改进人民调解工作。《决定》强调，要“健全依法维权和化解矛盾纠纷机制”、“强化法律在维护群众权益、化解社会矛盾中的权威地位”，对于进一步规范矛盾纠纷化解工作，正确处理人民内部矛盾意义十分重大。人民调解是预防和化解矛盾纠纷的重要手段。对照《决定》要求，我国还存在调解员队伍素质良莠不齐、专职调解员数量偏少和专业调解能力不足等问题，今后必须着力加以改进。

二、司法行政法治文化是中国法治文化的重要组成部分

（一）司法行政法治文化的内涵

司法行政工作“司法为民、服务大局”的宗旨，决定了其管理的“三支队伍”必须树立忠于宪法法律、维护宪法法律正确实施、维护社会公平正义的价值观，做到在法律实践中严格遵守职业规范。因此，司法行政法治文化是司法行政系统在长期的工作实践过程中形成的思想观念、心理意识、行为规范、行为习惯以及价值取向的总和。主要包含精神文化、制度文化、行为文化和物态文化四个方面：

① 李林：《怎样以法治凝聚改革共识》，载《人民日报》2013 年 3 月 11 日。

精神文化体现司法行政系统文化的本质，是司法行政系统文化的核心部分，反映人的信仰和精神追求。

制度文化体现司法行政系统文化规范，是人们在精神文化引导下建立的一系列调整群体利益关系、化解各种矛盾及风险的规章制度和机制。相对于精神文化而言，制度文化更具有内在凝聚性、结构的稳定性和时间的延续性，它不仅对精神文化所倡导的价值观的实现起到保障和促进作用，而且是精神文化转化为行为文化的桥梁，是司法行政法治文化体系的内在约束。

行为文化体现司法行政系统文化要求，是司法行政人员在其系统行为中所体现出的一种文化，它包括管理理念、行为准则、道德风俗习惯等，是精神文化所体现的核心价值观，“内化于心，外践于行”的结果，是核心价值观在行为方式的外在表现。

物态文化体现司法行政系统文化表象（标记），是以艺术语言、动作、图像、建筑装饰等手段，形象反映司法行政工作的一切文化现象和文化产品的一种文化。它包括文化活动的方式与方法、载体与场所、组织与实施，等等。物态文化对人的教化和影响能够起到潜移默化、润物无声的功效。

（二）司法行政法治文化的分类

就司法行政机关而言，其工作职能具有多样性，且诸多职能相对独立、平行相处，工作业务具有特殊性，工作难度具有艰巨性。这些职能及其特点，要求充分发挥司法行政法治文化导向、凝聚、融合、约束、规范和激励功效，即通过法治文化影响司法行政系统内全体人员的习惯、期望等微妙的心理，把来自不同教育背景、具有不同性格特征和行为习惯的人员凝聚、融合起来，使之产生归属感、认同感，形成群体意识和团队精神，志同道合，为共同的事业而努力奋斗。

司法行政法治文化按照主体不同，可分为以下三类：

1. 以司法行政机关公务员为主体的机关文化，打造开拓创新、奋发有为、求真务实的敬业精神以及培养牢固树立“以人为本、执政为民”的思想，改变“官本位”等传统价值观念，把人民群众的利益放在首位，保持高尚的职业道德情操，以高标准切实为社会和公众提供便利和服务。

2. 以监狱人民警察为主体的监狱系统文化，铸就严格公正文明执法、无私奉献、纪律严明的职业精神以及如何提高劳教干警的法律素养、教育改造意识和处置突发事件能力。

3. 以法律服务工作者特别是律师、公证人员为主体的文化，培育忠于法律、诚信为本、维护正义的执业精神。培育法律服务工作者个体文化，除了包括法律职业者在法学院培养形成的学术基础和法治理念素养外，主要还是依靠加强自身修养的“自塑”以及行业文化的培训与约束的“他塑”来实现。由此，司法行政部门作为法律服务工作者的管理机关，要着重引导法律服务工作者忠于事实、忠于法律、维护法律的权威、遵守职业道德、为社会提供优质高效的法律服务的先进理念。

第二节　监狱文化是衡量司法行政法治文化的风向标

一、监狱文化及其重要作用

（一）监狱文化内涵

监狱文化是指监狱在建设发展过程中逐步形成的独具行业特色的包括价值观念、治监理念、行刑方式、群体意识、环境风格、行为规范等在内的物质文明成果、精神文明成果和改造文明成果的总和。监狱文化的四个主题包括：

1. 监狱安全文化。确保安全稳定是监狱工作的主要任务，也是监狱文化的第一要义。不断强化安全稳定的政治意识、首位意识、责任意识和忧患意识，不断强化安全防控机制、隐患排查机制、责任机制和应急处置机制。牢固树立“安全为主，改造为本”、“监狱安全无小事，监狱安全系于一发”的防范理念。

2. 监狱民警职业文化。民警文化是监狱的主体文化，对监狱文化起着决定性作用。加强民警的职业文化建设，全面提升民警的职业素质。要加强理想信念教育，树立马克思主义世界观、人生观、价值观，树立正确的权力观、地位观和利益观。

3. 教育改造文化。监狱工作以改造人为宗旨，提高改造质量是监狱工作的中心。把社会秩序的破坏者更多的改造成为社会的有用之才，这是我国监狱文化最本质、最深刻的内涵。它从根本上回答了中国的监狱是什么、干什么，办监狱是为了什么的问题。

4. 监狱法治文化。监狱是国家专门的刑罚执行机关。监狱文化首先应该是一种法治文化，必须把法治化原则贯穿于监狱文化建设的全过程，渗透进监狱文化建设的各个层次，理念文化、制度文化、行为文化、标识文化中都应充分体现法治化的要求。

（二）文化对监狱工作的重要作用

一是导向作用。文化建设作为监狱工作的一种社会意识形态和上层建筑，对监狱工作者包括改造对象的思想观念、价值追求、行为方式都会产生重要的导向作用。

二是约束作用。先进的监狱文化，为每一位监狱工作者以及被改造对象都提供了正确的价值取向、行为规范和准则，对人们的思维和行为习惯都具有潜移默化的规范和约束作用。沉淀在人们内心的思想观念、价值取向、荣辱美丑等心理意识，往往比成文的制度更有效，更具约束力。因为它靠的是一种自觉内省的力量，而不是外在强加的力量。

三是凝聚作用。凝聚力是文化的精华，是文化最本质、最深刻的体现，通过文化建设，可以使监狱各种群体形成共同的思想观念和价值观念，构建共同的远景，增强人们的归属感、认同感，不断增强文化的吸引力、感召力和凝聚力，把各种力量凝聚到共同的目标追求上来，为监狱工作的发展提供强大的精神动力。

四是激励作用。文化作为一种精神财富，具有强大的精神辐射作用，能激励监狱人民警察的斗志，陶冶监狱人民警察的情操，升华监狱人民警察的精神。

二、监狱文化应突出法治主题

监狱是国家的刑罚执行机关，其作为刑事司法的末端，能否严格执法、公正司法，落实好国家司法行政体制改革的任务要求，事关司法体制改革的整体进程和成效。监狱法治的状况和水平是一个国家和社会文明进步程度，尤其是民主状况和法治水平的重要标志之一，即“欲知其国文明之程度，视其狱制之良否，可决也。”① 因此，在西方资产阶级革命史上，攻占象征封建专制统治和司法黑暗的巴士底狱成为法国大革命胜利的象征；同样，在时隔一个多世纪以后的中国，也因法律、狱制不良而被西方在海牙和平会议上降为三等国，成为西方列强攫取在华司法特权之借口。另外，与监狱在社会进步发展中的状况相适应，监狱法治在整个国家社会法治化进

① 孙雄：《监狱学》，商务印书馆1936年版，第6页。

程中往往总是处于相对滞后的情形之中。事实上，在迄今为止的历史发展中，监狱总是相对落后于国家社会文明进步和民主法治的现实水平，监狱也因此往往成为社会变革和改良目标的引爆点。作为一个窗口，它从另一个侧面逆向映射着国家与社会文明进步和民主法治的程度。所以，“实现监狱的法治、民主与文明，是21世纪中国监狱制度乃至世界监狱制度发展进程中的重要课题之一，具有全球性的深远意义。”①

我国监狱法治的基本取向不仅仅只是有关监狱执行刑罚的细节性、表面性的完善，而是立足于以人为本视角下罪犯人格素质的提升和顺利回归社会。② 监狱文化突出法治主题，弘扬法治精神，引导监狱民警树立尊重法律、敬畏法律的理念，增强法治观念，树立法治信仰，提升法律素养。同时，监狱的具体工作对象是罪犯，主要目的是改造罪犯，防止再犯罪。“惩罚的意义在于实现正义，而实现正义在于改造罪犯。”③ 具有中国特色的法治监狱是把提高罪犯改造质量和发挥监狱社会功能作为其基本价值取向。所以，应该加强对被监管人员法治和道德的教化，用社会主义核心价值观去纠正监区内存在的反主流、反法治、反道德的逆流思潮。

三、监狱法治文化存在的突出问题及其对策

（一）监狱法治文化中存在突出问题

第一，监狱内部法治观念淡化。少数民警受拜金主义、享乐主义、利己主义思想影响，理想信念动摇，价值追求错

---

① 张绍彦：《论监狱法治和依法治监的建构》，载《法学家》1999年第3期。

② 张庆斌、林通：《法治监狱初论》，载《中国司法》2015年第5期。

③ 张晶：《法制现代化进程中的中国现代监狱制度价值解读》，载《金陵法律评论》2005年春季卷。

位，职业道德和纪律观念弱化，有的甚至违法犯罪；有的民警执法理念落后，执法意识淡薄，习惯于传统的粗放管理和执法方式。乱作为、不作为的问题仍有发生。面对新情况，新问题，迫切需要加强监狱法治文化建设，来改进民警的精神风貌，提高民警的整体素质，解决存在的突出问题。另外，押犯构成发生新的变化，重刑犯增多，不少罪犯恶习深，反社会意识、反改造意识强。面对这些问题，迫切需要加强监狱法治文化建设，以健康的文化去占领改造阵地，净化改造环境，充分发挥监狱文化对改造罪犯的作用。

第二，监狱法律制度建设薄弱。作为维护社会主义公平正义的最后一道防线，国家和社会对监狱公正执法的要求也更高。然而，与高要求相对应的却是相对落后的法治环境。监狱执法是一个系统的执法过程，既有过程性，也有裁定性。尽管自 2011 年以来，《刑法》《刑事诉讼法》《监狱法》以及《最高人民法院关于办理减刑、假释案件具体应用法律若干问题的规定》等系列法律法规的修改和颁布，优化了落后的监狱法治环境，但是监狱的法治建设依然呈现薄弱态势，缺乏与基本法律法规相配套的具有实践性、操作性的的制度规范，监狱公正执法的法治环境有待进一步优化与完善。

第三，监狱法治文化游离于主流文化之外。当前，由于监狱执法管理的特殊性，监狱工作处于相对封闭的环境，使得外界对监狱认知模糊；同时，由于缺乏对监狱和监狱干警的舆论宣传，监狱文化长期游离在社会主流文化之外，缺乏时代性、创造性与激励性。

（二）监狱法治文化建设的路径

随着社会文化多元与新媒体对监狱工作的挑战，监狱工作要以先进文化抢占思想文化高地，大量注入法治文化内核，以优秀文化引导人，以先进文化鼓舞人，以崇高文化塑造人，深入贯彻与践行依法治国战略。

1. 理念文化建设必须体现法治精神，为监狱法治提供思想保障。一要牢固树立宪法和法律至上的法治理念，监狱管理人员要带头崇尚法治、信仰法治，克服“言大于法”、“权大于法”等法律虚无主义的现象。二要树立以法律规范监狱全部工作的观念，依法治监不仅仅是指《监狱法》，凡是与监狱工作有关之法都必须执行，要进一步增强严格规范公正文明执法的理念，自觉抵御权力、关系、人情等干扰，维护法律的权威与尊严，维护社会公平正义。三要树立正确的权力与权利的观念，无论是监狱还是具体执行者都不得放弃或不当履行，更不能自由处分法律赋予的权力。四要树立人权的观念，既要敦促罪犯履行法定义务，又要尊重罪犯的合法权益。“从某种意义上讲，罪犯人权保障制度的完备程度，同时也反映人权状况的实际水平。”① 中国监狱法律制度对罪犯合法权益的保护，不仅是中国人权保护、司法人权保护和罪犯人权保护的一个历史性的进步，也为中国在国际人权的斗争方面提供了有力的武器。监狱执法人员必须认识清楚《监狱法》既是惩罚和改造罪犯的法律根据，同时，也是限制国家的行刑权和犯人合法权益不受非法侵害的法律保障②。

2. 制度文化建设必须实现法律法规的逻辑延伸，为监狱法治提供制度保障。第一，完善监狱执法制度和工作机制。应对《监狱法》及其配套法规加以细化，注重其可操作性。特别是监狱对罪犯的考核、奖惩、减刑、假释、暂予监外执

---

① 胡锦光、韩大元：《当代人权保障制度》，中国政法大学出版社1993年版，第233页。

② 张苏军：《中国监狱发展战略研究》，法律出版社2000年版，第102页。

行等执法行为，罪犯死亡、袭警、越狱等特殊情况的处理都应有明确规定，厘清监狱干警职责范围，及时打击罪犯抗改行为，提高监狱执法的强制性和权威性。营造便于罪犯改过自新的监狱法治文化环境，提高改造质量。同时也让罪犯家属从监狱办理的减刑、假释、暂予监外执行案件中真切感受到公平正义。第二，建立阳光狱务制度。监狱不仅要对减刑假释等执法裁定结果进行公开，而且要对考核奖惩等执法过程公开，尤其要对社会关注的重点罪犯、“三类罪犯”等特殊犯的服刑改造情况进行定期公开。加快监狱信息化建设，把一切可以公开的试题内容和程序内容上线公布，动态管理，全程透明。实行网上监督和网上考核，对监狱执法和管理实行“全程留痕”，以公开促公正，以透明保廉洁。第三，建立严密的执法监督制约机制。依法接受检察机关的法律监督，确保监狱依法执行刑罚。同时监狱自身要加强执法检查和警务督察，及时发现并纠正执法中的违法违纪行为。从高墙外请人大代表、政协委员、新闻记者和民众走进监督监狱执法。切实做到有权必有责，用权受监督，违法必追究。

3. 行为文化建设必须以法律法规为准绳，为监狱法治提供实践保障。监狱人民警察是依法治狱的具体实践者，其执法素质和能力直接影响行刑活动的效益以及刑罚实现的效果。犯罪学家菲利曾经说过：“就像好的法官执行一部不完善的法典比愚蠢的法官执行一部不朽的法典要好一样，一种有创建性而且协调的监狱制度如果没有相应的管理人员来执行也没有价值。”① 要坚持不懈地培养监狱人民警察的法律意识，提高监狱人民警察的执法水平，改变在刑罚执行中不规范、不

① ［意］菲利：《犯罪社会学》，中国人民公安大学出版社 1990 年版，第 153 页。

严格、不准确的盲点，营造依法说事、以法施改、以法救人的法治环境，把干警的一切行为纳入法治轨道，改变“弹性大，随机性较多”的状况，向规范化、程序化转变。

4. 标识文化建设必须量力而行，为监狱法治提供硬件保障。加强监狱内法治标识物的配置，让具有深刻内涵的法治标识物成为无言的法治警示，潜移默化地传递法治文化正能量。还要主动邀请艺术家、作家、记者参加监狱组织的有益活动，给专业媒体人士提供了解监狱改造状况和典型事例的机会，生产出一些高质量、高保真的监狱文化作品，让社会了解监狱，关心监狱工作。

第三节　强化法律服务是司法行政法治文化的要领

一、司法行政法律服务的概念及其特征

司法行政的法律服务职能主要是指司法行政机关管理的公证、律师、司法鉴定、法律援助、法律服务中心和基层法律服务所等提供的法律服务。司法行政法律服务的特征表现在：

（一）公益性

司法行政法律服务注重社会效果，不以营利为目的，为群众提供免费法律服务和部分有偿法律服务的导引。发挥司法行政工作在维护农民工权益中的职能作用，将其作为服务民生、促进和谐的重要方面。鼓励支持有条件的法律服务机构设立农民工法律咨询热线，通过媒体公示法律服务机构、人员执业信息。组织引导法律服务人员积极参与涉及农民工

的诉讼、劳动争议调解、仲裁等活动，以解决建筑领域职工工资拖欠问题为重点积极开展专项法律服务工作。鼓励和支持律师事务所、公证处对确实需要法律援助的农民工酌情减免法律服务费用。有效推动有条件的地方设立农民工法律援助专项资金，中央补助地方法律援助办案专款增至两亿元，中央专项彩票公益金法律援助项目资金增至一亿元，农民工法律援助经费保障水平明显提高。2011 年全国法律援助机构共组织办理农民工法律援助案件 31 万余件，同比增长 16.1%，有力维护了农民工合法权益。①

（二）专业性

从事司法行政法律服务的工作人员均为法律专业人士，以专业性凸显法律服务的针对性。司法行政法律服务中还有医疗、劳资、物业等专业调解委员会，运用专业的力量，集中受理、调处具有专业特点的矛盾纠纷。截至 2012 年年底，全国共有各类人民调解组织 81.1 万个，其中新建行业性、专业性人民调解组织 2.6 万个，人民调解员 433.6 万名。② 多年来，人民调解组织每年调解的各类矛盾纠纷都保持在数百万件，仅 2009 年就达到 767.6 万件，调解成功率达 96% 以上，当事人反悔起诉到法院的约占 0.7%，被法院判决维持原调解协议的近 90%。③

① 赵大程：《充分发挥司法行政职能作用努力为农民工提供优质高效的法律服务和法律援助》，载《中国律师》2012 年第 6 期。

② 吴爱英：《司法行政工作要在推进平安中国法治中国建设中发挥职能作用为全面建成小康社会提供优质高效的法律服务和法律保障》，载《中国律师》2013 年第 2 期。

③ 郭晓宇：《人民调解制度发展的里程碑——司法部副部长郝赤勇就人民调解法颁布答记者问》，载《法制日报》2010 年 9 月 7 日。

（三）主动性

多年来，各级司法行政机关深入企业、工地调查研究，主动发现、收集、找准服务对象的法律服务需求，为重点工程、重点企业提供优质、高效、及时的法律服务，收到了很好的效果。比如，2009 年湖南省司法行政机关开展“应对金融风险，促进富民强省”专项法律服务活动，组织广大法律服务从业人员特别是律师，积极参与重点工程的可行性论证，协助筹措建设资金，帮助解决各类纠纷等形式，最大限度地为重点工程建设防范法律风险，主动为重点工程建设提供优质高效的法律服务，取得了明显成效。

二、当前我国司法行政法律服务存在的问题

当前，我国司法行政法律服务效果不实是普遍存在的问题。以法律服务进社区为例，各地十分重视法律服务进村进社区，建立村、社区法律顾问制度，律师结对村、社区等制度，目的是推动基层法律服务者为民众提供专业法律服务。但是实际效果不佳。以江苏省常州市为例，全市村居法律顾问聘请率为 90%，律师结对村居达 52%。但是实际开展活动情况不容乐观，据在常州市戚墅堰区问卷调查，实际法律服务进社区次数不多，只有 34%；结对律师工作不深入的达 30%；惠及群众的面仅仅为 20%；群众知晓率占 16%。[①] 导致的原因是：

（一）司法行政部门法律服务意识淡薄

许多司法部门的法律服务意识比较淡薄，司法行政机关的执法理念没有从根本上转变，进而出现许多的问题。如社

---

① 方姣：《司法行政进社区的现状、问题及其对策——以常州市戚墅堰区为例》，苏州大学 2014 年硕士专业学位论文。

会群体的法律服务保障工作不到位、人民群众调解不足、司法部门的主动服务能力较差等，群众难以享受到法律服务带来的益处，损害了我国司法行政部门的亲民形象。除此之外，一些司法部门的工作人员由于“官本位”意识作祟，也使得法律服务工作效率不高，少数司法行政人员还存在对群众不作为、冷硬推、吃拿卡要等行为，不仅自身违反了法律法规，也影响到我国法律服务体系的完善与发展。

（二）法律服务制度建设薄弱

我国法律服务制度建设薄弱，比如法律援助是一项以政府部门为主、同时需要人民法院等多个部门协调配合的工作，从立法技术上讲，法律援助法律规定应以国家立法机关立法形式颁布为宜。而事实上我国法律援助所依据的是国务院《法律援助条例》，效力层次偏低。再比如，基层法律服务管理职能与有关上位法律相冲突。现行基层法律服务管理的主要依据是2000年司法部制定的《基层法律服务所管理办法》和《基层法律服务工作者管理办法》。这两个部颁规章虽然对基层法律服务所和法律服务工作者设定了行政许可要求，但根据国家《行政许可法》规定，“地方性法规和省、自治区、直辖市人民政府规章，不得设定应当由国家统一确定的公民、法人或者其他社会组织的资格、资质的行政许可”。部颁规章没有这方面的行政许可设定权。说白了就是执行司法部的两个“办法”没有法律支撑。

（三）各个部门法律服务协调性不高

当前，我国法律部门之间的协调性差也是阻碍我国法律服务体系建设与完善的重要因素之一，尤其是公益性服务部门与市场法律中介机构的联合性不强，彼此不能良好配合，进而降低我国法律服务整体质量。我国基层法律服务、律师、司法鉴定、人民调解、公证等法律资源各成体系，没有建立一体化的服务中心，造成法律服务工作效率不高，浪费群众的时间与精力。

（四）法律服务资金支持力度不足

法律服务体系建设需要体现其公益性，更多的为社会弱势群体提供相应的法律保障，维护他们的合法权益。在以往的建设过程中，由于对法律服务工作的重要性认识不足，导致资金支持力度不够，一些特殊的法律服务工作无法顺利展开，直接影响到我国法律服务的质量。

三、强化法律服务是司法行政法治文化的本质要求

（一）加强法律服务理念文化建设

思想是行动的先导，思想认识的高度往往决定了贯彻落实的力度和实际效果。司法行政工作点多、面广、线长，职能比较分散，面临的困难也相对多一些，这是客观现实。但不少司法行政工作人员由此产生了安于现状、难有作为、得过且过的消极思想，这对工作危害极大。为推动专项法律服务活动卓有成效地深入开展，必须在广大司法行政工作者中强化法律服务的理念。

1. 坚持“以人为本”的服务理念。我国法律服务体系中的法律服务人员应坚持“以人为本”，积极为群众解决纠纷，帮助人民群众解决法律问题，最终达到法律服务体系建设目标。司法行政部门还要积极落实民心工程，比如群众的就业、社会保障、就医等问题，给予他们更多的法律帮助，让他们能够享受到本应享受的权利，维护广大群众的法律权利。司法行政只有将人民群众的利益放在首位，转变服务理念，才能够赢得群众的信任，才能更好地维护宪法与法律的权威。

2. 树立服务大局理念。提高法律服务人员的服务意识，首先应该要组织公益性法律服务组织、律师以及基层法律服

务机构充分发挥其社会力量，转变服务态度，更加关注弱势群体的法律援助工作。同时要提升服务人员的整体素质，增强服务效率与服务能力。

3. 牢固树立“四个深入”的管理理念。司法行政机关要深入到最困难的地方去排忧解难，深入到意见多的地方去理顺情绪，深入到发生重大变化的地方去总结经验，深入到工作难以推动的地方去打开局面。

（二）建立综合性的法律服务平台

我国应该逐渐形成在法律服务市场起决定作用下以中介机构法律服务为主，以政府指导监督下公办公益法律服务机构为救助，构建相辅相成的法律服务大格局。通过建立综合性法律服务平台，将以往的“被动式”服务转变为“主动式”服务，将基层法律机构与政府部门、司法部门、司法所、律师事务所等联合起来，建立相应的综合服务窗口，实现一站式服务，让更多的群众得到法律专业人士指导和法律援助服务。浙江省从 2009 年 7 月开始，在县、市、区创建了 71 个公益、专业、便民的司法行政法律服务中心，中心集法律服务和化解社会矛盾功能于一体，引导群众从“有事找政府”向“有事找法律”转变，被誉为弱势群体的“保护伞”、社会稳定的“减压阀”、服务群众的“法律超市”。

（三）发挥司法所的服务基础作用

我国司法所在法律服务中发挥着基础性的作用，在进行法律服务体系建设与完善时，应该要重视其社会功能作用，让更多人享受到法律服务公共产品。首先可以建设法律服务信访中心，及时了解社会群众对法律的需求，并制定科学的服务方案，增强基层法律服务能力与服务水平。其次，积极调动基层的法律资源，利用自身优势来帮助群众调解纠纷、提供法律援助，化解社会矛盾，以实现当地社会经济的稳定发展。最后要持续开展服务惠民的司法工作，不断优化服务手段、充实服务内容，实现便民惠民的法律服务工作目标。

（四）强化公证预防与解决纠纷的功能

公证制度作为一种外部机制，是当事人预防法律纠纷的重要手段，在民间纠纷调处中具有重要的证据价值。国家有必要强化公证机构的职能，让公证在更多的领域发挥预防纠纷发生的重要法律作用。

第四节 律师文化是司法行政法治文化不可或缺的部分

一、律师角色的转变：从法律服务提供者到法律职业共同体的必要组成部分

2014 年 11 月，司法部部长吴爱英在重庆调研时强调："要大力发展律师服务业。充分发挥律师职能作用，推进律师担任法律顾问工作，引导律师参与社会治理，做好民商事诉讼和非诉讼法律服务，依法开展刑事辩护工作，发挥律师在促进经济社会发展中的作用，推动律师工作服务和保障民生。"① 在司法行政机关提供的法律服务中，律师一直是主要的法律服务提供者。如 2010 年至 2012 年，全国律师接受政府法律援助中心指派，为 80 余万件案件提供了免费代理或辩护。由律师或律师事务所自发提供的免费法律服务案件达 51 万余件。

党的十八届四中全会《决定》要求，建立从符合条件的

---

① 吴爱英：《深入学习贯彻党的十八届四中全会精神积极推进完备的法律服务体系建设》，载法制网 2014 年 11 月 25 日。

律师、法学专家中招录立法工作者、法官、检察官制度。该制度使律师和法官、检察官身份具有可转换性，进一步确立了律师在法律职业共同体中的角色定位，有利于促进公正司法的全面落实。同时《决定》还指出，加强律师队伍思想政治建设，把拥护中国共产党领导、拥护社会主义法治作为律师从业的基本要求，增强广大律师走中国特色社会主义法治道路的自觉性和坚定性。这表明律师是具有一定的政治属性和社会属性的法治群体。习近平同志明确指出，律师队伍是依法治国的一支重要力量。他要求切实加强律师工作和律师队伍建设。2014 年 8 月 20 日，在全国律师工作会议上，孟建柱表示，我国律师队伍的主流是好的，是一支党和人民可以信赖的队伍。[①] 律师队伍是“法治工作队伍”和“法治专门队伍”中不可或缺的重要力量，在全面推进依法治国进程中具有不可替代的重要作用，律师的角色应重新定位：律师是以保护当事人合法权益、维护社会公平正义、制衡行政权力、实行民主监督为职责的法律服务人员，是“人民律师”[②]。我们认为律师职责主要表现为：

（一）为民众提供法律服务

市场经济条件下，人民群众遇到法律问题，找律师咨询、代理逐渐成为习惯，律师与民众的生活联系越来越密切。伴随着律师业务不断拓展，成长起了一批受人民群众欢迎敬重的优秀律师。如长期关注社会弱势群体，致力于未成年人和农民工权益保护的佟丽华律师；扎根贫困山区 30 年，为乡亲

① 孟建柱：《律师是党和人民可以信赖的队伍》，http：//china.cnr.cn/gdgg/20150820/t20150820_ 519598032.shtml，2015 年 8 月 20 日。

② 新中国成立后，我们党就探索建立人民律师制度。1950 年刘少奇同志就指出，旧的律师制度主要是为资产阶级服务的，旧的律师专以个人的金钱收入为主要目的，我们要建设新的、为大多数人民服务的人民律师制度。

们带去法律阳光的赵春芳律师等。特别值得一提的是司法部和共青团中央联合发起，中国法律援助基金会组织实施的“1＋1”（一名律师和一名大学生）中国法律援助志愿者行动。行动的美好愿景是“法援大门朝难开，有理无钱请进来”。从2009年至2015年，共为19个省（区、市）的500多个县派遣了1000多名志愿者，共办理法律援助案件五万多件，化解民间矛盾纠纷上万起，开展普法宣传和法制讲座5000多场次，直接受益群众1600余万人，为困难群众挽回经济损失25亿余元。广大“1＋1”法律援助志愿者抛家舍业，从繁华的东部奔向贫困的西部，是法治信仰的宣传队，是依法治国的播种机，为法律援助开疆拓土。短短几年时间就涌现出了身残志坚，荣获全国妇联“全国妇女创先争优先进个人”、中国残联“全国自强模范”等称号，受到习近平总书记、李克强总理等党和国家领导人亲切接见的郭二玲；放弃优厚收入和大城市生活，奔赴边疆贫困地区，为困难群众热心提供优质法律服务，荣获中央政法委“全国政法系统优秀党员干警”、司法部“全国十大法律援助优秀律师”、全国妇联“巾帼建功标兵”等荣誉称号的杨彦萍；先后在甘肃、西藏、云南、贵州、新疆等边疆民族地区志愿服务困难群众，荣获全国普法办、司法部授予的“2015年度法治人物”称号，被誉为“法律援助花木兰”的马兰。他（她）们的所作所为均体现了优秀人民律师的高尚品格。

（二）对公权力进行监督约束

我国《律师法》规定，本法所称的律师是指依法取得律师执业证书，为社会提供法律服务的执业人员。律师在法治社会是作为独立于国家权力的、为公民和社会提供法律服务的社会工作者，秉承“忠诚原则”、“公平正义原则”，可以对司法机关滥用司法权的行为进行有效的法律监督，在维护当事人的合法权益的同时，也维护了司法系统的廉洁性。

（三）参与国家民主立法

作为法律精英，律师可以多种形式参与协商民主。一批有担当的律师被人民群众推选为人大代表和政协委员，积极参加各级人大、政协的立法活动和立法建议，参与立法过程中的论证咨询活动，把他们了解的基层民众的法治诉求真实地表达出来，以引起立法机关足够的重视，使民众的心声成为立法的源泉，为全民守法提供坚实的基础。

（四）向公众传递法律意识

律师作为法律职业共同体的组成部分，在法治文化建设中，通过案件代理提供法律服务，通过法律咨询，向社会公众传递法律信息，培育民众法律意识，营造社会守法氛围。律师维护当事人的合法权益的时候，带给民众的是司法公平正义，带给当事人对法律的尊崇，潜移默化中影响公众的行为，使民众逐渐养成“通过法律途径来解决纠纷”的习惯。

二、律师文化内涵及其主要内容

（一）律师文化的概念及其特征

律师文化作为法治文化的重要组成环节，是法律职业共同体在法律服务实践中形成的为广大律师认可并共同遵守的核心思维方式和行为方式，以及与之相应的体现民主和法治精神的行为规范、组织机构、设施等构成法治生活的整体。

律师文化具有以下特征：

第一，自在性和独立性。市场需要法律服务，而律师是法律服务的提供者。律师按照市场规则提供法律服务，所以律师执业必须保持与客户，与法官、检察官等法律职业共同体相对的独立性，以自身的专业知识与技能独立地维护当事人的合法权益。因此，独特稳定的律师文化，是自发的、自在的演化。

第二，坚持权利本位。党的十八届四中全会《决定》强调："对不服司法机关生效裁判、决定的申诉，逐步实行由律师代理制度。对聘不起律师的申诉人，纳入法律援助范围。"可见，走专业化维权之路，将成为中国人权法治发展的必然。而律师的法律服务，就是强化民众权利、限制公权力，并调和个体权利之间的冲突。从某种意义上说，律师的使命正是维护人权，这也正是律师区别于法官、检察官的重点所在。律师文化以权利本位为中心是法律赋予的职责。

第三，具有追求利益性。律师工作很大程度上是体现利益追求的技术，每一个案件都会涉及委托人的利益、委托人的相对人的利益、律师自身的利益，律师的工作就是按照法律的要求，为委托人也为自己设定预期的利益，并通过法律的手段实现这些利益。律师文化中体现出来的利益性追求，正是律师社会属性的体现。

（二）律师文化的主要内容

1. 律师精神文化系统。律师精神文化是律师群体在法律实践过程中受一定的社会文化背景、意识形态影响而长期形成的一种文化观念和精神成果，包括律师的职业精神、职业道德、职业修养、职业规范，正确的价值取向，等等。精神文化是律师文化的核心和灵魂，是整个律师文化的统领。

2. 律师制度文化系统。制度文化是律师文化以及整个律师事业健康发展的重要保障。律师法律、法规、规章体系，律师业务规范体系，律师工作、管理等基本制度体系，为律师文化建设提供制度保障。我国对律师的管理是通过法律授权全国律师协会实施的，律师协会有权制定规范律师行为的规章和条例。

3. 律师行为文化系统。律师行为文化是律师群体在一定行为规范的制约下，在法律实践中产生的、以人的行为为形态的实践文化，是律师文化的直观表现形式和律师价值观的折射。

4. 律师物质文化系统。物质文化是律师文化的外显表象，主要通过器物文化形态表现出来。通过设立所名、所徽、所歌、所旗、所服、所刊、所网等物质形态，展示律师良好的职业风貌，创造律师良好的执业条件。

三、律师作为法律职业共同体面对的角色定位挑战

律师作为法律职业共同体的角色定位，面对以下四方面挑战：

（一）律师的公益理念缺乏，降低了人民律师的社会责任

在现代社会，法律服务是一种商品已经成为一种共识，律师在市场化的环境中通过提供法律服务为自身创造了较高的经济收入和优越的物质生活条件。但与此同时，一种功利化、商业化的价值观念也开始在律师队伍中蔓延。这种观念认为律师职业既然是营利行业，获取物质财富的多寡就是衡量律师执业是否成功的重要标准。而人民律师的宗旨在于为广大人民群众服务。尤其是在现代化的进程中，人民群众遇到法律问题，找律师咨询、代理开始成为习惯。追逐利益和服务人民就成为“人民律师”新的博弈。如何担负起律师为社会广泛存在的社会弱势群体提供低廉甚至是无偿的法律服务，就是律师新时期时代责任的考验。因此，不能让片面追求营利的价值观念在律师文化中膨胀，不能让其任意发展，否则律师队伍将丧失维护正义、追求公平的职业道德底线，使律师职业从维护正义和追求公平的高尚事业沦为一门仅以赚钱为目标的行当。

（二）律师的关系思维，不利于法律职业共同体的构建

中国人的思维喜欢从事物关系角度考虑问题，儒家仁义

思维也是从人与人的关系角度考虑。关系思维如果用来评价人的价值，一个人的才能和德行、知识和技巧都显得黯然失色，而其中在社会关系中的网络架构，成为代理职能的支撑。一旦关系思维代替了法治思维，在案件的代理中律师往往首先考虑的是人情、关系，通过寻求各种关系拉近与法官、检察官的距离，进行感情投资，形成关系圈，从而影响到司法人员公正处理案件，导致不少“关系案”、“人情案”的发生，严重地破坏了法律的严肃性，污染了法治水源，是引诱司法官员徇私枉法、违法犯罪的重要根源，是阻碍群众正常诉求实现的不和谐因素，是破坏法治原则的严重不法行为。

（三）律师诚信理念的缺失，损害了人民律师的形象

作为律师，不应为招揽业务而虚夸自己的职业能力，更不能欺骗委托人。诚实信用是律师执业基本的职业道德要求。律师一旦缺乏诚信，就容易走向歧途，进而破坏了律师队伍的整体形象。

（四）律师队伍团队作战意识较差，难以形成律师品牌文化

律师的业务活动有着浓重的个人色彩，律师习惯于单兵作战而缺乏团队合作精神。在具体事务的代理上，律师自己接案，自己处理，案件讨论制度也形同虚设，更遑论律师事务所的整体形象和品牌文化的建设。

四、推进我国律师文化建设，促进法律职业共同体的形成

（一）培养法律共同体的职业尊荣感，塑造司律新型关系

从依法治国的高度来说，法律人的彼此尊重是推动国家法治建设的重要力量源泉，是公众对法律和法治信服的前提；从法律共同体的职业尊荣来说，警官、检察官、法官、律师之间的彼此尊重，是法律职业共同体赖以生存和发展的基石；具体到每一个法律职业个体，法律人的彼此尊重，既关乎职

业权利，更关乎个人尊严。

孟建柱在2015年全国律师工作会议上提到，司法人员和律师应平等相待、相互尊重，相互支持、相互监督，正当交往、良性互动。公安部要求各级公安机关认真听取律师意见，对律师不规避、不排斥，并将依法保障律师执业权利作为公安机关执法考评的内容。最高人民法院和最高人民检察院都重提构建法律职业共同体，强调法官、检察官和律师同为依法治国的重要力量，在法治的舞台上扮演着不同的角色，要彼此尊重。2015年9月26日，中国行为法学会司法行为研究会在天津举行的成立大会上，发出构建公检法司（律）法律共同体的倡议，倡议书要求法律共同体所有成员，都应立足各自职责，为严格执法公正司法做出新贡献。构建司法人员与律师之间的新型关系，已经成为司法界具有共识的趋势。这给广大律师重新塑造为民服务的良好形象，提出了明确的法治要求。律师的职业尊荣感来源于公平公正，来源于维护法治的作为。

（二）强调底线思维，确保律师执业的规范性

我国绝大多数律师执业是好的，但也有极少数律师思想观念不端正，执业行为不规范，有的甚至违法违规执业。在律师文化建设中要强调法治文化底线思维，律师执业必须坚持四条法治文化底线：一要遵守宪法法律，自觉拥护宪法确立的根本政治制度；二要忠于事实真相，要坚持用事实说话，不歪曲事实、不伪造证据；三要严守执业纪律，不能闹庭罢庭，妨碍司法活动正常开展；四要谨言慎行，对案件不能信口开河，更不能肆意炒作案件，搞“舆论审判”。作为律师应该清楚地认识到，律师身份不是践踏法治的“护身符”，而是法律门的守护人。

（三）加强律师事务所的建设

律师事务所应当是一个具有价值认同、集体人格，重视

制度建设和内部管理，容纳优秀律师人才的职业场。律师事务所应把根植于律师事务所员工头脑中那些有着鲜明烙印、符合行业以及事务所特征的东西和美好的思想理念、工作原则提炼出来，形成律师事务所文化的核心。同时，要通过组织及管理创新律师文化。律师事务所还可以通过它的特有文化元素，例如所服、所徽、所歌、所旗、所训等，来凝聚律师、团结律师、引导律师投身本所法治文化建设，完成人民律师的担当和责任。

（四）发挥律师协会作用

自治模式是保护律师行业独立性的保障，只有这样才能够确保律师在保护公民权利方面发挥重要作用。我国 2012 年修订的《律师法》，明确规定了律师协会有制定行业规范和惩戒规则，对律师的执业活动进行考核，对律师、律师事务所实施奖励和惩戒等管理权限。但这些年来的实践中，律师协会只是履行了一般性的组织工作，如组织业务培训、进行职业教育、开展对外交流以及调解律师执业纠纷等。律协要确实担当起《律师法》赋予的职责，尽快制定出律师执业行规，对越法律雷池的不法律师必须动用惩戒手段，防止道德上、守法上不合格的伪律师入行，切实纯洁律师队伍。

第五节　以法治宣传营造全民守法氛围

一、全民守法是先进法治文化的集中体现

公民是法治文化的创造者，又是法治文化的承载者和实践者。法治文化支撑涵养着法律素质，法律素质凝结展现着

法治文化。从现实社会的视角看，当代中国依然严重地存在着轻视法律、无视法治或者畏惧法治等现象。卢梭说过："规章只不过是穹顶上的拱梁，而唯有慢慢诞生的风尚才最后构成那个穹顶上的不可撼动的拱心石。"法治只有升华为法治精神和法治文化，才能成为支配社会成员行为的强大而持久的力量。全民守法是先进法治文化的集中体现。

（一）全民守法的前提是全民信法

全民信法的前提是法律确实能够保障人民权益。人民信法、守法、依法维权、用法监督，既利己利他，也利国利民。只有立法的科学性和人民性的有机统一，才能使法律成为人民的信赖。

（二）实现全方位、多角度、体制内外共同监督的严格执法

以法治习惯杜绝任意的、选择性的以及侵犯基本人权的执法，真正将"权力关进制度的笼子"，公民才能真心诚意地支持党依法执政，配合政府依法行政，服从国家司法裁决，心悦诚服地服法、守法。

（三）全民守法意味着任何组织与个人对宪法与法律秉持敬畏之心

随着我国"六五"普法工作的深入，宪法、法律和社会主义法治理念得到了深入普及，全民法律素质不断提升。但在实践中，法治还远远没有上升为一种深厚的文化力量，有的地方和部门思想认识还不到位，存在着强调形式的表面化、强调硬件的简单化、强调评先的功利化等倾向，群众在法治宣传、法治文化建设中的主体地位没有得到很好的彰显，受众面还存在薄弱环节，指导性和时效性还有待提升。全民守法意味着法治成为全民基本的工作习惯和生活方式，知法、信法、守法、用法被普遍当作一种美德，一种行动惯性。"法治的根基在于人们发自内心的认同，法治的伟力源于人们的

真诚信仰。只有让人们对法律日益敬畏，坚持和信仰法律，法律作为现代社会治理的基石地位才能不断得到夯实。”①

二、法治文化建设对法治宣传教育提出新的要求

（一）突出法治文化的实践性，推进“法制宣传教育”向“法治宣传教育”转变

普法教育是法治文化的重要组成部分，也是法治文化建设的重要手段。但在现实生活中，“信权不信法”、“信钱不信法”、“信关系不信法”、“信访不信法”、“信闹不信法”、“法不责众”等现象依然存在。因此，推进全民普法是依法治国的长期性、基础性工作。著名法学家伯尔曼有句名言：“法律不被信仰，将形同虚设”。因此，法制宣传教育必须在普及法律知识的同时，更加注重培育国民的法律信仰和法治精神，通过深入持久的法制宣传教育，真正使法律意识、法治观念融入每一个公民的内心，成为每一个公民文化心理的一部分，成为每一个公民的自觉意识和追求。

法治文化的形成是一项历史大工程，需要五年、十年甚至几十年、一百年。在我们这样一个没有完备法治传统的国度，法治文化建设将是一个长久的、历史的过程，需要一代甚至几代人的努力。“法制”向“法治”实现了转变，普法教育也应该从“法制宣传”向“法治宣传”转变，从政府主导向社会自觉转变，从粗放普法向精准普法转变。既要重视加强对法律知识、法律制度的宣传，更要重视对立法、执法、司法、守法等一系列法律实践活动的宣传和体验；注重用法治文化等服务性信息，着力于对公民法治理念、法治精神、

① 王道勇：《信仰法律，现代社会治理基石》，载《学习时报》2014年10月27日。

法治信仰的培育；提升对法治思维和法治能力的培养，形成知识普及、观念引导、能力培养“三位一体”的普法教育体系。

（二）法治宣传内容必须增加法治文化含量

善学者明，善思者智。从过去的学法守法用法到党的报告中第一次提出“尊法”，这是从党和国家发展战略的高度，强调了法律信仰的重要性。法律信仰是从内心深处对法律的认同，使法律成为全体公民思想和行为的第一准则。然而，作为社会主义法治的精髓和灵魂，社会主义法治理念的形成不可能一蹴而就，而是一个长期“反思”、长期实践的过程。所以，要改变以往惯用的就案论案、就法说法的单一普及法律常识的做法，把法律常识的普及统摄于法治精神、法治理念的传播之下。也就是说，作为法律知识的传播，还包括传授法的机制、法理知识和法律史观等内容；不仅告知公民法律的既定规制，还阐述着“为何如此而非彼”的法理精神，从而在知识普及中增强全体公民对法的认知，形成法的意识，提升法律修养。

（三）法治宣传形式要更新换代，增强法治文化的渗透力

法治文化建设要求充分发挥广播、电视、报刊等新闻媒体传播快、信息广、覆盖面大的特点，积极开展法治文化的宣传教育。充分利用法律宣传栏、法律一条街、送法下乡、发放法治宣传单等传统载体和形式，加大法治文化的宣传力度。大力拓展和挖掘网络普法、手机短信、动漫等新媒体快捷深透的超导作用，扩大法治文化宣传的覆盖面和渗透力。如山东省平阴县的“戏剧普法”活动很有新意，他们选择典型案例编写了《国策好》《好邻居》《好妻子》等群众喜闻乐见的剧本 70 多部，把原有的 20 个民间业余剧团组织起来，

入乡进村巡回演出1200余场。[①] “戏剧普法”不仅从内容上反映现实生活，而且在形式上能够为人们所接受，具有良好的感化力、感召力。

三、立足法治宣传教育实际，大力推进法治文化建设

（一）树立“以文化人、点滴渗透”的法治宣传教育工作理念

树立“以文化人、点滴渗透”的工作理念，发挥法治文化在塑造人的价值取向和思维行为方式上的独特功效，体现法治文化的人文关怀，注重点滴感染、渗透、浸润。通过各类宣传载体的影响，各种文化形式的渗透，把枯燥的法律条文演绎成群众喜闻乐见的语言和形式，从而引起群众情感和意识上的共鸣，对其思想和行为起到润物无声的引领作用，使群众在潜移默化中接受法治教育、感知法治精神、提升法治素养，从而将法律法规内化为自身的基本行为准则，得到全体公民的普遍认同和遵守。

（二）建立法治文化发展的有效工作机制

司法行政机关作为法治宣传教育工作的主管部门，负有对法治文化发展的引领协调职责，应该组织专门力量，制订计划并落实措施。进行法治文化建设必须结合地域特点和民俗习惯，切实做到“发展法治文化与实施‘六五’普法规划相结合，与各区域自身特色建设与大局工作相结合，与开展现代公民道德教育活动相结合”的“三结合”。法制宣传和法律服务部门要加强与文化部门、其他产业行业的联系协作，在新媒体日趋发达的现实情况下，尤其注

---

① 田玉言：《普法价值取向与法治文化建设》，载《中国司法》2009年第4期。

重法治文化作品的创作和传播，使之成为公民接受法律熏陶的重要载体。

（三）强力打造法治文化平台寻求渗透

当前，我国法治文化阵地建设往往是投入大、重形式、拼概念，实际上对群众的宣传效果不实。① 将法律传播与基层文化建设紧密结合，将法治宣传教育内容渗透到公共文化阵地建设及各种艺术作品创作之中，推动法治文化阵地建设精细化、作品创造专业化、载体形式多样化。探索法治文化阵地建设项目化运作模式，打造法治文化建设"一地一品"精品工程，高起点、高标准、高投入建设一批常态运行、效果显著的普法实体，形成一批传播法治文化的主阵地。充分发挥城市、乡村公共文化场所如图书馆、文化馆、"农家书屋"、社区文化中心的优势，新建完善基层公共法治文化服务设施，发挥现有法治宣传教育基地功能，提供优质均等便捷的法治文化公共服务。

（四）重视法治文化人才的培养

要发展法治文化，必须要有一批在法治文化事业各方面有号召力的领头人和一大批专家、学者与能工巧匠，并以此形成有区域特色的法治文化人才队伍。努力营造有利于人才引进、使用和成长的法治文化环境，使优秀人才能够引得进、留得住、用得活、出成效，建立一支敬业爱岗、具有较高素质的法治文化队伍。

要发展法治文化，必须发挥各街道及区文化局艺术团体的"宣传队"、"播种机"作用。街道社区可根据自身特点创作一批为群众喜闻乐见的法治文艺作品。把法治题材纳入文

---

① 滕辉、宋春荣、李锁贵：《法治文化建设的发展现状和对策》，载《普法依法治理通讯》2011 年第 8 期。

学创作、影视创作、动漫创作、舞台艺术表演和报刊、图书、音像电子产品与网络出版计划，不断推出思想性、艺术性、观赏性相统一的精品力作，将法治宣传渗透到文学、戏曲等艺术作品中，找准法律与艺术的结合点，贴近基层、贴近群众、贴近生活，创作具有较高文艺水准、社会效果好、受群众欢迎的法制文艺作品，促进普法教育与培育法治文化兼容并蓄。

要发展法治文化，必须引导法官、检察官、行政执法人员、律师自觉做法治文化建设的有心人。要注重“办案说法、以案释法”，按照“让人民群众在每一个司法案件中都感受到公平正义”的目标要求，使案件审判、行政执法、纠纷调解和法律服务的过程成为向全体公民弘扬法治精神的过程。

第十三章
仲裁法治文化

仲裁是一种法律制度，也是一种文化，数百年的历史诉说着它的深邃和博大精深；仲裁又是现代社会中与诉讼比肩的解决民商事争议的主要方式，与时俱进的风范演绎着它强大的生命力[①]。仲裁作为一种法治文化，在其历史演进的过程中，形成了鲜明的法治特征和严格的法治原则，也给社会留下了需予完善的法治课题。

① 黎晓光：《行业仲裁若干问题初探》，载《涉外仲裁司法审查》，法律出版社2006年版，第513页。

第一节　地位和作用

仲裁是指双方当事人依据争议发生前或发生后所达成的仲裁协议，自愿将争议交给仲裁机构，按照法定程序进行审查并作出对双方有约束力的裁决的一种非司法程序[①]。平等主体的公民、法人和其他组织之间发生的合同纠纷和其他财产权益纠纷，可以申请仲裁。仲裁法律制度作为人类创造的一项精神文化成果，自有其演进过程。这一演进过程积淀了仲裁法治文化。

一、仲裁法治文化源远流长

早在13世纪，意大利即出现了国际性商业仲裁；14世纪中叶，瑞典的地方法规即有仲裁规定；至1697年，英国议会正式承认仲裁，制定了世界上第一个仲裁法案，并于1889年制定了《仲裁法》[②]。此后经过30余年的演进，仲裁已成为国际性共识：1923年9月24日，在日内瓦由缔约国签字的《仲裁条款议定书》，于1924年7月28日生效；在此基础上，出现了于1929年7月25日生效的《关于执行外国仲裁裁决的公约》；后由联合国在纽约召开国际商事仲裁会议，于1958年6月10日正式通过了《承认及执行外国仲裁裁决公约》（以下简称《纽约公约》）；继由联合国国际贸易法委员

① 张宏乐、张伟：《涉外法律实务》，清华大学出版社2014年版，第140页。

② 乔欣：《比较商事仲裁》，法律出版社2004年版，第18～19页。

会于1985年制定了《联合国国际商事仲裁示范法》。在国际商事仲裁领域里，仲裁有法可依、有法必依的法治文化，引领着各国的仲裁事业。我国于1987年1月22日申请加入《纽约公约》，该公约于1987年4月22日对我国生效①。

二、我国涉外仲裁制度的建立与发展

仲裁法治文化以它特有的调处纠纷的方式和便捷、高效的审理结果受到世界许多国家的青睐，成为国际社会调处民商事纠纷的重要选择。我国仲裁制度建立于20世纪初。1912年民国政府颁布的《商事公断处章程》可看做是我国第一个仲裁规定。中华人民共和国成立后，涉外仲裁首先兴起。1954年5月6日，中央人民政府政务院第215次政务会议通过《关于在中国国际贸易促进委员会内设立对外贸易仲裁委员会的决定》，组建了对外贸易仲裁委员会（现名为中国国际经济贸易仲裁委员会，以下简称贸仲委或CIETAC），1958年11月21日，又成立了中国海事仲裁委员会（以下简称海仲委）。此后，《仲裁法》又予明确规定：涉外仲裁委员会由中国国际商会组织设立。贸仲委和海仲委相继成立后，开始了我国涉外经贸商事仲裁事业的发展历程。此后，贸仲委根据涉外仲裁的实践经验，在近60年的时间里，先后八次制定、修订和实施了《仲裁规则》（本文所述贸仲委的《仲裁规则》指其2015年的《仲裁规则》），海仲委也于1959年制定了《暂行规则》，以后经六次修订《仲裁规则》。这些仲裁规则都是仲裁精品中的代表。在历次修改和实施《仲裁规则》的过程中，形成了开展机构仲裁、尊重当事人意愿、程

① 康明、王生长、程德钧编著：《国际惯例和涉外仲裁实务》，中国青年出版社1993年版，第251页。

序灵活高效、仲裁员独立公正、仲裁公平正义、费用低廉经济等特色，沉淀了兼容并蓄、厚德载物、创新和谐、追求公正、特色鲜明的仲裁法治文化理念①，有力地促进了我国涉外仲裁事业的健康发展。

根据涉外仲裁事业发展的需要，贸仲委自2000年10月起，还启用了“中国国际商会仲裁院”这一名称；并自1984年2月起，先后在深圳、上海、重庆设立了“华南分会”、“上海分会”和“西南分会”；在天津和香港设立了“仲裁中心”。为了适应涉外仲裁事业迅猛发展的需要，自1999年6月起，贸仲委还在大连、福州、长沙、成都等地设立了办事处；海仲委则在大连、上海、青岛、宁波、广州等地设立了办事处。贸仲委还于2000年成立了域名争议解决中心（后自2005年起同时启用“网上争议解决中心”名称）②。现贸仲委有仲裁员1212名，海仲委有仲裁员279名，已形成了一支作风正派、业务精通、仲裁公正的仲裁员队伍。自2005年1月至2014年年底十年间，贸仲委共受理涉外和国内仲裁案件12503件，审结了11261件；海仲委自2009年1月至2014年年底六年间，共受理海事海商案件549件，审结了445件，为化解我国涉外经济贸易和运输海事纠纷，促进我国经济改革、开放事业的发展，发挥了无与伦比的法治作用。贸仲委作为我国的涉外仲裁机构，经过50多年的发展，已成为国际知名仲裁机构，是我国仲裁行业的领军者③。

---

① 赵菁：《仲裁规则释义及适用指南》，法律出版社2006年版，“特别说明”第1页、正文第4页。

② 李虎：《CIETAC网上争议解决实践》，载《中国国际商事仲裁理论与实践文集选编（下）》，中国方正出版社2005年版，第437页。

③ 于健龙：《关于修订仲裁规则的说明》，载《仲裁与法律》，法律出版社2015年版，第128辑第3页。

综观我国涉外仲裁事业的发展，正如一位外国法学专家所评述的那样："若干年前，CIETAC 和 CIETAC 仲裁在国际仲裁界鲜为人知，人们对它几乎不了解，甚至连想也不想，而如今的 CIETAC 则会让人刮目相看，这是因为近年来，CIETAC 受理的仲裁案件不断增加，进而使其进入世界上重要的仲裁机构行列。"① 贸仲委国际认知度的提高，也使其领导者有资格以中国的仲裁法治文化去影响世界②。

三、我国国内仲裁制度的建立与发展

从我国国内仲裁制度的演进过程可见，我国国内仲裁事业经历了曲折的发展过程。在公权力本位理念的主导下，在相当长的一个时期里，对仲裁权属于"私权"还是"公权"的争议无声地阻碍了国内仲裁事业的发展。直至 1994 年 8 月 31 日，第八届全国人民代表大会常务委员会才通过了《中华人民共和国仲裁法》（以下简称《仲裁法》），使该法于 1995 年 9 月 1 日施行。此后，依《仲裁法》的规定，在全国范围内重新组建仲裁机构。为此，国务院办公厅先后于 1994 年 11 月 13 日、1995 年 5 月 26 日下发了《关于做好重新组建仲裁机构和筹建中国仲裁协会筹备工作的通知》《关于进一步做好重新组建仲裁机构工作的通知》；据此，国务院法制局又先

---

① 赵秀文主编：《国际商事仲裁法》，中国人民大学出版社 2014 年版，第 45 页。

② 贸仲委现任秘书长于健龙被选任国际商事仲裁理事会（ICCA）管理委员会委员、亚太区域仲裁组织（APRAG）主席、奥地利国际仲裁中心国际咨询委员会委员；副秘书长李虎被选任瑞典斯德哥尔摩商会仲裁院（SCC）理事会理事，香港国际中心、马来西亚吉隆坡区域仲裁中心、美国国家仲裁院、哈萨克斯坦工商会国际仲裁院、南部非洲仲裁基金会以及埃及开罗地区国际商事仲裁中心仲裁员。

后制定了《重新组建仲裁机构方案》《仲裁委员会登记暂行办法》《仲裁委员会仲裁收费办法》《仲裁委员会章程示范文本》和《仲裁委员会仲裁规则示范文本》。《仲裁法》和前述这些文件，作为仲裁法治文化的载体，留下了深刻的时代记忆。

依据《仲裁法》的规定，国内仲裁机构统称为仲裁委员会，在直辖市和省、自治区人民政府所在地的市设立，也可以在其他设区的市设立。目前，全国已经设立了235家仲裁委员会。这些仲裁委员会互无隶属关系，独立于行政机关且与行政机关也没有隶属关系；各有自己的《仲裁规则》，都既可以受理国内仲裁案件，也可以受理涉外仲裁案件。据中国仲裁法学研究会首次于2015年9月22日发布的《中国国际商事仲裁年报告（2014）》记载：2014年，全国235家仲裁委员会共受理国内、涉外和涉港澳台案件113660件，占当年全国各级人民法院审结一审商事案件278.2万件的4%；其中有61家仲裁委员会受理涉外和涉港澳台案件，共受理1785件，占当年全国各级人民法院受理审结涉外和涉港澳台案件5804件的31%。中国的仲裁机构，在化解经济贸易等商事纠纷中，发挥着重要的法治作用。

但是，我国民间性的仲裁机构对用人单位和劳动者之间的劳动人事争议，没有管辖权。对此类争议，由县级以上的人民政府负责组建的劳动争议仲裁委员会和人事争议仲裁委员会管辖，由其作出仲裁裁决。为此，我国于2007年10月1日起实施《人事争议处理办法》，2008年5月1日起施行《中华人民共和国劳动争议调解仲裁法》，开始了劳动人事仲裁有法可依的新阶段。另外，对农村土地承包经营纠纷，由县和不设区的市设立的农村土地承包仲裁委员会管辖，由其依据我国于2009年实施的《农村土地承包经营纠纷调解仲裁法》作出裁决[①]。

发展仲裁事业，加强仲裁法治文化建设，也被列入我国执政党的议事日程。党的十八届四中全会《决定》要求："健全社会矛盾纠纷预防化解机制，完善调解、仲裁、行政裁决、行政复议、诉讼等有机衔接、相互协调的多元化纠纷解决机制"、"完善仲裁制度，提高仲裁公信力"。这必将为推进我国仲裁事业的发展和仲裁法治文化建设开创新的局面。

第二节　仲裁法治文化的特点

仲裁法治文化的重要载体是仲裁裁决书，其与法院裁判文书具有同等法律效力。仲裁法治文化作为法治文化的一部分，具有其鲜明特点，可归纳为五点：

一、仲裁协议独立有效性

我国遵从国际惯例，对仲裁协议作出独立有效的立法设计：

第一，仲裁协议独自生效。合同中的仲裁协议一经双方签订就具有法律效力，且不因合同是否生效、是否成立或是否撤销而受影响。

第二，仲裁协议独自存在。只要仲裁协议在合同中确定为有效条款，则已成立之合同的变更、解除、终止和无效，都不可否认仲裁协议的效力，合同当事人依然可以依据该合

① 江伟、肖建国主编：《仲裁法》，中国人民大学出版社2012年版，第243～269页。

同中的仲裁条款申请仲裁。

第三，仲裁协议效力扩张，即指仲裁协议效力可适用于未对仲裁协议签字的第三方。合同当事人一方或者双方订立仲裁协议后合并、分立的，仲裁协议对其权利义务的继受人有效；当事人订立仲裁协议后死亡的，仲裁协议对承继其仲裁事项中的权利义务的继承人有效；当事人订立仲裁协议后破产的，仲裁协议对破产管理人（破产清算组）有效；当事人订立仲裁协议后转让合同的，仲裁协议对合同受让人有效；被保险人与第三人之间签订的仲裁协议，对保险代位人有效；委托代理人同第三人签订的仲裁协议，对委托人有效；利他合同中的仲裁协议，对合同受益第三人有效。[1]

二、经济效益性

市场主体追求经济效益最大化是一条不破的定律，仲裁的工作职责就是立足于民，服务于民，保障当事人有效快捷获得合法利益。由于仲裁程序的灵活性，当事人申请仲裁与向人民法院起诉，其通常可从仲裁获取优于诉讼的经济效益。主要体现在三个方面：

第一，仲裁程序快捷。依据贸仲委的《仲裁规则》规定，贸仲委受理的国内仲裁案件，应在组庭后四个月内作出裁决书，比较同类案件的诉讼程序应于立案后六个月内审结的法律规定，缩短了两个月，突显快捷之功效。

第二，仲裁成本较低。虽然，涉外仲裁案件的结案期限为六个月和简易程序结案期限为三个月，都与诉讼案件的审限相同，但是，仲裁实行一裁终局制度，比诉讼程序二审终

① 杨秀清：《协议仲裁制度研究》，法律出版社2006年版，第187～203页。

审程序、再审程序和第三人撤销程序及检察机关的抗诉程序，明显可以减少了当事人的诉累和费用。①

第三，国际执行顺畅。我国是《纽约公约》的缔约国，我国作出的涉外仲裁裁决书，债权人据以在缔约国申请执行，受《纽约公约》保护，易于实现债权。

三、商业保密性

当事人签订合同时列明仲裁协议条款，也是希望其双方的商业秘密不因诉争而外漏泄密。仲裁的保密性主要体现在三方面：

第一，不发布开庭公告。仲裁庭确定的开庭时间、开庭地点，仅通知申请人和被申请人及其他需出庭的人员。此较诉讼中公开审理的“应当公告当事人姓名、案由和开庭的时间、地点”②，具有保密性。

第二，不公开审理。开庭时只允许双方当事人及其代理人、证人、有关的专家、鉴定人、翻译人员和审理本案的仲裁庭人员出席，不准许其他与案件无关的人员出庭旁听。

第三，不准采访和报道。仲裁庭开庭审理案件时，各新闻媒体的记者不得到庭进行采访活动，不得作任何形式的报道。

四、法律权威性

仲裁机构虽为民间组织，但其仲裁结果的法律权威却不同于一般民间调解组织。一般人民调解作出的《调解协议

① 《中华人民共和国民事诉讼法》第一百四十九条、第一百六十一条规定和贸仲委《仲裁规则》第四十八条、第四十九条、第六十二条规定。

② 《中华人民共和国民事诉讼法》第一百三十六条规定。

书》，属于民事合同性质，不具有据以申请人民法院强制执行的法律效力；[①] 即使经基层人民政府处理并由其作出《处理决定书》，可由该基层人民政府根据一方当事人的申请，在其职权范围内，采取必要的措施予以执行，也不具有申请人民法院强制执行的法律效力。[②] 而仲裁机构作出的《裁决书》，具有据以申请人民法院强制执行的法律效力，即在一方当事人拒予履行仲裁裁决义务时，对方当事人可以向有管辖权的人民法院申请执行，受申请的人民法院应当予以强制执行。[③] 而且，仲裁机构制作的《裁决书》具有确定物权的法律效力。依据《中华人民共和国物权法》第二十八条规定，仲裁裁决书与人民法院作出的法律文书和人民政府作出的征收决定书等具有同等的"导致物权设立、变更、转让或者消灭"的法律效力，且仲裁裁决书作出之日，即是"物权设立、变更、转让或者消灭"之日。这是一般《调解协议书》和基层人民政府的民间调解《处理决定书》都不具有的。

五、适用法律之国际性

随着当代经济活动的国际化发展，各国家和各地区处理经济纠纷适用的法律也趋于国际化。因此，依据我国《合同法》的规定，我国涉外合同的当事人，可以在法律规定的范围内选择处理合同争议所适用的法律，没有选择的可以适用与合同有最密切联系的国家的法律；但同时又规定：在中华人民共和国境内履行的中外合资经营企业合同、中外合作经

① 司法部2002年发布施行的《人民调解工作若干规定》第五条规定。

② 司法部1990年发布施行的《民间纠纷处理办法》第二十条、第二十一条规定。

③ 《中华人民共和国民事诉讼法》第二百三十七条规定，《中华人民共和国仲裁法》第六十二条规定。

营企业合同、中外合作勘探开发自然资源合同，必须适用中华人民共和国法律。[①] 这里所言的法律均指实体法，程序法则是适用其本国的程序法（全世界没有统一制定并适用所有国家的程序法）。

当事人对于其案件适用的实体法，可以约定国外法律，只要其约定不与我国法律强制性规定相抵触，就从其约定。[②] 且在仲裁程序上，联合国制定的《纽约公约》《联合国国际商事仲裁示范法》《联合国国际贸易法委员会仲裁规则》和《解决国家和他国国民之间投资争端公约》等，为各国仲裁机构仲裁涉外案件适用的程序法。另外，仲裁当事人在其仲裁协议中，还可以约定其案件适用外国的仲裁规则和约定外国为仲裁地，[③] 这也凸现了仲裁适用程序法的国际性。

第三节　仲裁的法治原则

仲裁法治文化的内涵中，特别彰显于世的是仲裁的法治原则。在仲裁制度的建立和发展中，其法治文化的精髓当属仲裁原则。仲裁原则既可主导仲裁立法，又可填补立法空白，更可指导仲裁实践活动。在国际性仲裁法治文化建设的发展中，普遍坚持的仲裁法治原则，主要有五项：

① 《中华人民共和国合同法》第一百二十六条规定。

② 贸仲委《仲裁规则》第四十九条规定。

③ 贸仲委《仲裁规则》第四条、第七条规定。

一、当事人意思自治原则

仲裁程序的发动，源于仲裁协议，而仲裁协议又源于当事人的合意自治；且仲裁庭的仲裁权又源于仲裁当事人的授权。仲裁当事人的高度自治性决定着其在仲裁程序中的主体地位，程序的主体性是当事人意思自治原则的具体体现。[①] 人类创造的契约自由，在仲裁程序中得到最为完美的体现，我国《仲裁法》已作了明确规定。仲裁当事人双方仲裁自治性的要素有十项：

第一，自愿达成仲裁协议，写入合同中，或者以其他方式达成的提交仲裁的书面协议。该仲裁协议是当事人为解决合同纠纷向仲裁机构申请仲裁的先决条件，是仲裁程序的基石。

第二，自主选择仲裁机构，写入仲裁协议中。仲裁机构一经当事人双方合法选定，即具有排他性，其他仲裁机构或人民法院对相关的申请仲裁的案件，无权受理。

第三，可以约定仲裁地。只要当事人约定的仲裁地可以作为仲裁地点审理案件的，仲裁机构则从其约定。

第四，可以约定选择仲裁案件适用的法律。对此，当事人双方在签订的合同中，可以有约定法律适用的条款，写明共同约定适用的法律，以此作为仲裁庭仲裁其案件时予以适用的准据法。当事人双方可以对其选择的仲裁机构的《仲裁规则》进行变更或者约定适用其他《仲裁规则》。当事人双方还可以约定仲裁使用的语言。

第五，可以选择仲裁程序。依贸仲委《仲裁规则》规

① 杨荣馨编：《民事程序法理论与制度研究》，中国政法大学出版社2011年版，第92页。

定，凡是案件争议标的额不超过人民币500万元的，一律适用简易程序；但案件争议标的额超过人民币500万元的，当事人双方可以约定适用简易程序，写入合同中，也可以在仲裁程序开始前约定。

第六，自主选择仲裁员。仲裁庭一般由三名仲裁员组成，也可由一名仲裁员组成。由三名仲裁员组成，设首席仲裁员。当事人可以在仲裁协议中约定由三名仲裁员组成仲裁庭；应当在仲裁程序中自主地从仲裁委员会制定的仲裁员名册中选定仲裁员，还可以各自委托仲裁委员会主任指定一名仲裁员；也可以由双方共同选定或者共同委托仲裁委员会主任指定首席仲裁员。同时，当事人还可以申请仲裁员回避；也可以在仲裁庭缺员时，同意由多数仲裁员继续仲裁程序。

第七，自主进行仲裁和解。在仲裁程序中，当事人双方可以自行和解，也可以由仲裁庭主持和解；达成和解协议的，当事人双方可以请求仲裁庭根据其和解协议作出调解书或者裁决书，也可以撤回仲裁申请；法律还允许当事人对其和解协议或撤回仲裁申请反悔，反悔的一方可以根据原仲裁协议申请仲裁。

第八，享有对其仲裁请求权的处分权。在仲裁程序中，仲裁申请人可以申请、放弃、变更、追加申请和撤回其仲裁请求；仲裁被申请人可以承认对方的仲裁申请或者反驳对方的仲裁申请，并可以提出仲裁反请求。

第九，可以请求合并仲裁。在多份仲裁协议内容相同或者相容，且各案当事人相同、各争议所涉及的法律关系性质相同或者存在主从合同关系的情况下，当事人可以申请合并仲裁。在仲裁程序中，当事人还可以申请追加当事人。

第十，可以申请启动紧急仲裁员程序。依据贸仲委《仲裁规则》附件三即《中国国际经济贸易仲裁委员会紧急仲裁员程序》的规定，在出现需要紧急临时救济的情形时，当事人双方可以约定并向贸仲委提交紧急仲裁员程序申请书，以求由紧急仲裁员迅速作出紧急仲裁员决定，解决紧急临时救济事项。另外，在仲裁程序进行中，当事人还可以申请中止仲裁程序。

二、独立仲裁原则

这一原则体现着我国宪法精神。我国《宪法》第一百二十六条和第一百三十一条规定人民法院和人民检察院依法独立行使职权，“不受行政机关、社会团体和个人的干涉”；这一宪法规定显然也约束仲裁权力，故在《仲裁法》第八条中也明确规定：“仲裁依法独立进行，不受行政机关、社会团体和个人的干涉”。据此法律规定，在仲裁实践中坚持此独立仲裁原则，须坚持三点：

第一，仲裁机构独自行使职权。其独立自主地行使权力，独自组成仲裁庭；其他任何机关、组织和个人，都无权组成仲裁庭。

第二，仲裁员和仲裁庭信仰法律至上，支持当事人意思自治，只依据实体法的规定和当事人的有效合同约定裁决案件，并及时抵制和清除任何机关、组织和个人的干涉。

第三，仲裁员和仲裁庭处于中立地位。仲裁员即使是由当事人选定的，也不代表任何一方当事人，而是独立于各方当事人，并须平等地对待各方当事人。为此，仲裁员未经合议庭决定，不得向任何一方当事人行使释明权，保持中立性。

三、公正仲裁原则

仲裁庭制作的裁决书之公正性，是仲裁法治文化的核心内容。这一公正性是程序正义和实体公平的完美统一。从广义上讲，公正仲裁原则也可称之谓诚实信用原则①。参加仲裁程序的各民事主体必须恪守诚实信用原则，在申请、答辩、举证、质证、辩论、调解和陈述中，做到意思表示真实、程序行为合法。这是仲裁庭公正裁决的基础条件。除前述的坚持独立仲裁原则和仲裁参与人必须恪守诚实信用原则为公正仲裁的必要条件外，我国立法还在六个方面做出努力，以保证仲裁的公正性：

第一，保证仲裁员的政治和业务素质。依据《仲裁法》的规定，仲裁委员会应当从公道正派的，从事仲裁工作或律师工作或曾任审判员工作满八年的，或从事法律研究、教学工作并具有高级职称的，或具有法律知识、从事经济贸易等专业工作并具有高级职称或者具有同等专业水平的这些人员中聘任，以使仲裁员队伍具有较强的胜任仲裁工作、作出公正裁决的能力。

第二，建立健全回避制度。依据《仲裁法》的规定，仲裁员如果是其仲裁案件的当事人的，或者是该案件当事人、代理人的近亲属的，或者与其仲裁案件有利害关系的，或者与其仲裁案件当事人、代理人有其他如师生、同学、同事、战友等关系并可能影响公正仲裁的，或者私自会见当事人、代理人或者接受其请客送礼的，都必须回避；仲裁员负有披露其回避信息的义务，须在仲裁程序开始前填写《声明书》时如实写明回避信息；在仲裁过程中如果出现应当披露信息的，也应当及时书面向仲裁委员会披露；仲裁员披露回避信息的同时，也可以自主请求回避；当事人可以在法定时间内根据仲裁员披露的信息或者在其对仲裁员的公正性和独立性产生合理怀疑时，向仲裁委员会提交要求该仲裁员回避的书

① 贸仲委2015年《仲裁规则》第九条规定。

面申请，由仲裁委员会主任作出该仲裁员是否回避的决定，一旦决定回避的，该仲裁员必须退出仲裁庭。[①]

第三，建立除名制度。依据《仲裁法》的规定，对违规违纪的仲裁员实行除名的处理方式，即凡是私自会见当事人、代理人，或者接受当事人、代理人请客送礼并情节严重的，或者仲裁员在仲裁程序中向当事人或其代理人等索贿受贿，徇私舞弊，枉法裁决的，仲裁委员会均应当予以除名；同时，还可能追究其民事、行政和刑事责任。[②]

第四，实行证据仲裁规则。对仲裁当事人实行谁主张谁举证的举证责任规则，由当事人举证和互相质证；同时，对当事人举证不能、仲裁庭认为有必要收集的证据，仲裁庭也可以自行收集；对专门性问题需要鉴定的，可以交由当事人约定的或者由仲裁庭指定的鉴定部门进行鉴定，仲裁庭也可以向专家咨询，从中获取有效证据。为了有效地实行证据仲裁规则，贸仲委于 2015 年 3 月 1 日施行了《证据指引》。仲裁庭坚持以经过当事人质证确认了的有效证据证明了的法律事实为根据裁决案件。[③]

第五，实行合议制。凡由三名仲裁员组成的仲裁庭，均需对案件进行合议。案件在经过合议后，按照全体仲裁员的一致意见或者多数仲裁员的意见作出裁决；少数仲裁员既可以在裁决书上签名，也可以不签名，其不同的意见可以记入

---

① 《中华人民共和国仲裁法》第三十四条、第三十五条和第三十六条规定，贸仲委《仲裁规则》第三十一条和第三十二条规定。

② 《中华人民共和国仲裁法》第三十八条规定，《中华人民共和国刑法》第三百九十九条规定。

③ 《中华人民共和国仲裁法》第四十三条、第四十四条和第四十五条规定，贸仲委《仲裁规则》第四十一条、第四十二条、第四十三条和第四十四条规定。

笔录或者将其书面意见附于裁决书之后（不作为裁决书的组成部分）；仲裁庭不能形成多数人意见时，依首席仲裁员的意见作出裁决。[①]

第六，建立裁决补正制度。凡是裁决书存在文字、计算错误或者有遗漏事项的，仲裁庭一经发现，就立即予以补正，其中属遗漏事项的，应尽快在合理时间内作出补充裁决；当事人收到裁决书后发现该裁决书有错误的，应在法定期间内书面向仲裁庭申请补正，[②] 仲裁庭应在法定期限内补正。尤其重要的是，为了保证仲裁的公正性，还在仲裁制度中引入了人民法院的司法监督机制。

四、一裁终局原则

仲裁裁决书一经作出，即具有终局性的法律效力。裁决书一裁终局的程序正义性，可从四个方面深入认识：

第一，仲裁裁决书生效快捷。仲裁庭写成的裁决书经仲裁员签名即由仲裁委员会核阅加盖印章之日，为该裁决书作出之日，即为裁决书生效之日。统一裁决书生效日，便于当事人尽快履行裁决书确定的义务。

第二，仲裁裁决书具有对世效力。裁决书生效后，只有仲裁当事人可以依据法定情形向法院提起撤销或者不予执行裁决书的诉求，其他任何机关、组织和个人都无权否定裁决书的效力。

第三，对仲裁裁决书实行有利于有效的规则，尽力维护

---

① 《中华人民共和国仲裁法》第五十三条规定，贸仲委《仲裁规则》第四十九条规定。

② 《中华人民共和国仲裁法》第五十六条规定，贸仲委《仲裁规则》第五十三条、第五十四条规定。

其效力终局性。从我国的立法可见：凡是涉外仲裁不得以实体错误为诉求人民法院裁定撤销或裁定不予执行裁决书的理由。而对国内仲裁立法也趋于有利于裁决有效：1991 年的《民事诉讼法》规定当事人可以据以诉求人民法院裁定撤销仲裁裁决书的情形中，有“认定事实的主要证据不足的”和“适用法律确有错误的”两种实体错误的情形；此后于 1994 年公布实施的《仲裁法》的规定中，没有前述的“适用法律确有错误的”规定，而对“认定事实的主要证据不足的”外延又限定为“裁决所根据的证据是伪造的”和“对方当事人隐瞒了足以影响公正裁决的证据的”两种情形；至 2012 年修订的《民事诉讼法》将其原规定改掉，吸纳了《仲裁法》的前述规定，从而在立法上大幅度地减少了在实体上攻击国内裁决书效力的理由，裁决书终局性得到了立法上的强化。①

第四，贯彻“一事不再理”规则。凡是裁决书作出后，当事人任何一方再以原案合同项下的同一事由、同一被申请人提出相同的仲裁请求，便构成违反一事不再理规则，仲裁委员会必定拒予受理，以避免裁决书的终局性受到不正当地攻击。

五、司法监督原则

仲裁的民间性、契约性，并不排斥国家的公权力干预。仲裁制度在世界各国家和各地区，都适用法院司法监督原则，这是仲裁法治文化不可或缺的要素。依我国的法律规定，人民法院对仲裁实施司法监督主要有六个方面：

第一，司法审查仲裁协议的效力。当事人对仲裁协议的

① 1991 年《中华人民共和国民事诉讼法》第二百一十三条规定，1994 年《中华人民共和国仲裁法》第五十八条规定，2012 年《中华人民共和国诉讼法》第二百三十七条规定。

效力有异议的，既可以请求仲裁委员会作出决定，也可以请求人民法院作出裁定，当事人在仲裁庭首次开庭前向人民法院提出仲裁协议效力异议的，由该仲裁协议约定的仲裁机构所在地的中级人民法院受理（属海事商事的仲裁协议异议的，由海事法院受理），并作出裁定；但仲裁机构已对仲裁协议的效力作出决定的，该中级人民法院或海事法院则不予受理。

第二，司法审查财产和证据保全申请。凡当事人书面申请财产保全的，仲裁机构即将其申请书提交人民法院，人民法院即予以审查并作出财产保全裁定书；凡当事人因情况紧急，在涉案的证据可能灭失或者以后难以取得的情况下申请证据保全的，既可以直接向证据所在地的基层人民法院提交申请书，也可以由仲裁机构转交给该基层人民法院，该人民法院即予以审查并作出证据保全裁定书。

第三，司法审查撤销裁决书的申请。当事人依据法律规定申请撤销裁决书的，由作出裁决书的仲裁机构所在地的中级人民法院受理审查，并作出是否撤销裁决书的裁定；其中当事人的申请理由是裁决书存在法定实体错误的，该中级人民法院可以通知仲裁庭重新仲裁，并可根据仲裁庭是否开始重新仲裁的情形，及时作出终结撤销程序或者恢复撤销程序的裁定；中级人民法院经司法审查认为申请理由成立的，应裁定予以撤销，否则，裁定驳回申请；但属国外裁决书的，不可行使撤销权；人民法院还可以其职权主动审查裁决书是否具有违背我国社会公共利益的情形，如果审查认为有此情形，则应裁定予以撤销。

第四，司法审查执行申请。当事人以国内裁决书为依据申请强制执行，由有管辖权的人民法院受理审查，并作出执行裁定书；以涉外裁决书为依据申请强制执行，由有管辖权的中级人民法院受理和裁定。对国外裁决书，当事人据以在中国申请执行的，由被执行人住所地或者其财产所在地的中级人民法院受理，并依照《纽约公约》或者互惠原则，作出承认和执行的裁定书。

第五，司法审查不予执行裁决书申请。当事人依据法律规定向执行法院申请不予执行国内裁决书，由执行法院受理审查，并作出是否不予执行的裁定书；但如果该申请人已申请撤销裁决书被驳回，再以相同的理由申请不予执行的，人民法院不予支持；申请不予执行涉外裁决书和申请不予承认和执行国外裁决书，由有管辖权的中级人民法院受理和裁定。该执行法院也可以其职权审查裁决书是否具有违背我国社会公共利益的情形，如果审查认为有此情形，则应裁定不予执行。

第六，司法审查案外人异议。执行法院在依据裁决书执行被执行人财产引起案外人提出执行异议的，应依法审查此异议，并作出是否支持案外人异议的裁定书，该裁定书还可能引起执行异议之诉，并可能影响裁决书的效力和执行力①。

第四节　存在的问题与对策

仲裁法治文化在蓬勃发展的进程中，不断地丰富其内涵和界定其外延，同时也存在着与时俱进中不可避免的问题，需要制订对策，谋求新的发展。当前，为此献策者之谏言，

① 《中华人民共和国仲裁法》第二十六条、第五十八至第六十四条、第七十一条规定，《中华人民共和国民事诉讼法》第二百三十七条、第二百七十一至第二百七十五条规定。

已形成了建设我国仲裁法治文化的强大推动力。概言之，我国解决仲裁制度中的问题和拓展仲裁法治文化的对策，可列述六个方面。

一、仲裁协议的有效条件

纵观国际上有利于仲裁协议有效的发展趋势可见：在世界一些国家和地区，当事人双方口头达成的仲裁协议可以被视为有效，则对其书面仲裁协议内容的要求普遍不够严格。但是，我国的《仲裁法》规定当事人必须有书面仲裁协议，并对其内容作出严格要求，致当事人难以注意和适应。最高人民法院在其法释（2006）7号《关于适用〈中华人民共和国仲裁法〉若干问题的解释》中针对仲裁协议的效力列述了十八条，其中规定了多项认定仲裁协议无效的情形。从国际视角上看，只要当事人双方合议选择了仲裁程序，不必因为其书写的仲裁机构名称有误、地址不对或多写了一个仲裁机构或同时选择了诉讼和仲裁等，就统视之为无效。这一规定与有关仲裁规则冲突。建议通过立法或司法解释等手段予以救济，使之有效性臻于完善。

二、仲裁协议无效的法律后果

我国《仲裁法》第五十八条第一款第（一）项中规定“没有仲裁协议的”，才是当事人“申请撤销仲裁裁决的法定情形”之一。这就明确界定：“仲裁协议无效”不是“申请撤销仲裁裁决的法定情形”，这较半个多世纪前产生的《纽约公约》对此项的规定，是立法的进步。据此规定，即使仲裁协议无效，当事人或在仲裁程序中已提出异议而被仲裁机构或人民法院决定或裁定驳回，并继而参加了仲裁程序，则不应再次提出；或在仲裁程序中没有提出异议，则因其已参加了仲裁程序而应当认定其已放弃了对仲裁协议的异议权或者已对仲裁协议的效力予以认可，也不应再提异议。这样的立法规定，符合仲裁一裁终局的根本要求。因此，应当推动联合国对《纽约公约》第五条第一款第（1）项的规定予以修改。因为《纽约公约》第五条关于“仲裁协议无效”是法院裁定不予认可和拒予执行国外仲裁裁决书的理由之一，已使有效裁决书常常处于“效力漂浮”的状态，已为世人所非，如有的专家批评：《纽约公约》原旨是要支持国际仲裁，但它对书面的仲裁协议订得太局限、太严格，反而是去否定仲裁，动不动就说这个协议无效那个协议无效。这是一明显的好心做坏事的例子。[①]

值得研究的是：最高人民法院在前述的司法解释中，为了和“国际接轨”，与《纽约公约》保持一致，作出“仲裁协议被认定无效或者被撤销的，视为没有仲裁协议”的规定，即将“无效仲裁协议”等同于“没有仲裁协议”，这一规定与我国《仲裁法》的规定有悖，扩大了攻击仲裁裁决书有效性的“情形”范围。建议对此重作立法或者是司法设计，便于我国《仲裁法》对我国仲裁活动的规范。

三、对仲裁协议效力的司法审查

在我国现实的仲裁程序中，由于社会诚信的缺失、代理人为委托人的“尽职”负责和致仲裁协议无效可取得“没有仲裁协议”的效果，致使仲裁裁决书作出后，当事人提出仲裁协议效力异议的比率很高。最高人民法院于 1995 年 8 月 28 日下发了法发（1995）18 号《关于人民法院处理与涉外仲裁

---

① 杨良宣：《中国商务仲裁》，中国政法大学出版社 1997 年版，第 121 页。

及外国仲裁事项有关问题的通知》，建立和实行了中级人民法院拟作出支持此异议申请的裁定须逐级报请最高人民法院批复之司法监督制度，使仲裁异议申请得到了有效控制。按照现行法律规定，对仲裁协议的异议，当事人一方请求仲裁委员会作出确认效力决定，另一方请求人民法院作出无效裁定的，由人民法院管辖，这里确立了人民法院优先管辖原则；但是，又规定仲裁委员会已先就仲裁协议的效力作出决定，对另诉求人民法院裁定的，人民法院不予受理。这便对向人民法院提起诉求的当事人不够公平①。因为在仲裁申请人具有提请仲裁申请的同时又可提请仲裁委员会确认仲裁协议有效从而必定抢先获得仲裁委员会决定的优势面前，被申请人显然在程序上失去了正义性。其结果又必然是：被申请人在裁决书作出后，再以仲裁协议无效为由向有管辖权的人民法院申请裁定撤销或者裁定不予执行裁决书，致仲裁的一裁终局的优势被弱化，并浪费了仲裁、司法资源。因此，有必要立法予以规范：凡对仲裁协议效力有异议的，须先提请由仲裁委员会决定；一方当事人对此决定不服的，再向有管辖权的人民法院诉求裁定，人民法院应予受理并作出裁定。该裁定具有终局性，仲裁委员会和当事人均应当服从。当事人不得在仲裁裁决书作出后再提仲裁协议无效之异议。这既使当事人的诉求地位平等，又可强化人民法院的司法监督，并利于保障仲裁之程序正义性和一裁终局性。但是，此又受制于《纽约公约》的规定，但可先对国内仲裁作出此项规定。

① 《中华人民共和国仲裁法》第二十条规定，最高人民法院《关于适用〈中华人民共和国仲裁法〉若干问题的解释》第十三条规定。

四、建立临时仲裁制度

我国现行的简易仲裁程序仍然是机构仲裁，没有临时仲裁制度。而在国际商事仲裁中，当事人对其标的额不大的争议，可以自愿选定双方信任的仲裁员以快捷的方式裁决。这种临时仲裁有效地节省了经费和精力，因而颇受欢迎，被广泛地适用。特别是联合国国际贸易法委员会于 1976 年制定、2010 年修订的《仲裁规则》，提供了临时仲裁适用的规则，满足了临时仲裁的需要。依此《仲裁规则》，当事人的意思表示得到充分的尊重；仲裁庭临时仲裁对当事人未能约定适用的法律和仲裁规则的，有权决定适用的法律和仲裁规则，具有充分的自由裁决权。[①] 这需要改变权力本位观念，承认仲裁员临时仲裁权力的法律权威。

我国正面对这样的现实：外国临时仲裁大量出现，我国人民法院依据《纽约公约》执行的外国仲裁裁决又包括临时仲裁裁决，即已经承认和执行了外国的临时仲裁裁决。但是，我国《仲裁法》却没有给予临时仲裁以法律地位，不能不说这是我国仲裁立法上的一个缺憾。[②] 因此，我国应尽快在修订的《仲裁法》中确立临时仲裁之法律地位，以适应国际仲裁制度发展进步的要求。

五、对仲裁裁决的司法监督

如前所述，依据我国《民事诉讼法》和《仲裁法》的规

---

① 赵秀文主编：《国际商事仲裁法》，中国人民大学出版社 2014 年版，第 338 ~ 346 页。

② 赵秀文：《中国仲裁法修改若干问题的思考》，载《中国国际商事仲裁理论与实践文集选编（下）》，中国方正出版社 2006 年版，第 351 页。

定，我国人民法院应当依据当事人的申请，对仲裁裁决实行司法监督，可以裁定撤销裁决书或者裁定不予执行裁决书；也可以在这两个程序中以职权审查确认裁决书有违背我国社会公共利益情形的，裁定撤销或者不予执行裁决书；而且，该裁定书具有终局性，当事人无权上诉，也无权申请再审。这在立法设计时的良好愿望保持了仲裁效率优先性，但却忽视了程序的非正义性。

司法实践反复证明：仲裁当事人一方向人民法院诉求裁定撤销裁决书得到支持后，另一方没有诉讼话语权，诉讼地位显然不平等，显失程序正义；而当事人一方向人民法院诉求裁定不予执行裁决书得到支持的，一般情况下是被执行人拒绝履行仲裁裁决义务的行为得到司法支持，便置申请执行人出现实体损失而无诉讼救济权利，更是失去公平；尤其是当人民法院独自以违背社会公共利益为由而裁定撤销或者裁定不予执行仲裁裁决的，没有当事人的任何陈述和辩解机会；且“社会公共利益”的不确定性和法官自由裁量权无当事人监督制约下的随意性，更易于使仲裁裁决书的公正性失去法律救济手段。因此，我国在修订《民事诉讼法》和《仲裁法》中，应当在此程序上赋予仲裁当事人以上诉权，准许仲裁当事人对人民法院是否撤销和是否不予执行仲裁裁决书的裁定书，依法定程序提起上诉。[①]

特别是我国对仲裁裁决实行裁定撤销和裁定不予执行的“双轨制”司法监督，有人主张其必要性已不复存在。[②] 但

---

① 沈四宝：《中国涉外仲裁的现状与改革》，载《中国国际商事仲裁理论与实践文集选编（上）》，中国方正出版社2006年版，第187页。

② 黄忠顺：《国际商事仲裁裁决司法监督新论》，载《仲裁与法律》，法律出版社2014年版，第8页。

是，“双轨制”的司法监督在世界上还是通行的现象，只是我国法律规定人民法院可以实体错误为由裁定撤销国内仲裁裁决书，这实际上设立了“既裁又审”的程序，违背了仲裁一裁终局的原则，故应在修订《民事诉讼法》和《仲裁法》中予以调整，规定人民法院对国内和涉外的仲裁裁决书实行司法监督，执行一个标准，都只作程序审查，不作实体审查。

六、内地与港澳台仲裁的协调发展

我国最高人民法院以公平保障仲裁债权人合法权益为要旨，先后与香港特别行政区政府和澳门特别行政区政府协商执行仲裁裁决的有关事宜，并先于2000年1月24日公布、于当年4月1日实施了《关于内地与香港特别行政区相互执行仲裁裁决的安排》（列有11条。以下简称《与香港安排》）；后于2006年3月31日公布、于当年4月1日实施了《关于内地与澳门特别行政区相互认可和执行仲裁裁决的安排》（列有16条。以下简称《与澳门安排》）；再后于2015年6月29日公布、于当年7月1日实施了《关于认可和执行台湾地区仲裁裁决的规定》（列有22条。以下简称《规定》）。我国内地和港澳台地区的仲裁法治文化，具有一国、二制、三法系（中华法系、大陆法系和英美法系）、四法域的特点，虽然受不同地域仲裁规制的影响，存在某些差异，但是，在《与香港安排》《与澳门安排》和《规定》的有效实施中，使内地与港澳台三地的仲裁制度趋同化异，迅速健康地发展。值得研究的是两个安排和一个规定，对有关方面的实施意见还存在一些差异：

第一，对仲裁债权的保护规定不同。依《与澳门安排》第三条的规定：内地和澳门两地作出裁决书后，申请人可以同时分别向两地有执行管辖权的法院申请强制执行；两地法院经审查认可的，都应当对被执行人的财产采取查封、扣押或者冻结措施；仲裁地法院应当先行执行清偿；另一地法院负责对未获清偿的部分进行执行清偿。这充分地体现了两地法院保护仲裁债权的法治力度。而《与香港安排》第二条规定，内地和香港两地作出裁决后，申请人不得同时分别向两地有执行管辖权的法院申请执行；须先申请一地法院执行，在该法院执行清偿不足时，才可就此不足部分向另一地法院申请执行。两个《安排》涉及的责权执行程序有所不同。如何使“一国两制”下的仲裁债权受到同样力度的保护，是一个值得研究的问题。

第二，内地与港澳台地区互相认可和执行仲裁裁决的立案制度的差异。《与香港安排》和《与澳门安排》都没有规定立案程序；而《规定》却规定了立案程序，其中第八条规定：对申请认可和执行仲裁裁决符合条件的，“人民法院应当在收到申请后七日内立案，并通知申请人和被申请人，同时将申请书送达被申请人”，对不符合立案条件的申请，规定人民法院“应当在七日内裁定不予受理，同时说明不予受理的理由；申请人对裁定不服的，可以提起上诉”。内地与港澳台地区就相互认可和执行仲裁裁决是否需要设立立案程序应尽可能协调一致。

第十四章
纪检监察法治文化

1993年中央纪委与监察部机关合署办公后，统称为纪检监察机关，实行一套工作机构、两个机关名称。纪检监察机关全面履行党章和行政监察法赋予的职责，承担党的纪律检查和政府行政监察两项职能。党的纪律检查工作和政府行政监察工作统称为纪检监察工作。

第一节　地位和作用

党的纪律检查是指党的纪律检查机关维护党的纪律的活动，是党的建设的重要组成部分。国家行政监察是指国家行政机构内专门行使监督职权的机关，依法对国家行政机关及其公务员以及国家行政机关任命的其他人员行使行政权力的行为进行监督和督察。法律规范体系和党内法规体系都是中国特色社会主义法治体系的重要内容，国家法律和党规党纪都是纪检监察工作的重要依据，纪检监察工作必须依纪依规依法有序开展。

一、我国纪检监察机关的职能及其地位

（一）纪检监察机关的主要职责和任务

党的各级纪律检查委员会是依据《中国共产党章程》设立的党内监督和纪律检查的专门机关，由同级党的代表大会选举产生，向同级党的代表大会报告工作，是开展反腐败和廉政建设的重要机构，主要履行对党组织和党员遵守党章和执行纪律情况进行监督检查的职责。十八大党章规定，各级纪委的主要任务是：维护党的章程和其他党内法规，检查党的路线、方针、政策和决议的执行情况，协助党的委员会加强党风建设和组织协调反腐败工作。其经常性工作是：对党员进行遵守纪律的教育，作出关于维护党纪的决定；对党员领导干部行使权力进行监督；检查和处理党的组织和党员违反党的章程和其他党内法规的比较重要或复杂的案件，决定或取消对这些案件中的党员的处分；受理党员的控告和申诉；保障党员的权利。

国家监察机关是依据宪法设立的行使监察职能的政府机关，主要任务是依法对国家行政机关及其公务员和国家行政机关任命的其他人员，对法律、法规授权的具有公共事务管理职能的组织及其从事公务的人员，对国家行政机关依法委托从事公共事务管理活动的组织及其从事公务的人员执法、廉政、效能情况进行监察，保证政令畅通，维护行政纪律，促进廉政建设，改善行政管理，提高行政效能。其职责是：

检查国家行政机关在遵守和执行法律、法规和人民政府的决定、命令中的问题；受理对国家行政机关及其公务员和国家行政机关任命的其他人员违反行政纪律行为的控告、检举；调查处理国家行政机关及其公务员和国家行政机关任命的其他人员违反行政纪律的行为；受理国家行政机关公务员和国家行政机关任命的其他人员不服主管行政机关给予处分决定的申诉，以及法律、行政法规规定的其他由监察机关受理的申诉；法律、行政法规规定由监察机关履行的其他职责。监察机关按照国务院的规定，组织协调、检查指导政务公开工作和纠正损害群众利益的不正之风工作。派出的监察机构或者监察人员履行的职责与派出它的监察机关履行的职责相似，主要是对被监察的部门和人员执法、廉政、效能情况进行监察。

（二）纪检监察工作的地位和作用

纪检监察工作的成效，直接关系到党风廉政建设和反腐败斗争的深入开展，关系到干部清正、政府清廉、政治清明的廉洁政治建设，关系到党的建设科学化水平的提高，关系到国家治理体系和治理能力现代化，关系到党和国家改革发展稳定的大局。

纪检监察工作是保持党和人民群众血肉联系、巩固党的执政地位的重要保证。通过认真解决损害群众利益的突出问题和反腐倡廉建设中群众反映强烈的突出问题，有利于保障社会经济发展和人民政治经济文化利益，切实维护社会公平正义；通过把以人为本、执政为民贯彻到纪检监察工作指导原则、工作部署和队伍建设中，坚决反对腐败、严厉惩治腐败分子，有利于以党风廉政建设和反腐败斗争的实际成效取信于民，不断实现好、维护好、发展好最广大人民群众根本利益，始终保持同人民群众的血肉联系。

纪检监察工作是维护党的先进性和纯洁性的重要保证。

保持党的先进性和纯洁性，纪检监察机关责任重大。通过全面履行党章赋予的职责，充分发挥教育、监督、检查、处理、保障等职能作用。加强党性党风党纪教育有利于以发展着的马克思主义武装头脑，保持党员干部思想纯洁，坚定对共产主义远大理想和中国特色社会主义共同理想的信仰；加强组织人事工作的监督检查，执行组织人事纪律，处理不合格党员干部，保障党员民主权利，有利于保持党员干部队伍纯洁；加强对领导干部行使权力的监督，坚决惩治和预防腐败，有利于保持党员干部作风纯洁和清正廉洁，从而不断增强党的意识、政治意识、危机意识、责任意识，纠正党在思想、组织、作风等方面存在的不纯现象，有效维护党的先进性和纯洁性。

纪检监察工作是提高党的领导水平和执政水平的重要保证。领导水平和执政水平建设是党执政后的一项根本建设，而反腐倡廉能力又是党的领导水平和执政水平的重要体现。通过把纪检监察各项工作融入到党的思想、组织、作风、制度和反腐倡廉建设中去，有利于提高党员干部的党性修养和思想素质、加强制度建设、发展党内民主、加强和改进党的作风建设，有利于充分发挥纪检监察工作在推动党的建设科学发展中的积极作用，为加强党的执政能力建设、提高党的领导水平和执政水平、提高拒腐防变和抵御风险能力奠定坚实的政治基础。

纪检监察工作是顺利推进中国特色社会主义伟大事业的重要保证。如果不坚决防范和惩治腐败，任凭腐败现象滋生蔓延，最终将导致经济衰退、政治动荡、文化颓废、社会混乱，导致党脱离人民群众、失去人民群众的支持。一旦党心民心无法凝聚，中国特色社会主义事业也就无从发展。必须充分认识纪检监察工作的重要性和紧迫性，严明党的纪律，改进党的作风，坚定不移地推进党风廉政建设和反腐倡廉建设，促进社会主义经济建设、政治建设、文化建设、社会建设和生态文明建设健康发展，协调推进全面建成小康社会、全面深化改革、全面依法治国、全面从严治党的战略布局，为发展中国特色社会主义提供有利条件和坚强保障。

二、纪检监察法治文化是中国法治文化的重要组成部分

依纪依规依法开展纪检监察工作，是纪检监察工作的基本原则，是从严治党、依规治党的必然要求，也是依法治国、依法执政的重要体现。纪检监察法治文化是中国法治文化的重要方面，是中国特色社会主义法治体系建设的重要内容，是全面推进依法治国、建设社会主义法治国家的重要保障。

积极倡导纪检监察法治文化，推进纪检监察法治文化建设，牢固树立制度意识、规则意识、法治意识，对于提高纪检监察工作科学化规范化水平，推进党风廉政建设和反腐败斗争深入开展，丰富和发展中国法治文化体系，具有十分重要的意义。

第一，加强纪检监察法治文化建设是建设社会主义核心价值体系的重要基础。富强、民主、文明、和谐，自由、平等、公正、法治，爱国、敬业、诚信、友善的社会主义核心价值观，是我们党、我们国家、我们民族的基本价值取向。将社会主义核心价值观这样富有时代气息的道德规范融入纪检监察法治文化建设之中，把积极培育和践行社会主义核心价值观作为纪检监察的一项基础性工作抓紧抓好，必将进一步推动党风政风和社会风气的整体好转，为深入开展纪检监察工作注入新的活力。弘扬现代文明基础上的纪检监察法治文化，对于深入推进党风廉政建设和反腐败斗争，建设社会主义核心价值体系具有长远的意义。

第二，加强纪检监察法治文化建设是深入推进党风廉政

建设和反腐败斗争的战略举措。深入推进党风廉政建设和反腐败斗争，要靠有效的预防和坚决的惩治，归根结底要靠文化的感化和引领。反腐败斗争就是用先进文化战胜落后文化、腐朽文化的斗争，党风廉政建设就是先进文化建设。通过加强纪检监察法治文化建设，用先进的法治文化占领党员干部思想阵地，以科学的法治文化指导纪检监察各项工作，全面贯彻标本兼治、综合治理、惩防并举、注重预防的方针，加大预防和惩治腐败力度，着力减少和消除腐败现象滋生的土壤和条件，逐步遏制不正之风和腐败现象。

第三，加强纪检监察法治文化建设是协调推进“四个全面”战略布局的必然要求。协调推进“四个全面”战略布局对党员干部的素质能力以及作风等方面都提出了新的更高要求。加强纪检监察法治文化建设，有助于督促广大党员干部大力弘扬优良传统和作风，有助于坚决抵制形式主义、官僚主义、享乐主义、奢靡之风等各种腐朽落后的思想意识，有助于发展社会主义先进文化和全面推进依法治国方略，为实现两个一百年奋斗目标和中华民族伟大复兴的中国梦提供坚强支撑。

三、廉政文化是纪检监察法治文化的本质

廉洁是纪检监察工作的奋斗目标和价值追求，纪检监察法治文化的本质和核心就是廉政文化。廉政文化以崇尚廉洁、鄙弃贪腐为价值取向，融价值理念、行为规范和社会风尚为一体，反映人们对廉洁政治和廉洁社会的总体认识、基本理念和精神追求，是社会主义先进文化的重要组成部分。廉政文化是以廉政为思想内涵、以文化为表现形式的一种文化，是政治文明和精神文明、廉政建设与文化建设的有机结合。廉政建设离不开廉政文化的思想引导和支撑，离不开营造有利于领导干部廉洁从政的道德环境和社会氛围。廉政文化作

为中华民族优秀文化的一部分，在人民群众中有着广泛的基础。这种对廉政知识、廉政信仰、廉政规范、廉政要求等的认知和与此相适应的生活方式、社会评价等构成的廉政文化，非常符合我国当前社会发展对文化建设的需要，在营造全社会反腐倡廉氛围，推进反腐倡廉建设方面发挥着无形的、潜在的推动作用。

廉政文化是不断发展的，不同时期、不同社会的廉政文化都具有不同的阶级和时代特点。社会主义廉政文化，是中国先进文化的重要内容，是社会主义经济建设、政治建设、文化建设、社会建设和党的建设的重要组成部分。它以先进的廉政制度为基础，以先进的廉政理论为统领，以先进的廉政思想为核心，以先进的廉政文化艺术为载体，具有深厚的历史渊源、广博的文化知识和丰富的社会实践。廉政文化的内涵大致包括五个方面：一是廉洁的社会文化，要求在全社会营造良好的廉政氛围，用健康向上的廉政思想观念充实人们的精神世界，使优秀的传统廉政文化和道德风尚在全社会发扬光大。二是廉洁的政治文化，要求掌握公共权力的领导和公务人员廉洁自律、淡泊名利、恪守宗旨、执政为民。三是廉洁的经济文化，要求政府部门、市场主体在经济活动中恪守有关法律和市场运行规划，讲究诚信，反对商业贿赂和商业欺诈，维护公平的市场秩序。四是廉洁的职业文化，要求各职业阶层的从业人员恪尽职守、爱岗敬业、克己奉公、遵纪守法。五是廉洁的组织文化，要求国家机关、社会团体、国有企业等公共组织处事公道正派、公正透明、诚实守信、廉洁高效。

廉政文化建设是以“廉政”为主题，围绕“廉政”开展的一系列文化教育活动，为反腐倡廉提供智力支持和思想保证。廉政文化建设，面向全党全社会，以党政机关和领导干部为重点，以培育廉洁价值理念为根本，以廉政制度和规范为支撑，以群众广泛参与的廉政文化创建活动和丰富多彩的廉政文化产品为载体，在反腐倡廉建设中处于基础性地位。加强廉政文化建设，对于坚定中国特色社会主义共同理想，加强党的执政能力建设和先进性建设，提高党员干部拒腐防变能力，增强全社会反腐倡廉意识，形成廉荣贪耻的思想道德基础和文化氛围，从源头上预防和减少腐败现象发生，具有重要意义。近年来，党中央、国务院高度重视廉政文化建设，采取了一系列政策措施。各地区各部门紧密结合实际，开展了形式多样的廉政文化创建活动，廉政文化建设充满活力，影响力、渗透力不断增强。随着我国反腐倡廉建设的深入推进，廉政文化建设的重要性将会越来越凸显，也必将发挥越来越显著的作用。

第二节　从严治党、依规治党是纪检监察法治文化的根基

治国必先治党，治党务必从严。中国共产党是一个有着8700多万党员的大党，相当于一个大国的人口数量，管党治党任务极其繁重。作为执政党，中国共产党肩负着带领13亿人民走中国特色社会主义道路，实现两个百年奋斗目标和中华民族伟大复兴的中国梦的艰巨任务。新形势下，中国共产党面临“四大考验”、“四种危险”，面对各种挑战和风险。党的观念淡漠、组织涣散、纪律松弛、不正之风和腐败问题，都是来自党内的严峻挑战，严重影响党的凝聚力和战斗力，动摇党的执政根基，也严重危害社会主义法治国家建设。党要管党、从严治党，一刻不可放松。在中国，各级领导干部绝大多数都是由党员担任，从这个角度看，管党就是治吏、

治权。纪检监察机关作为党内监督和国家监察的专责机关，在管党治吏治权方面承担着不可推卸的重要职责。

一、从严治党是执政党的永恒课题

党的形象和威望，党的创造力、凝聚力、战斗力，不仅直接关系党的命运，而且直接关系国家的命运、人民的命运、民族的命运。中国共产党历来高度重视从严治党，党的十八大以来党中央在从严治党上进行了新探索。通过长期实践和探索，在从严治党上取得了重大成果、积累了重要经验，总体做得是好的。同时，也要看到，一段时间以来，在一些地方和单位，“四风”问题越积越多，党内和社会上潜规则越来越盛行，政治生态和社会环境受到污染，根子就在于从严治党没有做到位。有些地方和单位看起来党在管党治党，但没有管到位上，没有严到份上。党的执政地位和领导地位并不是自然而然就能长期保持下去的，不管党、不抓党的建设就有可能出问题，甚至出大问题，结果不只是党的事业不能成功，还有亡党亡国的危险。历史使命越光荣，奋斗目标越宏伟，执政环境越复杂，就越要增强忧患意识，越要从严治党，保证全党统一意志、步调一致，做到“为之于未有，治之于未乱”①，确保党始终成为中国特色社会主义事业的坚强领导核心，使党永远立于不败之地。

二、依法治国必然要求依规治党

依规治党是依法治国的重要前提和政治保障。只有把党建设好，国家才能治理好。中国共产党是中国特色社会主义事业的坚强领导核心。党的领导是中国特色社会主义最本质

---

① 《老子·道德经》第六十四章。

的特征，是社会主义法治最根本的保证。党的十八届四中全会《决定》强调，党的领导和社会主义法治是一致的，社会主义法治必须坚持党的领导，党的领导必须依靠社会主义法治。这一重要论断深刻揭示了党的领导对社会主义法治的极端重要性，对党怎样领导和治理国家、怎样加强党的建设提出新要求。依法治国、依法执政，既要求党依据宪法法律治国理政，也要求党依据党内法规管党治党。作为执政的中国共产党的各级党组织和全体党员，必须受到党规党纪的刚性约束，必须确保各级党组织和全体党员模范遵守宪法和法律，为全面推进依法治国提供根本保证。

三、党内法规是管党治党建设党的重要法宝

党内法规制度的完备程度是政党发展成熟与否和执政水平高低的一个重要标志。拥有一整套党内法规制度，是中国共产党的一大政治优势。在革命战争年代，中国共产党就是靠严明的党规党纪维护党的集中统一，保持党的凝聚力、战斗力。取得执政地位后，国家法律和党内法规共同成为中国共产党治国理政、管党治党的重器。

党内法规这一概念，是毛泽东同志于 1938 年在党的六届六中全会上提出来的。此后，邓小平等党中央领导同志均对党内法规建设作过重要阐述，党的十四大将党内法规的表述写入了党章。党的十八大以来，以习近平同志为总书记的党中央高度重视党内法规制度建设，制定《中国共产党党内法规制定条例》，颁发《中央党内法规制定工作五年规划纲要(2013—2017 年)》，党内法规制度建设取得新进展。尤其是 2015 年 10 月颁发的《中国共产党廉洁自律准则》和《中国共产党纪律处分条例》，前者重道德自律，后者重制度他律，两者相互融合、相辅相成，既树立崇高的道德目标，又划定

明确的行为底线，意义重大。经过近百年的实践探索，中国共产党已形成了一整套系统完备、层次清晰、运行有效的党内法规制度。这个制度体系包括党章、准则、条例、规则、规定、办法、细则等七种形式，体现着党的先锋队性质和先进性要求，使管党治党建设党有章可循、有规可依。

四、党规党纪严于国家法律

国有国法，党有党规。国家法律是全体公民必须遵循的行为底线，党规党纪是所有党员必须遵循的行为底线，两者不是一个概念。任何一个组织的内部规则必然都比国家法律要严格。党是肩负神圣使命的政治组织，党员是有着特殊政治职责的公民。中国共产党的执政地位，更是决定了党规党纪对党员的要求严于国家法律对普通公民的要求。申请加入中国共产党，面对党旗宣过誓，就成了有组织的人，就意味着主动放弃一部分普通公民享有的权利和自由，就必须多尽一份义务，就要在政治上讲忠诚、组织上讲服从、行动上讲纪律。党的领导干部尤其是高级干部放弃的要更多，责任和担当要更大。如果执政党连自己的党规党纪都守不住、执行不下去，依法治国、依法执政就是一句空话。党的各级组织和广大党员干部不仅要模范遵守国家法律，而且要按照党规党纪以更高标准严格要求自己，坚定理想信念，践行党的宗旨，坚决同违法乱纪行为作斗争。党员违反党纪就必须受到纪律审查，接受组织处理，切实做到以严的标准要求党员、严的措施管住干部。

五、党内法规是建设社会主义法治国家的有力保障

有一种观点认为，党规党纪强调得多，法律法规就会被弱化。事实上，加强党内法规制度建设，不仅不会削弱国家

法律的权威，而且有利于国家法律实施，二者相辅相成、相互促进。党制定党内法规，调整党内关系、规范党内生活，为党组织和党员提供行为遵循；党又领导人民制定宪法和法律，调整社会关系、规范社会秩序，为公民、法人和其他组织提供活动依据。党内法规和国家法律都是党和人民意志的反映，二者在本质上是一致的。历史经验告诉我们，如果党内法规执行得好，法律法规就能得到较好遵守，法治建设就能顺利推进；如果党内法规执行不好，法律法规的权威就树立不起来，依法治国也就无法实现。经过长期艰辛探索，我国于2010年形成以宪法为统帅的中国特色社会主义法律体系，为依法治国、建设社会主义法治国家奠定了坚实基础。在中国特色社会主义法律体系的基础上进一步构建中国特色社会主义法治体系，就要求我们除了进一步完善国家各项法律法规外，还要特别注意完善以党章为根本的党内法规制度体系，处理好依法治国和依规治党的关系。既要充分发挥法律法规的作用，还要充分发挥党规党纪的作用，使之相互作用、相得益彰。

第三节　提升纪检监察法治文化的路径

纪检监察承担着党内监督和国家监察的重要职责，是党和国家工作的重要内容。在依法治国的大背景下，各级纪检监察机关必须牢固树立法治意识，自觉运用法治思维和法治方式想问题、作决策、办事情，不断提高纪检监察工作的制度化、规范化、程序化水平，把党的政治优势、社会主义的制度优势转化为治国管党的效能，推进国家治理体系和治理能力现代化。

一、大力加强党内法规制度建设

(一) 完善以党章为根本、民主集中制为核心的党内法规制度体系

当前，党内法规制度建设理论研究相对薄弱，对党规党纪的历史渊源、地位作用、体例形式、产生程序等均需系统研究、予以确定；有的党规党纪与国家法律交叉重复，有的过于原则、缺乏细节支撑，可操作性不强，亟待完善。要认真总结中国共产党90多年、无产阶级政党100多年、世界政党几百年来制度建设的理论和实践成果，联系实际、求真务实，探索适合自己的党内法规制度建设途径。要根据《中国共产党党内法规制定条例》和《中央党内法规制定工作五年规划纲要（2013—2017年）》的要求，立足当前、着眼长远、统筹推进党内法规制度建设，完善以党章为根本、民主集中制为核心的党内法规制度体系。

党章是立党、管党、治党的总章程，是最根本的党内法规，在党内具有最高的权威性和最大的约束力。党章规定了党的理想信念、宗旨意识、组织保障、行为规则、纪律约束等基本内容，全党必须一体严格遵行。每一名党员都要无条件地履行党章规定的义务，遵守党的纪律。各级党组织要切实把党章作为指导党的工作、党内活动、党的建设的根本依据。党员干部要树立党的观念，学习党章、遵守党章、贯彻党章、维护党章，加强党性修养，切实维护党章的严肃性和权威性。党章对党内政治生活、组织生活的所有重大原则问题都提出了明确要求，既为全党统一思想、统一行动提供了根本准则，又为制定党内其他规章制度提供了根据和基础。民主集中制是党的根本组织原则，也是党的根本组织制度和领导制度，贯穿于党的组织和活动的各个方面，体现在党的

路线方针政策的制定和实施的全过程，是党内法规制度体系的核心。党内各项制度，包括组织制度、领导制度、生活制度、工作制度，实质上都是民主集中制原则在党的建设和党内生活中的具体体现和实际应用。只有以党章为根本，以民主集中制为核心，推进党内根本制度、基本制度、具体制度的健全与完善，才能逐步形成完整、系统、配套、协调的党内法规制度体系。

《中央党内法规制定工作五年规划纲要（2013—2017年）》提出，到2017年要基本形成涵盖党的建设和党的工作主要领域、适应管党治党需要的党内法规制度体系框架，使党执政的制度基础更加巩固，为到建党100周年时全面建成内容科学、程序严密、配套完备、运行有效的党内法规制度体系打下坚实基础。为实现这一目标，就要坚持科学立法、民主立法的基本理念，坚持内容科学、程序严密、配套完备、运行有效的基本要求，遵循法规制度建设的内在规律，妥善处理数量与质量、前瞻性与现实性等关系，确保法规制度适应党的建设和党的工作需要，体现广大党员干部意愿，经得起实践和历史检验。

（二）实现党内法规与国家法律的有机衔接

坚持依法治国和依法执政，在治国理政方面的依据是宪法和国家法律，在管党治党方面的依据是党章和党内法规。改革开放以来，在中国共产党领导下，中国特色社会主义法律体系已经形成并不断发展完善，党内法规制度建设也取得了长足进展。但受诸多主客观条件的限制，两者之间还存在一些衔接不够、协调不够的地方。有的党内法规在制定过程中缺乏论证，部分党纪规定与国法重复，有些党纪规定还有待进一步转化为国法，等等。建设中国特色社会主义法治体系，必须注重党内法规同国家法律的衔接和协调，处理好党内法规与国家法律之间的关系，不断提高党内立规和国家立法的科学化水平。

宪法是国家的根本大法、治国安邦的总章程，它赋予了党治国理政的责任和使命。党章作为党内根本大法、管党治党的总章程，规定党必须在宪法和法律范围内活动，党员必须模范遵守国家的法律法规，它以执政党的纲领保证宪法和法律的实施。依法治国是党领导人民治理国家的基本方略，依法执政是党治国理政的基本方式。党要把自己的路线、方针、政策通过法定程序转化为国家意志，成为全国人民共同遵守的法律规范，实现党的主张和人民意志的有机统一。要将这些原则贯彻到党内立规实践中去，保证党内法规体现党章和宪法的精神和要求，保证党内法规制度体系与中国特色社会主义法律体系内在统一，为管党治党提供坚实的依据和保障。

党内法规对社会主义法治建设具有引领作用。党内法规建设要循序渐进，先从提出工作要求入手，探索实践、不断总结，再上升为制度。党规党纪应着重规范党的政治纪律、组织纪律，保证党员坚定理想信念宗旨、保持优良作风、坚守道德操守，做到要义明确、简明易懂、便于执行。有些规范、要求在全社会还不具备实施条件时，可以通过对党员提出要求，先在党内实行，不断调整完善，辅以在全社会宣传引导，条件成熟时再通过立法在国家层面施行。要及时将全面深化改革的实践经验和制度成果，通过法定程序转化为国家法律法规，保证党的路线、方针、政策得到贯彻。要切实做好党内法规特别是党纪的立、改、废、释工作，对于党纪中虽有规定但可以由法律法规进行规范的，尽量通过法律法规来体现；对于法律既没有规定也不适合规定的事项，应由党纪逐步实现全面覆盖；对于同实践要求不相适应的党纪，应及时修订或废止；对于立法法明确规定应由国家法律规定的事项，党内法规不应做出规定；对于那些经过实践检验、应转化为法律的党纪，应及时通过法定程序将其转化为国家法律，逐步形成党的纪律与国家法律的衔接机制。

二、加强反腐倡廉党内法规建设和国家立法

（一）加强反腐倡廉党内法规制度建设

要全面贯彻落实党的十八届四中全会精神，按照《中国共产党党内法规制定条例》的要求，加快推进党风廉政法规制度建设，认真完成《中央党内法规制定工作五年规划纲要(2013—2017 年)》提出的工作任务，提高制度安排的系统性、科学性，努力形成不敢腐、不能腐、不想腐的有效机制。要针对党的建设和党的工作中存在的突出问题，以发展党内民主、推进作风转变、规范权力行使、严明党的纪律、强化党内监督、保障党员权利等为重点，进一步健全权力运行制约和监督体系，完善作风建设监督惩戒制度，完善惩治腐败、预防腐败的党内法规，完善纪律处分制度、党员申诉制度、检举控告的制度，完善纪检监察体制机制，完善党风廉政建设主体责任和监督责任的有关规定。在这个过程中，要注重提高反腐倡廉法规制度的针对性和可操作性，进一步强化程序性、保障性、惩戒性规定，不断提高反腐倡廉法规制度的执行力。

（二）加快推进反腐败国家立法

法律法规是开展纪检监察工作、推进党风廉政建设和反腐败斗争的重要依据。近年来，我国在制定和修改相关法律时，增加了一些反腐败的条款，这些条款大多散见于相关法律之中，过于分散，缺乏统一性。加之一些制度设计不严密、不系统、不配套，可操作性不强，执行力度不够，预防和惩

治腐败的威慑力明显不足。因此，要进一步加强科学立法工作，加快推进反腐败国家立法，一是要搞好顶层设计。主动适应党风廉政建设和反腐败形势发展需要，加强对反腐败法治化规律特点、思路框架和实现途径的研究，自上而下抓好反腐败法规制度建设，搞好反腐败国家立法的顶层设计，指导和全面推进治理腐败的法治化。二是要突出立法重点。反腐败国家立法涉及党和国家生活的各个方面，内容十分丰富。但核心是权力结构问题，应依据作为国家根本大法的宪法和作为党内最高规章的党章，将权力结构改革列入反腐败国家立法之中。要厘清权力与权利的授受、制衡和回归的关系，逐步建立起能够很好体现国家治理要求的反腐败权力结构，科学配置相关反腐败机构的职能及权力，充分发挥法治在惩治和预防腐败中的保证作用。三是要完善法制体系。要认真总结党风廉政建设和反腐败制度建设的经验，对经过实践检验有效管用的党风廉政建设和反腐败制度规定，要及时上升为国家法律，积极推进纪律约束、制度规范向法制保障深化。要完善惩治贪污腐败等职务犯罪的规定，探索建立国家公务员财产申报方面的法律制度，制定规范党员干部从政行为方面的法律法规，在条件成熟时制定出台国家《反腐败法》。要进一步完善配套法规，特别是加强地方性反腐败法规建设。

三、严格执行有关党内法规和国家法律

（一）培育法治思维

法治思维是法治文化的灵魂。培育法治思维是提高纪检监察工作法治化水平、依纪依法反对腐败的前提。一方面，要开展法治宣传。在全党全社会加强和改进法治宣传，整合各方面资源，发挥各部门优势，把依法治国、依规治党宣传融入到大宣传格局中，大力培育公民意识、民主意识、法治

意识和党员干部的党章党规党纪意识，在广大人民群众和党员干部中普及法治思维和法治观念，努力积聚强大的廉政正能量。另一方面，要加强法治教育。在不断强化全社会依法治国意识的同时，尤其要针对少数党员领导干部法治观念淡薄、法纪意识淡化的实际，切实加强法治教育，增强党员领导干部依法办事、廉洁自律的意识和自觉性，教育引导党员领导干部在内心深处重视法纪、尊重法纪、敬畏法纪，带头遵守执行国家法律和党规党纪，严格按照国家法律和党内法规规定的权限和程序行使职权，切实把行权用权行为严格置于法律法规约束之下。要通过法治文化培育，强化党员干部和全体公职人员的法治思维和廉洁意识，提高抵诱惑、抗腐蚀的能力和修养，从潜意识里牢固树立不愿腐不想腐的根基。思想是行为的先导，思想坚定、认识清醒、自身过硬才是拒腐防变、廉洁自律最有效的保障。

（二）引导和督促党的各级组织和党员干部自觉遵守纪律，模范遵守国家法律

中国共产党是执政党，党的纪律在党内具有规范性和强制性。党的各级组织和广大党员干部，在立法、执法、司法、守法各个环节中发挥着中坚作用，只有严格遵守党规党纪，模范遵守国家法律，依法治国才有保障。

党的各级组织和广大党员干部要自觉遵守党的纪律。中国共产党有着严明的纪律要求，从成立的第一天起就要求各级党组织和全体党员必须严守党的纪律。党的纪律是自觉的纪律。中国共产党是按照自己的政治纲领、政治路线，为实现自己的政治目标而组织起来的马克思主义政党。广大党员干部都是来自五湖四海，为着共同的奋斗目标和理想信念走到一起来的。加入党组织，是个人的自愿选择；拥护党的纲领，遵守党的章程，严守党的纪律，是面对党旗宣誓入党时

对党作出的庄严承诺。这就决定了党员干部的行动是自觉的行动。要进一步增强党员干部遵守纪律的自觉性，使接受纪律约束成为一种习惯，并把习惯内化为一种行动，进而升华成一种文明素养。要进一步增强各级党组织遵守纪律的自觉性，始终同党中央保持高度一致，始终在党的纪律范围内活动。同时，党的纪律也是铁的纪律，必须无条件遵守。不自觉遵守甚至违反党的纪律的，就必须受到处理，直至开除出党。

党的各级组织和广大党员干部要模范遵守法律。党的各级组织和党员必须受党的纪律和国家法律双重约束，既要做党的纪律的自觉遵守者，又要做国家法律的模范遵守者，坚决同违法乱纪行为作斗争。群众对党组织和党员干部总是听其言、观其行的。党的组织和党员干部能否带头遵守法律，对能否实现全民守法具有重要影响。各级党组织和党员领导干部要按照党领导立法、保证执法、支持司法、带头守法的要求，不断提高依法执政能力和水平，不断推进各项治国理政活动的制度化、法律化。各级领导干部要提高运用法治思维和法治方式深化改革、推动法治、化解矛盾、维护稳定的能力，努力推动形成办事依法、遇事找法、解决问题用法、化解矛盾靠法的良好法治环境，自觉在法治轨道上，用法治的手段推动各项工作。

党的各级纪律检查机关要按照党要管党、从严治党的要求，切实承担起监督执纪问责的职责。要加强对党员的日常管理和监督，严格执行党的政治纪律、组织纪律、廉洁纪律、群众纪律、工作纪律和生活纪律，克服组织涣散、纪律松弛现象。要铁面执纪，不讲情面、不怕得罪人，敢于动真碰硬，敢于对违反纪律的行为亮剑，坚决查处违反党纪的行为，确保纪律刚性约束。要坚持抓早抓小，对苗头性、倾向性问题早发现、早提醒、早纠正、早查处，防止小错酿成大错、违纪走向违法。要正确处理党纪与国法、党内审查与法律处理的关系，切实提高以法治思维和法治方式反对腐败的能力。要严格责任追究，对问题突出的单位要启动问责机制，对维护党纪、执行党纪不力的地方、部门和单位，要严肃追究责任，形成依据党内法规管党治党的强大合力。

（三）严格执行反腐败法规制度

严格执行落实法律法规及相关制度，是纪检监察法治文化的应有之义和必然要求，也是依纪依法反对腐败的关键环节。

一是要严格规范行政执法行为。这是用法治思维和法治方式反对腐败的执法要件。行政权是把体现为人民意志和党的主张相结合的立法决策落实兑现的关键。行政权具体掌握着国家绝大多数资源的分配使用权，相对于其他部门具有更多的腐败资源、腐败条件和腐败可能，廉政风险也更高，是反腐败工作的重点领域和重点对象。因此，作为执法环节的行政权，不仅要坚持依法行政，做到自律和自控，不以权谋私，不滥用权力，还要做到依法防腐，依法治权，确保行政权依法、廉洁、高效行使。

二是要提高安全文明执法水平。纪检监察机关要善于运用法治方式开展监督检查，依纪依法对职能部门履行职责情况进行再监督，做到不缺位、不越位、不错位；善于运用法治方式破解信访难题，对疑难信访问题实行公开听证，吸纳律师、司法、第三方组织参与，逐步畅通纪检监察信访举报渠道，依法处置涉腐网络舆情，维护社会和谐稳定；善于运用法治方式查办案件，在从严治党的同时注重人本关怀，惩治腐败的同时兼顾保护权利，审查实体的同时突出程序保障，将依纪依法安全文明办案的要求贯穿于立案、调查、审理、处分、执行等各环节，使每一起案件都经得起历史和人民的检验。

三是要充分发挥司法治腐作用。要切实营造良好的司法环境，保障司法机关依法独立行使职权，排除各种干预和干扰，把审判权回归人民法院，把矛盾纠纷解决的终结权回归人民法院。同时，应当尽可能地剥离或者减少司法权的经济、民事、行政和社会活动，避免司法机关自己成为被告，从制度设计和程序安排上最大限度地减少司法腐败的可能。司法机关要以事实为根据，以法律为准绳，秉公司法，依法严惩各种腐败犯罪。尤其要坚持法律面前人人平等，切实做到不管涉及什么人，不论权力大小、职位高低，只要触犯党纪国法，都要严惩不贷。

（四）严格执纪，把纪律挺在前沿

从严治党关键在严格执纪。纪律的生命力在于执行，再好的纪律不执行、形同虚设，就一定会形成“破窗效应”。习近平总书记强调：“党要管党、从严治党，靠什么管，凭什么治？就要靠严明纪律。”“严明”二字强调的就是提高执行力，要说到做到，执纪必严，违纪必究。各级党组织和党员领导干部要以身作则、以上率下，带头遵守党规党纪。各级纪检机关要强化监督执纪问责，敢于担当、敢抓敢管，坚决同违反党纪的行为作斗争，确保党规党纪的刚性约束。

把纪律挺在前沿，加大纪律审查力度，让纪律发力、让禁令生威。纪检监察机关要明确职能定位、全面履行职责，进一步强化监督执纪问责意识，把握纪律审查深刻内涵，回归纪律本质，体现纪律特点。纪律审查就要冲着纪律去，对照党章和党规党纪的要求，以问题为导向，重点查找党员干部在遵守、执行政治纪律和政治规矩、组织纪律、廉洁纪律等方面存在的问题。当前，尤其要把是否违反政治纪律和政治规矩、组织纪律，是否存在“七个有之”、“五个必须”①现象作为纪律审查的重点，贯穿线索摸排、立案审查、纪律处分全过程。从纪律和规矩角度去衡量、处置党员干部隐瞒个人有关事项、对抗组织审查、跑风漏气、买官卖官等违规违纪问题，维护纪律的严肃性，体现纪律审查的政治性。

在具体的纪律审查工作中，要突出三项基本要求：一是依规依纪审查。纪律审查要有参照系，这个参照系的主体内容都包含在反腐倡廉法规制度体系中。在纪律审查中做到严格的依规依纪，就是对党员干部形成最鲜明的导向和标尺，对哪些应该遵守，哪些不能违反，都有清醒的认识。二是明确纪律审查的重点。纪委不是党内公检法，要正确处理好树木和森林的关系，纪律审查的重点还是在执行纪律的情况，加大对干部遵守纪律情况的监督。在定位问题上，纪委必须把纪律和规矩挺到前面。坚决摒弃“违纪只是小节、违法才去处理”的惯性思维，把关注点从“盯违法”转向“盯违纪”，坚持用纪律管住大多数，使违纪问题成为纪律审查的重

① 习近平总书记在十八届四中全会第二次全体会议上指出无视党的政治纪律和政治规矩的“七个有之”：1. 搞任人唯亲、排斥异己的有之；2. 搞团团伙伙、拉帮结派的有之；3. 搞匿名诬告、制造谣言的有之；4. 搞收买人心、拉动选票的有之；5. 搞封官许愿、弹冠相庆的有之；6. 搞自行其是、阳奉阴违的有之；7. 搞尾大不掉、妄议中央的也有之。

针对严峻复杂的党风廉政建设和反腐败斗争形势，习近平总书记在十八届中央纪委五次全会上对党员干部提出了“五个必须”的要求：必须维护党中央权威，在任何时候任何情况下都要在思想上政治上行动上同党中央保持高度一致；必须维护党的团结，坚持五湖四海，团结一切忠实于党的同志；必须遵循组织程序，重大问题该请示的请示，该汇报的汇报，不允许超越权限办事；必须服从组织决定，决不允许搞非组织活动，不得违背组织决定；必须管好亲属和身边工作人员，不得默许他们利用特殊身份谋取非法利益。

点。三是形成纪律审查的工作机制。要健全问责机制，坚持有责必问、问责必严，把监督检查、目标考核、责任追究有机结合起来，形成法规制度执行的强大推动力。要把法规制度执行情况纳入党风廉政建设责任制检查考核和党政领导干部述职述廉范围，通过严肃追究主体责任、监督责任、领导责任，让法规制度的力量在反腐倡廉建设中得到充分释放。纪律检查机关要加大监督检查力度，对有令不行、有禁不止的，不仅要严肃查处直接责任人，而且要严肃追究相关领导干部的责任。

四、加强纪检监察机关自身建设

在协调推进“四个全面”战略布局中，纪检监察机关担负着监督执纪问责的重要职责，纪检监察干部是党的忠诚卫士、群众的贴心人，自身建设更要过硬。当前，党风廉政建设和反腐败斗争形势依然严峻复杂，纪委也不是净土，有的纪检干部顶风违反中央八项规定精神，违反审查纪律和保密纪律，跑风漏气甚至以案谋私。正人先正己，打铁还需自身硬。要通过法治文化教育强化纪检监察机关自身建设，用严明的纪律管住纪检监察干部，建设一支忠诚干净担当的纪检监察干部队伍。

严管就是厚爱，信任不能代替监督。党中央和人民群众对纪检监察干部充分信任、寄予厚望。越是肩负重要使命，越要强化自我监督，自觉接受党和人民的监督。纪检监察干部对党纪国法要心存敬畏和戒惧，增强法治意识和纪律观念，内化于心、外化于行，自觉依纪依法办事。要综合运用教育、警示、挽救、惩治方式，加强日常教育管理，严格工作程序，加强基础工作，狠抓作风转变，做到严、细、深、实，确保领出好班子、带出好队伍、激发正能量。要发挥纪检监察干部监督机构作用，完善自我监督机制，健全内控措施，强化自身监督。要瞪大眼睛、拉长耳朵，提高发现问题、监督执纪的能力，坚决清理门户，强化“不敢”；把纪律挺在前面，抓早抓小、动辄则咎，深化纪检体制改革，加强制度建设，强化“不能”；把党的领导体现在坚定信仰、坚定信念、坚定宗旨上，体现在贯彻执行党的路线方针政策上，按照忠诚干净担当的标准选好人、用对人，强化“不想”。

第四节　健全惩治和预防腐败体系，用法治思维和法治方式反对腐败

法治是治国理政的基本方式，也是反腐倡廉的基本方式。建立健全惩治和预防腐败体系，是党中央从全局和战略高度作出的重大决策，是构建权力运行制约和监督体系的必然要求，也是从严治党、依规治党的重要抓手。要把从严治党、依规治党和依法治国统一起来，健全惩治和预防腐败体系，用法治思维和法治方式反对腐败，坚持惩治和预防腐败两手抓、两手都要硬，切实提高反腐倡廉法规制度执行力，不断提高反腐败法治化水平。

一、加大查办案件工作力度，始终保持惩治腐败高压态势

查办违纪违法案件，是惩治腐败的直接手段，也是从严治党的重要体现。当前，我国正处于经济社会快速发展过程中，腐败现象在一些领域和部位仍然呈现易发多发的特征，特别是权力集中、资金密集、资源稀缺等重要领域的大案要案频发，损害群众利益的事件时有发生，社会影响恶劣。坚决惩治腐败是我们党有力量的表现，也是全党全社会的共同

愿望。因此，要遏制现阶段腐败现象易发多发的势头，惩治这一手决不能放松。要坚持有案必查、有腐必惩，建立健全腐败案件揭露、查处机制，建立健全查办案件组织协调机制，做到有群众举报要及时处理，有具体线索的要认真核实，违反党纪国法的要严肃查处。要坚持抓早抓小、防微杜渐，对反映党员干部的苗头性倾向性问题，及时谈话提醒、诫勉、函询、教育，防止小错酿成大错。要坚持"老虎"、"苍蝇"一起打，既坚决查处领导干部违纪违法案件，又切实解决发生在群众身边的不正之风和腐败问题，做到党纪国法面前没有例外，不管涉及到谁，都要一查到底，决不姑息、决不手软。查办案件要坚持纪法分开，严格划分违纪和违法的区别，纪检机关对违反党纪的问题进行纪律审查，对触犯法律的应交司法机关侦查、起诉、审判，严格按司法程序办理，严格按法律规定定性、定罪、量刑。党的十八大以来，严肃查处了周永康、徐才厚、令计划、苏荣、周本顺等严重违纪案件，特别是对周永康、薄熙来、刘志军等依法追究刑事责任，社会反响极大。这也再次向全党全社会表明，不管涉及什么人，不论权力大小、职务高低，只要触犯党纪国法，都要严惩不贷。

二、完善防控廉政风险、防止利益冲突、领导干部报告个人有关事项等预防腐败制度

扬汤止沸，不如釜底抽薪。反腐败成效的大小，既取决于惩治腐败的力度，也取决于预防腐败的力度。要健全防控廉政风险制度，针对重点对象、重点领域和关键环节，逐步建立健全风险预警、纠错整改、内外监督、考核评价和责任追究机制，形成一整套行之有效的廉政风险防控体系。要健全防止利益冲突制度，进一步完善市场机制，着力解决公共

资源配置、公共资产交易、公共产品生产等领域中利益冲突问题；进一步完善并严格执行公职人员行为限制和领导干部亲属经商、担任公职和社会组织职务、出国定居等相关制度规定，防止领导干部利用公共权力或自身影响为亲属和其他特定关系人谋取私利。要健全领导干部报告个人有关事项制度，推行新提任领导干部有关事项公开制度，制定领导干部个人有关事项报告抽查核实办法，加强报告核查结果的运用和违规惩戒力度；健全对国家工作人员配偶子女移居国（境）外的管理制度，制定配偶移居国（境）外的国家工作人员任职岗位管理办法，强化对党员、干部特别是领导干部的监管。

三、完善党务、政务公开和各领域办事公开制度，实施决策公开、管理公开、服务公开、结果公开

民主的基础是公开，公开是最好的监督。实践表明，暗箱操作容易滋生腐败，权力公开透明运行能够有效防止腐败。要坚持公开是原则、不公开是例外的要求，凡是经济社会发展重大事项、群众普遍关注事项、涉及群众切身利益事项、容易发生腐败问题领域和环节的事项，都要做到及时公开，提高权力运行的透明度。在党务公开方面，全面推进党的基层组织党务公开，深入开展县委权力公开透明运行试点工作。在政务公开方面，认真落实《政府信息公开条例》，深化财政预算决算、部门预算决算、重大建设项目和社会公益事业等信息公开。在各领域办事公开方面，包括企事业单位、群团组织、社会中介组织等，特别是教育、医疗、通讯、电力等公共服务单位，都要结合行风治理，进一步深化公开工作。要推进决策公开、管理公开、服务公开和结果公开，主动回应社会关切。公开内容必须突出重点，挤干水分、拎出干货，

让群众听到最想听到的，了解到最想了解的，不断提高人民群众的满意度。要大力推进电子政务建设，特别是建设更加完善的电子监察系统，推动权力网上公开透明运行。

四、推进形成“三不”有效机制，强化“不敢腐”氛围，逐步实现“不能腐”、“不想腐”

习近平总书记强调，要坚持用制度管权管事管人，抓紧形成不想腐、不能腐、不敢腐的有效机制。当前，要加大正风肃纪、严明纪律、惩治腐败力度，使之“不敢腐”。谁在这样的形势下还敢顶风违纪，谁就要为之付出代价。惩是为了治，要综合施策，加大治本力度。选对一人、造福一方，用错一人、贻害无穷。实现“不能腐”首要的是选对人、用好人，通过不断健全干部选拔任用和管理监督制度，把忠于党、忠于人民的好干部选出来、用起来。逐步形成不能腐的制度体系，把篱笆扎得更紧，真正把权力关进制度的笼子。求真务实、探索创新，继续落实好《党的纪律检查体制改革实施方案》，将改革成果固化为制度。修订《中国共产党党员领导干部廉洁从政若干准则》《中国共产党纪律处分条例》等党内法规，使党规党纪更好适应新形势新任务的需要。加强对领导干部的日常管理监督，完善激励和问责机制。要不断增强党性修养，坚定理想信念，强化宗旨意识，牢固树立“三个自信”，最终实现“不想腐”。

五、严格落实党风廉政建设责任制

抓好党风廉政建设和反腐败斗争，必须全党动手。1998年11月，党中央、国务院颁布实施了《关于实行党风廉政建设责任制的规定》。2010年11月，党中央、国务院又颁布了新修订的《关于实行党风廉政建设责任制的规定》。当前，落实党风廉政建设责任制也面临一些亟待解决的问题，比如：具体的、可操作性的举措少，致使工作流于形式；责任分解不够明确，检查考核不够深入，责任追究不够严肃，存在失之于软、失之于宽现象，等等。这严重影响了党风廉政建设责任制的实效性和权威性。要进一步落实好党风廉政建设责任制，各级党委必须切实担负起主体责任，党委主要负责人必须承担起第一责任，加强党对党风廉政建设和反腐败工作的统一领导，把反腐倡廉工作纳入到经济社会发展和党的建设总体工作之中，统一部署落实、统一检查考核。各级纪委要履行协助党委加强党风建设和组织协调反腐败工作的职责，并认真履行好监督责任，不仅要分解、考核任务，更要严格追究责任。有权就有责，权责要统一。无论是党委、纪委还是职能部门，都要对具体承担的责任行为进行“签字背书”，对敷衍塞责、不抓不管而造成不良后果和恶劣影响的，要依照《规定》分清责任、严肃追究，该组织处理就组织处理，该纪律处分就纪律处分。

党风廉政建设和反腐败是一场输不起的斗争。当前党风廉政建设和反腐败斗争形势依然严峻复杂，滋生腐败的土壤依然存在。党风廉政建设和反腐败斗争永远在路上，不可能一蹴而就，一劳永逸。要冷静清醒地认识党风廉政建设和反腐败斗争的长期性、复杂性、艰巨性，保持坚强政治定力，坚定必胜信心，坚持不懈地抓下去，让人民群众切实享受到全面从严治党的成果。要回应群众期盼，大力加强纪检监察法治文化建设，不断提升党风廉政建设和反腐败工作法治化水平，以依法治国、依规治党的实际成效赢得党心民心。

下篇
法治文化载体研究

第十五章
法治语言

法律离不开语言，一切法律和法规都要付之于语言文字表达，法治理念的贯彻和实施同样也离不开语言。现代哲学认为，语言不仅仅是一种工具，语言还具有本体性。语言是文化的载体，也是文化的一部分，法律语言既是法治文化的载体，也是法治文化的一部分。法治文化存在于一切法治语言的动态过程和静态形式中，法治语言使用的一切方式和方法都蕴含着“法治文化”意义。正是在这个意义上，有学者认为，法律语言是“司法公正的载体与牢房”。[①] 法治语言是指那些符合法治理念的法律语言和话语方式，法律语言是目

① 潘庆云:《中国法律语言鉴衡》，汉语大词典出版社2004年版，第501页。

前法律法规所使用的语言，法治语言则是法律语言所应达到的理想状态。真正的法治语言只能是司法公正的载体，而不能是司法公正的牢房。正确把握法治文化的内涵，则可以通过法治语言构建符合现代法治理念的法治文化。

现代法治基本的内涵是：（1）法律至上，即“法的统治”。法律与任何个人相比，具有更高的权威性。（2）保障权利，限制权力。“权力”因服务“权利”而存在，“权力”受“权利”的制约。法治与人治的最大区别也在于如何看待权力与权利的关系。“权利”经常受到“权力”的侵害，因此，为了保护权利就要限制权力。（3）公正。法治社会的最大价值在于最大程度地实现公平正义。

法治语言主要包括立法法治语言、司法法治语言和执法法治语言。语言具有构建的作用，法治语言具有构建法治文化的作用，在立法、司法和执法过程中，运用法治语言和法治话语的运作方式可以构建以人为本、保护人权的法治文化。

第一节 立法法治语言

立法是法的创制，法的创制是法治的起点。立法语言是立法者在立法过程中使用的语言、文字以及必须遵循的语言规律。[①] 有学者认为，从综合力度看，立法语言处于法律体系的核心地位。党的十八大提出“科学立法、严格执法、公正司法、全民守法”十六字方针，也把“科学立法”放在首位。构建符合现代法治理念的立法法治语言是构建法治文化

① 周旺生主编：《立法学教程》，法律出版社1998年版，第296页。

的重要一环。为了实现法律的理性、客观、公开和平等，立法语言也要做相应的调整，使之成为法治语言。

一、立法法治语言的特性

（一）立法法治语言首先应当准确严谨

像英国法理学家边沁所说的，应实现立法语言的精确化，防止语言表达的“笼统”和“含混”。只有这样，才能确切地表达法意，立法语言才能构建理性、客观、民主和平等的现代法治。梁启超在 1904 年发表的《中国成文法编制之沿革》一文中说：“法律文辞有三要件：一曰明、二曰确、三曰弹力性。”① 其中第二件就是“确”。梁启超对“确”的解释是：“确也者，用语之正确也。培根曰：‘法律之最高品位，在于正确，是其义也。’”这里的“正确”是指语言表述严谨，符合客观事实。“准确严谨”是法治语言的第一个“特质”。有学者认为，法律语言的一词、一句乃至一个标点，都必须使任何人的读解与认知是同一的，非歧义性的；这是法律语言的灵魂之所在，是法律语言的生命线。② 这种状态的法律语言才是法治语言。法治语言的准确严谨不仅仅是指选词的严谨，还包括语言在不同的法律中使用的逻辑性和统一性。

（二）立法法治语言的模糊性

语言本身具有模糊性，立法法治语言也具有模糊性。立法法治语言的模糊性与准确严谨并不矛盾。由于事物的复杂性，人们对事物的认识有时并非十分清晰，这时语言表达也

① 范忠信选编：《梁启超法学文集》，中国政法大学出版社 2000 年版，第 181 页。

② 孙懿华：《法律语言学》，湖南人民出版社 2006 年版，第 19 页。

不可能十分精确，该模糊时则模糊，这也是一种准确。梁启超所说的第三要件是“弹力性”，“弹力性，其法文之内包甚广，有可以容受解释之余地者也。确之一义与弹力性一义似不相容实乃不然，弹力性以言夫其义，确以言夫其文也。培根又曰：最良之法律者，存最小之余地，以供判官伸缩之用，则其有弹力性可见。然而两者之可以相兼，明矣”。模糊语言的使用就可以使立法法治语言保持弹力，使法律有伸缩的余地。

（三）立法法治语言的简明性

让公民知晓法律，是保护公民权利的重要前提，因此，法律必须具有可预测性和公开性，而立法法治语言则应当简洁明了。梁启超说的法律文辞的三要件，其中第一件就是“明”。“明”就是简明、明确。梁启超认为，“若用艰深之文，非妇孺所能晓解者，是曰不明。此在古代以法愚民者恒用之，今世不敢也”。古代法律用语晦涩不明，是统治者不想让百姓了解法律，从而达到愚弄百姓的目的。立法法治语言则不能过于专业化，其所表达的意图必须被普通民众所知晓。因为，对法律的知情权也是公民的一项重要权利。语言表达过于专业化的法律有人称之为“法学家法”，它不宜于民众掌握和运用，与法治所要求的法律的可预测性和公开性相冲突，这种法律并非真正的法律。

二、立法法治语言与国家传统文化密切相关

在立法法治语言应该简明化或大众化还是专业化或精英化问题上，也有学者主张应该专业化或精英化。对后世影响最为深远的法国民法典和德国民法典代表着两种迥然有别的风格，法国民法典最为突出的特点是浅显易懂、生动明快，德国民法典则以概念细致精密、用语准确严谨而著称。可以

说，德国民法典走的是专业化道路，而法国民法典走的则是简明化的道路。立法语言特点与一国的传统文化、民族气质紧密相关。中国长期以来的人治传统，导致民众的法治观念不强，法律素养不高，对法律的信仰还没有养成，因此，立法法治语言应当简明易懂。当然，作为普遍适用的法律规范，立法法治语言也不能过于通俗，在法律规范中，通俗化与专业化或者说大众话语与精英话语应当达到合理的平衡。

公平正义是法治的核心。立法法治语言应当以理性、客观的语言规定对等的权利和义务，法律作为社会治理的工具，也不应当过多承担政治和道德所应承担的社会功能。法律面前人人平等，立法法治语言还应当具有平等意识，平等尊重地对待每一个人，像边沁所说的，实现法律语言的中性化，用中性的词语取代有道德偏见的语词。

我国立法实践中历来重视立法语言技术。在立法工作中，法律起草、制定都在一定程度上征求语言学家的意见。1954年第一部《中华人民共和国宪法》起草过程中，最后的核心专家小组里，有叶圣陶和吕叔湘两位语言学家。2004 年《宪法》修订时，为了删改一个逗号，大会主席团曾向代表们提交了一个长达 450 余字的解释和说明。为了规范立法用语，2007 年全国人大法工委设立立法用语规范化咨询委员会专司法律草案的用语规范。但是，我国法律目前尚未对立法语言技术进行专门规定。在起草 2000 年《立法法》过程中，学者们提出的《立法法》（建议稿）曾专设一章《法的体例》，对法的名称、法的标题、法的语言、法的结构和法的用语等提出了相应的要求，然而最终未能被采纳。2001 年 11 月国务院公布的《行政法规制定程序条例》第五条，简略提到行政法规“应当备而不繁，逻辑严密，条文明确具体，用语准确、简洁，具有可操作性”。

全国人大常委会法制工作委员会于2009年和2011年分别制定《立法技术规范（试行）（一)》和《立法技术规范（试行）（二)》，规定了立法起草中常用词语和句式的使用，在规范立法技术和提高立法质量方面都起到了很好的效果。但是就目前而言，立法语言仍然存在着语词使用不当、语法错误、标点符号错误、语言表述不统一等许多失范现象；我国的法律还承担着部分说服教育的功能，立法语言中还掺杂着不少政策性语言和道德说教语言。

法治思维的践行依赖法治语言。在今天提倡法治中国，倡导法治文化建设的大背景下，我们应当重视、完善对立法语言的规范使用，去除口号式的政策性话语和具有说教色彩的道德话语对立法语言的渗透，使立法语言更加规范、严谨、客观和理性，成为立法法治语言。

第二节　司法法治语言

一、司法语言是贯穿于司法行为过程中的语言文字表意体系

司法言语行为不同于立法言语行为的根本点在于它具有更强的交际互动性，口头交际是司法言语行为最典型的形式，特别是庭审言语行为。在司法实践中，法庭审判是最为重要的环节，只有通过法庭审判，才能判定犯罪嫌疑人有罪与否，罪轻还是罪重，未经审判，不得判定任何人有罪。法庭审判在整个司法实践中处于决定性的地位。在诉讼程序中享有话语权的主体，理论上应当包括该特定行为过程中的所有的人。所有参与法定话语表述的，都是程序当中的话语权主体，都

具有不同程度的话语控制权。司法语言是相关法律言语行为主体在司法程序中所使用的规范的行业用语。司法主体是司法机关，司法言语行为则由代表司法机关实施权利（力）义务的工作人员完成。在庭审中，法官既是庭审程序的主持者、主导者，也是案件是非真相的判断者，因此，法官语言可以作为司法语言的代表。有学者认为，执法司法本身是法定的程序，口语表达作为其必然组成部分，也就带有着先天的法定性。[①] 法官言语行为是司法程序的一部分，法官语言对法治文化的构建具有至关重要的作用。

“司法公正”是现代法治的核心，党的十八大提出“公正司法”，要在全社会实现公平正义，不论是司法还是执法都要讲求公平正义，其结果都要经得起公平正义规则的拷问。在追求实质正义的同时更加重视程序正义，通过运用法律的原则、精神和法律赋予的裁量权，尽量消除某些程序可能对实质正义的损害，实现程序正义与实质正义的统一。新《刑事诉讼法》围绕公开、公正、高效三个目标，形成具有中国特色的审判方式。法庭辩论被视为保护民主与人权的重要手段，《刑法》《刑事诉讼法》《民诉法》《行政诉讼法》和《赔偿法》也都规定了论辩规则。

二、司法法治语言的特性

在法治理念的要求下，司法法治语言也应该体现公平正义和保障人权等基本法治精神；而司法语言的规范化等也正是法治理念所要追求的形式正义。司法言语行为具有程序性、格式性、过程性和繁复性。总体而言，法官的语言表现为简

---

① 刘红婴：《法律语言学》，北京大学出版社2003年版，第170页。

短、清晰明了和不容置疑。[1]

司法公正首先要通过法官的中立和平等地对待双方当事人来实现，这也正是程序公正。而现代法治理念要求保护被追诉者的权利，不经审判，任何人不能被定有罪。话语主体双方是平等关系。法官法治语言的特征和话语方式来自法官的角色定位，根据现代法治理念，法官的角色定位是裁判者不是当事人。英国法谚云："一个人不能在自己的案件中当法官，因为他不能既做法官，又做当事人。"中立是对裁判者最基本的要求。法官处于中立地位，与双方当事人处于同等距离，既不能偏袒公诉人也不能偏袒被追诉者。这就要求法官言语行为不偏不倚，法官的非言语行为及态度也要不偏不倚，法官要使用具有亲和力而又不失权威的法治语言对待双方当事人。就言语行为规则而言，主要体现在话语权上。[2] 法庭语言问题，尤其是法官的言语行为是程序和程序正义的一面镜子。

程序公正对于法庭审判而言，最根本的问题是法官主持审判时话语权分配要合理。只有给予控辩双方均等而充分的话语权，法官才能在激烈的争辩中准确地了解案件事实，所做出的判断也更能保障司法公正。同时，在动态的话语冲突中，法官要合理地把握双方的话语力量平衡。法官的频繁"打断"会影响审判效果，但是，当双方发生争执或者所争论的问题背离案件焦点时，法官就要及时介入，适时打断。法官适时、合理的打断是平衡话语权的有效方法，有利于程

---

① 龚韶、花靖超：《论庭审语言的特征》，载《湖南人文科技学院学报》2012 年第 3 期。

② 话语权是语言权的一部分，同时也是语言权的具体体现，语言权又是人权的一部分。

序公正。但“打断”一定要适时和合理，滥用打断的权力则不利于司法公正。

程序性问话是为程序正义服务的，保障程序正义是保障人权、依法司法的重要步骤。法官在履行程序职责时必须严格按照法律规定，全面而具体地进行有序的程序性问话，只有这样才能使犯罪嫌疑人充分了解自己的权利并进行积极辩护，使整个庭审过程朝着更加规范化、法治化和人性化的方向推进。在职权主义模式的国家，法官不仅仅是裁判者，还充当追诉犯罪或追究责任的角色。我国目前属于职权主义与当事人主义混合模式，法官对于实体性问题负有一定的调查权力，但是法官在进行实体性调查问话时，所使用的语言应当规范而具体，不能带有明显的拷问性质。首先不可先入为主，更不能进行有罪预设。法官必须牢记，在刑事审判中，坐在面前的不是罪犯，是被告人，是诉讼主体，是当事人；控辩双方是平等的，既不能厚公诉人薄被告人，也不能厚被告人薄公诉人。同时，法官必须在法律的框架内实施与其角色定位一致的言语行为。有些法学家和法官强调法官的主观性、个人能动性以及在法律实践中的创造性。但孟德斯鸠说："一个民族的法官，只不过是宣布法律之词语的喉舌，是无生命的人，他们既不能变动法律的效率，也不能修正其严格性。"[①] 无论法官的创造性多么强，都必须在法律和法治的限制下进行，法官语言更是如此，它必须体现法治的宗旨、法治的目的和法治的精神。其次，法官要多用开放性问话，给予当事人更多解释和辩护机会。实体调查主要在于查清事实的真相，开放性问话获得的信息量大、支配力小，因此要多采用开放性问话，避免较多地使用特指性问话。

① 卡多佐：《司法过程的性质》，商务印书馆 1998 年版，第 106 页。

三、司法法治语言的现实要求及存在问题

（一）现实要求

根据最高人民法院《法官行为规范（试行）》第28条规定，法官庭审中的言行态势要求："（一）坐姿端正，杜绝各种不雅动作；（二）集中精力专注庭审，不做与庭审活动无关的事；（三）不得使用通讯工具、在审判席上吸烟、随意离开审判席等；（四）礼貌示意当事人及其他诉讼参加人发言；（五）不得用带有倾向性的语言进行提问，不得与当事人及其他诉讼参加人争吵；（六）严格按照规定使用法槌，敲击法槌的轻重应当以旁听区能够听见为宜；（七）严禁酒后参加庭审"。尽管法官的言行举止有法可依，但在司法实践中，司法语言依然存在许多与法治理念相背离的现象。

（二）存在问题

1. 话语权的分配不均衡。从法庭语言调查来看，目前在我国的法庭语言中，控辩审三方的权势地位不均衡，尤其是控辩双方的权势地位非常不均衡，被追诉者明显处于弱势地位，控诉方则明显处于强势地位。话语权力指话语中蕴涵的强制性力量或支配性力量，它蕴含着一种权力关系，传播着权力的影响。权力的所有者对权力的承受者发话所使用的语气、语调、音强和节奏等，都传达着一种强势的话语权力。在法庭话语调查中发现，法官没有做到中立性，总是无意识地偏向公诉人一方，有的法官甚至在控方问完之后，限制辩护方发问，话语权分配明显不均衡。同时，在庭审中，法官还不能很好地平衡双方的力量，打断公诉人的时候少，打断被追诉人的时候多。对于公诉人，法官有该打断而不打断的现象，而对于被追诉者，法官有不该打断而打断的现象。法官频繁地打断律师的辩护，既剥夺了律师为被告人辩护的权

利，又不能及时地澄清争议的相关问题。不合理的打断还会给人一种明显审判不公的感觉。在庭审实践中，先入为主是法官不可避免的不应有现象，而有罪预设则是法官常常采用的问话策略。先入为主、有罪预设的惯性思维使法官话语带有明显的倾向性，与法治理念不符，与《法官行为规范（试行)》不符，还不是真正的法治语言。

2. 话语中的权利与义务不平衡。通常情况下，设定权利（力）的同时也有了义务的存在。司法主体应严格按照法定程序实施法定言语行为权利（力），同时履行言语行为义务。有学者认为，在设定话语权时强调话语义务，除保证理论的完整外，更直接的效力是防止语言不作为（如应当告知却没有告知、应当组织辩论却没有组织）和滥用拒绝权和沉默权（如任何时候都不开口)。[①] 从目前来看，法官在履行言语行为义务上，除了“不能平衡双方力量”的“不作为”之外，还有其他放弃言语行为义务的“不作为”现象。“告知”、“宣读”和“宣告”等都属于司法规定性的口语，[②] 是法律规定的法官的言语行为义务。但是，目前依据程序法必须进行的程序性问话越来越简单，有些法官为了庭审的快速进行总是省略程序性问话，而直接进入实体性调查阶段；有的法官即使进行程序性问话，也是走过场，如关于权利理解清楚与否的问话，很多法官并不期望被告人做出否定的回答，如果被告人表示没有听清楚，法官也只是不耐烦地重复一下。如此一来，通过程序性问话保障当事人程序正义的目的也就无法实现。这一点，与我国长期以来“重实体、轻程序”的观念有很大关系。

---

① 刘红婴：《法律语言学》，北京大学出版社2003年版，第169页。

② 刘红婴：《法律语言学》，北京大学出版社2003年版，第172~175页。

3. 实体问话存在偏颇。目前，法官的实体性问话也有有违公正的地方。法官在进行实体性调查时往往先入为主，并在有罪预设的前提下进行，这种实体性问话必然存在偏颇。首先，法官经常一边问话一边就答话进行评论。英国著名法学家丹宁爵士在其《法律的正当程序》一书中引用培根的一句话说："听证时的耐心和庄重是司法工作的基本功，而一名说话太多的法官就好比是一只胡敲乱弹的铜钹。"言语行为合理和得体的法官应当是最好的倾听者，而非评论家。目前，在庭审中，法官出于对话语权的把控或其他目的，往往会对当事人的陈述、供述和回答等当场发表评论，并带有强烈主观性。其次，法官经常在问话中提示答案。法官可能无意袒护哪一方，但是在问话之后，又用问话提供答案，这种习惯做法实际上是一种诱导或者是一种有罪预设，严重背离了公正审判原则。法官应尽可能地采用开放性问话，给予被告人足够的辩护空间，以保障被告人的程序性权利。

4. 庭审语言和非语言行为带有歧视性。从目前的法庭语言调查来看，法官语言还带有明显的歧视性，法官不能礼貌地对待被追诉人，如法官对被追诉人的称呼语就带有歧视性，法官的非言语行为即态度、表情和语调等也表现出对被追诉人的轻蔑和不屑。有的法官在公诉人询问时耐心听证，而在辩护律师询问时却表现得不耐烦。而公诉人发问的话语情态等，更是表明话语主体问答双方的不平等关系。除此之外，目前的法官语言还不够理性和独立，掺杂不少政策性话语和道德说教话语。道德说教话语、政治话语和新闻话语等，都与司法话语较为接近，也易与之相混。但司法话语不应当承担道德话语等其他话语的职责，只需完成自己的法定功能。就目前的司法语言而言，还存在很多不符合法治理念的现象，离法治语言还有相当的距离。

在诉讼活动中，法官的一言一行，特别是法官的非言语行为——眼神和脸色，都会被当事人看在眼里、记在心里。有的当事人甚至把法官说话时的面部表情当作揣度司法公正和官司胜败的“晴雨表”。在法庭上无论是程序性问话还是实体性问话，法官言语行为及非言语行为都关乎个案的公正审理。法官是否公道，司法是否公正，往往当事人就凭法官的语言在心中给出了自己的判决。[①] 法官必须通过自己的一言一行，重塑司法法治语言。

第三节　执法法治语言

一、执法法治语言对执法活动的影响

作为法律运行的一个重要环节，执法言语行为也与执法活动关系紧密，没有语言的运用，执法活动根本无法开展，执法的效果和质量更是无从谈起。执法亦称法律执行，“是指国家行政机关依照法定职权和法定程序，行使行政管理职权、履行职责、贯彻和实施法律的活动”[②]。执法语言是贯穿于执法行为过程中的语言文字的表意体系。执法言语行为也即行政主体在行政执法活动过程中的言语行为。执法言语行为无疑在整个执法活动中占据重要地位，在一定程度上决定和影

① 贺少锋：《法官语言与司法公信》，载《人民法院报》2013 年 7 月 7 日。

② 姜明安：《行政法与行政诉讼法》，北京大学出版社、高等教育出版社 2011 年版，第 23 页。

响着执法效果。我国的行政执法主体主要包括公安、工商、药监、城管、交通和卫生等，公安执法和城管执法是最为常见的执法行为。执法主体也应严格按照法定程序实施法定言语行为的权利（力），同时履行言语行为的义务，不能出现语言不作为和语言歧视等违法现象和不符合法治理念的行为。

从理论上讲，在执法程序中享有话语权的主体也应该包括执法行为过程中的所有人。从执法活动的性质看，执法主体掌控话语的主动权。话语的起始、节奏和走向等基本脉络，是由执法人员把控的。要保证“公平”和“保障人权”等现代法治理念在执法活动中切实地贯彻和执行，执法法治语言更需要客观、理性和平等，执法者要通过执法言语行为进行面对面的“执法”，具有主观倾向的言语行为和非言语行为往往会使行政相对人产生明显的抵抗情绪和心理，不利于执法工作的开展。只有使用法治语言，平等地对待被执法者，才能达到好的执法效果。

二、执法中的语言暴力与语言歧视

执法法治语言，首先要消除语言使用上的不平等，消除导致侵犯人权的语言暴力和语言歧视等现象。语言暴力就是使用谩骂、诋毁、蔑视和嘲笑等侮辱性的语言，致使他人在精神上和心理上遭到侵犯和损害。语言是有力量的，语言暴力所造成的精神伤害不容忽视。语言歧视包括语言实体歧视和语言姿态歧视。[①] 前者是指语言上的对言语交流对方所操语种和方言的蔑视和不屑；后者是指不正确和不可取的态度等非言语行为，如粗暴、冷漠或颐指气使等，都属于这种语言歧视。“语言态势与身体行为其实是一体的，伴随执法司法

① 刘红婴：《法律语言学》，北京大学出版社2003年版，第158页。

行为尤其是执法行为的粗暴，用语野蛮就不可避免”[①]。语言上的不平等、不公正本身就是对于“法律面前人人平等”的践踏，执法者与被执法者都是平等的，执法者有义务使用平等的语言。语言暴力和语言歧视等语言现象是对人权的侵犯，在各种执法过程中，执法者和被执法者面对面的言语交流较多，这种“暴力”和“歧视”的言语行为和非言语行为会严重侵害行政相对人的人格尊严。

执法中这种歧视性言语行为，脱胎于执法者对执法权不正确的理解，执法者认为体现权力的语言“就应该高高在上”[②]。这种理解是不符合法治理念的。

执法人员的语言暴力和语言歧视现象是极其典型的不理智、不冷静的执法言语行为代表，往往带有明显的个人主观倾向和判断，给行政相对人带来了严重的精神和人格伤害。行政案件一般相对简单，不会进入司法程序。正因为相对简单，在这个过程中被执法者往往没有充分说理和辩白的机会，在对违法行为的制止过程中，执法人员的语言暴力和歧视所带来的伤害往往只能由被执法者默默承担。有时，尽管执法行为非常不文明，但是只要不上升到暴力执法，被执法者在这个过程中的人格权益就不能得到有效的保护。进入司法程序的案件在侦查和检察审判阶段有录音录像等，为当事人人格权益的保护提供了便利。行政执法过程中没有该法律保障。相反地，在执法过程中，如果被执法者对执法人员进行言语攻击，被执法者的言语行为往往会在行政处罚中作为加重情节酌情加重处罚的。因此，在整个行政执法过程中，行政相对人处于弱势地位。但是，这种对人格、尊严的侵犯，也常

---

① 刘红婴：《法律语言学》，北京大学出版社2003年版，第158页。

② 刘红婴：《法律语言学》，北京大学出版社2003年版，第158页。

常为执法活动埋下隐患。

目前，无论是公安交警执法，还是城管执法，暴力执法现象屡屡爆出，甚至造成人身伤亡。最近爆出的“哈尔滨城管暴力执法”和“成都交警暴力执法”等现象引起了广泛的社会争论。暴力执法现象不仅仅是我国需要解决的问题，最近美国巴尔的摩市警察暴力执法行为也同样引起人们的关注。通过观看各种暴力执法的视频可以得知，各种极具歧视性、不冷静的语言与暴力执法如影相随，可以说，任何一次暴力执法事件都伴随着语言暴力和语言歧视，甚至很多事件都是由于语言上的侮辱和歧视直接导致的。充斥于网络的语言歧视现象对执法的影响极大，如“我靠、尼玛、你大爷的、他妈的、外地人、老东西”，等等，一些专业素养不高的执法人员往往将这种污染源带到执法活动中。执法中的语言暴力和语言歧视导致被执法者强烈的对抗心理和情绪，成为执法过程中暴力冲突事件发生的一个重要导火线，必须引起高度重视。

三、规范执法用语是严格执法的前提

目前，无论省级还是地市级或县级，每一级政府都出台了行政执法规范，有些行政执法规范中有关于使用文明语言的规定，如南通市城市管理执法局《城管人员行为规范》第10条规定：“依法行政，严格执法程序，纠正处理违章时，一般情况下先敬礼亮证……做到行为文明，态度和蔼，严禁粗言秽语。”《重庆市行政执法规范》第24条规定：“执法人员在执法时用语要规范、文明，不得对当事人使用粗俗、歧视、训斥、侮辱以及威胁的语言。”我们知道，行政各项工作均以为人民服务为根本宗旨，工作的顺利开展也亟须广大人民群众的理解与支持，行政工作人员必须树立强烈的“立警为公、执法为民”的服务群众意识。政府的职能已经从“管理型”转变为“服务型”，这种转变应该在执法言语行为上有所体现，即言语行为的平等、礼貌和尊重。如《江西省萍乡市执法规范》对执法者言语行为的详细规定，很能体现出“服务型政府”和“服务型执法人员”的角色定位。其第26条为：“执法人员应该掌握文明用语，根据不同情况熟练使用，做到态度热情诚恳，表达通俗准确。”执法中需要落实以下语言行为：（一）首句用语：您好。（二）礼貌用语：如请、谢谢、对不起、再见。（三）礼貌称呼：如同志、先生、女士、老师、师傅。（四）接待用语：如请进、请坐、请讲、您有什么需要帮助的吗？（五）执勤用语：一般组合为称呼+请+说明理由+要求+谢谢（再见），如同志，请协助（配合）我们工作，并说明理由（指出违章事实），提出要求（处理建议），谢谢合作。（六）结束用语：如谢谢您的协助、您慢走、再见。

最近，行政执法中出现一些新型执法方式，如“鲜花执法”、“静坐执法”和“眼神执法”，等等，从法律言语行为角度，可将该执法方式称为“体态语执法”。中国文化传媒网报道：“西安50名城管花45分钟试图用眼神劝离六桌占道食客”，“在城管人员一句句软磨硬泡下，六桌食客只好起身结账”。

平等、尊重和礼貌的言语行为有利于法律的执行和获得好的执法效果。执法人员执法时的肢体语言等非言语行为也需要进行明确的规定，比如执勤时要穿戴整齐、举止合理以及不能指指点点或交头接耳，等等。“徒法不足以自行”，文字性的规定还是需要落实到实际的执法活动中去，这就离不开执法人员的法治语言素养。可以通过建立并实施执法人员语言使用情况考核机制、定期举办执法语言培训、督促执法工作人员积极学习等方式，提高执法人员的法治语言修养。

第十六章
法治文本

法治文本作为社会主义法治文化的特殊载体，以其特殊的形式承载着法治文化元素，展示着法治文化精神，影响着法治文化发展。对法治文本的研究是法治文化建设最接地气的法治实践之一。

第一节　内涵和范围

通常，文本是语言的书面形态，广泛应用于语言学和文体学。“文本”对应的英文是 text。text 有文本、主题、正文和课文等多种含义。从词源上来说，text 表示编织的东西，与汉语中的“文”有类似之处。汉语中的“文”取象人形，指文身，也指花纹。《说文解字序》中有这样的解释：“仓颉初作书，盖依类象形，故曰文。”“文者，物象之本。”物象均具纹路色彩，因而以文来指称。人们书写可以被他人阅读理解的书面文字，被称之为文本；简言之，文本即书面语言，是由文字固定的语言。在大多数情况下，法治文本是一篇独立的文章，由若干句子组成，具备完整的篇章结构，如《中华人民共和国宪法》《中华人民共和国刑法》；也可能是一个段落；甚至也可以是一个句子，如《刑法》第五条：“刑法的轻重，应当与犯罪分子所犯罪行和承担的刑事责任相适应”，等等。法律条文是法治文本的核心。法治文本不仅包括法律条文，从法治实践看，实施法律和宣传法律的过程中，还会产生大量的法治文本，如司法文本等。

法治是生动的社会实践活动，实施法律和宣传法律过程中产生法治文本具有必然性。因为，一方面徒文本不足以成法治，法治的实践在于法治文本得到诠释和运用；另一方面，法治文本是一个开放性的系统，法治实践的过程也是法治文本逐渐完备的过程。然而，法治文本永远也不可能完备，特定语境下对法治文本的解读是法治实践的要求。由此可见，理解法治需要理解法治文本，在特定的语境中诠释法治文本的含义。诠释法治文本是开放的和不断生成的过程；只有在诠释中被理解、被理解后被接受，法治文本的权威性才能得到体现。

一、法治文本的内涵

法治是一个宏观的、综合的概念，建设中国特色社会主义法治体系，包括法治国家、法治政府、法治社会。因此，所谓法治文本，是指法治文化建设实践中的文本。具体而言，建设法治国家必须坚持良法善治——表现形式是完善立法中的法治文本；建设法治政府必须依法行政——表现形式是遵循执法中的文本，包括行政处罚决定书、审批决定、信息公开决定等；建设法治社会必须公正司法和全民守法——表现形式是落实司法中的文本和生活中的文本，生活中的文本除了合同、广告之类的常规文本外，还包括宣传标语、乡规民约等。

二、法治文本的范围

法治文本是指涉及法律内容的各种书面语言，通常称之为某某文书。包括具有普遍约束力的规范性法治文本，如各种法律、行政法规、地方性法规及规章等；还包括不具有普遍约束力，但具有法律效力或法律意义的非规范性法治文本，如国家司法机关、仲裁机构、公证机构和案件当事人以及律师依法制作的处理各类案件（包括诉讼案件和非诉讼案件）的各种文书。非规范性法治文本虽然不具有普遍约束力，只适用于特定的人和特定的事，对法治文化建设同样具有重要的作用。法治文本主要包括如下六个方面：立法文本、诉讼文本、公证文本、仲裁文本、合同文本和普法文本。

（一）立法文本

立法文本是立法活动形成的书面语言。它是立法机关在立法权限内，依照法律程序制定的具有普遍约束力的法律规范，分别称之为宪法、法律、行政法规和行政规章。

宪法是一个国家的根本大法，具有最高的法律效力，是其他法律法规制定的法律依据。中华人民共和国成立后，先后颁布过四部宪法。现行宪法于 1982 年颁布，分为序言和总纲，公民的基本权利和义务，国家机构，国旗、国歌、国徽、首都四个部分，共四章一百三十八条。近年来，我们对宪法重要性的认识和宪法在法治建设中的作用不断深化，党的十八届四中全会《决定》明确，宪法是党和人民意志的集中体现，是通过科学民主程序形成的根本法。坚持依法治国首先要坚持依宪治国，坚持依法执政首先要坚持依宪执政。值得注意的是，《决定》将每年 12 月 4 日定为国家宪法日，在全社会普遍开展宪法教育，弘扬宪法精神。国家宪法日的确立对法治文化的影响十分重大，它强调了宪法理念的传播和推进，昭示着依法治国理念的前行和执政党依宪治国的坚定决心，可以提升民众的宪法意识和宪法素养，打造官员的宪法思维，在全社会营造遵守宪法、尊敬宪法、保护和维护宪法的法治文化氛围。

宪法之下，是各基本法律，包括民商法、行政法、经济法、社会法、刑法、诉讼与非讼程序法等法律部门。部门法中又有很多法律。如民法是调整作为平等主体的公民之间、法人之间、公民与法人之间的财产关系和人身关系的法律，商法是调整作为平等主体之间的商事关系或商事行为的法律，民商法部门包括《民法》《物权法》《婚姻家庭继承法》《海商法》《保险法》等；社会保障法部门包括《劳动法》《劳动合同法》《工会法》《未成年人保护法》《老年人权益保护法》《妇女权益保障法》《残疾人保障法》《矿山安全法》《红十字会法》《公益事业捐赠法》《消费者权益保护法》等，这些法律规范着社会主体的各方面行为，影响着法治文化的具体发展。

行政法规是国务院为领导和管理国家各项行政工作，根据宪法和法律，并且按照《行政法规制定程序条例》的规定而制定的政治、经济、教育、科技、文化、外事等各类法规的总称；是指国务院根据宪法和法律，按照法定程序制定的有关行使行政权力，履行行政职责的规范性文件的总称。行政法规的制定主体是国务院。行政法规根据宪法和法律的授权制定，必须经过法定程序制定，具有法的效力。行政法规一般以条例、办法、实施细则、规定等形式形成。发布行政法规需要国务院总理签署国务院令。它的效力次于法律，高于部门规章和地方法规。

行政规章是指国务院各部委以及各省、自治区、直辖市人民政府和省、自治区人民政府所在地的市以及设区市的人民政府根据宪法、法律和行政法规等制定和发布的规范性文件。国务院各部委制定的称为部门行政规章，其余的称为地方行政规章。

值得注意的是，乡规民约在民间具有一定的约束力，对于培育法治文化具有习惯法的独特作用。乡规民约是中国基层社会组织中社会成员共同制订的一种社会行为规范，又称乡约，在城市称街规民约。乡规民约作为乡里敬老、睦邻的约定性习俗，古已有之。明、清两朝在地方上正式推行“乡规”、“社约”。中华人民共和国成立后，乡规民约在城镇和农村得到了进一步的发展。《宪法》第二十四条规定：“国家通过普及理想教育、道德教育、文化教育、纪律和法制教育，通过在城乡不同范围的群众中制定和执行各种守则、公约，加强社会主义精神文明的建设”。据此，各阶层、各地区人民普遍建立起各种文明公约和居民守则。乡规民约不同于法律，但对法规的实施起着辅助作用。它通过自下而上与自上而下相结合的方式制订，具有广泛的群众性；形式多样，切实具体；以教育引导为主，有奖有罚，已成为发扬社会主义民主，实行群众自我教育、自我管理的一种有效的形式。

（二）诉讼文本

司法机关、当事人、诉讼参与人在诉讼过程中，依照法定程序开展或参加相关的诉讼活动，履行法律规定的义务，行使法律赋予的权利，都会形成相应的诉讼文本。在各类诉讼文本中，公安、检察、审判机关制作的诉讼文本具有重要的地位，通常也称为司法文本，亦称司法公文，是司法活动形成的书面语言，是国家公文之一。

公安机关的常用司法文本有立案报告、破案报告、现场勘查笔录、侦查终结报告、预审终结报告、提请批准逮捕书、起诉意见书等。检察机关的常用司法文本有起诉书、不起诉决定书、公诉意见书、刑事抗诉书等。审判机关的常用司法文本包括民事判决书、刑事判决书、行政判决书、民事调解书、裁定书等。

当事人、诉讼参与人在诉讼过程中也会产生诉讼文本。常见的当事人诉讼文本有起诉状、上诉状、反诉状、证据保全申请书、财产保全申请书、申请执行书、先予执行申请书等。在诉讼过程中所产生的能够证明或约束当事人身份的一些文书也属于诉讼文本，如法人或其他组织授权委托书、法定代表人身份证明书、公民授权委托书等。

（三）公证文本

公证文本是公证机关依照法定程序对特定法律行为、法律事实出具的公证证明。它可以是人民法院认定事实的根据，还可以是当事人向有管辖权的人民法院申请执行的依据。

公证与人们的生活联系越来越密切，公证的范围也越来越广。一般来说，公证文本包括合同公证、继承公证、委托公证、声明公证、赠与公证、遗嘱公证、财产分割公证、招标投标拍卖公证、婚姻状况、亲属关系、收养关系公证、出生、生存、死亡、身份、经历、学历、学位、职务、职称、有无违法犯罪记录公证等。

（四）仲裁文本

仲裁文本是仲裁机关依照法定的程序，为处理经济纠纷案件而制作的具有强制执行效力的法治文本。如果当事人不履行仲裁文本，对方当事人可以向有管辖权的人民法院申请强制执行。

仲裁文本主要包括：法人及其代表证明书、仲裁通知书、申诉书、答辩书、调查证据、有关笔录、调解书、裁决书等。仲裁文本的特点是：具有法律约束力、强制性以及特定的格式。

（五）合同文本

合同文本是公民和法人及其他组织在各种经济、民事活动中，基于建立、变更、消灭民事法律关系，依照法律规定所订立的各种书面合同或协议。

《合同法》把合同文本分为15类：（1）买卖合同。（2）供用电、水、气、热力合同。（3）赠与合同。（4）借款合同。（5）租赁合同。（6）融资租赁合同。（7）承揽合同。（8）建筑施工合同。（9）运输合同。（10）技术合同。（11）保管合同。（12）仓储合同。（13）委托合同。（14）行纪合同。（15）居间合同。

合同作为一种法治文本，其作用已受到普遍的重视，它在法治实践活动中对法治文化建设具有最直接的影响，在社会公众中发生最直接的作用。在法治社会，广告是订立合同的邀约，将其视为法治文本的特殊形式，对培育公民的法治观念，增强公民的法治意识有默化潜移的作用。

（六）普法文本

在法治进程中，教育、宣传法治思想和法治理念是推进依法治国的重要内容。在此过程中产生了大量的教材、手册、报刊、标语等，这些文本也属于法治文本。从法治文化“以文化人”的角度讲，这类文本是法治文本尤为重要的部分。我们将这类普及法治知识的文本统称为普法文本。

大体来说，普法文本可分为两大类：法治宣传文本和法治教育文本。

法治宣传文本。它包括国家和社会、团体在普及法律知识、法治思想过程中制作、印制和产生的普法手册、宣传标语、视频资料等。自1986年开始“一五”普法以来，目前已进行到第六个普法五年规划。通过普法，法律进机关、进乡村、进社区、进学校、进企业、进单位等活动的开展，加强了社会主义法治理念教育，深入学习了宣传与经济社会发展相关的法律法规，宣传了维护社会和谐稳定、促进社会公平正义的相关法律法规。

法治教育文本。法治教育是现代文化教育的重要组成部分，是以传授法律知识、训练法律思维、培养合格法律专业人才为内容的教育活动。其基本内容包括：掌握基本法律概念和法律规则；掌握现行法律体系框架；运用法律推理，依循法律逻辑，解决实际问题；价值考量，理性评判法律规则；分析案件事实，把握法律关系，作出法律解释，适用法律规则等。改革开放后，我国法治教育得到迅猛发展，成为法治文化发展的重要支撑。法治教育过程中所产生的法学著作、学术论文、报纸期刊、法律教科书等，都是法治教育文本的重要内容。

第二节 作用和特点

一、法治文本的作用

法治文本的作用在于客观地反映生动活泼的法治实践。具体表现为：

（一）法治实践的重要工具

法治文本保障法律规范实现，首先在于法律文本将法律规范公布于社会公众，让公民知晓其内容，明确自己的法定权利，清楚自己的法定义务，以自主自己的法治行为并规范参加法治活动。其次在于诉讼文本作为法律规范实施的工具，具有相当的能动性，如实地记载司法活动和公民的诉讼活动，公正地分析法律事实并作出公平的裁判。司法机关、仲裁机关、公证机关处理各种刑事、民事、经济、行政等涉法问题，还有公民、法人签订各种合同，维护自身合法权益，都需要利用法治文本。因而，法治文本是法律规范得以实现的重要工具。

高质量的法治文本是法治实践质量的保证。法治文书质量的高低，直接关系到法律规范及其适用的状况。不断提高法治文本质量，对社会主义法治文化建设的意义极为重大。

（二）法治实践的忠实记录

法治文本对法治实践的反映具有客观性、真实性、全面性，是检视和总结法治实践经验教训的依据。因而，研究《法经》《唐律》《大清新刑律》等封建制法治文本，可以总结中国两千多年法治的发展走向和发展规律。当下的法治实践活动中，全部法治活动的每一环节，诉讼活动的每一个程序，都形成相应的法治文本，如司法活动的诉讼文书，完整地记载案件办理的全过程；公、检、法机关一套完整的诉讼案卷形成一个诉讼文本系统，记载着不同诉讼阶段的诉讼信息；仲裁文本、公证文本也不例外地记载着仲裁机关、公证机关的法治实践活动。由此可见，法治文本不仅具有现实意义，为检查法律执行、法治实践活动情况提供依据，而且具有历史意义，作为法治文化建设档案可供备查。

（三）法治宣传教育的教材

法律文本的宣传教育在全社会具有普遍意义。确定“宪法日”、规范向宪法宣誓，通过法定程式宣传宪法文本，可在公民中强化宪法意识，树立宪法权威。司法机关通过裁判文书上网，将处理各种案件所形成的法治文本向社会公开，是具体生动的法治宣传教育。基于这样的理念，有的人民法院与媒体合作开设专栏，由法官将发生法律效力的典型案例加以整理，就案件争议的焦点及判决依据、判决理由予以说理，是一种行之有效的宣传教育。同样，检察机关的起诉书、公诉词等，都是宣传法治的重要材料，通常说的“办好一案，教育一片”，就是基于这样的道理。这样的宣传可以增强公民的法律意识，增强公民遵守法律的自觉性，引导公民积极参与国家法治建设。

二、法治文本的特点

（一）内容具有合法性

法治文本的合法性表现在，制作的依据是相关的法律规定，制作的内容符合相关的法律规定。具体体现为：一是符合实体法的规定，二是符合程序法的规定，三是符合法治文本的制作程序。法治文本以法律规范为依据，是适用法律的载体。法治文本在实践中主要表现为诉讼文本。就诉讼文本而言，是根据个案的法律事实，根据案件的法定程序，依照法律的相关规定而制作的。法律的相关规定既包括实体法，也包括程序法；既包括法律法规，也包括司法解释和大量的规范性文件。合法性是法治文本的生命，离开合法性就不成其为法治文本。

（二）形式具有规范性

法治的特征是规范性，规范是法治的生命。法治文本是厉行法治的载体，其规范性是合法性的必然。法治文本的形式必须符合文书规范，不同的法治文本要遵循不同的文书规范。公安机关、检察机关、人民法院都颁布了相应的文书规范。各部门的规范依照有关法律法规，总结法治实践的经验，是法治文本的最新成果，具有规范性、权威性、实用性。制作法治文本应遵循规范，培养良好的规范习惯，这是法治文化孕育和形成的过程。

从总的方面看，法治文本的规范作用表现为指引、预测、评价、教育和强制作用。只是不同法治文本的表现各有不同。法治是人类社会实践活动的产物，因而，法治文本的规范作用以人为主体。

就指引作用而言，存在个别指引和一般指引的区别。法律文本适用于社会是一般指引，也包括适用于某些人或者某类情况的情形，如《婚姻法》的相关规定，社会成员依照这个规范办理结婚手续受到法律的保护。司法文本适用于某个案件或者某个案件当事人是个别指引，如民事案件判决书，判决案件当事人双方离婚并对双方的共同财产予以分割，一旦该判决发生法律效力，当事人的婚姻关系即解除，并由此导致相关的法律关系发生变化，即：或者相关权利义务消灭，或者相关权利义务产生。不论是一般指引还是个别指引，都是人们的行为规范，有了这样统一的行为规范，人们的意志、行动统一才有了可能，社会才可能呈现有序的状态。从日常生活常识看，因为有了一天 24 小时的规范，男女老少的生活起居才有条不紊。个别指引和规范指引互为补充。规范指引具有抽象性、稳定性和连续性，是维护社会秩序必不可少的；个别指引使规范指引变得具体、清晰，方便权利落实、义务履行。

（三）制作具有稳定性

法治的特征还具有稳定性，不因人的主观意志而改变，法治文本亦如此。刑事诉讼文书制作生效后，不得随意改变，即使是当事人的民事诉讼文书，一旦递交法庭，如果需要修改必须向法庭申请同意。刑事裁判文书发生法律效力后，任何机关社团或个人都不能变更或撤销，即使人民法院自己发现文书存在错误，也必须通过法定程序进行，有时还必须启动审判监督程序纠正错误。即使人民法院的判决出现错误，不论是认定法律事实存在错误，还是适用法律存在错误，如果原人民法院还没有启动审判监督程序予以纠正，其他任何人民法院或者其他任何国家机关都无权对该案件作出新的裁判，这是裁判文书具有稳定性的表现。

制作还具有时效性。制作法治文本的时效，源于法律法规明确规定了法治文本的制作时限。否则，所制作的法治文本将不具有法律效力。如，公安机关的立案报告、检察院的立案决定书的制作，都与相关法律事实相联系，时效性显而易见。

（四）执行具有强制性

法治文本的执行以国家的强制力为后盾和保障，任何公民个人或法人都必须执行法治文本载明的法定义务，否则就要承担相应的法律后果。强制性是法治文本不同于其他文本的重要特征，这是由法律具有强制性所决定的，这是法律在全社会得到普遍遵守的重要条件。尤其以司法机关的司法文本的强制性最具代表性。公安、检察、法院的司法文本，不论是程序性的拘留、逮捕决定书，还是实体性的裁判文书，一旦付诸实施就必须保证坚决地执行，以体现国家法律的强制性，维护国家法律的严肃性，维护司法机关的权威。正因为如此，制作法治文本必须严肃认真，十分慎重，在严肃、慎重中培育对法治的信仰，树立法治的权威。

第三节　法治文本与法治文化的关系

法治文本与法治文化的关系，集中地表现为既相互依存，又协调发展，二者“场强”互动。

一、相互依存

（一）法治文本是法治文明的重要成果

法治文明的成果体现在多方面，犹以法律文本最为显著。改革开放法治复兴，被砸烂的公、检、法迅速恢复，《宪法》修改颁布，新《刑法》《刑事诉讼法》《民法通则》《环境保护法》等一批法律、法规陆续出台，有法可依，公民的行为进一步规范，法治建设进入了新阶段。尤其是“严打”声威，在全社会发挥了从未有过的震慑作用，时任武汉大学法律系主任的著名刑法学家马克昌先生欣喜感叹：社会主义法制的春天已经到来。春天的勃勃生机，迎来了经济高速发展，立法取得新的重大进步，正如著名民法学教授王利民所言：“其中影响最大的是2007年3月16日十届全国人大五次会议通过，2007年10月1日起正式施行的《中华人民共和国物权法》（以下简称《物权法》）。《物权法》的颁布是我国政治生活中的一件大事，为我国向法治国家的迈进奠定了坚实的基础，也为社会主义市场经济体制的不断完善以及改革开放30年来所取得的伟大成果的巩固提供了强大的法律保障。”①由此可以说，《物权法》这一法治文本诞生，是社会主义法

① 王利民：《民法学》，法律出版社2008年版，第二版序言。

治文明的成果。作为社会主义法治文明成果的法治文本，已经构建起庞大的社会主义法治体系，成为社会主义法治国家建设的法律依据。

法治文本影响法治文化，法治文化反作用于法治文本，这是二者的辩证关系。法治文本影响法治文化表现为法治文本的质量影响法治文化的水平；法治文化反作用于法治文本表现为法治文化的水平高低决定着法治文本的质量高低。二者相互影响和制约着。这一关系表明，伴随建设社会主义法治国家目标的确立，要求推动法治文化大发展，高度重视法治文本势在必行。

法治文本具有特殊性。其特殊性决定了法治文化的特殊性，反映了法治实践中公民的思想观念、行为方式、情感倾向和价值选择，是公众享受法定权利或履行法定义务的内在动因。依法治国必须有法治文本。要保证法治文本落到实处，需要与之相适应的法治文化环境。法治文化体现为公民的法治信仰、法治意识、法治观念，也体现为立法的价值、执法的力度、守法的状态、监督的机制。法治文本的生命孕育于法治文化之中，体现着法治文化的内在精神。

（二）法治文本是法治文化的重要载体

法治文本体现法治文化，传递法治理念，提高法治素质。法治文化从淡薄到浓厚，都在法治文本中留下了深深的烙印。翻阅近几十年封存的判决书，法治文本诉说着那个年代的法治文化。20 世纪 50 年代，仅仅在一张泛黄的 A4 纸上，判决书是在罗列罪犯名单后，即是所犯罪名和判决，没有事实的叙述，没有证据的论证，当时是依照政策办案，没有法治文化；“文化大革命”期间砸烂了公、检、法，法律虚无，法治文本较多政治色彩，也没有法治文化；改革开放后，法治文本伴随法治文化的形成发展而呈现新的景象，并且在逐渐规范中推动着法治文化发展。

回顾民事立法的发展，可以清楚地看到：没有法治文本，法治文化难以在全民中普及。新中国成立前夕，宣布废除国民党时期的《六法全书》；新中国成立之后，民法典的制定摆上了立法议程。1954 年，全国人大常委会设立了民法典的起草班子，借鉴苏联的民事立法经验，很快于 1956 年年底完成了民法典草案。当时主要依据政策办事，尚无法律文本可依，缺乏法治文本存在的法治文化背景，以致因“反右”和“大跃进”等政治运动而中断了民法典的后续工作。1964 年再次完成民法典草案，又因“文化大革命”而停止。1982 年的“民法典第四稿”草案因故没有获得通过。没有必备的法治文本，很难有依法办事的法治实践，法治文化虚无缥缈也就成为必然。1986 年 4 月 12 日，第六届全国人民代表大会第四次会议通过《民法通则》。这是我国第一部调整民事法律关系的基本法律，既是公民从事民事活动的基本准则，也是民事审判的基本法律依据。由此，公民的民事活动有了法律规范，加之随后的《合同法》《物权法》相继颁布实施，我国民事立法体系趋于完善。由司法发展现状可见，法院的民事审判已经由过去的民事审判庭，分离出商事审判庭、房产审判庭、知识产权审判庭、交通审判庭、金融审判庭等，甚至诞生了专门的知识产权法院。民事司法实践顺应民事立法而发展，通过民事审判的专业化而更加有效地引导公民行使民事权利，履行民事义务，更加有效地保证立法上的法律文本成为司法中的诉讼文本，成为公民的法治意识、法治观念、法治习惯，从而培养公民的法治精神、法治信仰。由民事立法及司法实践可以看出，没有法治文本为依托，难有生动的法治实践，法治精神、法治信仰难以在公民中培育、扎根和生长。由此可见，法治文本是法治文化的载体。

（三）法治文本是法治规范的重要实践

法治文本成为法治文明成果，还在于法治文本的法治实践。法治文本规范公民行为，塑造法治形象，弘扬法治精神，在规范中发展法治文化，并为法治文化的发展提供条件。

法治文本在法治实践中不断发展。如作为典型法治文本的法院诉讼文书，为适应法治建设的新进步，最高人民法院于1988年着手拟制《法院诉讼文书样式》，颁布后于1993年1月1日起在全国法院试行。随着立法的发展，对原有法律的修改和新法律的颁布，宪法确立的审判公开原则的落实，审判方式改革不断深入，试行的样式已不能适应法治发展的新要求。为此，最高人民法院于1996年10月成立了诉讼文书修改领导小组，对试行的法院文书样式进行修改，以适应新《刑法》和《刑事诉讼法》修改后的新要求。1999年4月6日，最高人民法院审判委员会第1051次会议通过了《法院刑事诉讼文书样式》（样本），于当年7月1日起施行。新的样本强化了对判决事实的叙述，强化了对定案证据的分析论证，增强了判决的说理论证，规范了诉讼文书的内容，为推行控辩式的审理方式提供了规范样本。样本的规范及其高标准，为法治文化建设提供了现实支持，也促进法治文化建设迈上了新台阶。最高人民法院原院长、首席大法官肖扬从维护司法公正的高度强调提高裁判文书的质量，他说："维护司法公正，必须进一步提高司法质量。提高办案质量，最重要的就是要做到裁判文书叙述事实清楚，说理充分，应用法律条文准确无误，说服力强。"针对制作裁判文书存在的问题，他强调："要加快裁判文书的改革步伐。现在的裁判文书千案一面，缺乏认证断理，看不出判决结果的形成过程，缺乏说服力，严重影响了司法公正形象。要做到裁判文书无懈可击，使裁判文书成为向社会公众展示法院文明、公正司法形象的载体，真正具有司法权威。”①

二、协调发展

古人云：“徒善不足以为政，徒法不足以自行。”良法善治需要生动的法治实践，法治文本的实践需要法治文化氛围。法治的实质是良法之治，有法律不等于有法治，只有制定良好的法律并得到全社会一体遵行，法律能够自动运转，才可以算得上是真正意义上的法治。法治实践已经证明，浓厚的法治文化推动着法治文本的落实，法治文本的落实营造着法治文化，法治文本与法治文化互相依存，协调发展。

第一，法治文本弘扬着法治文化。从宪法的层面看，“无论是社会的管理者还是被管理者，大家应当服从宪法文本，个人或者某些团体的权威不能凌驾于共同体的意志，唯有宪法才是国家、社会和公民生活的根本规范，唯有宪法才具有最高权威。”② 树立宪法权威有赖于公民的宪法信仰。培育公民的法治信仰，关键在于倡导公职人员、公民践行社会主义法治理念，树立宪法文本至上的法治观念，遵守宪法文本，忠诚于宪法文本，维护宪法文本。

第二，法治文本支撑着法治文化。一方面，先进的法治文本是法治文化建设的前提和基础。党的十八届四中全会明确提出：“法律是治国之重器，良法是善治之前提。”所谓“良法”，就是反映人民意志、尊重保障人权、维护公平正义、促进和谐稳定、保障改革发展、引领社会风尚的法律，

---

① 肖扬：《全面推进人民法院的各项工作，为改革、发展、稳定提供有力的司法保障》，载《中华人民共和国最高人民法院公报》1999 年第 1 期。

② 韩大元：《坚持宪法至上原则，维护宪法权威》，在 2015 年 7 月 3 日第十届中国法学家论坛（北京）上的发言。这次会议的主题是“推进中国特色社会主义法治创新和发展”，由中国法学会主办。

就是体现民意民智、符合客观规律、便于遵守和执行的法律。法治文本的规范性、强制性，既强化公民法律文本权威性的法治观念，也强化公民尊崇法律文本的尚法理念。另一方面，法律文本在法治实践中丰富发展了法治文化。如关于危害计算机信息系统方面的犯罪，1979 年的《刑法》没有规定。当时的计算机还是稀罕之物，尚处于单机状态，还未形成计算机信息系统。随着计算机构成信息系统后，危害计算机信息系统的行为频频出现，1997 年的《刑法》在第 285 条第 2 款规定了“非法获取计算机信息系统数据、非法控制计算机信息系统罪”。随后，由于出现新情况，计算机信息系统已经深入到政治、经济、文化和人民群众生活的方方面面，非法获取或者非法控制计算机信息系统，为犯罪分子提供了方便，严重危害了社会秩序，造成了社会混乱，成为新的严重危害社会的行为，《刑法修正案（七）》除了增加规定了“非法获取计算机信息系统数据、非法控制计算机信息系统”罪这两个新罪名，还增加了提供侵入、非法控制计算机信息系统程序、工具罪。法律规范进入计算机信息系统，法律文本进入新的领域，计算机信息系统这个新领域的法治文化已经不再是空白。法治文化的氛围使计算机信息系统的保护成为了一种理念，化为了行动，推进着这个领域的保护进入法治轨道。

第三，法治文本促进着法治文化。法治文本的进步促进法治文化提升。法治文本的规范，通常作用于公民的生活领域并对公民的生活、习惯、观念、意识产生影响，由此引起相应的变化；变化既有物化方面，也有精神方面。在民事领域，《中华人民共和国民法总则》，适应国家改革开放新形势的要求而颁布执行，公民的民事法律关系由政策、习惯调整进入了法治轨道，公民的民法观念从朦胧到清晰，依法维护民事权利的意识也得到增强，依法规范民事法律行为的自觉性得到提高。最为直接的是，事实婚姻关系从承认到不承认，取而代之的是规范的法律婚姻。法律文本的这一变化反映在法治实践中，有效地纠正了未婚先孕的“娃娃亲”；而且与婚姻相关联的财产关系进入法律文本的规范领域，使中国传统法治文化得到革新，不仅青年男女的婚姻观、婚育观、伦理观、价值观发生变化，年长者的婚姻家庭观念也在社会大变革中适应了新要求。在行政领域，环境保护长期停留在政策层面，环境保护意识淡薄，其实践随意性大，因人而异、因领导而异，缺乏规范性，缺乏约束力，“先污染后治理”的观念和意识、行为在社会上具有相当的代表性。在环境被破坏的切肤之痛中，我国颁布了《中华人民共和国环境保护法》。该法确立的环境保护原则和制度、措施，使环境保护的规范具有了刚性约束，“谁污染谁治理、环境评价制度”的法治实践更新了公民的环境观念，强化了公民的环境意识。尽管全国各地区法治实践效果不够平衡，但更多的地方践行该法，切实保护了环境，长江流域的源头首先得到治理，森林植被的恢复得到迅速扩大，“宁要青山绿水，不要金山银山”成为环境保护法治文化最具时代特征的广告语。

第四，诉讼文本引导着法治文化。法谚云：“法官是会说话的法律。”法官在诉讼过程中，将法律规范转化为法律实践，尤其通过裁判的司法文本阐述立法原意，宣示立法精神，因而法官是会说话的法律。与其他形式的普法活动相比，司法在传播法治文化上具有独特的优势，裁判的胜负结果起到了直接的引导作用。换句话说，法律的引导作用，其实是通过司法活动的结果体现出来的，而裁判文本则成为传播法治文化的鲜活教材。一个终局裁判一旦作出，不管原被告双方是否“胜败皆服”，都会在当事人之间诉争的是与非、曲与直、黑与白、毁与誉等标准中确立一个标杆，这个标杆既是法律的指引，也代表着社会主流价值观的导向。这种很具有“现实感”的法治原理和精神的传播，更能激发公民自我约束、遵守规则的动力。司法实践中，诉讼文本在实际引导着法治文化。广州“许霆案”及惠州“许霆案”，先后在全国各地引起纷纷热议。较之于“判处五年有期徒刑”的广州“许霆案”，之后的惠州“许霆案”的生效判决更多了些人情味道，判决书说理部分的专业、合理、寓情、多元、生动，判决书对法、情、理的论述，堪称完美的结合，让判决得到了升华。一份判决书引起的反响，展示了裁判诉讼文本对法治文化的推动和引导作用。而真正发挥裁判文本的导向作用，有赖于法官提升制作裁判文本的专业水准。法官制作裁判文本，其知识与技能需要长期艰苦的学习，经验与阅历需要时间的洗练，智慧与理性需要完善的职业思维训练，慈悲与情怀非长期艰苦地内心修炼加天性的善而不可得。

三、“双轮”互动

在法治文本影响法治文化的同时，法治文化也影响着法治文本，在这种相互影响的“双轮”互动中，法治文本和法治文化都得到了发展。

文化的作用是巨大的。所谓“文化化人”，作为包罗万象的复杂整体，文化会利用其无处不在的触角影响着出入其中的人和物。

法治文化对法治文本的影响主要通过“场”的方式进行。“场”来自物理学概念，指物理场。由物理场的概念又引申出心理场和社会场的概念。文化就在心理场和社会场方面具有强大的“场效应”。法治文化形成的巨大“场效应”，影响着法治文本的方方面面，法治文本就是在法治文化的“场效应”中发展和变化着，二者形成“双轮”互动。

第一，法治文化是法治文本的“参照系”。法治文本并非凭空想象出来的，它的制定需要有坚实的现实基础，不能脱离它的时代和环境，而法治文化就是法治文本制定时的重要“参照系”。改革开放以来，正是在加强法治建设、弘扬法治文化的大背景下，一系列法治文本才得以制定和出台。

第二，法治文化是法治文本的“试金石”。文化是一种批判力。当人们面对复杂多变的现实，无法进行迅速准确的判断时，就会借助于自己的文化观念，对法治文本进行批判。法治文本出台后，是否有效，是否在现实生活中发挥了其预期的作用，需要用法治文化的效果进行评价。如果其推动了法治文化的发展，就是进步的、合格的；如果其阻碍了法治文化的发展，则是落后的、不合格的。在法治文化这个“试金石”上，法治文本得到了检验和评价。伯尔曼曾说：“法律必须被信仰，否则形同虚设”。法治文本是法治国家、法治政府、法治社会建设的依托，必须得到公民的认可、接受和尊重，否则，公民内心将难以确立法治信仰；而公民缺乏法治信仰，法治文本的稳定性便会被动摇，法治文本的权威便会被损害，甚至可能成为一纸空文，法治文化也将空有其名而无其实。现实中，很多法治文本在出台后未能达到预期效果，很快被废止，这在基层的法规制定中并不少见。对于已出台多年的法治文本，如果其阻碍了法治文化的发展进程，则会被淘汰，如劳改制度的相关规定、收容制度的相关规定。

第三，法治文化是法治文本的“方向标”。法律是稳健的，多数情况下，法治文本总是相对滞后于法治文化的发展。而法治文化作为法治建设的引领，是法治文本的指向标。如根据网络等新出现的问题出台了很多法律。文化是一种推动力，人们的社会行为总是要接受文化的指令，文化可以使人们在更深层次上把握法律的要求，根据法治精神推动立法和执法走向更高的阶段。

第四，法治文化是法治文本实施中的“催化剂”。“徒法不足以自行”，法治文本与任何制度性的东西一样，只有经过与之相适应的、反映社会发展要求的文化的解读，才能为人们所理解，成为人们的行为准则，才能在社会生活中发挥作用。法治文化可以形成一种“场效应”，内化为公民的个体思想，从而规定着人们的行为方式，使他们明白自己应该做什么，不应该做什么，使社会形成一种有法治文本且被严格遵守的状态。

实现法治文本与法治文化建设的“双轮”互动，一方面在于要以法治文本的规范性、强制性、可操作性加大法治建设的力度，让法治观念、法治意识、法治信仰深入人心，在法治文化的高度凝聚法治共识；另一方面在于以凝聚共识的法治文化引领并推动法治建设实践，将法治实践中已经证明的比较成熟的新经验尽快上升为法律，使其更加定型化、规范化，并以法治文本的强制力保证其实施。例如，根据全国人大的授权，法院系统正在进行“刑事速裁程序”试点。试点的时间不长但效果明显，不仅在简化开庭审判程序中保障了被告人的合法权利，而且提高了办案效率，实现了“繁简分流”，缓解了“案多人少”的矛盾；试点中精简的诉讼文本，以准确明了的“填空”代替了不太规范的文字表达。从试点的初步经验来看，全国人大将来为刑事速裁程序立法，不仅将为法治文本增添新规范，同时将为法治文化建设注入新元素。

第十七章
法治礼仪

礼仪对于一个国家来说，不是可有可无的东西。古有先例，礼仪兴则国家兴，礼仪衰则国家衰。“殷周代谢，王权更迭，不是以暴易暴……其标志是‘周公制礼作乐’。”[①] 后来周朝也因其纲纪紊乱、礼崩乐坏而随之分崩离析走向衰亡。及至后世引礼入法，开启礼治天下，礼内法外交融发展。“从中华文明秩序的演进过程来看，‘法治中国’是‘礼治中国’的延伸。从治理方式来看，传统中国可以概括为礼治中国。”[②] 近代以降，礼仪已经走向法治化，成为法的重要渊

① 《仪礼》，彭林注译，中州古籍出版社2011年版，第4页。

② 付子堂：《论法治中国的原生文化力量》，载《环球法律评论》2014年第1期。

源，成为推进法治的重要载体和基本元素，形成了法治礼仪。

第一节　法治礼仪的文化定位

一、法治礼仪的特性

中国素有东方礼仪之邦的美誉。礼仪，是中华民族的传统文化和宝贵财富，无论是古代社会还是现代社会，礼仪都是一种重要的社会行为准则和规范。“礼，经国家，定社稷，序人民，利后嗣者也。”① 在汉字中，“礼”，意指礼貌、秩序；在社会生活中，指由于道德观念和风俗习惯而形成的仪节。“仪”则指按程序进行的礼节。从另一个角度解读“礼仪”，“礼”是从内在性来讲，表示对他人的尊重，属于道德修养范畴；而“仪”则注重于外在表象，是向别人表示尊重的具体形式。在西方文化中，“礼仪”一词源于法语“Etiquette”，原指法庭上的通行证。古代法国将法庭规则写在一个长方形的“Etiquette”上，作为法庭行为准则，发给进入法庭的每一个人。可见在西方，礼仪与司法有着密切的关联性。或者可以说，在西方最早的礼仪是来自于司法礼仪。② 那么，什么是法治礼仪？法治礼仪是法治文化的一种，它经过长期积淀而成，具有鲜明的历史性、文化性和规范性，是法治理念的外在体现。具体而言，法治礼仪是指在法治活动中，

---

① 《左传·隐公十一年》。

② 吴钧瑞：《试论我国司法礼仪制度之规范化》，载《法制与经济》2008 年 9 月总第 178 期。

所有参加主体所认同并遵守的一种特定仪式和程序。

在现代社会，法治礼仪是法治文化与仪式相契合的最佳佐证。法治礼仪的特性主要表现在以下几个方面：

第一，法治礼仪具有强制性，往往与权威相关联。有些法治仪式往往与一个国家或民族的正式庆典相联系。尤其在投入巨大人力、物力、财力的活动中，加之权威人物的主持，仪式活动就成为特定人群眼中不可僭越之事。

第二，法治礼仪具有象征性，往往与特定载体相关联。仪式的特殊性意义往往要借助一些具体事物来表现。如一些西方国家法院的大门前、屋檐上、墙壁上，往往都有大家所熟悉的具有典型代表意义的正义女神形象，古希腊神话称之为西密斯，罗马神话称之为朱斯提提亚；天平意味着“公平”的衡量，宝剑意味着“正义的裁断”。

第三，法治礼仪具有神圣性，往往能唤起人们对法治的尊崇感。特定的仪式往往会使人们的内心感到神圣。譬如法袍，英语称为robe，是法官出庭时身穿的服饰。中世纪史学家坎特罗威茨认为：“有三种职业有资格穿长袍以表示其身份的，这就是法官、牧师和学者，这种长袍象征着穿戴者思想的成熟和独立的判断力，并表示直接对自己的良心和上帝负责。”[①] 还有就是法槌的使用，体现了法律传统的一种延续，用法槌敲打法庭的锤台，发出不容争辩的提示声，给人以庄重、严肃之感。法官敲响法槌就是唤醒庭审参与人和旁听观众回归理性，维系秩序，尊重法庭，信仰法律。

第四，法治礼仪具有程序性，往往按照法定和习惯的程序进行，不得违反。如全国人大决定的宪法日宣誓活动、美

① ［美］E·阿伦·法恩兹沃思：《美国法律制度概论》，马清文译，群众出版社1986年版，第40页。

国总统的就职仪式，其程序具有特定性，不得前后颠倒随意改变。

二、法治礼仪的基本要素

按照现代礼仪理论，礼仪由礼仪的主体、客体、媒体、环境等四项基本要素构成。法治礼仪作为礼仪的一类，也可从这四个基本要素进行解读。法治礼仪的主体，是指具有立法、司法、行政执法权限的法治机关及法治工作人员。法治礼仪的客体，是指司法礼仪的指向者和承受者，接受着司法礼仪的实施。法治礼仪的媒体，是指法治礼仪所依托的一定的媒介，包括语言、行为等表现形式。法治礼仪的环境，是指法治活动所在的特定的时空条件，影响着法治礼仪的内容。

从法治礼仪的主体来看，法治礼仪可以分为立法礼仪、执法礼仪、司法礼仪和守法礼仪层面。立法礼仪是指在立法活动中，立法人员应当恪守的行为礼仪和程序。执法礼仪是指在行政执法活动中，指引着执法人员的行为态度和方式的特殊礼仪，是行政活动中不可或缺的组成部分。司法礼仪是指在司法活动中对司法人员语言、服饰、仪容、举止等的理性化、仪式化的要求，是法律精神对司法人员内在要求的外在表现形式。守法礼仪是指社会成员践行法律规定的事项时应该遵守的仪式和程序。

从法治礼仪的载体来看，法治礼仪主要体现为器物层面、行为层面、制度层面、观念层面四个方面。

服装、执法工具、法治建筑、标志装饰物等都是法治礼仪的器物层面。法官在庭审中穿的黑色法袍、检察官在履行职务中着的西服、警察的警服以及税务机关工作人员在工作中着的西服等都蕴含着严肃与深沉之意。警察使用的警棍，法官在庭审中使用的法槌、法桌法椅等执法工具也都属于法治礼仪的器物。而人民大会堂、人民检察院、人民法院及其他行政机关的建筑设计与装饰艺术也是法治礼仪的外在体现。

法治工作人员的行为举止是法治礼仪的行为层面。2010年12月6日修订后重新发布的《法官职业道德基本准则》第二十四条规定："坚持文明司法，遵守司法礼仪，在履行职责过程中行为规范、着装得体、语言文明、态度平和，保持良好的职业修养和司法作风。"2009年9月3日通过的《检察官职业道德基本准则》第三十七条规定："遵守各项检察礼仪规范，注重职业礼仪约束，仪表庄重、举止大方、态度公允、用语文明，保持良好的职业操守和风范，维护检察官的良好形象。"

专门的立法仪式、执法仪式、司法仪式是法治礼仪的制度层面。专门的立法仪式、执法仪式、司法仪式，是指能够独立出来、代表某种特定意义并制度化了的立法、执法、司法仪式。譬如法官就职宣誓仪式就是一种具有现代气息、比较典型的司法仪式，现在我国很多法院在初任法官或晋升时都会举行法官宣誓仪式。

法言法语是法治礼仪的观念层面。所谓法言法语，是指法律辞令以及司法文书等司法活动载体所特有的表达形式。法言法语注重意思表达的精确而不注重生动形象效果，不仅是促进法律职业化的前提，而且是营造司法独立环境的基础，还是司法权威的重要表现。

法治仪式并非可有可无、无足轻重，而是发挥着重要而独特的功能。首先，法治礼仪有利于法治信仰的培植。法律的神圣性、正义性只有借助于仪式生动地表现出来，人们才能逐步领悟法律的真谛，建立对法律本身的信仰。其次，法治礼仪强化了立法、执法、司法工作的威严与权威，营造了公正严肃的氛围。譬如肃穆法庭内高悬的国徽、身着威严法袍的法官，这样庄重的场景足以震撼人的内心，使置身其中的人自然而然的肃然起敬。最后，法治礼仪有助于推动法律职业共同体的形成和认同。对于法治工作人员而言，通过一定的法治礼仪形式，如服饰、宣誓等，意识到自己的法律责任，从而产生对法律的一种神圣的体验，自觉用法律、职业道德和职业纪律制约自己的行为。

第二节　法治礼仪的文化偏失

一、偏简单移植，失文化底蕴

我国现有的法治礼仪缺少法治文化底蕴的支撑。法治礼仪虽然是通过外在的语言、服饰、仪容、举止行为等表现出来，但它仍需要有内在的法治文化做基础。对于法治工作人员来说，法治礼仪是法治理念、法律职业道德的外化，体现了法治精神。而我国开展社会主义法治国家建设的时间有限，缺少法治文化的养成、缺少法治理念的长期内化过程。在建构我国的法治礼仪体系过程中，直接简单移植域外一些国家的符号、装饰等，使得这些礼仪符号成为无源之水、无本之木，在文化方面也面临着种种障碍。

譬如，英国、美国、法国、意大利等西方国家，法官都穿着黑色散袖口式长袍。黑色象征着尊严，他们认为这种长袍象征着穿戴者思想的成熟和独立的判断，并表示直接对自己的良心和上帝负责。它是一种文化符号，承载着人类历史传承与发展下来的司法知识、态度和观念力。但由于法袍、法槌等主要来自于西方的宗教信仰，当然也含有中国古代惊堂木的启示，法官和民众在接受上存在不同的认识。

根据一项对法官着法袍、适用法槌的初步试行期效果的抽样调查显示，过半数受访法官认为，着法袍或多或少是一种西化倾向；当然，总体受访法官和受过法学教育的受访群众普遍认同使用法袍和法槌是司法礼仪的进步。但在未受过法学教育的受访群众中，有相当比例认为：法袍和法槌淡化了法庭的严肃气氛，弱化了法官的威慑力。[①] 这一调查说明，中国的法治进程中，在借鉴域外的经验成果时必须建立在适应我国文化的基础上，否则引进的法治礼仪将难以达到预期效果。一旦借鉴了域外法治礼仪，就很有广泛宣传和引导的必要。

二、偏形式主义，失实质内涵

法治礼仪是在法治活动范畴中对法治工作人员语言、服饰、仪容、举止等的礼性化、仪式化的要求，是法治精神对法治工作人员内在要求的外在表现形象。礼仪并非仅仅是言谈举止，从根本上说，它是一个人内在素养的外在表现，真正受人称道的礼仪是由内而外的。

以司法礼仪为例，司法礼仪也需要以一定的符号为载体，通过具体的形式展现司法活动的特性。但当前不少法官认为，司法礼仪属于外在的、程式化的规范，与案件的实体处理没有什么必然的联系，讲究司法礼仪是司法体制改革中的形式主义，是华而不实的，没有实质上的作用与意义，因此常常漠视司法礼仪的存在，认为它是“形象工程”、“面子工程”，认为只要达到了实体的公正，作出了正确的判决，是否遵守

① 参见方乐：《法袍、法槌：符号化改革的实际效果》，载《法律与社会科学》第一卷，法律出版社2006年版。

司法礼仪并无大碍。

司法礼仪作为一种司法程式性的要求，与实体法或程序法独立，通过裁判者的思维、行为、活动以及各种仪式表现出来，旨在强化法律之神圣和公众之虔诚，提高司法公信力，树立司法权威。我们应努力实现法官内心与行为的一致，表里如一的法治敬仰。

三、偏外在规范，失内在提升

法治礼仪作为一种外在的行为表现，它依赖于法治工作者内在的职业道德修养。法治工作者内在修养的提高能够增强民众对法治的信任，同时也有利于民众法治观念的养成。提高法治工作者的职业道德修养，不能仅满足于制订行为规范、举办礼仪知识讲座等活动，培养从业者追求公平正义、尊重人权等良好的工作心态，提高从业者在法治文化、传统文化等方面的人文素养，才是根本有效的方法。

法治工作者的内在修养不高，不仅不能理解自身职业的神圣、庄严，还会导致其在法治活动中不理解礼仪的深刻含义，不能自觉地实施礼仪规范。譬如，法官的尊严、司法的权威，最终应当依靠每一位法官自身的素质和执法水准来体现。否则，如果披着法袍的是"文盲"、敲响法槌的是"法盲"、执行司法仪式的是"流氓"，[①] 那么，司法的公正与权威则无从说起。法庭的仪式固然重要，但法官素质的提高、审判能力的增强，才是司法公正与效率最根本的保证。

虽然规范外在行为能够快速、直接地发挥作用，但是如

---

① 《从"三盲院长"到"四假干部"说明什么?》，载《人民法院报》2000年8月11日。

果没有内在法治理念、法律精神及人文素养的提升，法治礼仪规范只能是苍白、空洞的条文。只有长期重视法治工作人员内在修养的提升，才能形成真正有社会影响力的法治礼仪。

第三节　法治礼仪的文化归位

一、加强内在素养提升

第一，加强政治素质修养提升。具有立法、司法、行政执法权限的法治机关是国家机关，而法治工作者是代表国家行使职权，其从事的职业具有明显的政治性。作为国家机关工作人员必须懂政治、讲政治、学政治，不断提高自己的政治觉悟和理论水平。以直接或间接民主的形式把民众的意见和要求汇总起来，科学立法；公正地审理每一个案件，力求达到政治效果、法律效果、社会效果的有机统一；督促、支持和保证国家机关依法行使职权，在法治轨道上推动各项工作的开展，保障公民和法人的合法权益。

第二，加强职业道德修养提升。法治机关工作人员应当树立新型的、符合中国特色社会主义社会道德理念和职业道德规范的职业道德信念，并为之奋斗。要熟知和领会社会道德和公务员、法官、检察官、公安等职业道德的原则、规范、范畴的内容和意义，自觉以道德准则衡量自己，要求自己，陶冶自己的道德情操，规范自己的职务言行，保持良好的品行操守。在平时工作、生活中有意识地按照道德规范、道德标准从严要求和规范自己，摒弃一切不合道德规范、不合职业要求的思想意识和行为。政务人员、司法人员应让对法治的信仰和职业道德融合，内化为法治精神。

第三，加强职业理念、品格修炼。法治工作人员职业的特殊性决定了法治从业者必须具有忠于职守、刚正不阿、不徇私情的职业理念。以法官为例，法官首先是一个公民，应遵守公民的道德规范，在日常生活和处理个人事务以及社会关系中，模范地遵守社会公认的道德规范，得到公众的尊重，享有良好的个人声誉。这是作为一名法官必须具备的最基本的品格素养。同时，法官不能把自己等同于普通人。道德的高低本不应成为衡量个人职业的标准，但是法官的确是个例外。因为法官职业的背后包含了太多的人们对于公平和正义的期待，虽然这些公平和正义并不必然和法官的道德有直接的关联，但是人们还是出于心理的惯性宁愿相信一个道德高尚的法官作出的判决是公平的。这样的社会心理，自然而然地要求法官应该具备超常的道德，尤其是在那些并没有实现严格意义上的法院独立的国家，增加人们对司法权威信任的最重要的途径就是提高法官的道德水平，所以法官的道德水准不能不说是一个关系司法权威的重要标准。

第四，加强传统道德文化修养提升。中国具有5000年文明史，道德礼仪文明作为中国传统文化的一个重要组成部分，对中国社会历史的发展产生了广泛深远的影响，其内容十分丰富。这些传统的道德礼仪文化，不仅是我们当代法治工作人员应当继承的，而且从增强自身涵养风度的角度看，更要求我们去发扬它，在汲取传统道德礼仪文化中的营养后进一步发展它，使其适合当代社会道德准则。

二、注重法治理念培养

社会主义法治理念是体现社会主义法治内在要求的一系

列观念、信念、理想和价值的集合体，是指导和调整社会主义立法、执法、司法、守法和法律监督的方针和原则。依法治国是党领导人民治理国家的根本方略。作为法治工作人员，应当提升运用法律管理国家和社会公共事务的能力。

在法治精神和法律信仰缺乏的环境中，培育法治文化，提高人的法治素养，并使法治文化逐步社会化，是社会主义法治理念培育的重要途径。在一个法治社会，以法官为首的司法人员和以执行公权力为主的行政官员是掌有公权力并且影响法治社会建设的重要成员。应着重对这类人群进行法治理念的培养。

法治的最基本含义，就是国家公权力受到法律的支配。领导干部是主动、带头守法，还是消极、被动守法，直接可以看出其法治意识的强弱，进而影响民众的法治观。领导官员是监守自盗，自己作为自己的制约者，还是廉洁奉公、依法办事、依法执政，维护人民的权益，直接决定着人们对法律的信任与支持程度。

作为一个以法律科学为基础的职业，专业知识和技能的培育，是法律的公正本质和运用法律维护公正的必然内在要求，也是建立法治社会的必然要求。法官必须具备与职业相适应的业务素质，在审判工作中，要认真学习法律知识和法学理论，不断更新、充实业务知识，逐步养蓄深厚的法学底蕴，不断增强司法能力。法官的法律素养提高了，对法律的精神实质理解透了，自然就会自觉地遵守司法礼仪，并以司法礼仪作为自己在工作和生活中的基本准则。

三、强化法治礼仪符号建设

场域与符号权力是法国社会学家布迪厄实践社会学中的重要概念。布迪厄认为场域是相对独立性的社会空间，是集中的符号竞争和个人策略竞争的场所，法律能够直接通过符号运作，通过命名行为塑造社会现实，是典型的符号权力。[①]尽管符号权力指向的是深层次的权力治理，但物态性、表意性符号应当是符号权力最表征的体现。符号之所以与法治礼仪有紧密联系，原因在于法治核心价值无不需要借助于符号得以清晰表达。

任何符号均是符号对象、符号形式、符号意义三要素的综合。[②]以符号为内容的法治礼仪建设应当针对不同的对象与受众，以不同形式表达法治符号的法治内涵和社会意义。意义或象征应凸显国家法治机关的权威性、独立性和便民性。以法院为例，在立案大厅、调解室、接访室等公共场所，应大道至简，雅俗共赏，注重从当事人立场来阐述和表达法治礼仪，强调对进入法院的人的教化和影响。[③]

一是颜色符号。文化颜色通过时间的积淀能够得到民众的认同，反过来民众通过颜色可以认知其所承载的文化内容。如人民警察的办公场所、服装、车辆都以深蓝色和白色为总格调，看到以深蓝色和白色为主色调的建筑、服装、车辆等就能与人民警察联系起来。相对而言，人民法院、人民检察院并未形成自己独具特色的、统一的文化颜色，使法院、检察院难以彰显其独立的文化类型和文化特色，应设计符合司

---

① ［法］布迪厄、康华德：《实践与反思：反思社会学导引》，李猛、李康译，中央编译出版社2004年版，第221~229页。

② ［美］科尼利斯·瓦尔：《皮尔士》，郝长墀译，中华书局2003年版，第96~100页。

③ 有一个法院立案大厅的对联是："来诉讼设身处地一想，依法律通情达理三思"，就较好地从当事人和法院的双重角度阐释了司法文化，而常见的"忍一步息事宁人、让一分海阔天空"等，则明显缺乏创新司法性，使当事人不明就里或模糊法院文化特性，将审判机关与人民调解组织混同。

法属性并具有明显识别性的文化颜色并在全国范围内统一。

二是徽标符号。公安蓝盾的徽标符号已经深入人心，人民法院采用华表天平外环麦穗的红底徽标作为标识，但外观不具有显著性，易与检察院、人大、质检等机关标识相混淆，削弱了徽标的识别功能，应进一步突出徽标的司法特色。同时，警车是重要的执法工具，其制式及外观也是重要的徽标符号。改革开放以来，公、检、法、司的警车在样式基本统一的基础上，均有各自的样式特征。2005 年以来统一了制式警车样式，在法院、检察院制式警车上均喷注“警察”字样。尽管其初衷是为了统一制式警车外观及标识，但审判机关、检察机关的制式警车却注有“警察”字样，会给人司法机关警务化的误读，与法治国家建设基本逻辑显然是违背的，应去除审判机关、检察机关制式警车上的“警察”字样。

三是场所符号。审判法庭是最重要、最具有标识性的法治场所符合。审判法庭应符合审判特性，显示审判特质，做到功能齐全、规模适中、布局规范、设施先进。在外观设计上以庄重、威严为主要特色，在外观装饰上选用能体现庄重、威严的深色装饰材料，色调协调，使人产生敬畏、尊崇。法院办公大楼是法院文化的附着物，应融合地域文化特色，规模适宜、经济实用、外观庄重，体现法院建筑与其他建筑的本质区别。

四、深化法治礼仪制度构建

第一，以国家统一立法的形式来加以规制。针对我国目前尚未出台统一的法治礼仪规范性立法，可对目前我国所有的涉及立法、司法、行政执法礼仪的法律文件进行整合，并制定一部统一适用于公务员、法官、检察官、公安及其他行政人员的规范性法律。规范的内容应当包括：着装规范、语言规范、行为举止规范、场所布置规范等。

第二，明确对法治礼仪规范的监督机制。将法治礼仪进行立法规范后，就需要设置一定的监督程序。在法治礼仪的实施过程中，司法审判、刑事司法和行政执法礼仪是重点内容。人民检察院是国家法律监督机关，应当承担监督司法审判、刑事司法和行政执法礼仪的职责。法律监督应当包括对实体法律、诉讼程序和司法形象的三位一体全方位监督，以维护法律的尊严与公正。法官代表国家审判权，应当享有对法庭内任何有损法律尊严与威信的行为的裁判与告诫的权力，包括在庭审中可对检察官的礼仪失范行为提出诫勉意见。在具体操作中，对轻微的违反司法礼仪规范的行为，法官有权当场采取处罚措施；对法官违反司法礼仪规范的，由出庭公诉的检察官以书面形式向人民法院政工或审委会提出司法建议；对其他严重违反司法礼仪规范的诉讼参与者，可参照诉讼程序提起控诉。同时，应加强对检察机关司法礼仪的监督，检察机关内部以及上级检察机关应将司法礼仪作为检察机关内部监督的重要内容。

第三，建立违反法治礼仪制度的惩罚机制。对于违反司法礼仪制度者，应视具体情节进行处罚。对法官、检察官可参照《法官法》和《检察官法》中的处罚内容进行惩罚；对司法行政人员，按照适用其工作纪律中的处罚内容进行惩罚；对律师和诉讼代理人，按照律师执业纪律中的处分内容进行惩罚；对除以上人员以外的其他人员，有学者提出，增设“藐视法庭罪”进行处罚；对违法情节较轻者，可训诫或强制其退出法庭。

总之，法治礼仪的规范化，具有提高司法权威、规范司法活动、增加司法仪式的庄重感、教育公民增强守法意识等作用，是我国司法制度的重要组成部分。在我们不断进行的法治中国建设的探索中，社会主义法治礼仪将有力推动中国社会主义法治走向制度化、文明化、民主化和规范化。

第十八章 法治器物

第一节 法治器物的类别

法治器物是指用来弘扬法治精神、保障法律制度实施的建筑物、器具、服饰等文化设施。法治器物大致可以分为法意建筑、法意器具和法意服饰三类。

一、法意建筑

法意建筑是指专门用来进行立法、司法、执法和法治宣传的场所或建筑物。包括人民大会堂、法院、检察院、监狱、看守所、劳改所、少年犯管教所、刑场、讯问室、监室、展览馆、法治文化广场、法治文化主题乐园，等等。如法庭是法官进行法律聆讯、审判诉讼案件的特定场所。法庭的布局非常有讲究，就建筑规模而言，我国法庭分为大、中、小三种，内部分为审判区和旁听区两大区域。《最高人民法院关于法庭的名称、审判活动区布置和国徽悬挂问题的通知》规定：人民法院开庭审理民事、经济、海事、行政案件时，审判活动区按下列规定布置：法庭内法台后上方正中处悬挂国徽；审判活动区正中前方设置法台，法台的高度为20至60厘米；法台上设置法桌、法椅，为审判人员席位，其造型应庄重、大方，颜色应和法台及法庭内的总体色调相适应，力求严肃、庄重、和谐；法台右前方为书记员座位，同法台成45°角，书记员座位应比审判人员座位低20至40厘米。[①] 审判台左前方为证人、鉴定人位置，同法台成45°角。法台前方设原、被告及诉讼代理人席位，分两侧相对而坐，右边为原告座位，左边为被告座位，两者之间相隔不少于100厘米，若当事人及诉讼代理人较多，可前后设置两排座位；也可使双方当事人平行而坐，面向审判台，右边为原告座位，左边为被告座位，两者之间相隔不少于50厘米。刑事案件开庭时，法台之下的布局与上述有所不同。法庭的布局，承载着一个国家的法治文化，体现司法文明的进步。

二、法意器具

法意器具是指为了保障法律的实施、法治理念的传播和

---

① 有条件的地方，是将书记员的座位设置在法台前面正中处，同法台成90°角，紧靠法台，面向法台左面，其座位高度比审判人员座位低20至40厘米。

司法活动的正常进行而专门制作或配备的器物。包括秤戥、法槌、警车、警具、强制器械、独角兽，等等。譬如法槌，法槌是由中国古代的惊堂木演变而来，当然也借鉴了西方法院的法槌。在全国法院推广使用法槌的原因，一是法槌体现了现代司法理念，二是审判实践的需要，三是批判地继承了历史传统，四是与国外通行做法相协调，五是有助于增强法庭的权威性和严肃性。各级法院现在使用的法槌均取“花梨木”的材质，寓指人民法官刚直不阿、坚韧不拔的优秀品质；圆柱形槌身，矩台形底座，取“智圆行方”之意，明示方圆结合、有规矩成方圆，暗喻司法公正、法律的原则性与灵活性结合，象征法官应是智慧和正义的化身。槌身与底座的深红颜色，凝重庄严，烘托法庭庄严神圣的气氛，体现司法的尊严；以槌击座，声音清澈响亮，寓指敲定，内含“一锤定音”之意。再如独角兽，本名“獬豸”，它是最能体现中国古代司法喻义的象征物之一。相传它是中国历史上第一位大法官皋陶身边的一只神兽，它似鹿非鹿，似马非马，双眼圆睁，怒目而视，头上长着独角，当遇到疑难案件，只要将它牵出，它就能撞击出真正的罪犯。

三、法意服饰

法意服饰是指为了维护法律的尊严、彰显法律的神圣而专门制作的服装与饰物。包括法袍、检察服、警服、律师服、服刑人员服装、徽章等。以法袍为例，法袍不只是一件服装，它象征着法律的神圣、司法的威严和法官的崇高地位，承载着司法正义的理念。法官身穿法袍是司法礼仪的一部分，或者说是形式化的司法。西方早期的法袍有红、黑、粉红、紫、蓝和绿等多种颜色，其中以红色和黑色最为常见。从 17 世纪开始，欧洲各国开始以法令形式统一法袍的颜色、样式和穿着方式。[①] 英国1635年威斯敏斯特委员会颁布法令规定：英国法袍分为正装法袍和便装法袍，正装法袍为猩红色，便装法袍有黑色和紫色两种。在审理刑事案件及圣徒日、国王生日和其他重大礼仪场合时穿着猩红色正装法袍，并装饰白貂皮；在审理民事案件时穿着便装法袍，紫色或黑色由法官自行选择。美国学者伯尔曼将法袍作为象征法官职责的符号，表示司法是一种十分庄严的行为，类似宗教仪式。我国学者认为，法袍具有屏障作用，可以在形式上保护司法权与司法者，在法律情感上拒斥一切藐视和干涉司法过程与司法独立的险恶动机。法官身穿与众不同的法袍，就无形中与不穿法袍的群体形成了一定的距离感。特别是法袍象征权力和地位，使穿着者具有一份尊荣和自豪，无意间会增强对法律和司法神圣性的追求和对不偏不倚、公正司法的热爱。而黑森森的法袍、肃然的法官神态，无疑会震慑一批居心叵测的人。黑色的法袍能让法官从人群中回到审判席上，以更超然更独立的第三者身份去看待世事、定纷止争。[②] 我国法官现在出庭是穿着2000式审判服，2000式审判服除法袍外，还包括西式制服。法官袍为黑色散袖口式长袍，黑色代表的是庄重和严肃；红色前襟与国旗的颜色一致，前襟配有装饰性金黄色领扣，意在体现人民法院代表国家行使审判权；四颗塑有法徽的领

① 张薇薇：《法袍与法文化》，载《法律科学》2000年第5期。此外，张建伟认为：法袍“昭示的是对于法律神圣性的尊重，也带有司法的尊严感和权威性的意味在里面。身穿法袍，承担的是‘上帝’的角色，辨明是非，判断罪错，施以制裁，加以刑罚，掌握他人之生命自由，评定争议的财产归属，其功能虽在判断，意义却非同凡响”。参见《法制博客·张建伟的个人空间》2012年2月9日。

② 郑智航：《鬼神观念与法律文化》，载《人民法院报》2004年10月18日。

扣，象征我国的审判权由基层、中级、高级、最高人民法院四级行使。法袍整体象征着法官成熟的思想和独立的判断能力，穿着法袍既有一种职业上的尊严感，也意味着要遵循法律，对国家和社会负责。再如律师服，20 世纪 80 年代的中国律师服分冬服和夏服，冬服是蓝色大棉衣，夏服分男律师夏服和女律师夏服。从 2003 年 1 月 1 日开始，中国律师出庭服装由律师袍和领巾组成。律师出庭着装时，应内着浅色衬衣，佩带领巾，外着律师袍，律师袍上佩带律师徽章。下着深色西装裤、深色皮鞋，女律师可着深色西装套裙。律师出庭服的设计，坚持了以庄重色调、鲜明标识、大方款式为设计基本理念，辅之以简洁实用、便于携带等特点。服装主体设计均为黑色宽松式短袍，前摆呈开放式，以适合于多种体形，便于起坐；同时也有别于法官的黑色长款法袍和检察官的深色西装。此外，服刑人员的着装也有讲究，为确保监狱安全稳定，消除各类安全隐患，2005 年 12 月，司法部监狱管理局发出通知，决定对全国监狱服刑人员夏装上衣的颜色作如下改变：男装上衣颜色改为浅驼色，女装上衣颜色改为豆绿色，服装样式及布料质量保持不变。①

总体而言，法治器物是借器具、服饰、建筑、设计风格等来表达法治理念的文化符号。法治器物本身是规范或禁忌，是一种价值观和文化，它被赋予某种意义后，便以特定的涵义把抽象的法治理念具象化，彰显法治的精神，传播法治的理念。法治器物从它的设计理念到它的象征意义，蕴含的是法治理念，体现的是法治精神，营造的是法治氛围，是法治

① 司法部监狱管理局有关负责人介绍，此次变更是由于 2005 年全国监狱人民警察开始配发 99 式浅蓝色警用长、短袖制式衬衣，该衬衣的颜色与服刑人员夏装上衣颜色十分相近，不易识别，给监狱监管安全造成隐患。

文化的重要组成部分。

第二节　法治器物的文化特征

法治器物作为表达法治理念、弘扬法治精神的文化符号，具有鲜明的文化特征。

一、直观性

法治器物是一种有形的法治文化符号，具有直观性和可视性。以人民法院法庭为例，依据 2010 年 11 月 1 日起施行的人民法院法庭建设标准，人民法院法庭建设项目由房屋建筑、场地和法庭装备三部分组成。人民法院审判法庭房屋建筑由立案用房、审判用房、执行用房、审判配套用房、辅助用房等组成。立案用房包括：当事人接待室、诉前调解室、立案登记室、诉讼收费室、法律服务室、法律资料查询室、法警值班室等。审判用房包括：大法庭、中法庭、小法庭、独任法庭、合议室、法官更衣室、审委会评案室、诉讼调解室、听证室、证据交换室等。执行用房包括：执行工作室、执行物保管室等。审判配套用房包括：候审大厅、陪审员室、公诉人室、律师室、证人室、鉴定人室、翻译室、刑事被告人候审室、法警值庭室、羁押室、法庭设备中心控制室、音像资料编辑室、阅卷室、案卷档案室、信访接待室，还有辅助用房等。再如法意器具中的徽章、秤戥、法槌、警车、警具、强制器械等，都是看得见、摸得着的实物，具有直观性和可视性。人民法院法庭建设充分体现了法庭作为国家司法活动公共场所和国家司法文明标志的特点，满足了人民法院行使国家审判权和有关国家机关、公民、法人、其他组织进行诉讼活动，以及国家对公民进行法治教育的需要。当这些器物被赋予某种意义后，便以特定的文化涵义把抽象的法治理念具体化，并以直观的形象传达法治理念，彰显法治精神。法治器物的直观性和可视性便于大众解读法律的特性，领悟法律的奥妙，全面而深刻地理解法治的精神。

二、专属性

法治器物是为了弘扬法治精神、保障法律制度实施和运行而依法制作或设立的。它的制作或设立以及使用不能随意而为，既不能随意制作或设立，也不得随意使用，必须遵循法律的规定方可以制作或设立以及使用。如设置和使用法槌的目的之一是为了维持法庭秩序，法槌专属于法官，别人无权使用法槌；法槌不能拿到其他场所去敲，即使法官在法庭上也不能拿着法槌随便乱敲。如同法袍和法槌专属于法官一样，警服或警徽专属于警察，其他人员是不能随便衣着警服、佩戴警徽从事社会活动的，如果非警察人员着警服、戴警徽在社会上活动，就有招摇撞骗之嫌。法治器物的专属性决定了它专属于某一类特殊人群使用，其他群体不得随意使用，因而许多法治器物具有排他性。

三、严肃性

许多法治器物是专为保障法律的实施与运行而设立的，每一具体的法律设施都有其特定的意义，其使用主体均为特定的人员，因此法治器物的使用不能随随便便。如手铐，它是法意器物之一，讯问室里对于重大犯罪嫌疑人使用手铐，或用铁（木）栏将审讯人员与犯罪嫌疑人隔开，目的就是维护正常的审讯秩序，以使讯问活动顺利进行。但谁来使用手铐是一个非常严肃的问题。一个法律上不具有携带或使用手铐职权的人员是绝不能使用手铐的；即使是具有携带或使用手铐职权的人员，在什么样的情况下可以使用，也需要依据法律的规定。诸多法律器物从它的设计到它的使用，从它的外形到它的内部布局，蕴含着对法律秩序的维持，彰显着法律的庄重严肃。再如警徽，它是人民警察的专用标志，警徽及其图案不是可以随便使用的。警徽一般用于授衔、宣誓、阅警等重大仪式，用于人民警察机关及其事业单位的重要建筑物、会场主席台，用于人民警察机关颁发的奖状、荣誉章、证书、证件，用于人民警察报刊、图书出版物和警服、警帽、警用交通工具、警用标志等物品。悬挂警徽应当置于显著位置。使用警徽及其图案必须严肃庄重。

四、时代性

法治器物带有明显的时代烙印。以人民警察的服饰为例：井冈山时期我国红色政权设置警察机构，“警服”与红军战士的服装一致。延安时期我党正式成立延安市公安局，此间的警服为黑色制服，黑白相间的大檐帽，无帽徽，铝合金特制白色领章，铸有“边警”二字，沿用至1942年。解放战争时期，警察着装同解放军着装基本一致，男服上衣为中山装，下衣为马裤，女服为列宁装。新中国成立后至“文化大革命”时期的警服分为50式、55式、59式、66式、72式。①

① 50式警服与中国人民解放军军装相同，区别是胸章标有“人民公安部队”字样，臂章为盾形，上方横写“公安”二字，下方缀军徽，帽徽为中间嵌“公安”字样的红五角星，该式使用到1956年，这段时期公安部门的工作重点是“反特控特、剿匪、镇压反革命”。55式警服上衣为草绿色，下装藏青色，平顶大檐帽，即人们所熟悉的“马天民式”；59式警服上衣为白色，增加了领章，领章中有一铜质盾牌，上缀五颗五角星，下衣颜色由藏青改为藏蓝，各警种一律佩戴领章。这两个时期公安工作的重点是“保卫经济建设、打击政治犯罪”。66式警服服装制式、技术规格和质量均与解放军干部相同，上衣草绿色，有红领章，下衣藏蓝色，取消了大檐帽。72式警服颜色由草绿色改为藏蓝色，增加大檐帽，突出了人民警察的特点。

改革开放后的警服有83式、89式、99式之分。较之改革开放前的几套警服，83式从整体设计和工艺加工上，更能体现人民警察的庄重严肃、威武雄壮的气概和警容风貌；这套警服取消了红领章，改为佩戴松枝衬托红色盾牌的领章，另一个特点是警服上出现了警号。89式警服是在83式警服的基础上作了小的改进，警服裤子取消了两侧红裤线，领章改为松枝衬托的红色盾牌领花，内有金色五角星，大檐帽增配了金黄色丝编装饰带；女民警改戴短立筒有檐软帽。99式警服即现行警察着装。这套警服颜色选用国际上警察通用的藏青色或藏蓝色，交、巡警衬衫采用浅蓝色，普通民警衬衫采用铁灰色（后改为浅蓝色），高级警官衬衫采用白色，服饰佩戴帽徽、领花、警衔、警号、胸徽，分为常服、作训服和多功能服。

纵观人民警察服饰的演变历史，有四个明显的特点：一是逐步脱离中国人民解放军序列，形成了人民警察自身的服饰系列，标志着人民警察的正规化建设不断取得新的进展；二是人民警察的徽章总体上由简约到丰富，由单一到多样，更好地展示了人民警察的良好形象；三是人民警察服饰的形式上注重与国际接轨，功能更齐全，样式更美观，充分体现了时代特色和人民警察部队威武雄壮的风采；四是人民警察的服饰具有丰富的法治文化内涵，深深印上了时代的烙印，从一个侧面反映了人民警察队伍不断向前发展的历史，标志着人民警察部队的正规化、现代化建设进入了一个新的阶段。①

五、象征性

法治器物除了每一个个体器物的具体象征意义外，还具有

① 刘道纪：《警察徽章的文化内涵》，载《人民公安》2010年第6期。

共同的象征意义，这便是法的象征、权力的象征、国家的象征。以警察徽章为例：人民警察的警徽图案由国徽、盾牌、长城、松枝和飘带构成。国徽衬底和垂绥为正红色，盾牌衬底为深蓝色，长城、松枝和飘带为金黄色。警徽中的国徽是中华人民共和国的标志和象征，国徽上的天安门图案，象征着不屈的中华民族精神；齿轮和谷穗图案象征工人和农民；五星图案象征中国共产党领导下的中国人民大团结。警徽在中心位置突出国徽图案，表明人民警察是国家的捍卫者，担负维护国家安全的神圣使命。警徽中的蓝盾具有护法、守卫和安宁的含义，象征人民警察是社会主义祖国的坚强保卫者。警徽中的长城象征人民警察是维护社会秩序和国家安全的钢铁长城。警徽中的松枝代表常青与和平，象征人民警察的品质和战斗意志。

六、民族性

法治器物文化与一个民族的社会生产方式、历史文化传统、自然地理条件等息息相关，它代表着一个民族的文化传统，标志着一个民族的法治状况，反映着一个民族对于法治的态度。在少数民族聚集的地域，不同民族的宗教信仰不同、风俗习惯不同，生活方式也不尽相同，因而有些法律设施的风格也不同，如新疆、西藏等少数民族地区中有的法院与检察院的建筑风格就带有鲜明的民族特色。

第三节　现状与对策

一、法治器物文化建设的现状

法治器物既是弘扬法治精神、展现法治建设成果的重要平台，也是开展学法用法活动、传播法治理念的有效载体。近些年来，一些地区和行业系统的法治器物设施文化建设取得了令人瞩目的成效。以成都市为例：截至2012年年底，成都市已建成各类法治文化基础设施4173处，其中，法治教育基地37个、法治文化公园2个、法治文化广场16处、法治文化墙8面、法治文化家园13个、法治文化户外LED显屏223处、村（社区）法治宣传栏3800余处，内容丰富、形式多样的法治文化设施赢得了广大人民群众的普遍赞誉。① 2014年3月28日，成都市正式出台《成都市依法治市实施纲要》，共包括9个方面32条内容，明确要求："把法治文化阵地建设纳入公共服务配套设施规划，积极推进法治公园、法治广场、法治长廊、法治墙报等法治文化基础设施建设，各区（市）县至少建立一个法治文化广场、一个青少年法治教育基地。"同时提出成都市到2020年要初步建成全国一流的法治城市，让"法治化"成为成都最为显著、最为核心的竞争优势。在成都，诸如郫县水乡尚法大道、古城镇花牌村民主法治村、友爱镇农科村法治绿道、德源文明法治家园，锦江区春熙法治文化商圈，彭州市升平镇银雀村法治广场，新津县法律服务大厅、普兴镇袁山法治社区等，都各具特色。② 成都市司法局为落实《成都市依法治市实施纲要》，提出推进法治文化设施建设的"十要十结合"，其经验值得推广和借鉴。③ 此外，诸如江苏等省，人民法院等行业系统近些年来在

① 《四川法制报》2013年10月18日。

② 朱光泽：《法治文化基础设施建设成果大比拼》，载《成都日报》2011年11月24日。2014年12月5日，成都市委全会审议通过《全面深入推进依法治市的决定》，部署了251项重要举措，推进依法治市。

③ 黄鹏：《推进法治文化设施建设政府部门不能唱"独角戏"》，载《成都日报》2014年5月19日。

法治器物设施文化建设上都取得了显著的成就。

但就全国范围的法治器物设施文化建设而言，还存在不少的问题和需要改进的地方。这些问题主要集中表现为：一是各地区、各行业系统的法治器物设施建设发展不平衡；二是有些地区或行业的领导对法治器物设施建设不重视；三是法治器物设施建设注重形式，轻视内涵；四是有些法治器物设施建设不接地气，不符合实际；五是有些法治器物设施建设主题不突出，形式不灵活；六是有些地区虽然政府重视，司法部门积极，但并未形成全社会参与的氛围；七是有些地区与行业系统的法治器物设施建设一阵风，尚未形成长效机制；八是现有的一些法治器物设施投入不少，利用率不高，社会效益不佳。

二、强化法治器物建设的对策

法治器物设施文化建设要取得好的成效，还须执法、司法机关共同努力，强化各自法治器物文化建设。具体可以从六个方面努力推进：

（一）统筹考虑，合理布局，重点推进

法治器物设施建设是一项综合性、全局性的工作，各级党委和行政部门在部署本地区或本系统的法治器物设施建设的时候，应当先行调研，通盘考虑。法治设施的分布要与区域特征相结合，与行业特征相结合，与地理环境相结合，法治元素展示与民生功能相结合，一般项目建设与重点推进项目相结合，做到横向有宽度，纵向有深度。

（二）发动全社会参与，发挥各行各业的资源优势

党委和行政部门及司法机构在法治器物设施的建设中，要转变角色，由“主演”向“导演”转变，从“独唱”向“合唱”转变，发挥各行各业的资源优势，引导社会力量主

动参与建设，构建“政府主导、行业联动、社会参与、优势互补”的联动机制。如成都市青羊区作为“省级法治文化试验区”，在建设法治文化阵地这一过程中，区司法局不搞“包办一切，单打独斗”的传统模式，明确提出了“三借”的工作思路。首先通过“借脑”，组织39个相关责任单位召开征求意见会，进行了充分论证。其次，通过“借势”，争取区委、区政府大力支持，切实增强了司法局牵头抓总的能力；在“借力”方面，牢牢把握“五新青羊”工作主题，形成了“全区参与、部门联动、重点突出、形式多样、特色鲜明”的创建工作新格局。又如成都市温江区司法局在打造法治文化器物设施过程中，转变思路，充分运用社会资源资金，实现了法治文化平台共建共享。通过为企业冠名、发布企业形象广告等形式，法治文化阵地项目前后吸收了近500万元资金。这样既宣传了企业形象，也解决了法治器物设施建设经费不足的难题，实现了共赢。

（三）形式要多样

法治器物设施建设不应当是单调的、生硬的，除了司法机构所必需的、法律法规所要求的设施之外，形式应当生动活泼、丰富多彩，为广大人民群众喜闻乐见。如既可以兴建法治教育基地、法治广场、法治公园、法治社区、法治院落，也可以兴建法治一条街、法治长廊、法治墙、法治展板、法治宣传车等。要将静态的法治器物设施与可流动的法治宣传活动相结合，单项的灌输法治理念与彼此互动的形式相结合，用群众看得明白、听得生动、理解得透彻的语言、文字、图案、雕塑和其他设施传播法治精神，力求营造出浓厚的法治氛围。

（四）内容要丰富

法治器物设施除了注重对宪法、法律专业知识的宣传外，可以融入法治人物、法治案例、法治故事等内容，可以将古代法治文化与现代法治相结合，将外国法治与中国法治相结合。法治器物设施建设的内容，不仅要贴近广大人民群众的政治生活，更要贴近广大人民群众的日常生活。如成都市温江区“国色天乡·法治文化主题乐园”是国内首家以法治文化为主题，集互动性、体验性为一体的乐园，它以特有的时代主题、地域特色成为温江区法治文化精品建设的新地标和新平台。

（五）主题突出，有针对性

在法治器物设施的建设中，首先要明确针对什么样的人群、突出什么样的主题，面对不同的地域、不同的行业、不同的需求、不同的环境和不同的时期，切忌不可强求一律，整齐划一。因为有些法治器物设施是永久性的，有些法治器物设施是临时性的，有些法治器物设施是移动性的，所以一定要主题突出，有针对性；有针对性才会产生喜闻乐见的效果，主题突出才会收到良好的社会效益。

（六）“以评促建”，发挥先进的示范和引领作用

近年来，全国法院系统的法治文化建设开展得有声有色，其经验之一就是采取了“以评促建”的措施。2009 年前，全国法院系统采取评比“全国法院文化建设先进单位”的措施推动法院文化建设。2010 年 1 月 29 日，最高人民法院命名北京市东城区人民法院等 40 个法院为首批“全国法院文化建设示范单位”；2015 年 1 月 12 日，命名北京市房山区人民法院等 50 个法院为第三批“全国法院文化建设示范单位”。“以评促建”，充分发挥先进单位的示范和引领作用，使得全国法院文化建设，包括法治器物设施建设取得了显著的成绩，有力地促进了人民法院各项工作的发展。

第十九章
法治文学

作为法治文化的重要载体，法治文学是社会法纪生态的即时聚焦，是政情脉动的灵敏记录，是守卫秩序、守卫正义、守卫真善美的形象反映，是推进当代法治文化建设的本土软实力。而当代的法治文学，已经成为我们时代法治文明建设的一支必不可少的方面军。

作为中国文学的一个重要分支，中华法治文学的涵盖面很宽，凡是论述和反映社会法治生活、法纪生态的文章，不论以何种体裁问世，都应纳入法治文学的视野而予以研究，不仅仅是通常人们所熟知的侦破、推理小说等体裁的法治文学作品，还包括纪录法治历史的诸多法治文献。这些法治文献和法治文学作品共同构筑了中国法治文化的宝库。

第一节　法治文学的独特价值

中华法治文学从分类考查切入，依其体裁大致可归纳为八大类，它们在中国法治文化体系中发挥着各自的作用，占有独特的地位。

一、法典型文章

法典型文章指历代定制立法的基本典籍，主要见于历代的政法类书籍之中，如《通典》《通志》《政典》《会要》，包括历代法典律令之文，如《仪制令》《封诊式》《洗冤录》等各类法学专题作品，以及有关释法议刑的注疏解释之文。熟悉并研读它们，可以提升法治专业素养，养成法治思维，是制作或评议法治文章的基本功，历来受到高度重视。但近世以来，人们强调所谓作品的“文学艺术性”，对此类文章疏于研读，造成法治文学作者知识贮备上的先天缺陷。其实，熟悉掌握历代基本法典及相关常识，正是拓宽眼界、夯实自身素养、增厚法学底蕴的有效途径，舍此是难以真正进入法治文学之门的。作家的法治素养是法治文学创作的根基。

春秋战国时期，是中华法治在实践领域、制度领域、理论领域全面启动且都有丰厚创获的时期，各类部门法周全而早熟。

法典型文章可以唐人杜佑历时35年编成的《通典》（二百卷）为典范，它汇集了历代国家典制，为后世政法类书籍的开山之作。书中，作者关注于历代典制的“通”：将历代各项制度沟通、联通起来，讲明沿革，说清源委，归纳成败，论议可否，不孤立地看一时一事，而着力于展现社会政经发展的通史脉络。

其中的代表如：1. 食货典，十二卷，汇录历代正史的《食货志》及其他典籍史料，记载相关经济政策与方略设施，疏理历代财政得失的关键所在。2. 选举典，六卷，汇集历朝选官制度的演变轨迹，阐发其优劣得失之情，指出考选对于官僚体制的关键意义。中国文官制度举世闻名，科举考试所体现的“公开、公平、竞争、择优”的原则，是世界公职人员制度的首创。3. 职官典，二十二卷，记载历代机构设置、兴废沿革及官员奉职实况。主张从实践中识拔人才、考核人才；赞赏秦汉之官员可以在中央与地方上随宜调遣，能升能降，而且考核精审，“责以成效，寄委斯重，酬奖亦崇”，并不机械地论资排辈，真是卓识。4. 礼典，一百卷，突显了古人心目中“礼”的地位，其所收之“礼”，贯串着浓浓的人文情怀。5. 乐典，七卷。礼与乐是古代政府全面调动社会法治机能以安定民生、稳定政权的两大法宝。音乐学是中华传统学术中一个颇有成效的门类，而把乐教、乐治提到治国的高度来观察的，则举世无双。6. 兵典，十五卷，是古代的军事立法，是战争法，是中国军事学说的有机组成部分，历来受到国内外的高度评价。7. 刑典，八卷，除收录历代法典外，还汇录了历代刑法志之文，收录了大批关于决狱、肉刑、囚系、赦免、苛暴之类的专题讨论之文。8. 州郡典，十四卷，记载历代政区沿革、风土人情之突出情况。杜佑有“重农”、“重民”思想，他用大量的统计数据、对比数据来说明问题，富有科学精神。9. 边防典，十六卷，记载周边民族区域情况，以及周边国家在军事、政治、经济、文化方面的重大举措和重要事件。杜佑从国家的巩固、社会的稳定出发来关注边防，不仅仅是考虑边防戍守之类，而且是着眼于民族区域的建设和中外关系的调整，很有见地。

二、政论型文章

政论型文章指关于国家礼法制度、治安举措及侦审施刑等方面的章表奏议、政论史论。至若历史上论证封建制和郡县制之优劣的史论，社会转型期关于如何拨乱反正、乱中谋治的策论，施政实践中关于政刑宽严的讨论，以及对如何慎狱恤刑和肉刑存废的争议、对大赦与录囚之得失的议论，还有关于司法人才之选用、律文与案例的法学适用、法律语言的精准表达等，都是灌输法治理念的最佳文本源。

中华学术论文是从“易学”发端的。易学理论，连同它的方法论、它的表达式，都是哲学层面的，因而是全覆盖的，是贯通于百科的。尤其是它首先论列了“天道—人伦”的合一关系，这是植根于中华先民心灵深处的秩序理念。秩序，是文明社会的组织基因。《易经》还有“天·地·人”三才之说，肯定了人的崇高地位。它又有“天地之大德曰生”、“何以聚民曰财”、“君子以决狱慎刑”、“君子以明慎用刑而不留狱”等警策语，都是中国人法理自觉的明确宣示。

中华制度文明，就其书面典籍的发端而言，是从《尚书》开始的。“尚书，上古之书也”。它一出现，就以其对“刑狱”的系列论证说明了：中华先民从跨入“有法时代”之日起，就超越了“神权—神治—神断”的普世法则。这是中华法治文明的高起点、亮起点。西周建国后，为使社会从商末酷刑的黑暗中走出来，摆脱夏、商两代为期千年以上的、以肉刑为特征的治理模式，营造宽松和谐的政治秩序，全面刷新社会面貌，周公便着手“制礼作乐”。他以

“礼”为骨架，以“乐”为血肉，谋求国家治理、社会管理、国民教化的综合推进，其理论成果，集中聚存于《尚书·周书》中。

先秦诸子对礼义、法理、刑禁、道德的论理探索之文，或以“法先王”为旗帜，厘清了立国、定制、化俗的价值取向；或以“法后王”相号召，拿出大一统政权的顶层设计，草创中华刑名体系。法先王者重视传统经验的当代阐释，法后王者专心现实政法经验的理论提升，他们共同完成了中华大一统的法理论证，使之成为全民的共识，又内化为全民的文化认同、国家认同的深层理念。中国人是务实的，百家之中，没有一家以风花雪月名世。先秦诸子为政论型法治文章的主干地位奠定了不拔根基。

三、传记型文章

凡记录历代政法人物的舍身求法、辨证论法、平允立法、公道司法、铁面执法、强力护法、应时变法事迹的纪传、碑铭、笔记杂录之文，其中的人物形象有很强的感召力，历代人物画廊因他们的存在而充盈着血性与骨气，为我们民族提供了强力的精神支撑与人生榜样。贬斥他们，是一种“去中国化”的不智之举。

历史上，涌现出一辈辈杰出的法治先行者、政治实践家。《左传》《国语》《战国策》《史记》《汉书》等史著中的名吏传记，都注重替法界人物树碑立传，并有高水平的创作示范。其中，舍身求法的李离、辨证论法的张释之、准确释法的张斐、平允议法的魏征、公道司法的徐有光、铁面执法的包拯、强力护法的海瑞、智巧破案的李清、廉洁执法的于成龙……都一一名垂青史。

四、案牍型文章

案牍型文章是指如诉状、呈文、案例、判词之类。它们是现实法治生活的即时制作或临场制作，行文有法定格式，运用专业术语，要负法律责任，一旦成文，便无从变更。积存下来，自然具有第一手档案文献的认识价值。另外，反映典型案件的侦破审结之狱案笔记，能让人们具体地体认不同时代的法治特色及其发案机制、办案程序，是今人认识历史、解读历史的可靠信息源。它能教会人们如实地反映生活，从法律高度判别是非正误。

宋代在社会管理、化民成俗上的司法举措，很多带有世界性的开创意义。如狱审工作中的“证据征实制”就十分关键。原来，宋以前的秦、汉、隋、唐历代都把“口供”视为终极证据，无口供不得结案，导致血肤刑求，冤假不绝；宋代则形成了斗要见伤、盗要见赃、死要见尸、奸要捉双的法定要求，这就空前加大了侦查破案的难度与力度，催生了刑侦、法医的专业知识与技能，强化了受理、审批、复查、洗冤、平反、甄别、追责的审理程序和检测手段。可见确立“证据征实制”是何等重要！这是神权擅断下不可能获得的知识。也就因此，法医检验制、案牍存档制就建立起来了；相伴而生的宋代判词、案例文及公案笔记文也迅速兴发起来，使各体公案文章蔚为大观，向社会各层面普及了法律、刑审知识，推进了一代法治建设。很难设想，没有宋人在经济文化与法治建设上的辉煌成就这种软实力存在，强悍的辽、金、元政权会自动依循中华礼法来建政定制、立法司法。

就法治文章自身而言，则各体案牍文与判词到清代都达到了前所未有的水平。它在内容上要求与案件实情保持零距离，判罪量刑上要求与国家法典、成例做无缝对接，使清政府的有效施政能力落实到中华全境，北到黑龙江以北，西到伊犁河以西，都必须依《大清刑律》断案，而且必须“上详、题奏”，所制作的“公案文牍”同样收入《大清刑览》，创历史从未有过的新局。

五、申诉型文章

凡历代陈情、申诉、驳议、声讨、揭发、弹劾之类的公私文翰，皆归此类。以弹劾为例，明代官员对权奸魏忠贤的“弹劾状”最有代表性。弹劾是对犯罪官员的告发、起诉，在案牍公文中处于“上游”，处于案件揭发阶段。一旦受理，将进入审讯程序。这类文章论据充足，反映社会法纪生态、官民礼法遭际，有强烈的情感色彩，有异常鲜明的是非观，有凌厉尖锐的冲击力，对受众有征服力、动员力。如东汉抨击党锢之祸的文章、唐代反对武则天重用酷吏的文章、宋代抗议官家屈辱求和与甘心偏安的文章、明代声讨宦官政治与特务统治的文章，都是名副其实的血性文章。

在明代酷政下，政界仍不乏舍身求法者，这就很可贵。明人韩文、杨继盛、邹应龙、顾允成、孙慎行、杨涟、黄尊素、史可法等一大批弹劾魏忠贤的名吏，就具有这种昂扬气度。他们的弹劾之作，对塑造刚性灵魂、确立公正高尚的价值观有示范与熏陶作用，在中国法治文化体系中享有特殊地位。

六、演义型文章

演义型文章主要是指公案小说、公案剧作之类。这类作品以史实作素材，通过艺术构思，对情节做虚拟性、演义性的铺排渲染，艺术地塑造法治人物形象与场景，因而最具文学性和大众性。其中，公案小说有短篇、中篇、长篇的白话公案或文言公案；公案剧作专指参军戏、杂剧、南戏、花部、散曲、弹词中的公案传奇作品。这类小说或剧作能呼唤社会正义、凝聚正义力量，做和平合法斗争的示范。但情节上往往透现出蔑视法纪的意识，爱做因果说教，应慎予甄别。至若诲淫诲盗、铺排血腥场景的作品，则应加以拒斥。

当代侦探小说与相关影视作品，则已有占据法治文学主导地位之势。

七、杂录型文章

古人的笔记杂录中，有不少案例，截取社会法治生活中的一面、一节、一羽、一点，以散文体式写成，所涉人和事，大多有史实依据，并非纯属虚构；尤其是那些名吏的破案纪录，人们并不把它们看作“戏说”，倒是视为“历史实录”在认真地传诵着。清代笔记中就有大量狱案类作品，把数百年间发生的形形色色案件展现在读者面前，把不同官员的办案风格、破案思路、侦缉技巧都呈现于读者面前，从这些案件构成的总体画面上，可认识清代的社会病态和历史足迹。

另外，还有花判、谐判、拟判、揭帖、刀笔及冷笑话等小品文，揶揄世间万象，尤其是司法执法方面的丑相怪相异相，往往风趣幽默；有的还仿拟公案文牍式样，行文轻松随意，化解了一般法治文章的沉重与刻板，易于接近社会低层民众，折射民心民意，有“匕首、投枪”的艺术效应。不过，它们也难免带有较多的媚俗成分。晚唐小品、明代小品、清代刀笔，是这方面的代表。

八、纯文艺型文章

凡用艺术手段表现一代法治生活的诗词歌赋等纯文艺作品，都可以从中提取法学、法理学的课题，借以拓宽法治文学的研究视野，以补单纯文艺赏析的先天欠缺。比如近年就有学者从《诗经》《乐府》《史记》等类文史名著中提取其法治因素，评议其记述的历史病痛、民间疾苦以及社会救治路径；也有人从《水浒传》《西游记》《容斋随笔》《聊斋志异》这些文学故事中提取法学研究课题，看其涉及刑侦执法的特定思路，评议其安全措施、侦缉技能，丰富了法治文学关注的层面。

以上八大类构成了中华法治文学的主要论述对象，有独特的社会认识价值和文学审美功能，其丰富性与多样性为世界上他国文库所难以匹敌。这也就决定了它在中国法治文化体系中的特殊地位。

第二节　法治文学的核心任务

检视中华法治文学史，人们发现，着力塑造一代代法治精英人物形象，满足民族与社会的审美需要，一直是它的核心任务。

中华法治文学史昭示人们：历代法治精英们，总是敢于与任何暴行作生死斗争，总是大义凛然地伸张正义。面对高压，他们敢于执法护法，“甘以一人之命，丐千余人命”①。他们终生历险，虽遭逢诏狱大灾，却始终把生死置之度外，

① 《隋书》载：隋文帝遣亲卫大都督长安屈突通往陇西检覆羣牧，得隐匿马二万余匹。帝大怒，将斩太仆卿慕容悉达及诸监官千五百人。屈突通谏曰：“人命至重，陛下奈何以畜产之故，杀千有余人？臣敢以死请！”帝瞋目叱之，通又顿首曰：“臣一身分死，就陛下丐千余人命！”帝感寤，悉达等皆减死论。

去守卫民命、守卫正义、守卫真善美。他们的业绩，构成了历代记人叙事文学中的刚性情节；他们的风采，是中华人物画廊的骄傲；他们的精神，谱成了中华文化之最昂扬的旋律。他们承载着我们民族的刚烈之气，是一道不容逾越的精神长城。

一、令人瞩目的当代法治文学创作队伍

在当代作家群落里，已经形成了一支令人瞩目的法治文学创作队伍，如深受读者赞誉的张平、丛维熙、陆天明、周梅森、一合、李迪、陈源斌、水运宪等知名作家，他们用自己的青春和热血，以社会主义法治建设为目标，以中国法治战线的真人真事为模版，精心塑造着新一代司法执法护法的精英人物群像。这些人物，分布在司法、监察、治安、侦审的各种不同岗位上，在社会转型、法纪变轨、利益多元化的今天，直面狱案发生机制的空前复杂，在“老虎”、“苍蝇”四面蛰伏且恣意肆虐的当下，保持忠诚，保持清醒，保持勇气，保持敏锐，敢于和善于擒虎灭蝇。他们是高歌猛进的中国社会主义伟大事业的捍卫者，是新时期的新生活方式、新生命形态、新人生价值的创造者、守卫者，是实现中华民族伟大复兴的中国梦的忠实践行者。

二、法治文学已赢得全社会认可

自从《四库全书》的编纂者空谈德治、奢谈仁政而卖力地贬低刑审而排斥狱案以来，古代法治文章这笔巨大的文化财富就被冷藏起来了。加之近代又输入了西方的文艺美学概念，学校里、社会上，甚至文化界人士，都把兴趣集中在抒情性、形象性的艺术作品上，把兴趣放在小说、戏剧的“演义”、“戏说”上，于是海量的精美而实用的应用型政法文章

被置于视野之外了。又因为研究或表现狱案与刑审，不像搞“戏说”那么轻松；阅读案例与判词，也难以获得欣赏小说戏剧那般的审美愉悦，多数情况下还要接受灵与肉的拷问，所以问津者极少。即使在法治文学理论界内部，也有人只看重推理与侦破的情节安排与场景渲染，而忽视其背后的理性思考和社会意义，故其论述往往底蕴粗浅，也制约了有分量的法治作品的推出。因此，必须跳出纯文学的羁绊，才能看清法治文学作品的真实价值之所在。

可喜的是，当代法治文学作品因其具有鲜明的审美特色而广受赞誉。其审美特色概括地说来，就是阳光心态、阳刚旋律、法治主题、民族气派。如脍炙人口的《法撼汾西》《天网》《抉择》《大墙下的红玉兰》《苍天在上》《大雪无痕》《国家公诉》《黑脸》《傍晚敲门的女人》《丹东看守所的故事》《万家诉讼》《祸起萧墙》《红树林》等优秀作品，能满足广大受众文学审美的需要，已经赢得了全社会的认可与空前关注。其审美功能形象地说来，就是“提神、鼓气、益智、强心、健骨”：提升全民法治精神，培育现代公民意识；鼓荡民族阳刚正气，激发社会美俗良风；凝聚民族向心力，增添民族自信心；强化从业者的法治决断力，提高事态应变力；挺直民族脊梁骨，经受任何复杂考验。

三、法治文学主体的阳光心态

法治战线上生活着这样一个特殊群体：他们总是在与社会阴暗面打交道，甚至是在与最隐蔽、最奸猾、最险恶、最狠毒、最嚣张的势力相周旋，并且要确保必胜。社会上要求贤者保持节操，做到出污泥而不染，而对于这群法治战线上的从业者来说，则必须入污泥而不染：职业要求他们入污泥，而且入得越深越好，但又决不允许其沾染污泥，一旦稍有沾染，立刻清除出局。职业要求他们在灯红酒绿中保持清醒，在刀光剑影中保持斗志，在阴霾迷雾中保持识别力，在冤苦剧痛中经受考验。此人此境，稍有懈怠，就会扭曲心态、压抑神明，对自己、对社会丧失信心，以至放弃人格、出卖灵魂、知法犯法、用法犯法……这样的机会随时都在其身边游荡，而万一被沾染、被同化了，一切都将结束。

就奋战在法治一线的工作者而言，没有此等生活历练和精神磨炼，就无望成为合格人才；就法治文学作家而言，没有此等生活积累和精神淬砺，就难得产出惊世骇俗之篇。在这里，第一需要的是阳光心态。让自己的心始终沐浴在阳光之下，不为浮云遮法眼、失方向；让自己的眼像阳光一样穿透黑暗，送去光明。

四、法治文学作品的鲜明主题

法治作品须有鲜明而坚定的法治主题。它站得高，望得远，说得透，时局针对性强。当它作用于社会时，最有力度，最具政治塑造力、穿透力和执行力。这个力度根植于它的真实性，也来自它的法律威严，因为它与政情、社情、案情保持着零距离，与国法保持着零距离。历代当政集团可能会利用诗赋、小说、戏曲等各种文艺形式去粉饰太平、掩盖真相、自塑形象、戏说是非，可是法治文学作品不答应。在法治文学作品中，是不能任意改变当时发生的真实案情及其所反映出来的特定历史时期的生活方式、生存状态的，是不能随心涂抹透过案情所表现的狱案发生之社会机制、狱案判决之司法机制的，是不能信笔扭曲透过狱案审理所要表达的社会正义、社会理想的。法治文学作品的主题必须鲜明而坚定，涉及的法治题材必须准确而严肃。这是刚性要求。

五、法治文学的昂扬旋律

法治文学透过民族脊梁的形象塑造，灌注着强烈的民族感情，体现出深沉的民族气派。凡至今仍有生命活力的名吏清官，身上都有一种刚正、忠勇、侠义、清廉、智慧的素质，这是我们民族的正能量，凸显了民众对社会正义的热切呼唤，对公正执法的矢志祈求，对社会阳刚之气的殷殷渴望，得到基层社会的热忱拥戴。然而，近世泛滥起来的对民间“清官情结”的无原则笼统否定，这些“大批判”看似很讲法治，实际上扭曲了社会良知，唱衰了民族正义感。反清官的后果必定是无清官、无好官；贬斥忠勇仁爱的结果，便是消磨阳刚之气，必然导致社会道德的全面滑坡和政治伦理的丧失底线。这与人们期望的法治秩序完全是南辕北辙。

第三节　法治文学评论的方法论

要清晰准确地认识中华法治文学的价值，必须跳出“大批判”的惯性魔障，才能实事求是，看到真实世界，从而把法治文学创作与研究推向更高层次。这是一件并不容易的事。但为了法治文学的兴旺，又不能不走出这一步。

一、突破思想魔障

人们必须清醒地认识到：加在法治文学身上的紧箍咒，妨碍人们大力发掘中华法治本土资源，从认识论上说，主要是所谓“大批判”造成的思想魔障。

偏爱“大批判”者，他们把中华民族数千年持续发展的文明史定义为“封建社会史”，于是凡古代的东西，就是什么封建思想、封建文化、封建道德；什么封建制度、封建法律、封建伦理，以至封建经济、封建官僚、封建教育……凡事一占上“封建”，就必“批”无遗，必“臭”无疑；于是“仁政”、“礼治”、“中华法制”、“中华法典”等典型的“封建”事物同样一无是处。他们不难找到自己想批倒的靶子：越有影响力的历史人物越容易被矮化、妖魔化，越有影响力的历史事件越容易被屏蔽、被颠覆，越有影响力的重要理论主张越容易被曲解、被践踏。他们有专业批判的特殊手法：以今天的法学标准去贬斥古代法治，拿西方宣扬的理想法治来否定中华数千年的传统法治。他们虽然对中华法治的前世今生两眼漆黑，对西方法治也懵懵懂懂，却在那里言必称希腊，唬人蒙人。当其主张得不到社会民众的呼应时，便埋怨中国老百姓是法盲，离现代公民太远……久而久之，酿成了一种阴暗心态和蛮横学风，于是好端端的中华法治文化园地只落得一片灰暗。

针对中华法治，学界有一种流行的说法：中国没有法治，古人讲的德治就是人治，而人治的核心就是独裁……如此说来，中华法治与法治文学没有任何研究价值。此论正好掉入了欧美话语的陷阱，起到了自我矮化、自我摧残的作用。

“反人治”的观念来自西方。公元四五世纪之交，西方神学家劝慰世人：人治社会充满血污，必归灭亡；神治的“上帝之城”必将实现，而教会就是“上帝之城”在地上的具体体现。神学家们又鼓动说：教会应该管理社会，从世俗国家的人治魔掌下解脱出来。后来，教皇、教会真的放开手脚，在西罗马的土地上建设起“上帝之城”来。他们发誓要营造“神治世界”。结果，就是这个超越于万国之上的罗马教廷，依凭着各个蛮族统治集团的暴力机器，搞出了一个全球尽人皆知的“中世纪黑暗”。可见，“反人治”原本是出于推行神治的需要，而神治所允诺的幸福早已被实践击得粉碎。人治恰恰是对神治的超越。当西欧处于神治的中世纪（5—16世纪）而陷于一片荒寒之时，人治下的中国正经历着发展得最好的唐宋时期，而元明的版图、人口和总产值远比全欧洲都大得多。把罗马教廷贬斥西欧历史上的人治的种种攻讦之词拿来贬斥中国史上早就走出神权统治的“礼法合治”思想及其实践形态，实在荒谬。无视中国社会治理的实绩，疏离中国自身固有的法治文化，缺失对本土文化资源的有效发掘，盲目地引进外来观点和视角，用舶来的话语、境外的思维理念阐释中国的一切，当然无法正确解读它，其结果只能是“去中国化”。

至于专制独裁，固然应予批判。但那种把历代法治都归结为“法由君立，案由君理，狱由君断”的说法，实际上是把几千年文明史归结为少数几个皇帝的个人弄权史、行威史。那其实是一种变相的英雄史观，依其逻辑，一部中华法律制度史，成了专制帝王的个人意愿史；数千年中华文明发展业绩，不过是几个专制帝王随心所欲的独裁产物。其实，几千年来真正有决断力的英明帝王只有那么几个，而中华法系无法由这少数几个英明帝王完成，它是历代志士仁人呕心沥血、艰难奋斗的成果。以《唐律疏议》为例，那不是一两个帝王心血来潮能够产生的。把历代国家的行政、司法、监察的常态运作、规范运作、有效运作，都说成是帝王个人的口出天宪、恣意作为，不符合历史实际。

西哲伏尔泰早就指出：与民主制相对应的是君主制，而与民主相对抗的则是专制独裁。君主制下的谏议制度，本身就是民主精神的体现，它不是独裁；而民主制下的多数人专政，却未必不生出恶法来。[①] 当年，古希腊哲学家苏格拉底最后就是死于群众专政。

独裁是有历史文化因由的。以刑事命案的审决权为例，事实上，先秦官员普遍握有审决权自不必说，秦汉六朝的郡县（州县）长官都握有命案审决权。只有京师的大案、要案才可能惊动圣上，故上古无所谓全国“狱由君断”。直至宋初，承残唐五代之弊，武人为官，军阀当权，他们恣意杀人，无人能约束。宋太祖有鉴于此，杯酒释兵权，各级各部各司一律尊用文官（宋代“不杀文人”成为定制）。他把刑事命案的审决权收归中央，由朝廷“三法司”审理，提出方案，最后由皇帝批决，下令执行，地方官无权杀人，此之谓“乾纲独断”。为确保审决的正确性，配套完善了狱案的分级管理制、侦审的逐级上报制、狱审的证据征实制、大案要案的三法司会审制、刑案误判的追责制，等等。在这套制度基础上的“君主独断”，只是一道无法跨越的终审判决程序。至于非常态状况下的政治运作，则任何制度下都会有，不是君主独裁的专利。如元政权的死刑裁决，也是由“君主独断”的。可那是对进入中原建政之前的“蒙古习惯法”的纠正，是对往古部落头人可任意杀人的否决，并不是君主随心所欲

① 对中国的开明君主制，伏尔泰尽力称赞。他认为，中国的君主制度不是独裁。他给“独裁”下了一个定义：“君主可以不遵循一定形式，只凭个人意志，毫无理由地剥夺臣民的财产或生命而不触犯法律。”从中国的政治制度设计来看，皇帝虽高高在上，但不便为所欲为。皇帝作为天子，也必须遵循一定的法律。中国君主政治中设有谏议制度，所有官员都可以对皇帝提出建议和异议，这不正是民主的表现吗？伏尔泰认为，中国的法治，不仅对平民，也对皇帝。“在帝国最早时代，便允许人们写下他们认为朝政中应受谴责之事，这个规定在公元前2世纪汉文帝时已经实行……这一重要事实推翻了《论法的精神》中对世界上这个最古老的国家提出的笼统含混的责难。”参见《风俗论》，商务印书馆2003年版，第250页。

的司法行为。在常态下，它也有诸多条件限制：1. 皇帝也要遵守“国之大法”、“先王之法”，做到依法判决。2. 命案判决是在“所在官司推问得实，具情始末及断定招款，申宣抚司再行审复无疑，呈省闻奏”后才做出来的。这意味着皇帝的“乾纲独断”其实是建立在一系列法治运作基础之上的。3. 疑难重案往往要经过多次反复集议，在刑部审议、台省合议、中枢会议之后，形成集体意见，列出争议性问题，书面奏明可供选择参酌的多种处决方案，最终由皇上做出决断。此时仍可“封驳”，皇帝不能一意孤行。但经钦定之后，就只许完全执行，不得再行纷争了。这是国家法治运作的一个必要的权威环节。从这个意义上看，“独断”的象征意义远大于实际意义。不能把某个皇帝的淫威与国家法治的常态运作混为一谈。

总之，端正对中华法治以及对中华法治文学的认识，理直气壮地发掘好、利用好中华本土法治资源，同时适当引入境外法治与法治文学的积极因素作为借鉴，这是发展当代法治文学的应有选择。

二、“萃精提纯”法——以科举制为例

为了进一步开拓法治文学理论的阵地，必须全力做好“萃精提纯”的工程。这比起通常进行的“大批判”来说，更具社会必要性、文化紧迫性。

“萃精提纯”法，在自然界和技术领域中是指依科学规程的精心操作，从复杂事物中提取有用要素，哪怕是微量元素。如从煤块中提取味精，从沙粒中提取硅晶体，从微生物的培养液中提取抗生素。其所提取者固然是“精华”，而提取后的大量剩余物，则不得简单地视为糟粕而一弃了之，反之要珍惜它、储存它，并努力寻求其综合利用之道，说不定

那大堆大堆的糟粕中，还会被发现、被提取出更为珍贵的“微量元素”来。萃取精华、不弃糟粕，这是萃精工程所倡行的辩证态度与科学立场。自然科学如此，人文社会科学中，在法治领域，尤其适用。为了开创法治文学创作与评论的新局面，应该大力提倡萃精提纯操作法，摒弃“大批判”的惯性思维。

举一个明显的例子。中国的科举制（意即分科考试、举贤任能之制），贯串着人才选优原则，实施之后，实现了人才的阶层流动，带来了唐的强盛，宋的繁华。到元代前期，曾一度中断了科举，此被视为稗政，社会急切呼唤恢复它，一旦恢复，举世额手相庆。但时日既久，弊端丛生，育人选才之制，竟起了束缚思想、堵塞贤路的作用。明人的《儒林外史》便对它发出了辛辣的讽刺，清末变法派索性废除了它。到20世纪初更是把它批得体无完肤，简直臭不可闻。科举制，从此无人问津。

殊不知文艺复兴、启蒙运动在欧洲大陆兴起之际，科举制传来，当即被欧洲先哲伏尔泰、莱布尼茨等一班人奉为至宝，并为之总结出四大原则：

1. 公平原则：青年人、老年人，国内人、境外人，初次应试者、反复应试者……只要你去应试，面对的都是同一套既定的考选法则、录取标准。

2. 公开原则：何时考、何地考、考什么、怎么考，如何报考、如何监考，相应举措，公开透明，人人皆知；一切法纪，如有违反，依法办理。

3. 竞争原则：参试者发挥才智，竞争入选，“学而优则仕”；但不是“一券定终身”，不搞你死我活的排他性竞争。虽一次再次失利，仍允许你磨砺自己，下次再来，垂老不拒。

4. 择优原则：推举贤才，择优上岗，以保证政府行政能力的最优状态。这是科举制这一人事制度的根本目的所在，故在通行千年之后，虽被诟病，却难以更替。

对于同一个科举制，明清批判者着眼于它实有的弊端，就其阴暗面发论狠批，并不是无端丑化它，故不应指责这种批判；欧洲赞誉者着眼于它的内在积极因素，肯定它的历史正当性与历史功能，也是从千百年的实际出发的，绝无官场护短、迎合奉承之嫌。

从认识论、方法论上看，当年欧洲先哲之所以能对科举制作如此提纯，是因为他们处于社会转型的枢纽期，生活在文艺复兴的总体语境中，故善于从传统事物中萃取精华，开辟新局，这就叫“萃精用宏”。当年，他们还参照其做法，设计出了一套欧美近现代通行的“公务员制度”（文官制度），取代了贵族世袭制与军功官僚制，提高了政府的行政效能和司法效率。欧洲一走出黑暗的中世纪，就迅速地进入了近现代的快车道，与此相关。

对于萃精提纯工程来说，历史思维、辩证思维、创新思维和宏观总体思维是当今最为适用的思维方法论。

所谓历史思维，就是注重历史过程、历史逻辑、历史必然性和历史合理性，把法治与法治文学置于具体的历史发展进程中去进行思考，注重揭示其发展的必然进程及其内在逻辑。这才能揭示中华法治文学的历史功能、历史地位。

所谓辩证思维，就是注重矛盾分析，抓住矛盾尤其是主要矛盾；注重矛盾双方的相互作用，讲对立时不忘统一，讲统一时不忘对立。要全面、联系和发展地看问题，坚持两点论与重点论的统一。比如在法典体例的刑民一体和刑民分置问题上，在礼法关系、死刑延缓、肉刑存废、德刑关系以及录囚、追责等问题的争议中，在文学素材的选择、加工、平衡过程中，无不适用辩证思维，避免陷入片面性。

所谓创新思维，就是对事物做全新思考，对结构做全新调整，对活动做全新谋划，努力寻求新思路，打开新局面，开创新境界，提升新水平。这是打开法治文学新生面的诀窍。

所谓宏观总体思维，就是像古人那样，对天地人做总体观察，对情理法做平衡处置，不走极端，不醉心于对抗，不搞一个吃掉一个、一个综合一个，而强调和谐稳定，总体发展，互利双赢。西方的“黑白二元对立论”从根本上说，强调对立、对抗、斗争、排斥，强调对整体的分解和破裂；而中国古人讲的“阴阳五行”学说，是世界万物万象之关系的模式化形象表达，讲金水木火土“五行”之间的关系，正是对客观世界各种事物之间多样联系、立体交汇、生化运行、有机统一的生动表述。它追求的是各方的正常存在和总体平衡，是秩序的维护或重建，能适应综合平衡、可持续发展的理论诉求。这正是它的理论生长点。当前研究和创作法治文学，迫切需要遵循这样的思维路线而综合运用之。

总之，法治文学评论界应慎用“批判武器”而代之以“萃精”法，在传统法治文学的基地上，发掘其正资产，整理其有益产品，用好法治资源，培护民众的法治思维，提升国家的法治水准，建设好今天的法治国家、法治政府、法治社会，使法治文学提高到一个新的水准，走上一个新的台阶。

第二十章
法治艺术

第一节　五彩缤纷的法治艺术

法治艺术是指以法治生活为创作题材的艺术。法治艺术既是法治文化的重要载体，也是法治文化的重要表现形式，因此而成为法治文化不可分割的重要组成部分。法治艺术，源远流长，自古至今百花齐放，品种繁多，灿烂如夏日天上的星辰。法治艺术在法治中国建设的伟大事业中有着独特的价值和地位。

法治艺术，从广义上讲，包括法治语言艺术（诗歌、散文、小说等）、法治造型艺术（书法、绘画、摄影、雕塑、篆刻等）、法治表演艺术（音乐、舞蹈等）、法治实用艺术（建筑、园林、刺绣、工艺美术、现代设计等）、法治综合艺术（戏剧、戏曲、电视、电影、动漫等），以及法治杂技、法治曲艺、法治木偶、法治皮影、法治泥人、法治布艺、法治剪纸等历史悠久的民间法治艺术门类。从狭义上讲，则专指法治文学以外的其他法治艺术门类。

本书重点论及的法治艺术，主要有法治造型艺术中的法治书法艺术、法治绘画艺术、法治摄影艺术、法治雕塑艺术，法治表演艺术中的法治音乐艺术、法治舞蹈艺术，法治实用艺术中的法治建筑艺术，法治综合艺术中的法治戏剧艺术、法治戏曲艺术、法治曲艺艺术等门类。

一、法治造型艺术

法治造型艺术是指用一定物质材料和手段创造的以可视的静态的法治形象为特征的艺术。“造型”手法有再现型和表现型两大类，如果说摄影是以再现生活画面为主，书法以表现生活意象为主，绘画、雕塑则两者兼而有之。本书即以法治书法艺术、法治绘画艺术、法治摄影艺术、法治雕塑艺术为主要论述对象，探讨其法治主题是如何透过各自的艺术造型得到表达的。

（一）法治书法艺术

法治书法艺术是用毛笔和宣纸，通过汉字的点画线条，以法治名言警句等为创作题材，在字体造型与人的法治情感之间建立起一种审美关系，体现出书法家对法治精神的追求和向往，使一个个汉字具有了公平正义的力量。法治书法艺术的魅力主要体现在与法治内容相契合，草书和行书或轻盈、或敏捷、或矫健，隶书、楷书在安定稳重里透露着飞动流美，篆书分行布白圆润齐整、用笔流畅飞扬，它们各具造型姿态的美。笔法墨法相兼相润，字型笔画自由多样，线条曲直回环运动，传达出各种姿态和气势，形成了一种变化无穷的艺术效果。而书法家自身人格的蕴藉，更使点画笔墨形成一种用笔之力、运笔之势，反映书法家的法治信仰、法治理念和法治精神。在笔画形式中，法治书法艺术无色而具绘画的灿烂，无声而有音乐的和谐，创构出一种阳刚的意境之美，体现了书法家对于法治的特定审美理想。如当代书法家欧阳中石的法治书法艺术作品《石以砥焉化钝为利，法以砥焉化愚为智——刘禹锡砥石赋》，便是以其独特的书法艺术手法表达了他追求以法来治理国家的法治理想。

（二）法治绘画艺术

法治绘画艺术主要运用形、色、质以及点、线、面、体等造型手段在二维平面上构成一定的法治艺术形象。法治绘画艺术的绘画种类非常丰富，表现手段各不相同，其中写实与表现是两种最主要的方式。写实性绘画，直接模仿自然和现实社会中的法治形象，用逼真的手段达到特定的具象效果；表现性绘画，侧重强调创作者对于法治的主观精神，多采取夸张、变形、象征、抽象等手法直接表达创作者对于法治社会的人物和事件的情感体验与审美需要，实现艺术形象的创造。例如，中国画的法治绘画艺术，其工具材料（毛笔、宣纸、墨色）有着很大的特殊性，更重要的是它高度重视创作者抒发内在法治精神，强调以形写神、神形兼备，追求法治气韵、传神和意境，为人类心灵需要良法善治去塑造绘画的形象性，含蓄深沉地表现法治精神品质，由此形成中国画法治绘画艺术独特的审美意蕴。元代画家王冕的《墨梅图》便是出自画家笔下，而不是现实所有，其画中左上角的题诗："吾家洗砚池头树，个个花开淡墨痕。不要人夸好颜色，只留清气满乾坤”，以梅花的品格比喻做人不要阿谀逢迎，要一身正气、刚正不阿，充分体现了一种鲜明的法治精神品质。

（三）法治摄影艺术

随着摄影技术的发展，人类的审美视野今天已经扩展到了从太空到海底、从微观到宏观的广阔世界，使摄影成为了人类的“第三只眼睛”。而法治摄影艺术，正是运用现代摄影技术，对现实社会中的法治人物、法治情景和法治事件进行现场拍摄，形成了法治生活纪实性与艺术性相统一的艺术。一方面，摄影者直接面对被拍摄的法治对象，从纷繁复杂、瞬息变化的法治对象的运动中撷取生动感人的瞬间，以摄影作品高度的法治生活真实感来创造具有审美价值的法治艺术形象，唤起人们对法治生活现象特有的审美视觉感受。另一方面，由于法治摄影艺术形象的诞生总是通过照相机快门开启的短暂瞬间来完成的，它不仅需要艺术家有意识的审美选择，而且需要艺术家摄影造型手段包括构图和光影控制等的处理，在线条、光影、色彩的有机结合基础上形成法治摄影作品，因此，法治摄影艺术的审美表现力、法治生活概括力和社会感染力有其自身特殊性。与同样以造型审美为特征的法治绘画艺术相比，虽然都是对视觉形象的选择和表现，但法治摄影艺术独具的客观、真实、快速、简便的长处，是法治绘画艺术所无法比拟的。如获得河南省首届法治书画摄影展摄影类一等奖的作品《巡回法庭》，形象真实地反映了中原农村的法治现实生活，令人震撼。

（四）法治雕塑艺术

法治雕塑艺术主要运用形、色、质以及点、线、面、体等造型手段，在三维空间中塑造一定的法治艺术形象。法治雕塑艺术对于法治艺术形象的塑造具有高度的概括性和象征性，它以物质实体性的形体，在三维空间中塑造可视、可触及立体的法治艺术形象，在空间中获得其审美特性。与法治雕塑有关的周围环境也是法治雕塑作品的有机组成部分。法治雕塑艺术主要可通过两种方式表达：一是清晰的呈现，二是含蓄的暗示。如山东大学校区内的著名法学家乔伟的雕塑，清晰呈现出他是新中国法律史学科的开拓者，他首倡了依法行政建设法治政府；江苏常州五星公园西园的法治主题公园，用天平、规矩等法治雕塑含蓄暗示出公平、正义等法治理念。

二、法治表演艺术

在法治表演艺术中，本书主要论及法治音乐艺术、法治舞蹈艺术。

（一）法治音乐艺术

法治音乐艺术是通过有组织的乐音来表现人类有关法治情感境界的艺术。其基本构成要素有节奏、旋律、音色、和声、音调和力度等，它们构成了无比丰富的法治音乐艺术形态。法治音乐艺术产生的声音，包括人的发声和各种乐器声等，是法治音乐艺术赖以存在的物质基础，不仅能够直接表达创作者个人的自身感受，也能唤起他人内心里的强烈感受。法治音乐艺术正是利用声音来塑造法治形象、表达关于法治的思想情感。如《将法治进行到底》《法律伴我茁壮成长》等歌曲无一不是充分运用了音乐的魅力来传达法治思想与情感。在法治音乐艺术中，或高亢或低沉、或急促或悠长、或强烈或轻柔的声音，都具有激发相应感受和情绪的审美感染力。法治音乐艺术通过听觉直接作用于创作者心灵，直接将创作者内在的法治思想情感传达出来，在表现和抒发人类丰富、细腻、复杂的法治情感方面，有着其他法治艺术所难以媲美的效果，使人产生某种法治感情和情绪的体验，甚至引起人体生理上的变化和反应。法治音乐艺术作为法治情感物化的媒介，具有其独特的以情动人的审美魅力。法治音乐艺术对情感的表达不像文字语言那样明确和概念化，它带有一定的模糊性与宽泛性。这一特点既给法治音乐艺术创作者和接受者留下了广阔的想象与再创造空间，也对创作者和接受者提出了特定的要求，即要有良好的音乐感觉、一定的音乐审美经验及想象力。可以说，法治音乐艺术欣赏的效果不仅取决于音乐创作与演奏者的水平、素质以及音响设备等，而且同接受者的个人经验与领悟能力以及心理状态相关。由于法治音乐艺术表达情感的这种不确定性，使它能够更广泛地为世界上不同民族所直接感受，成为各民族间进行法治精神文化、法治思想情感交流的特殊桥梁。

（二）法治舞蹈艺术

法治舞蹈艺术是人的身体按一定节奏，结合法治生活情境，进行连续性动作的艺术形式。法治舞蹈艺术作为一种表现人体美的艺术，以经过提炼、组织和美化的人体动作姿态为表现手段，传达人类对于法治的审美情感，表现法治生活的审美属性。在法治舞蹈艺术中，人的身体动作伴随着音乐在时间里不断延续和变化，感染着欣赏者的情绪并给予审美的愉悦。由于法治舞蹈艺术只能利用舞者的身体姿态来展示，所以它必须运用夸张并具有象征性的形体动作来塑造艺术形象，传达内在的法治思想情感。通过有节奏的动作过程和姿态、表情以及不断变化的身体造型，法治舞蹈艺术构造出一种独特的法治艺术形象。如在北京市海淀区教委举办的法治文艺大赛中，北京市二十一世纪国际学校选送的双人舞《梦想》，便是用舞蹈表现出每个孩子都有一个梦想就是当一名警察，舞蹈者用这个梦想演绎了一段故事，告诉一个闯红灯的小姑娘，要遵守交通规则，记住红灯停绿灯行。法治舞蹈艺术非常重视造型，这种造型是动态和静态、视觉和听觉相结合的，并且只存在于表演过程之中，转瞬即逝。比起法治雕塑艺术，法治舞蹈艺术主要是在运动中造型；比起法治音乐艺术，法治舞蹈艺术更能表现主体审美情感的外在形态。构成法治舞蹈艺术形式的动作、姿态等，虽然源自于对法治现实对象的模仿，但在法治舞蹈艺术表演中，它们已被抽象、概括，不再是生活中自然形态的东西，而成为相对稳定且独立地表现人的法治思想情感的舞蹈艺术，具有特定的审美价值。法治舞蹈艺术在中国的表现形式多种多样，据初步统计，中国现有近千种民间舞蹈，而载歌载舞、歌舞结合，则是中国法治舞蹈艺术的一大特色。

三、法治实用艺术

法治实用艺术是指以法治为题材的实用与审美相结合的表现性空间艺术，包括法治建筑、法治园林、法治刺绣、法治工艺美术、法治现代设计等。因法治建筑艺术与法治文化联系最为密切，故本书主要论及法治建筑艺术。

法治建筑艺术是一种具有法治象征性的视觉艺术，充分体现了法治功用、法治艺术及审美与建筑技术的有机结合。各种建筑的形式、用途不同，但总体上都体现了古罗马建筑学家维特鲁威（Vitruvius）强调的“实用、坚固、美观”原则，展现了各种基本自然力的形式、人类的精神与智慧。而法治建筑艺术在具备实用功能如可以供人居住、办公等的同时，则有着较强的法治审美功能特性。法治建筑艺术通过形体结构、空间组合、装饰手法等，形成抽象形式美来激发人在观赏过程中产生对法治、公平、正义的审美联想，从而形成特定的审美体验。如美国最高法院，其建筑艺术风格总体看像一座神庙，古典的科林斯式多柱式，正门高大森严，两尊代表“正义之沉思”的巨型大理石女像和象征“法律之守护者”的巨型大理石男像坐落两侧，正门楣中镌刻着：法律下的公平正义，彰显出司法活动神圣不可侵犯的地位和权威。法治建筑艺术是法治时代文化精神的一面镜子。犹如中国故宫建筑的中轴对称，哥特式建筑的挺拔高耸，后现代建筑充满隐喻的变形、分裂、夸张的装饰反映了各个历史阶段的时代文化精神面貌和人们的审美趣味，面对各式各样的法治建筑艺术，人们同样不仅能够欣赏它的造型之美，而且可以从中认识和感受到法治时代的召唤和法治文化的创造。

四、法治综合艺术

法治综合艺术是指由法治语言艺术、法治造型艺术、法治表演艺术、法治实用艺术等综合集成的艺术，本书主要论及法治戏剧艺术、法治戏曲艺术、法治曲艺艺术。

（一）法治戏剧艺术

法治戏剧艺术是由文学、绘画、雕刻、音乐、舞蹈等多种艺术形式有机合成，由演员扮演角色并当众表演法治生活中的矛盾冲突、发展、演变，以整体舞台形象呈现的艺术。法治戏剧艺术所包含的视觉艺术因素如剧本、演员形象、舞台美术以及听觉艺术因素如音乐、音响等，虽然都可以具有单方面的独特审美价值，但它们之间不仅不能相互替代，而且也不是戏剧本身的审美价值。各种艺术成分必须服从、统一于法治戏剧艺术自身的美学原则，经过剧作家、导演、演员、舞台美术工作者、音乐家等集体创作，才能形成法治戏剧艺术所独有的审美价值。法治戏剧艺术通过表现法治生活中的矛盾冲突来展开情节和塑造人物形象。没有冲突，就没有法治戏剧艺术。法治戏剧艺术冲突的核心是具有典型性的法治人物之间所展开的具有法治社会意义的性格意志冲突。不同性格意志的人物在特定法治戏剧情节中构成了多样的矛盾冲突，它们沿着情节发展路向朝前推进，在剧情的波澜变化中使观众产生或震惊、或怜悯、或恐惧的情感，进而获得法治的审美享受和审美教育。法治戏剧艺术在感性直观上较其他艺术形式更接近于法治现实生活，是法治人生的生动写照，所以，对法治戏剧艺术的理解和把握总是植根于人自己的法治生活实践本身。在众多的法治戏剧艺术类型中，法治戏剧小品反映源于基层和老百姓的法治生活的小题材、小事件，揭示世态炎凉、人间百态，寓法治教育于戏剧艺术的娱乐和美感中，成为群众最喜闻乐见的一种法治戏剧艺术形式。如在贵州省石阡县举办的法治教育戏剧小品大赛中，作品《法正情深》真实生动地反映了该县在依法行政过程中权为民所用、利为民所谋的法治进行时，荣获该大赛一等奖。

（二）法治戏曲艺术

法治戏曲艺术是由音乐、舞蹈、文学、美术、武术、杂技以及表演艺术等各种因素综合而成的表现人们法治生活的艺术。作为中华民族传统艺术，法治戏曲艺术在漫长的发展过程中，经过不断地丰富、革新，已成为中华传统文化中一朵经久不衰的奇葩。法治戏曲艺术讲究唱、做、念、打，富于舞蹈性，技术性很高，其构成有别于其他戏剧而成为完整的法治戏曲艺术体系。据不完全统计，我国各民族地区的戏曲剧种约有360多种，戏曲团体3000多个，戏曲专业人员20余万人，传统剧目数以万计。中华人民共和国成立后又出现许多改编的传统剧目，新编法治历史剧和表现现代法治生活题材的现代戏，都受到广大观众的热烈欢迎。比较流行的著名剧种有：京剧、昆曲、越剧、豫剧、湘剧、粤剧、秦腔、川剧、评剧、晋剧、汉剧、潮剧、闽剧、河北梆子、黄梅戏、湖南花鼓戏等50多个剧种，尤以京剧流行最广。中国古代戏剧因以“戏”和“曲”为主要因素，故称做“戏曲”。中国法治戏曲包括宋元南戏、元明杂剧、明清传奇中的公案戏，也包括近代京戏和其他地方戏中的传统公案剧目。

（三）法治曲艺艺术

法治曲艺艺术是指中华民族各种以法治生活为题材的说唱艺术。它是由民间口头文学和歌唱艺术经过长期发展演变形成，是以“口语说唱”来叙述法治故事、塑造法治人物、表达法治思想感情、反映法治社会生活的表演艺术门类。多数以叙事为主、代言为辅，具有一人多角，即一个演员模拟多种角色的特点，或说或唱；少数以代言为主、叙事为辅，分角色拆唱。不同的法治曲艺品种与其各自产生的地区方言关系密切。法治曲艺音乐则是我国民族音乐的重要组成部分。演出时演员人数较少，通常仅一至二、三人，使用简单道具。表演形式有坐说、站说、坐唱、站唱、走唱、拆唱、彩唱等。法治曲本体裁有兼用散文和韵文、全部散文和全部韵文三种。法治音乐体式有唱曲牌的“联曲体”、唱七字句或十字句的“主曲体”，或综合使用两者。法治曲艺艺术包括的具体曲艺品种繁多，根据调查统计，除去历史上曾经出现但业已消亡的曲种不算，目前仍然存在并活跃于中国民间的曲艺品种有400个左右。包括相声、评书、二人转、单弦、大鼓、双簧，还有新疆维吾尔族的热瓦普苛夏克、青海的平弦、内蒙古的乌力格尔与好来宝、西藏的《格萨尔王》说唱、云南白族的大本曲，以及北京琴书、天津时调、山东快书、河南坠子、苏州弹词、扬州评话、湖北大鼓、广东粤曲、四川清音、陕西快板、常德丝弦等。各地区各民族共有和相异的曲种，大至十数个省份，小到一两个县区，均有不同程度的普及和流布。这些曲种虽然各有各的发展历程，但它们都具有鲜明的民间性、群众性，具有共同的艺术特征。这就使得中国的法治曲艺艺术不仅成为拥有曲种最多的艺术门类，而且是深深扎根民间具有最广泛群众基础的艺术门类。正是基于此，全国各地均十分重视运用法治曲艺这一艺术形式开展普法工作。如有“中国曲艺之乡”之称的四川成都彭州市专门成立市法治曲艺文化工作领导小组，将曲艺作为宣传法律法规、弘扬新风正气的新手段。作为中国最具民族特点和民间意味的表演艺术形式的集成，法治曲艺艺术以“说”和“唱”为主要表现手段，故要求它的法治生活语言必须适于说或唱，要生动活泼、简练精辟并易于上口。法治曲艺艺术不像戏剧那样由演员装扮成固定的角色进行表演，而是由演员装扮成不同角色，以“一人多角”的方式，通过说、唱，把各种法治人物、法治故事表演给听众，故法治曲艺艺术表演比之戏剧具有简便易行的特点，并使它对生活反映快捷；曲目、书目的内容多以短小精悍为主，法治曲艺艺术演员通常能够自己创作，自己表演。法治曲艺艺术是诉诸于人们听觉的艺术，它通过说、唱刺激听众的听觉来驱动听众的法治形象思维，在听众的法治思维想象中与演员共同完成法治艺术创造。法治曲艺艺术演员只有具备坚实的说功、唱功、做功和高超的模仿力等技巧，才能将法治人物形象刻画得惟妙惟肖，使法治事件的叙述引人入胜，从而博得听众的欣赏。这些是法治曲艺艺术品种的艺术特点的近似之处，是共性，同时这些曲种又是各有个性的。同一曲种由于表演者各有所长，又形成不同的艺术流派，即使是同一流派，也因为表演者的差别而各具特色，这就形成了法治曲艺艺坛上百花争艳的繁荣景象。

从以上法治艺术的门类繁多可以看出，法治艺术无疑是历史悠久、受众面最广、社会影响力不可忽视的法治文化重要组成部分。

第二节　法治艺术的现状

法治艺术作为法治文化中以人们可感知的形象传播法治精神的载体，其对于法治中国建设的社会影响力和独特价值，在法治社会生活实践中越来越受到广泛的重视。法治艺术工作者正在成为法治中国建设和弘扬社会主义核心价值观的一支生力军。

一、从《柳树井》到《茶馆》

在当代中国，艺术与法治实现完美结合，最杰出的代表艺术家非老舍莫属。老舍是一位用艺术记录法治的人民艺术家。

1950 年 5 月 1 日公布施行的《中华人民共和国婚姻法》是新中国颁布的第一部法律。这部法律由毛泽东主席亲自主持、中央人民政府委员会第七次会议通过，其核心内容是废除包办强迫、男尊女卑、漠视子女利益的封建婚姻制度，实行婚姻自由、一夫一妻、男女平等、保护妇女儿童权益的新式婚姻家庭制度。尽管婚姻法确立的新理念在解放区和军队系统中施行较为顺利，但是进入旧式传统较为浓厚的地区，仍然遇到不小困难。为了宣传婚姻法，1951 年老舍创作了有关婚姻自由主题的《柳树井》，交给“群艺社”排演。北京曲艺艺人魏喜奎、关学增、孙砚琴等以声情并茂的演唱、生动贴切的表演，将这出用北京语言、北京音乐表现北京人新生活的新戏搬上舞台，引起观众的共鸣，并受到观众的认可。《柳树井》的成功，标志着北京曲剧这一新剧种的正式诞生。在老舍的建议下，也为了区别河南曲剧，“群艺社”在前门箭楼游艺厅演唱由单弦牌子曲及北方民间曲调发展而来的曲艺剧，定名为北京曲剧，并一直发展至今。

《茶馆》的故事世人皆知。全剧以老北京一家大茶馆的兴衰变迁为背景，向人们展示了从清末到解放前的50年间，北京的社会风貌及各阶层人物的不同命运。民族资本家秦二爷从雄心勃勃搞实业救国到被豪取强夺最终破产；茶馆老板王利发一生八方应酬不断改良，然而最终茶馆被霸占，他只能上吊自杀。剧中人无法理解的是，为何不断挣扎，寻找出路，路却越走越窄？而放在法律人的视野来看，或许是因为他们正在经历一个秩序败坏、弱肉强食的“无法时代”。这样的无法时代，缺乏的是基本的社会秩序和治理规则。因而善良者总被压榨吞噬，狡诈者总能左右逢源，强权者非但得不到制约，还培养出众多迎合他们的走狗。尽管有法律、有警察，却不能公允执法；城头变幻大王旗，唯有百姓成为被鱼肉的牺牲品。这样的时代，理应被葬送。老舍正是带着这种想法创作了《茶馆》前三幕。实际上，按照他原本的设想，《茶馆》除了能够记录礼崩乐坏，还能继而描述和歌颂一个秩序重建的新时代。1954年，中华人民共和国第一部宪法颁布。老舍抚今追昔，觉得该写个说明新宪法得来不易的戏。因此，他利用“一个大茶馆就是一个小社会”的构思，利用三个时代的三教九流各色人等，活灵活现地演示了旧中国的基本国情，刻画出那个时代的病态现实和症结所在。他希望，以此为基础，看完《茶馆》的人们将可以理解国家社会秩序对于每一个普通人的重要意义。

二、依法治国带来法治艺术的普及与新生

进入新世纪以来，随着我国依法治国方略的强力推进，全国各地因地制宜，运用各种法治艺术形式创造性地开展法

治宣传，传播法治文化，各种普法活动如火如荼地进行。

（一）法治书画摄影活动开展得如火如荼

充分运用法治书画艺术作品的感染力，推进法治宣传教育进机关、进乡村、进社区、进学校、进企业、进单位，把传统的书画艺术和法治文化有机结合起来，是落实普法工作的有效载体。2009 年 12 月 6 日，由中国法学会批准，中国法学会法制文学研究会主办，司法部等部委支持的“全国首届普法万里行书画巡回展”启动仪式暨北京首展举行。一幅幅“爱国守法明礼诚信”、“法不阿贵绳不绕曲”等普法书法作品被幸运观众获得。多位老将军、老部长和书画艺术界名家以及政法机关干部 600 余人参加了启动仪式，千余名观众观看了北京首展。普法书画讲解、法律咨询服务、“普法知识抽奖”等成为首展活动的亮点。

为了展示当地法治文化建设新成果，弘扬法治精神，调动社会各界参与法治宣传工作的积极性，营造和谐稳定的法治环境，各地纷纷举办法治书画摄影活动。如 2011 年 3 月，江苏扬州宝应县委宣传部、法治办、法宣办、司法局、地税局联合在全县范围内举办了主题为“加强法治文化建设，服务经济社会发展”的宝应县“地税杯”首届法治书画摄影比赛。2014 年 12 月 1 日，江西省上饶市横峰县举办了“兴安华城杯”横峰县首届法治书画摄影暨法治文艺节目作品（歌曲、小品、相声、快板、诗歌、散文、小说）征集评选活动。

利用国家宪法日、全国法制宣传日或当地法治文化创研基地成立等时间节点举办法治书画摄影艺术活动，也是一个鲜明特点。主要目的就是以书画摄影艺术为载体，传播法治文化，弘扬法治精神，让民众在充满法治文化价值的书画摄影作品中，感受到传统法治文化和时代法治精神的展示和诠释，引发民众对于法治的发自内心的认同感。如 2014 年 12

月5日，安徽省司法厅、安徽省文化厅、安徽省文联、安徽省依法治省办在中国徽文化艺术馆举办以“传播法治文化弘扬法治精神”为主题的全省法治书画摄影作品大赛优秀作品展。大赛自2014年7月份启动，在全省范围内共征集到参赛作品2830幅，其中书法作品1207幅、绘画作品347幅、摄影作品1276幅；最终从参赛作品中评选出219幅获奖作品。2015年5月16日，由中国行为法学会发起成立法治中国文化艺术研究院四川创研基地时，在成都展出了近百幅以反腐倡廉和法治为主题的书画作品。

利用人流不息的繁华闹市进行法治书画摄影展，是此类活动的又一特点。如2015年2月6日，由中央国家机关工会联合会、中国摄影家协会主办，得到最高人民法院、最高人民检察院、公安部、司法部等部委工会部门和中央国家机关摄影家协会支持的“依法治国——中央国家机关贯彻落实党的十八届四中全会精神”摄影作品展在热闹的北京大栅栏西街开幕。160余幅以依法治国为主题的摄影作品点缀在古色古香的仿古街道上，引起过往游客和附近居民纷纷驻足观看。这些摄影作品是从中央国家机关各部门及直属单位摄影爱好者中征集的1500余幅（组）影像中，由专业评委评审出的获奖作品。作者们在工作之余，用摄影这一无声的镜头语言，记录了近年来我国在法治建设过程中的精彩片段，多层次、多角度地反映了我国司法改革过程中的新思路、新举措、新成果以及在立法、执法、司法和法律监督等方面取得的成绩。《检察官彰显人文关怀》《马背上的普法宣传队》《风雨战士》《违禁品》……一幅幅摄影作品，或表现法官、检察官、公安民警等司法人员的工作，或表现交通、环保、检疫等领域执法人员的身影，或表现群众法治意识的提升，作品选题新颖、视角独特，既有思想性，又有艺术性，完美地实现了法治与艺术的联姻，是一次主题鲜明、内容丰富、形式新颖的普法宣传活动。

（二）法治文化艺术节广泛播种法治理念

法治文化艺术节是各地文化艺术资源与法治建设相结合的探索，是各地创建法治城市活动的一项举措，也是弘扬法治精神、增强法治理念、传播法治文化、营造法治环境的一种重要方式，对增强法治宣传教育的影响力、渗透力，弘扬遵纪守法的社会风尚，提高公民法律素质，营造浓厚的法治文化氛围等都具有重要意义。如2010年7月，福建省永安市举办了首届法治文化艺术节，包括“与法同行”文艺晚会、法治灯谜竞猜、“法在燕城”摄影作品展等在内的系列活动。2011年7月，江苏省常州市举行了首届法治文化艺术节系列活动。该市司法局面向全市艺术创作专业人员和非专业爱好者，全市政法机关、行政执法机关、学校、文化艺术团体、艺术设计生产企业等征集法治文艺节目，题材既包括书法、篆刻、绘画、动漫、摄影和其他法治艺术作品，也包括歌舞、曲艺、小品、诗朗诵等法治文艺节目。

将法治艺术带进旅游景区，以期达到让游客“抬头见法、休闲普法、遇事想法”的效果，使游客在不知不觉中接受法治宣传教育和法治文化气息的熏陶，在潜移默化中增强法治意识，是各地开展法治宣传教育的一个创新举措。如2013年4月21日，江苏省泰州姜堰区司法局联合区委宣传部、文广新局等部门在国家5A级景区溱湖风景区上演了法治文化艺术节的首场文艺演出。该区至今已建成各类具有浓郁地方特色的法治文化广场、法治公园（游园）16处。

（三）民间法治艺术编织社会法治篱笆

充分利用各地民间传统节日这一时间节点，运用当地的艺术表演形式创作法治文艺作品，传播法律知识，是十分有效的普法途径。如2013年6月，山东省烟台开发区司法局与区相关单位联合，吸纳社会各界160余名专业人士和160余名民间文艺表演爱好者，组建了全区法治文化艺术团。该艺术团以“用身边的故事感染人，用模范的形象感染人”为指导，针对不同层次的普法对象，创新普法载体，采用柳琴戏、吕剧、小品、歌舞、三句半等艺术表演形式，融合贴近生产生活的法律知识，创作出多部法治文艺作品。该艺术团充分利用渔灯节、年会、赶山等传统节日时机积极参演，并在大季家街道法治文化广场搭建固定舞台，定期专场演出，共组织巡演20余场次，观众近万人。由于其创作时突出使用民间地方戏曲为载体，作品朗朗上口，表演时台上台下容易形成强烈互动，收到了良好的普法演出效果。

采用广场舞这一近几年全国广大人民群众强身健体、丰富业余文化生活的重要形式创作法治文艺作品，贴近基层实际，贴近群众文化生活，百姓参与广泛，影响力大，富有时代特征，是法治宣传教育形式的创新，也是探索法治文化传播推广新途径的重要举措，有利于以法治文化引领法治建设，使法治宣传教育与法治实践同步推进。如辽宁抚顺市司法局、市依法治市办在全市开展法治歌曲广场舞大赛活动。比赛从2014年7月下旬开始创作排练，共有28支队伍、3000余名群众参赛，其中参赛选手年龄最大的74岁。经各县区选拔，最后有八支代表队脱颖而出，进入总决赛。9月16日下午，“2014·抚顺市法治歌曲广场舞大赛”在劳动公园音乐广场落下帷幕。经过激烈角逐，望花区雷锋艺术团和抚顺县法治歌曲广场舞蹈队从八支参加总决赛的队伍中脱颖而出，获得了最佳表演奖。利用法治歌曲作为编舞曲目的广场舞大赛在辽宁全省尚属首次。为组织好此次比赛，该市司法局和市依法治市办周密部署，制订了《2014·抚顺市法治歌曲广场舞大赛实施方案》，精选了近年来在辽宁省乃至全国为广大人民群众所熟知和喜爱的普法歌曲《普法之歌》《法律援助之歌》《法治力量》《司法所长》和《法治歌谣》等法治歌曲作为舞蹈编排曲目，使全市城乡居民在寓教于乐的活动中营造出良好的法治文明环境。

运用传统民间艺术创作法治艺术作品，具有十分广阔的发展前景。如2014年9月30日至10月10日苏州市法宣办、市司法局主办的“苏州市第二届法治文化节法治文化作品展览”。该展览的作品主要是从苏州市第二届法治文化节“法治题材传统民间艺术品创作大赛”、“书法家及书法爱好者法治题材书法（篆刻）作品创作活动”中评选出的一百多件精品，包括以法治为题材的布艺、泥人、风筝、米塑、砖雕、篆刻、剪纸、书法等文化艺术作品。2015年4月20日，内蒙古自治区包头市司法局、市普法依法治市办、包头市文广局、包头市文联、包头市博物馆、包头市摄影家协会联合举办“法润鹿城”法治书画摄影艺术作品集中展示活动。其作品种类包括剪纸、篆刻、雕塑、书法、绘画、摄影等。

运用高科技与法治艺术结合，打造法治文化品牌，是不可忽视的传播方向。法治艺术通过高科技手段将法治精神融入人们的生活，在潜移默化中达到法治宣传教育的效果。如2014年上海市静安区司法局与上海人民广播电台AM990频道“蔚兰晨曲”节目合作，启动了“绎法电波”项目，针对老年人群体开辟了“绎法空间”法律故事栏目，在社会上引起了强烈反响。同时，该局还与专业的演艺公司合作，打造了“绎法舞台”这一崭新项目，将法治文化与话剧艺术进行跨界结合，推出了多媒体法治话剧——《老有说法》，并创作了主题歌《一样的天空》，于2014年12月4日正式演出，向首个国家宪法日献礼。除此之外，该局还结合漫画这一新颖的艺术形式，继续开展“绎法空间”法治四格漫画的创作，并在市中心100个公交站点进行了法治四格漫画公益广告的投放，法治宣传效果显著。在宪法宣传周期间，该局还制作了“绎法空间”关于国家宪法日的宣传动画，在静安寺下沉式广场、百乐门等地标的大型电子屏进行滚动播放，全面提升了“绎法空间”的品牌影响力。

综上可见，用法治艺术反映法治中国建设步伐，向全社会普及法律常识，唤醒民众的法治意识，树立法治信仰，在中国大地上已成燎原之势。各地区根据本地的文化艺术资源对发挥法治艺术的普法优势进行了积极的探索。

但是，很显然，光靠这些工作还远远不够。我们还有许多的法治艺术手段没有挖掘使用。让法治艺术成为我们生活不可或缺的一部分，还有许多工作要做。

第三节　法治艺术的创作方向

党的十八届四中全会作出的《决定》，标志着我国已全面进入法治中国建设的新时期。这一重要时期的到来，为法治文化重要载体之一的法治艺术的发展提供了无限广阔的表演舞台和发展前景。2014年10月，习近平总书记在文艺工作座谈会上强调，中国作家、艺术家应该成为时代风气的先觉者、先行者、先倡者，通过更多有筋骨、有道德、有温度的文艺作品，书写和记录人民的伟大实践、时代的进步要求，彰显信仰之美、崇高之美。2015年9月11日，中共中央政治局会议审议通过的《中共中央关于繁荣发展社会主义文艺的意见》明确指出，文艺是民族精神的火炬，是时代前进的号角。实现中华民族伟大复兴，离不开中华文化繁荣兴盛，离不开文艺事业繁荣发展。举精神旗帜、立精神支柱、建精神家园，是当代中国文艺的崇高使命。弘扬中国精神、传播中国价值、凝聚中国力量，是文艺工作者的神圣职责。我们的法治艺术家应该抓住这一难得的历史性机遇，积极深入生活，用艺术形象地反映法治时代波澜壮阔的伟大实践。

一、坚持以人民为中心的创作导向

中国法治艺术创作，自改革开放以来，产生了一些脍炙人口的优秀作品，但总的来看，一直存在着有数量缺质量、有“高原”缺“高峰”的现象，存在着抄袭模仿、千篇一律的问题，存在着机械化生产、快餐式消费的问题。有的作品调侃崇高，扭曲经典，颠覆历史；有的作品是非不分，善恶不辨；有的作品搜奇猎艳，低级趣味；有的作品胡编乱造，粗制滥造；有的作品追求奢华，过度包装，形式大于内容；有的作品热衷于所谓“为艺术而艺术”，只顾一己悲欢，脱离大众、脱离现实。艺术成了市场的奴隶，沾满了铜臭的气味。究其根源，主要是在法治艺术究竟应该为什么人而创作的问题上发生了偏差，在市场经济大潮中迷失了方向。

在当代艺术的创作中，有这样一种观点，即艺术就是美，与社会生活并不相干。法治艺术创作同样受到此观点的影响。而托尔斯泰则认为，把艺术等同于美是浅薄的，因为艺术的价值取决于“它在人生中的作用”[①]。我们的确很难想象艺术的意义能够独立于社会生活而单独存在。而法治艺术，由于它鲜明的法治特征，显然更不可能离开社会生活而单独存在。

① ［英］大卫·贝斯特：《艺术·情感·理性》，李惠斌等译，工人出版社1988年版，第221页。

法治艺术的魅力，就存在于它对复杂与曲折的法治社会生活的反映之中。托尔斯泰进一步说道，根据艺术可能给人带来的快感而不是艺术可能服务于人生的目的来衡量艺术的价值，以及把艺术等同于美，都会使得艺术变得庸俗化。艺术，包括法治艺术，并不像有些人说的那样，是娱乐的一种形式，是严肃生活的一种消遣，从中学不到任何有意义的东西。否认法治艺术对广泛的生活具有深刻的洞察力和深远的影响力，是对法治艺术的一种贬低。事实上，人们正在潜移默化地从法治艺术中受到感染和教育，进而影响他们的生活，改变其对他人的态度。

那么，法治艺术究竟应该为什么人而创作？列宁在1905年指出，文艺应当“为千千万万劳动人民群众服务”[①]。毛泽东在延安文艺座谈会上强调，文艺应该是为着最广大的人民大众而创作的。习近平在2014年10月的文艺工作座谈会上明确指出，人民是文艺创作的源头活水，一旦离开人民，文艺就会变成无根的浮萍、无病的呻吟、无魂的躯壳。就法治艺术而言，由于其鲜明的政治性，更是只有将法治艺术根植于人民之中，坚持以人民为中心的创作导向，为人民抒写、为人民抒情，始终把人民的冷暖、人民的幸福放在心中，把人民的喜怒哀乐倾注在自己的创作中，建立经得起人民检验的评价标准，讴歌为法治奋斗的人生，刻画法治时代的最美人物，坚定人们对法治中国美好生活的憧憬和信心，才会有取之不尽用之不竭的鲜活的法治艺术源泉，才能创作出有血有肉的法治艺术形象，才能创作生产出无愧于我们这个伟大民族、无愧于这个伟大时代的优秀法治文艺作品，才能真正成为这个时代的号角。

---

① 《毛泽东论文艺》，人民文学出版社1983年版，第52页。

法治艺术工作者要想有所成就，必须自觉与人民同呼吸、共命运、心连心，做人民的孺子牛。法治艺术工作者对人民，要爱得真挚、爱得彻底、爱得持久，深深懂得人民是历史创造者的道理，深入实践、深入群众、深入生活，诚心诚意做人民的小学生，虚心向人民学习、向生活学习，从人民的伟大法治实践和丰富多彩的法治生活中汲取营养，不断进行法治生活和艺术的积累，不断进行美的发现和美的创造。法治艺术可以放飞想象的翅膀，但一定要脚踩坚实的大地。法治艺术创作方法有一百条、一千条，但最根本、最关键、最牢靠的办法是扎根人民、扎根法治生活。法治艺术应该用现实主义精神和浪漫主义情怀观照法治现实生活，用光明驱散黑暗，用美善战胜丑恶，让人们看到美好、看到希望、看到梦想就在前方。只有这样，法治艺术工作者才能创作出优秀的法治艺术精品，既在思想上、艺术上取得成功，又在市场上受到欢迎。

二、为法治中国鼓与呼是法治艺术创作的主旋律

我们的法治艺术，是中国特色社会主义的法治艺术。中国特色社会主义的法治艺术，从本质上讲，就是人民的艺术。艺术要反映好人民心声，就要坚持为人民服务、为社会主义服务这个根本方向，这是党对文艺战线提出的一项基本要求，也是决定我国法治艺术事业前途命运的关键。要把满足人民精神文化需求作为法治艺术创作的出发点和落脚点，把人民作为法治艺术表现的主体，把人民作为法治艺术审美的鉴赏家和评判者，把为人民服务作为法治艺术工作者的天职。

法治艺术工作者应跟上时代发展、把握人民需求，以充沛的激情、优美的旋律、感人的形象创作生产出人民喜闻乐见的优秀法治文艺作品，让人民的法治精神文化生活不断迈

上新台阶。每个时代都有每个时代的精神。我们目前所处的是法治时代，法治精神便是我们这个时代的精神。法治艺术是铸造人类法治灵魂的工程，法治艺术工作者是人类法治灵魂的工程师。好的法治艺术作品应该像蓝天上的阳光、春季里的清风一样，能够启迪思想、温润心灵、陶冶人生，能够扫除颓废萎靡之风。广大法治艺术工作者应高扬社会主义核心价值观的旗帜，把社会主义核心价值观生动活泼、活灵活现地体现在法治艺术创作之中，用栩栩如生的法治艺术作品形象告诉人们什么是应该肯定和赞扬的，什么是必须反对和否定的，做到春风化雨、润物无声。广大法治艺术工作者应时刻牢记，法治艺术创作的主旋律是为建设法治中国鼓与呼，要充分运用好法治艺术形式，引导人民树立和坚持正确的法治文化观，增强人民的法治思维、法治方式、法治信仰，增强做中国人的骨气和底气。

追求真善美是法治艺术的永恒价值。法治艺术的最高境界就是让人动心，让人们的灵魂经受洗礼，让人们发现法治环境的美、法治生活的美、法治心灵的美。法治艺术应通过作品传递真善美，传递向上向善，传递法治的价值观，引导人们增强道德和法治判断力、道德和法治荣誉感，向往和追求讲道德、讲法治，尊道德、尊法治，守道德、守法治的生活。只要中华民族一代接着一代追求真善美的道德、法治境界，我们的民族就会永远健康向上，永远充满希望。

中华优秀传统文化是中华民族的精神命脉，是涵养社会主义核心价值观的重要源泉，也是我们在世界文化激荡中站稳脚跟的坚实根基。法治艺术必须结合新的时代条件传承和弘扬中华优秀传统文化、美学精神，与此同时，还必须认真学习借鉴世界各国人民创造的优秀艺术，坚持洋为中用、开拓创新，做到中西合璧、融会贯通，才能更好地发展繁荣起来。法治艺术工作者们应该牢记创作是自己的中心任务，法治艺术作品是自己的立身之本。只有静下心来精益求精搞创作，把最好的精神食粮奉献给人民，把创作生产出优秀法治艺术作品作为自己艺术创作的中心环节，努力创作生产更多传播当代中国法治价值观念、体现中华文化精神、反映中国人审美追求，思想性、艺术性、观赏性有机统一的优秀法治艺术作品，法治艺术工作者才真正称得上是法治时代的人民艺术家。

三、法治艺术应成为引导全民守法的生力军

党的十八届四中全会《决定》把全民守法提升到与科学立法、严格执法、公正司法同等重要的地位，这表明只有依靠全体国民积极参与法治建设，才能真正实现全面推进依法治国。全民守法的对象，既包括自然人，也包括法人。全民守法的目标，是要使全体国民做到尊法、信法、用法、护法，即要使民众从精神上树立起对法律的敬畏之心，从内心深处树立起对法律的信心，使民众学会并习惯于遇事主动寻求法律帮助，自觉维护法律的尊严和权威。

改革开放以来，广大民众的法治观念、法律意识得到不断增强，但同时也应该看到，办事不依法、遇事不找法、解决问题不用法、化解矛盾不靠法等有损法治权威、有悖法治精神的问题和现象不同程度地存在着。民众的权利意识在不断高涨，越来越多的人勇于主张自己的权利，也敢于捍卫自己的权利，但与之相对应的法治意识、规则意识、契约精神却并没有得到显著提升。如“中国式过马路”便从一个侧面折射出部分民众守法意识的缺失和守法能力的不足。还有一些民众一方面迫切要求法律维护自己的权利，另一方面又不愿意遵守法律，不肯承担应尽的法律义务；一方面对自己的

合法权利寸步不让，另一方面又动辄以非理性、非法治的方式表达诉求、维护权益。这种思维上的悖论和行为上的矛盾，是法治社会建设亟须破解的难题。现代法治的基本原则是权利与义务的对等和一致性，享有权利就必须承担相应义务，这体现了法治的公平与公正。我国宪法和法律保护公民的各项合法权利，同时也规定了公民应尽的义务，其中守法就是公民最重要的义务。"守法即正义"，这是一个古老而神圣的法治命题，其意义在于既定的法律必须得到绝对服从，守法排斥一切理由和借口，任何违法行为都是非正义的。

要破解法治社会建设难题，关键在于要强化全民尊法敬法守法的习惯。这就需要充分发挥和运用法治文化艺术浸润和熏陶社会民众润物细无声的特点，营造出浓厚而牢固的法治社会氛围，传递法治思想，树立法治意识，使民众真正把守法作为一种生活习惯和生活态度。

法治艺术以独有的生动活泼而多姿多彩的群众喜闻乐见的艺术形式，以法治社会的现实生活为创作题材，编织故事，表演生活，歌颂法治时代的先进人物形象，抨击假丑恶等非法行为，使老百姓在对艺术的欣赏中不知不觉地受到感染、启迪和教育，懂得明辨是非曲直。

各地党委和政府应高度认识法治艺术对于推进全民守法的重要意义，加强对法治艺术普法工作的领导，充分发挥宣传、文化、教育部门和人民团体在法治艺术普法教育中的职能作用，加强法治艺术普法志愿者队伍建设，完善城乡公共活动场所的法治艺术宣传教育设施，在城乡社区广泛开展群众性法治文化艺术活动，加强新媒体新技术与法治艺术的结合，支持和鼓励法治艺术创作，引导各级各类宣传文化艺术单位、文化艺术表演团体创作更多群众喜闻乐见的法治艺术作品，增强法治艺术的渗透力和影响力，推动法治艺术的繁荣。

全民守法是依法治国之基。民众的法治信仰和法治观念是依法治国的内在动力，更是法治中国的精神支撑。全力推动法治社会建设，需要从增强全民的法治信仰和法治观念入手。而法治艺术在树立民众的法治信仰和强化民众的法治观念方面，是大有作为的。法治艺术应成为引导全民守法的生力军。只有让法治精神成为民族精神，让法治艺术融入法治社会文化，法治中国建设才会有更加坚实的基础。

党的十八届四中全会为法治中国建设绘制了路线图。我们正面临着一个伟大的时代，法治艺术在这样一个伟大的时代具有无限广阔的施展才华的天地和光辉灿烂的发展前景。其主要表现为：一是法治时代迫切需要法治艺术的普及，二是广大人民迫切需要法治艺术的熏陶，三是法治艺术的创作素材取之不尽、用之不竭，四是法治艺术的表现方法不拘一格、多种多样。我们应以只争朝夕的精神，调动一切可以调动的法治艺术手段，深刻反映和回应法治时代的召唤。

从事法治艺术创作的艺术工作者们，肩负着时代与历史的使命，肩负着国家与人民的重托，唯有全身心投入这个辉煌的事业，才能不辱使命、不负重托，才能使法治艺术这个百花园中百花齐放，绚丽无比。

第二十一章
法治影视

第一节　法治影视的独特作用

一、法治影视搭建了普通民众参与国家法治建设的平台

影视是电影和电视的合称。它是以拷贝、磁带、胶片、储存器等为载体，以银幕、屏幕放映来实现视觉与听觉的综合观赏的现代艺术形式，包含了电影、电视、动画等内容。法治影视，则是以宣传依法治国理念为主旨、以让受众获得法治教育和启迪为使命的含有法治元素的影视作品，包括但

不限于电视剧、电影、微电影以及各类法治纪实或综艺节目等。社会发展的物质基础和时代发展的需求催生了法治影视。法治影视是法治文化在实践发展过程中适应时代需要所产生的一种艺术形式。法治影视在中国特色社会主义法治文化体系的构造和传承中担任着法治宣传、法律服务和舆论监督的多重角色身份，发挥着不可替代的作用，是我国法治文化体系中不可或缺的精神财富。

法治影视搭建了普通民众参与国家法治建设的平台，奠定了法治文化体系的坚实的群众基础。十一届全国人大四次会议宣布：一个立足中国国情和实际、适应改革开放和社会主义现代化建设需要、集中体现党和人民意志的，以宪法为统帅，以宪法相关法、民法商法等多个法律部门的法律为主干，由法律、行政法规、地方性法规等多个层次的法律规范构成的中国特色社会主义法律体系已经形成。党的十八大将“全面推进依法治国”确立为推进政治建设和政治体制改革的重要任务，提出“法治是治国理政的基本方式”。继中国特色社会主义法律体系形成以后，将构建以实现国家生活和社会生活全面法治化为目标的法治文化体系。在上述建设法治中国的时代背景下，党和国家急切需要将法治改革的方式和方法、目的和手段以及成果等传递给社会大众，而社会大众也急切需要了解法治建设的动态。法治影视的出现，恰恰与上述需求不谋而合。

随着社会大众法治意识的提高，其主人翁意识不断增强，参与国家法治文化建设的意识也进一步增强。通过电视、电影和网络等大众传播媒体，借助法治影视这一参与度高、覆盖率广的传播手段，使原本国家单向、被动的法治信息传递转变为国家与民众之间双向（甚至多向）、主动的交流与互动。法治影视提供了社会公众参与法治文化建设的重要途径，不但增强了社会公众的法律意识，而且增强了社会公众对我国法治文化建设的认识和了解。法治影视形式多样、元素多元的表现方式，为国家法治宣传、法律服务和公民舆论监督提供了交流互动的平台，使国家法治建设的动态得以全面、系统、生动的展现，不仅传播了法律知识，而且传授了法治理念，从而使社会大众逐渐养成以法治的眼光看待问题、以法治的方式处理问题的思维方式，使其法治意识得以提升。

二、法治影视是普及法治文化的有效宣传手段

法治影视是法治文化体系传播、传承的重要载体，具有受众面广、与民众密切接触、生动形象、令人发馈的宣传效果，是中国法治文化体系发展进程的见证者、记录者。

第一，法治影视与法治书籍、报刊等传统载体相比，具有先天的、不可比拟的优越性。法治影视集声音、影像、色彩、文字等多种记载手段为一体，形式丰富，便于保存和传输。

第二，法治影视依托高科技信息技术，能够更大限度地嵌入法律因素，最大程度地还原法律事实，更完整地记录法律事件的来龙去脉，通过电视、电影和网络等媒体的传播，具有传播速度快、覆盖面广、受众多等优点。

第三，法治书籍、报刊等传统载体要求受众具有一定的阅读能力，而影视作品直观的呈现方式，就是大字不识的文盲也能够看懂受益。

第四，相对于其他传播载体，影视作品中综合运用剧本的编排、演员的演绎、旁白的讲解等叙事方式，使受众更具有代入感。法治影视对贴近社会大众的法律事件和道德事件进行关注和报道，使受众更具有参与感。

第五，法治影视形式多样、层级丰富、针对性强。如有的节目将法律案例以短剧的形式演绎，通过演员的表演，使专业、枯燥的法律事件变得形象、生动，民众易于接受；有

的节目以专家讲演的方式将法律知识传授给观众，兼具专业性的方式更能使民众了解法律的本质；对于某些人来说，可能以前没有而且今后也不会去法院，通过法治影视节目就将法庭庭审全程播放，撩开法院审理的神秘面纱，使民众更全面、直观地了解法院审理案件的程序。

法治影视是普及法治文化的有效宣传手段，是中国法治文化建设的重要承载者。社会发展的节奏在以加速度奔跑，人与人之间接触与交流的节奏同样在增多、增快，高节奏的社会交互行为在促进社会效率提高的同时，也加剧了矛盾纠纷的多发。单靠道德的约束显然已经不能满足民众解决纠纷的需要。于是在众多的纠纷解决机制中，法律顺理成章地吸引了民众的目光。民众迫切地需要知法、懂法、用法、守法，急切地需要一种更加亲民、易懂的获取法律知识的方法，而法治影视恰恰能够满足当前社会发展时期民众对于法治最普遍的需求，于是多形式的法治影视节目应运而生。以电视台为例，大到中央电视台，小到各个县级地方电视台，法治节目不但逐渐增多，而且成为民众喜闻乐见的观看节目之一。法治影视选取社会法律热点问题，并从多角度、多形式切入和剖析，向社会大众传播法律知识，传递法治文化，进而推动了整个国家的法治建设进程。

第二节　法治影视创作应根植于现实社会土壤

一、法治影视是一种影视艺术

法治影视的根在“法”，但是首先应是一种影视艺术。

任何艺术的创作都不应脱离其所处的物质社会。毛泽东在延安文艺座谈会上指出:“一切种类的文学艺术的源泉究竟是从何而来的呢?作为观念形态的文艺作品,都是一定的社会生活在人类头脑中反映的产物。生活中本来存在着文学艺术原料的矿藏,这是自然形态的东西,是粗糙的东西,但也是最生动、最丰富、最基本的东西;在这点上说,它们使一切文学艺术相形见绌,它们是一切文学艺术的取之不尽、用之不竭的唯一源泉。这是唯一的源泉,因为只能有这样的源泉,此外不能有第二个源泉。”这也就是说,没有现实社会的原型或者现象,就没有艺术创作的灵感和素材的来源。艺术来源于生活,任何一种艺术形式都应根植于现实社会的土壤,否则就是海市蜃楼,没有持久的生命力。

二、法治影视不能脱离现实社会的土壤生存

法治影视作为一种艺术形式,同样不能脱离现实社会的土壤生存。法治影视的现实土壤主要有以下三方面:

首先,准确把握我国社会主义法治文化建设进程的需求,是法治影视创作的政治土壤。党的十八大报告对法治的定位、法治的作用、法律的权威、法制宣传教育等问题提出了许多新思想、新论断、新主张。中国法治影视的诞生、成长和发展,与社会主义法治建设进程密不可分。因此,法治影视要想获得长足的生命力,在创作时就应立足于我国社会主义法治建设不同时期、不同地域、不同民族文化的现实差异,紧跟我国社会主义法治文化建设的进程,让法治影视这一艺术形式回归我国建设社会主义法治的政治土壤,体现社会主义法治文化建设的时代特征。

其次,符合民族文化心理和民族法治文化,是法治影视

创作的文化土壤。法治文化是一个国家或民族对于法治生活所持有的以价值观为核心的思维方式和行为方式。艺术高于生活。作为一种艺术形式，在创作法治影视时，应注意协调法治影视作为宣传和推动法治建设手段的法治特性、符合民族法治文化心理的民族特性和艺术特性。电影《秋菊打官司》就是将法治、影视和现实社会巧妙结合的例证，其鲜明的时代特征、个性突出的人物形象和平铺直叙的情节，将乡土秩序与法律文明碰撞的火花展现得淋漓尽致。它讲述的是这样一个故事：在中国西北某个小村庄里，秋菊家要盖用于晾晒辣椒的辣子楼，但是村长不让，因为上面有文件，但这文件却不给秋菊一家看。在与村长交涉的过程中，秋菊的丈夫骂村长“下辈子断子绝孙，抱一窝母鸡”，而村长恰恰生了四个闺女没有儿子，这在“不孝有三，无后为大”的乡村无异于“扎老汉心窝子”。于是，村长气不过踢了秋菊丈夫的要害处。秋菊认为“村长打两下也没啥，但是不能随随便便往要命的地方踢”，要村长给个说法。于是，乡土社会秩序与现代社会法治文明的矛盾便悄然产生：一边是长期农耕社会所形成的乡土秩序，一边是“讨说法”的现代法律意识。而秋菊正是要通过现代诉讼手段解决乡土社会中的秩序问题。秋菊一次次将家中辣子贩卖，然后找说理的地方，其过程耗费了漫长的时间和昂贵的金钱，但却依然得不到“说法”。这期间村长不计前嫌地在大雪天的半夜抬难产的秋菊去生孩子，如果没有村长，秋菊可能就死了，儿子也可能没有了。秋菊儿子满月酒当天，李公安给秋菊送“说法”：村长被行政拘留十五天……影片的结尾，秋菊站在雪中的小路上茫然地望着警笛声传来的方向，然后望了一眼背后的村庄。中国社会学家费孝通先生说过，法治秩序的建立不能单靠制定若干法律条文和设立若干法庭，重要的还得看人民怎样去应用这些设备。更进一步说，在社会结构和思想观念上还得先有一番改革。如果在这些方面不加以改革，单是推行法律和法庭，结果法治秩序的好处未得，而破坏礼治秩序的弊病却已先发生了。《秋菊打官司》结尾的处理是很有深意的。可以想象：回到现实社会中，秋菊将会处于一个及其尴尬的位置。秋菊“讨说法”本没有错，可是在村中会被贴上“事多”的标签，耗费人力、物力和财力讨来的“说法”是将自己的救命恩人送进监狱，其结果多半是被村民疏远，而原本已冰释前嫌的两家人则老死不相往来。这样一种结果，一定不是秋菊“讨说法”想达到的目的。在我国漫长的农耕社会中，无讼的思想长期占据着支配地位，人们在发生纠纷时不主张利用诉讼法律来解决问题，而是利用传统的伦理道德等观念来调节协调。因此，在创作法治影视时，应加大现代法治思想的传播力度，提高社会大众的法治意识，使社会大众真正信仰法律、运用法律、信服法律，而不单纯走“讨说法”的途径。

最后，社会主义法律体系是法治影视创作的法治土壤。法治影视创作不能盲目模仿，更不能凭空想象，应高度贴近我国当前的社会现实，尤其是法治现实。比如，美国影视作品中的法庭审判是陪审团作出是否有罪的判决，这样的镜头在我国影视作品中则不可能出现，因为我国的法律规定不同于美国。一部违背我国现行法律规定的影视作品不能称为法治影视作品，这样的作品不仅不能让受众获得法治教育和启迪，相反还会误导受众。

第三节　让受众获得法治教育和启迪是法治影视的使命

一、法治影视承担着让受众获得法治教育和启迪的历史使命

法治影视自诞生以来，在中国特色社会主义法治文化体系的构造和传承中不仅担任着法治宣传、法律服务和舆论监督的多重角色，还承担着让受众获得法治教育和启迪的历史使命。

美国学者伯尔曼曾深刻地指出："法律必须被信仰，否则它形同虚设。它不仅包含人的意念，而且还包含了他的情感、他的直觉和献身，以及他的信仰"。人是法治文化的创造者、传播者，也是法治文化的承载者、实践者。法治影视作为一种文化形态，承担着传播和普及法律，从而使受众信仰法律的使命。全面依法治国由理论向实践推进，法治影视作为法治文化传播的重要形态和载体是推进我国社会主义法治文化建设、实现依法治国目标的重要力量，是普及法律、构筑法律信仰群众基础的有效手段。

二、要完成法治影视的使命必须注意两点

法治影视的使命，决定了法治影视在创作和传播时必须注意以下两点：

首先，法治影视是弘扬法治文化、普及法律知识的载体和手段，而非操纵社会舆论导向的手段，其目的在于提高受众的法律意识。尼尔·伯兹曼曾提出"媒介即隐喻"，它用一种隐蔽但有利的方式在暗示这个世界的变迁，它带来变迁的绝不只是它所传递的内容，其更大的意义在于，在更多层

面上影响着对真理的看法。法治影视因其关注度高、传播速度快、覆盖率广等特点而备受欢迎，但也正是上述的优点，使得法治影视在传播时难以把握法治信息传播的节奏，容易引起社会热点事态的舆论导向波动。一百个人眼中有一百个哈姆雷特，同样一部法治影视作品，面对不同的受众，影响也会不同。法治影视的创作者们一定要提高法治影视的使命感，法治影视影响的不仅仅是公众对真理的看法，还有中国法治社会的建设进程。法治影视的创作者不能为吸引社会关注度而片面地猎奇、出奇，而应端正态度，胸怀使命，站在社会与国家的高度创作。

其次，法治影视的娱乐性仅是其外在表象，绝非其理性实质。娱乐化是影视媒体不可回避也无法回避的现实取向，关键在于如何趋利避害，避免沦为娱乐的囚徒，而拥有思想的花冠。从形式上来说，法治影视首先要具备影视的外在形式特征，就难免会带有娱乐性；但是，这种娱乐性不应喧宾夺主，而应仅仅是法治影视的表现形式。确切地说，法治影视的娱乐性，应是其完成肩负的责任和使命的手段，而绝非目的。法治影视就是以影视的形式、娱乐的手段将法律铭刻在公民的内心里。法治影视是弘扬社会主义法治精神的传播载体，其所肩负的历史责任赋予了其特有的历史使命，从而也就决定了无论其通过何种形式表达，始终要服从于社会主义法治文化建设的全局，服务于我国依法治国的战略目标。法治影视承载着社会主义法治文化的时代精神，它在以文化影响力作用于社会大众的精神的同时，也如春雨般无声地影响着社会大众法治观念的形成。

因此，在大力推进社会主义法治建设的今天，法治影视作品要更加发挥其对大众的引领和导向作用。法治影视创作者要时刻牢记所肩负的历史使命，在创作时追求精而又精，杜绝盲目跟风、粗制滥造。在法治影视作品投放市场之前，要充分论证其会产生的社会效果，不断地为社会大众奉上一场场法治文化的精神盛宴。

第四节　法治影视应注重社会效益与经济效益的统一

一、法治影视的效果由社会效益和经济效益的整体效果决定

社会效益是指最大限度地利用有限的资源满足人们日益增长的物质文化需求，也是指项目实施后为社会所做的贡献，或称之为外部间接经济效益，主要表现在公众反映和社会评价体系上。经济效益是一切经济活动的核心，是指在经济活动中各种耗费与成果的对比，一般的计算方式是“生产总值－生产成本”；经济效益是评价一项经济活动是否应进行的重要指标，具体反映在经济指标和统计数字上。社会效益与经济效益两者实现的形式大不相同，衡量标准和尺度也大不一样。

法治影视作为文化产业的一种，其投放社会后，也需要评判其效果。法治影视的实际效果最终是由社会效益和经济效益的整体效果来决定的。法治影视不仅要注重社会效益，也要进行经济核算，而且经济效益关系到法治影视的直接传播效果。

二、把握好法治影视社会效益与经济效益的关系

首先，社会效益和经济效益是辩证统一、相互依存的，并不冲突。马克思指出，一定的经济总是在一定的文化背景

上建立，一定的文化则必然是在一定的经济基础上生产，文化中有经济，经济中包含着文化，先进社会生产力的发展与先进文化的发展在总体上是相辅相成的。法治影视因其承担的社会责任而更偏重于社会效益，但是，并不能认为一部好的法治影视作品就无法兼顾经济效益。

仍以《秋菊打官司》为例，该片获得的荣誉有：广电部优秀影片奖、特别荣誉奖，第十六届金鸡奖最佳故事片、最佳女主角、最佳摄影、最佳道具奖，第十六届百花奖最佳故事片奖，第一届长春国际电影节金杯奖，温哥华国际电影节最受欢迎影片，第十二届香港电影金像奖最佳华语片奖，威尼斯电影节最佳影片金狮奖、最佳女演员奖，还被英国老牌电影杂志《Total film》评为年度最佳亚洲电影。据不完全统计，该片的票房成绩如下：香港 3740161 美元，东京 30005300 日元，北美 2157739 美元，西班牙 321998 欧元。因此可以说，《秋菊打官司》是名利双收。可见，社会效益与经济效益并不是鱼与熊掌不可兼得的关系，两者完全可以在法治影视市场化运作的机制中寻找到最佳的结合点。

现实生活中，法治影视创作者仍未能充分认识到经济效益的内涵，从而人为地将社会效益与经济效益树为对立面，心理上难免会认为作为一项文化产业，谈钱过于市侩。但是，法治影视的创作、拍摄等一些商业化的运作都离不开资金的支持。每一个社会的经济关系首先是作为利益表现出来。将社会效益与经济效益割裂的做法不符合经济效益的本质。由于经济效益是经济活动中各种耗费与成果的对比，如果要增大经济效益，第一是要降低耗费；第二是要在降低耗费的基础上增加成果；第三，也是最重要的一点，成果要符合社会需要，如果不具备这点，降低耗费、增加成果没有任何意义，反倒会造成社会资源的浪费。经济效益也是一种社会效益，追求社会效益是经济效益的题中之义。

其次，社会效益与经济效益虽然是相互统一的，但法治影视的目的和出发点是为了追求社会效益的最大化，社会效益要优于经济效益。市场经济体制下，任何商品进入流通领域都要具有社会效益和经济效益两种属性，而法治影视之所以要将社会效益放在首位，是因为作为一项文化产业，它既具有商品的属性、经济的属性，又具有精神的属性、意识形态的属性，侧重的是人们文化上、精神上、心理上的需求。党的十七届六中全会通过的《中共中央关于深化文化体制改革推动社会主义文化大发展大繁荣若干重大问题的决定》指出："必须坚持社会主义先进文化前进方向，坚持把社会效益放在首位、社会效益和经济效益相统一，按照全面协调可持续的要求，推动文化产业跨越式发展。"十八届三中全会通过的《中共中央关于全面深化改革若干重大问题的决定》进一步指出："坚持把社会效益放在首位、社会效益和经济效益相统一，以激发全民族文化创造活力为中心环节，进一步深化文化体制改革。"这是对两个效益关系问题的最好的理论总结和提升，同时也充分阐释了党中央的明确要求。

文化产业不同于以满足人们物质生活需要为目的的其他产业，它追求的是人们精神层面的满足。法治影视作为文化产业的一种形式，理应将社会效益放在首位。这就决定了法治影视上线后，不能片面地通过票房、收视率等经济指标衡量法治影视给受众文化上、精神上、心理上带来的满足，更不能通过单纯的数字判断其对受众的思想、意识、观念、心理、行为产生的影响。法治影视的出发点和落脚点应是获取社会利益。如果一部法治题材的影视作品在创作之初就以追求票房收入为目标的话，就是对法治影视定位的曲解。这样的影视作品很可能是没有法治灵魂的作品。这样的作品投入市场，其结果可能是牺牲了社会效益却也没有取得预期的经济效益，反倒被称为“烂片”。随着我国市场经济的不断发展，法治影视的商品化也会逐渐加强。为了防止法治影视市场化倾向严重、过分追求利益，应该明确强调将社会效益放在首位，同时不轻视经济效益。这是社会主义精神文明建设和物质文明建设顺利发展的共同要求，也体现了经济效益和社会效益的辩证统一性。

最后，经济效益是社会效益的物质保障，是法治影视赖以生存和发展的物质基础。追求经济效益是市场经济的客观要求。法治影视作为社会产品的一种，兼具商品属性，需要通过商品交换实现自身的价值，在这个过程中，商品的逐利性得以体现。法治影视从创作到制片完成，均需要物质的保障；理所应当的，它作为商品，在投入生产成本的同时，不仅要追求收支平衡，还要追求盈利。法治影视投入市场取得经济效益，意味着投资者取得了良好的回报，从而鼓励其更好地投入法治影视产业。法治影视成功与否的判断标准为：其进入商品流通领域后，消费者是否接受。一部法治影视作品投入市场后，如果观看者寥寥，那么这部影视作品不论具有多高的艺术价值也无法实现其社会效益。可以说，没有经济效益，社会效益如同水中月、镜中花，只能是空谈。

第二十二章
法治新闻出版

法治新闻出版是中国特色社会主义法治文化的载体，也是中华法治文明的重要组成部分。法治新闻出版一方面对中国特色社会主义法治进行传播和引导；另一方面，它作为法治文化载体，对中华法治文明的传承和积累起着重要作用。

以往，法治新闻出版作为新闻出版领域的一个分支，学界并未对它进行独立研究。1997 年，党的十五大提出“依法治国，建设社会主义法治国家”的重大战略部署，将依法治国提升到国家战略高度。与此相适应，法治新闻出版也不再仅仅局限于传统新闻出版的行业范畴，而被提升至关系到落实依法治国、依法行政、增强司法公信力的重要地位，对影响人民群众的法治信仰、法治思维、法治方式起到重要导向作用。

对法治新闻出版的研究首先要从法制新闻出版开始。早在新中国成立初期，新中国法律工作者便在推动社会主义法制宣传上做出了积极努力，这种法制宣传具有启蒙性。十一届三中全会提出改革开放的基本国策，经济发展带动了法制建设的推进，由此带来了法制新闻出版大踏步发展的趋势。随着中国特色社会主义制度不断发展，改革开放市场化不断深入，法制建设作为推进改革的基本保障，越来越受到重视，建设法制国家成为了当时的迫切需求和发展方向。法制新闻出版作为新闻出版领域的一个分支，开始频繁地出现在公众视野中并脱颖而出，因其内容专业性和方式多样性而成为普法宣传和法制教育的重要途径，同时为法治研究积累了大量素材。党的十五大开创性地提出“依法治国，建设社会主义法治国家”的政治构想，从此，法制新闻出版从普法宣传转向宣传法治理念，传播党的执政思想，成为法治建设配套的法治新闻出版。作为党的法治宣传喉舌，法治新闻出版潜移默化地影响着民众的法治思维理念和法治行为方式。这时期的法治新闻，除了政治高度的提升外，也在专业路径上摸索、开拓，理念则由“法制报道”逐渐转向“法治报道”，内容更加丰富，形式也更加多样。伴随“法制”与“法治”更为明晰的研究，法制新闻出版也逐渐向法治新闻出版过渡。总的说来，法治新闻出版以其独特的表现形式和全新的实践，极大地丰富和促进了中国新闻出版事业。如今，伴随着新闻出版行业日益繁荣，法治新闻出版为培育法治理念、监督法律实施、培养法治人才、普及法律知识、规范社会行为、倡导依法治理等起到了十分独特的重要作用。

由法制向法治演化的历程，带来了法制新闻出版向法治新闻出版的转变。法治新闻出版的含义及范畴随着时代发展、党的执政理念的进步也在不断发生变化。特别是党的十八届四中全会提出“全面推进依法治国”战略部署，赋予了法治新闻出版更新更深的含义。为了服从服务于建设中国特色社会主义法治国家这一总目标，法治新闻出版顺应时代要求，从以往偏重对法律制度的宣传、民众普法教育的传播提升到注重对法治信仰、法治思维、法治方式的引领和导向，强调以法治为中心对国家顶层设计、政府制度和治国理政思想进行系统的传播和研究，形成决策参考，从而提供智力支持和保障。

第一节 法治新闻的导向作用

传统的新闻传播功能，有拉斯韦尔的“三功能说”[①]、赖特的“四功能说”[②] 以及施拉姆对新闻传播社会功能的概括。施拉姆从政治功能、经济功能、一般社会功能对新闻传播的功能进行了较为细致的总结，其中，在政治功能中指出了新闻传播具有“监视（收集情报）、协调（解释情报；制定、传播和执行政策）、社会遗产、法律和习俗的传递”的功能。[③] 法治新闻作为新闻传播领域的一个分支，天然具备以上功能。在当前全面推进依法治国的大背景下，法治新闻无疑对于法治中国的建设具有极强的导向作用。

党的十八届四中全会《决定》指出，全面推进依法治

① 即环境监视功能、协调功能、社会遗产传承功能。郭庆光：《传播学教程》，中国人民大学出版社2001年版，第113页。

② 即环境监视、解释与规定、社会化功能、提供娱乐。

③ ［美］W·施拉姆：《传播学概论》，新华出版社1984年版，第155页。

国，总目标是建设中国特色社会主义法治体系，建设社会主义法治国家。这就是，在中国共产党领导下，坚持中国特色社会主义制度，贯彻中国特色社会主义法治理论，形成完备的法律规范体系、高效的法治实施体系、严密的法治监督体系、有力的法治保障体系，形成完善的党内法规体系，坚持依法治国、依法执政、依法行政共同推进，坚持法治国家、法治政府、法治社会一体建设，实现科学立法、严格执法、公正司法、全民守法，促进国家治理体系和治理能力现代化。[①] 法治新闻必然体现出对中国特色社会主义法治体系，对推进依法行政、建设法治政府，提升司法公信力，推进法治社会建设的导向作用。这是法治新闻的价值所在。

一、对完善立法工作的导向作用

"国无常强，无常弱。奉法者强则国强，奉法者弱则国弱。"[②] 经过长期努力，中国特色社会主义法律体系已经初步形成，国家和社会生活各方面总体上实现了有法可依的局面。在这样的成就面前，法治新闻对于立法工作的导向作用，主要体现在有效反映立法诉求和吸纳民意方面。

依法治国，立法先行。立法应恪守以民为本，通过对法治事件的演绎将立法与民意有效衔接。法治新闻作为一种反映民众诉求和呼声的有效渠道，增强了民意沟通，使立法机关更为直接地听取民众意见，更为主动地参考和适应民众需求。吸纳民意，主要表现在相关立法草案公开征求意见上。法治新闻通过其特有的媒介传播途径，对立法事项进行宣传

① 《中共中央关于全面推进依法治国若干重大问题的决定》，人民出版社 2014 年版，第 43 页。

② 《韩非子·有度》。

报道并吸纳人民意见。如一些重大立法事项草案通过媒体以新闻形式公开向社会征求意见，有利于增强立法的公开性和透明度，提高立法质量，及时修正不适应改革方向和民众要求的法律。法治新闻作为立法机关与民意沟通的载体，直接促成了有效沟通，加速了立法与民意的融合。

同时，我们也不能忽视法治新闻对立法方向和进程的导向作用。法治新闻报道反映了人民群众对立法的呼声和思考，是对社会关注的法治意见的吸纳，是立法接地气的重要方式，它能够引导立法者发现立法的不足和漏洞。法治新闻报道的频率和力度，必然影响立法者对于法治事件的认识和判断。这是有助于提高立法质量，积极推进科学立法、民主立法的有效渠道。它也能够引导立法方向，成为推进立法改革的重要参考。如近期有关“人贩子一律判处死刑”的新闻报道铺天盖地，众多读者对是否支持人贩子判死刑提出了自己的意见，新闻媒体对此进行了持续的报道和评论，有效地引导了人们依法、科学、理性看待贩卖儿童罪的定罪量刑。立法者通过这一途径，认识到社会希望严厉打击拐卖儿童犯罪的期盼，便在十二届全国人大常委会第十五次会议分组审议《刑法修正案（九）》时，将收买被拐儿童的行为纳入刑事责任范畴。这是法治新闻对立法进程的跟进与作为，也体现了立法机关对民众意见的尊重和回应。

二、对建设法治政府的导向作用

当前，我国总体上解决了有法可依的问题，但有法不依、执法不严、违法不究的问题仍然在相当程度上存在，严重损害了宪法法律的权威。行政机关负有严格贯彻宪法法律的重要职责，是实施宪法法律的主要主体，其执法水平直接关系到人民群众的切身利益，直接关系到党和政府的公信力。依法治国目标的实现，很大程度上取决于作为行政机关的法治政府的建设进度和质量。同时，加快建设法治政府也是全面深化改革的迫切需要。各级政府应运用法治眼光审视发展改革问题，用法治思维凝聚发展改革共识，用法治方式营造发展改革环境，用法治办法解决发展改革难题，用法治规范保障发展改革成果。加快建设法治政府，还是维护人民合法权益，实现社会公平正义的制度保障。而要提高行政机关的执法水平，建设好法治政府，法治新闻的积极参与不可或缺。

（一）法治新闻对于建设法治政府具有即时性的导向作用

法治新闻是公众参与政府决策的重要渠道，它通过舆论即时影响健全政府的依法决策机制，为政府决策提供有效参考，提升依法行政的水平。法治新闻对法治事件进行即时报道和评论，反映公众对政府行为的意见和态度，为政府的行政行为和行政决策提供导向。党的十八届四中全会《决定》指出，“把公众参与、专家论证、风险评估、合法性审查、集体讨论决定确定为重大行政决策法定程序，确保决策制度科学、程序正当、过程公开、责任明确”。这是法治新闻为行政决策参考和政府决策服务的理论依据。

（二）法治新闻是舆论监督政府行政的有力武器

舆论监督是指新闻媒体拥有运用舆论的独特力量，帮助公众了解政府事务、社会事务和一切涉及公共利益的事务，并促使其沿着法治和社会生活公共准则的方向运行的一种社会行为的权利。舆论监督是一种重要的监督形式，较其他监督方式而言具有自身优势。党的十八届四中全会《决定》指出，“强化对行政权力的制约和监督”。其中特别提到，加强“社会监督、舆论监督制度建设，努力形成科学有效的权力运行制约和监督体系”。法治新闻作为舆论监督的重要组成部分，拓宽了社会监督渠道，依法保障了人民群众监督政府的权利，特别是通过对违法或者不当行政行为的曝光，促使政府加大对行政行为的管理和纠正的力度。因此，充分发挥法治新闻舆论对行政权力的监督作用，有利于保证行政权力合法运行。实践中，各地政府也意识到了法治新闻作为舆论监督对推进依法行政和建设法治政府的重要意义。如各地政府陆续建立了新闻发言人制度，高度重视舆论监督；建立了行政执法行为投诉举报处理制度，对新闻媒体反映的问题，认真调查核实，及时依法作出处理，并将处理结果向社会公布。这些措施唤醒了民众的法治意识，培养了民众的法治思想，让民众对政府是否在法治轨道上开展工作，是否履行了法定职责等行为有了法治认识，从而有效形成了对行政权力运行的舆论监督和制约。

（三）法治新闻还是政府公开信息的有效渠道

党的十八届四中全会《决定》要求，坚持以公开为常态，不公开为例外原则，推进决策公开、执行公开、管理公开、服务公开、结果公开，并提出要推进政务公开信息化。同时，《中华人民共和国政府信息公开条例》也规定了政府应依法主动向社会发布政府信息，增强信息发布的权威性和及时性。法治新闻是政府全面落实《决定》《条例》中要求的政府信息公开的重要平台和有效渠道。法治新闻拓宽了政府信息公开的方式和渠道，阐释了公共政策和政府行为，使公众及时获得信息，充分理解政府行为。有时政府在面对不少公共事件和群众关切事项中，信息发布不充分，容易引发社会质疑；法治新闻能够服务于政府信息公开，善于用中立的角度和通俗的方式让公众更好地知晓、理解、“听得懂”政府的意见、决定、回应和解疑，增强了信息的透明度和公众参与度，使公众有信得过的载体和能监督的途径。

三、对提升司法公信力的导向作用

公正是法治的生命线，司法公正对社会公正具有重要引领作用。为了让人民群众在每一个司法案件中感受到公平正义，必须规范司法行为，加强对司法活动的监督。法治新闻对于提升司法公信力的导向作用显得尤为重要。

法治新闻作为法治领域的风向标，是司法行为落地和普及的具体体现。首先，法治新闻是人民群众参与司法的有效渠道，它与司法公开相结合，有利于构建开放、动态、透明、便民的司法机制。其次，法治新闻有利于加强人权保障。法治新闻保障民众的知情权，强化民众的监督权，对于诉讼领域中涉及人权保障的具体问题产生舆论影响，敦促司法机关规范司法行为，保障人民权益。最后，法治新闻有利于推进严格司法。法治新闻通过客观报道，使民众客观了解、正确认识司法现状，是推进严格司法的前提。同时，法治新闻既能够帮助司法人员提高正确理解和解释法律的能力，把握法律精神和价值的能力，从而提高推进严格司法的能力，又能够通过宣传秉公司法、刚正不阿、勇于担当的精神，坚定敢于严格司法的信念。

法治新闻还能够监督司法权运行。舆论监督是社会主义监督体系的重要组成部分，也是社会主义民主政治进程的重要推动力量，其对于促进司法公正、提升司法公信力的影响越来越大。司法权不同于行政权，其具有相对独立性和被动性，一旦受到其他权利的干预，容易导致司法不公。法治新闻通过对司法权运行进行报道、曝光、批评、建议，形成舆论影响，是推动实体问题解决，敦促司法机关纠正违法、不公行为的重要方式，从而促进司法过程更加透明、严谨、独立、公正。党的十八届四中全会《决定》指出，“司法机关要及时回应社会关切”。事实上，法治新闻舆论产生的效果极大地促进了司法管理模式改革。近年来，全国法院先后建立了新闻发言人制度。最高人民法院在 2014 年公布了全国近 3000 家法院的新闻发言人信息，这是法院系统畅通与媒体交流渠道，积极接受民众监督的范例。此外，司法权具有公开属性，而法治新闻是司法公开的天然渠道，对司法公开的导向作用十分明显。当然，依法独立行使司法权与舆论监督是一个硬币的两面，不当的报道可能对独立行使司法权构成侵犯。因此，要确立有效的舆论监督与司法公正互动的平衡机制，以更好地促进我国社会主义法治建设。

我们从实践中看到，法治新闻已经开始从中国特色社会主义法治理论的高度俯视着各项举措的时代背景、理论依据以及相互的内在联系、外在表现，引导着司法机关和公众全面掌握司法改革的主要内容和进展情况，从而准确认识司法改革的基本原则和核心思想。

四、对增强民众法治观念的导向作用

司法机关固然具有推动全社会树立法治意识的义务，但其首要任务是将司法权运行好。司法机关推动法治观念的树立，是通过对个案的处理而形成影响，这种影响主要针对当事人个体。近些年，司法机关努力的方向是对全社会进行普法宣传，但由于其司法属性，法治宣传的时空局限，内容和形式都受到了限制。同时，司法机关的释法明理具有法律效力，此类释法明理是执行力而非普及力。如人民法院定期公布的人民法院典型案例，固然具备普法性，但它对于审判的参考性和权威性具有指导意义。

与司法机关相比，法治新闻对于普法的传播具有很强的优越性。一方面，法治新闻通过民众言语客观阐述，其第三

方身份和释法的表现更易被民众接受。另一方面，法治新闻的报道具有方向性和选择性。与司法机关相比，法治新闻能够更敏锐地捕捉法治方向和民众需求，利用民众需求加以引导，可在普法的同时，让民众形成懂法、用法、遵法、守法的风气，从而推进法治社会建设。

法治新闻还有利于弘扬社会主义法治精神，培育民众法治信仰，提升其法治思维、法治方式。法治社会的最终形成，从根本上离不开全社会对于法治的普遍信仰。强化全民法治素养，培育法治思维，善用法治方式，共同信仰法治是中国特色社会主义法治建设的必由之路。新形势下的法治新闻义不容辞地应当担负起这一重任。法治新闻是法治建设的传播者和弘扬者，它完全有能力塑造法治环境，深化法治认识，理顺法治思维，阐述法律逻辑，提高法治素养，引导人们用法治方式解决问题，形成法治舆论场，进而提升法治权威，推动人民对法治的拥护和信仰。

第二节　法治出版的智库作用

智力资源是一个国家、民族最宝贵的资源，是一个国家软实力的重要组成部分。智库是国家智力资源的载体和积累。近年来，我国智库发展迅速，在思想形成、成果积累、人才培养、决策咨询等方面都取得了一定成绩，为推动改革开放和社会主义现代化做出了重要贡献。但随着我国经济形势的快速发展和法治建设的日益完善，我国的智库发展已经无法满足经济政治的发展需要，智库建设普遍存在重视程度偏低、资源配置不科学、参与决策咨询制度性机制不灵活等矛盾，这些都成为了其发展的重要问题。从党和国家事业发展全局的战略高度，特别是全面推进依法治国的总体部署上看，把我国智库建设特别是有中国特色的新型智库建设作为重大而紧迫的任务是十分必要的。《中共中央关于全面深化改革若干重大问题的决定》明确要求“加强中国特色新型智库建设，建立健全决策咨询机制”，把智库建设与深化改革全面联系起来。2015 年 1 月，中共中央办公厅、国务院办公厅印发了《关于加强中国特色新型智库建设的意见》，对建设中国特色的新型智库做出了重要部署，把中国特色的新型智库作为党和政府科学民主依法决策的重要支撑，提升到了国家治理体系和治理能力现代化的重要内容和国家软实力的重要组成部分的高度。

上海社会科学研究院智库研究中心发布的《2013 年中国智库报告》将智库定义为：以公共政策为研究对象，以影响政府决策为研究目标，以公共利益为研究导向，以社会责任为研究准则的专业研究机构。可见，智库即国家的“智囊团”，它对国家发展、政府决策、公共知识传播和社会舆论梳理具有深刻影响。《关于加强中国特色新型智库建设的意见》对“中国特色新型智库”提出了更为具体、明确的内涵：以战略问题和公共政策为主要研究对象、以服务党和政府科学民主依法决策为宗旨的非营利性研究咨询机构，应当具备以下基本标准：（1）遵守国家法律法规、相对稳定、运作规范的实体性研究机构；（2）特色鲜明、长期关注的决策咨询研究领域及其研究成果；（3）具有一定影响的专业代表人物和专职研究人员；（4）有保障、可持续的资金来源；（5）多层次的学术交流平台和成果转化渠道；（6）功能完备的信息采集分析系统；（7）健全的治理结构及组织章程；（8）开展国际交流的良好条件等。

根据《2013年中国智库报告》和《关于加强中国特色新型智库建设的意见》对于“智库”的概括，法治建设作为国家治理体系和治理能力的重要体现，也应建立完善相应的法治智库，特别是有中国特色的新型法治智库。法治出版作为法治文化的载体，作为法治软实力的重要组成，是法治智库的重要组成部分，也是构建中国特色的新型法治智库的基础和有效途径。法治出版作为其“智库”，主要体现在：以建立社会主义法治体系为研究对象，以推进依法治国为研究目标，以服务党和政府民主依法决策为宗旨，以推进各领域法治改革发展为研究导向，以中国特色社会主义法治理论为研究准则。法治出版作为依法治国的“智库”不仅能推动法治理论研究，推进各领域改革发展，为公共政策的决定提供参考和建议，还能树立和培养法治信仰，为建设中国特色的社会主义法治体系提供支持和积累。

当今，我国正处于致力于建设中国特色社会主义法治体系、建设社会主义法治国家的历史进程中。在我国经济深入发展、社会全面转型、法治建设纵深发展的这一历史阶段中，出现了一系列新的社会矛盾和法治问题，法治建设在前进中迎来许多前所未有的挑战，需要深入研究和正确应对。法治社会的发展是一项长期而艰巨的历史任务，这急切需要具有战略高度和专业智慧的法治智库支持，吸收和借鉴国内外法治建设经验，在不断探索中总结出自身法治建设道路优势，建立并完善中国特色社会主义法治理论。法治出版完全有条件、有能力承担法治中国的“智库”建设重任，在坚持正确的政治方向和学术方向的基础上，把握科学发展的内在规律，理论联系实际，加强全社会法治建设，推进国家治理现代化，打造国家级新型法治智库。

一、对领导层决策咨询的智库作用

党的十八届四中全会《决定》对中国特色社会主义法治国家建设做出了顶层设计。在这一顶层设计下，各级党委、政府和司法部门是落实工作要求的主体。这就需要各级党委、政府和司法部门仔细研究并不断完善社会主义法治理论，提出详细的实施方案，结合实际工作中遇到的情况不断修改，逐步达到依法治国这一总目标。全面推进依法治国不是一朝一夕能完成的，需要下大力气，需要坚持不懈地逐步推进。在这个过程中，必然会遇到很多实际问题，这就需要一个有效的“智库”来提供依法治国的研究成果和建议。法治出版以其自身形式和内容特点，给相应的决策提供参考和建议，发挥着智库的作用。

法治出版的智库作用，具体体现在以下几个方面：一是不断完善中国特色社会主义法治理论研究。法治出版本着服务大局的原则，立足中国国情，形成理论化、系统化研究的顶层设计和具体措施，推动理论创新和实践探索，推进法治领域战略性、前沿性、政策性等重大深刻问题的研究，使党在新时期的路线方针和各项要求从理论高度得以科学、系统、专业地阐述，为提高社会治理水平、建设法治社会提供积极有效参考。

二是注重法治政策内容研究。法治出版作为法治的“智慧资源”，在党和国家制定法律、出台政策的过程中，以其法治思维、法治方式有效参与、研究并提供咨询，聚焦法治社会领域重大课题，咨政建言，为公共决策提供丰富的科研依据、理论支持和切实可行的参考和建议，为党和国家的大政方针制定的合法性、科学性、合理性提供有力保障，推动社会治理的良性运行，有利于加深政府对依法行政理念的认识，有利于推动法治社会体制创新，对促进法治中国建设具有重要意义。

三是重视中立、科学的理论成果。法治出版的重要任务之一是对社会主义法治建设的重大实践问题进行研究，立足现实需求与长远设计相结合，理论联系实际，求真务实，实事求是地调查当前存在的重大问题，研究解决对策和应对思路。这种科学、理性、中立的研究成果是“智库”的有力体现，从而为领导层决策提供了可靠的依据。

二、对推进法治现代化的智库作用

智库是推进社会治理体系和治理能力现代化的重要途径，法治出版作为法治智库的基础性载体，成为推进法治现代化的重要组成部分，其研究成果对于提升法治现代化水平，完善法治体系，创新法治方式，提升法治现代化水平，有效应对司法领域的复杂矛盾，推进法治事业现代化具有重要作用。法治出版的普及性和直接性也为法治中国建设提供了良好的社会环境和强大动力，是推动法治现代化的基础、直接方式和重要途径。

同时，法治出版作为直接、有效的智库成果，成为了法治研究成果交流的平台，也是对外传播能力和话语体系建设的重要组成部分，并成为我国法治面向国际交流的有效渠道。它有利于国外有益经验的转化和吸纳，也有利于法治现代化成果的记录和形成，在推进我国法治现代化的过程中具有不可或缺的作用。

三、法治出版是建设法治中国的重要智库

法治出版是法治文化的智慧结晶和重要组成部分。法治出版作为法治文化传播和留存的一种重要方式，有效地促进

了法治文化的体系化，并系统地将法治文化以内容的方式得以留存和积累。目前留存至今的珍贵法学资料，大都是因出版而得以保留。可以说，法治出版是法治文化的“沉淀池”。同时，法治出版还为法治文化提供了多样化、多层次、多环节、全覆盖的深度融合，它以出版为平台，通过信息的传递、知识的积累、理论的构建，对法治文化进行了承载。法治出版也是法治文化发展的重要途径。法治出版倡导法治文化的独立思考，坚持百花齐放、百家争鸣，从而促进了法治文化的多样性和持续性。

时代要求法治出版应在法治信息、法治知识、法治理论等法治文化的传递和积累上，成为建设法治中国的智库。

法治出版最为直接的作用是知识传递，使人民群众直接获得法治知识的积累。法治知识积累与法治观念提升是相辅相成的。有了法治知识积累，人人知法、懂法、用法，使法治思维得以固化，法治观念得以养成，法治信仰得以树立，民众就会时刻用法治思维来指导自己的一切行为规范，形成自我法治约束，真正做到人人信法、人人守法、人人护法，从而才能建成法治社会，才能建设好社会主义法治国家。这是法治出版作为建设法治中国智库的基本任务。而围绕法治中国建设的这一主题，进行法治理论的系统性构建，提供强有力的决策参考，则是法治出版作为该智库必须重点完成的核心研究课题。

四、以法治出版为载体构建新型法治智库

法治出版是新型法治智库发展最为直接的载体和有效手段。新型法治智库发展应以法治科研机构和法治类院校为基础，以法治出版为载体，以建设新型法治智库为目标和方向，整合优质资源，转变法治出版思路，提升法治出版质量，打造党和政府信得过、用得上的新型法治智库，从而带动科研

机构、高校新型法治智库的建设，推动法治智库的整体发展完善；同时，应以实务部门的引领和推动为主体，以法治建设的中心任务和重点工作为依托，组建专门机构，整合专业人才，加强法治智库建设整体规划和科学布局，引导相关法治智库开展政策研究、决策评估、政策解读等工作，增强中央和国家机关政策研究决策的沟通、引导能力。

新型法治智库的建设和发展是一项长期的任务，在其发展过程中，应特别注意：首先，注重深化法治出版成果评价和应用转化机制改革，引导法治出版侧重对质量创新贡献的评价，拓宽法治出版成果应用转化渠道，提高转化效率，提升其参与决策咨询服务的有效机制。其次，规范和引导法治智库健康发展。引导法治出版将社会责任放在重要位置，规范法治出版向着有利于法治建设的方向发展。同时，制定一系列政策，盘活已有资源，鼓励成果创新，加强智库成果知识产权的创造、运用和管理，加大对知识产权的保护力度。最后，在高度重视法治智库建设的基础上，不断完善法治智库管理方式，健全制度保障体系，加大资金投入保障力度和人才队伍建设，坚持走中国特色新型法治智库的发展创新之路。

第三节　存在的问题与对策

十一届三中全会以来，党提出了法治建设的目标，法治新闻出版事业的发展取得了较快进步。但随着改革不断深入，依法治国的提出，一方面，法治新闻出版对于法治中国建设的重要性不断增强，承担的历史使命更加巨大，随之而来的问题也越加凸显；另一方面，随着政府治理手段和治理能力法治化，人民的民主法治意识不断增强，法治新闻出版与法治中国建设目标相比，与人民群众的期待相比，存在诸多不足和滞后。这些问题的存在，不仅制约着法治新闻出版本身，也不利于发挥其对于法治中国建设的重要作用。

一、法治新闻出版存在的问题

（一）内容趋俗化、低质化严重

随着移动互联网对新闻出版行业带来的巨大冲击，法治新闻出版内容上出现了流于表面、低俗猎奇、机械化生产、快餐式消费的趋势，没有更多地体现出法治建设的导向和智库作用。法治新闻报道迎合低俗趣味，止于肤浅，不仅失去了法治新闻本身的价值，也未能起到树立、引领民众法治意识的应有作用，有些报道甚至对法治产生了负面的影响。如有些媒体为博人眼球先发制人，热衷对一些未审结的案件大肆报道，发表倾向性评论。这种报道和评论的形式可能影响、干扰司法公正，甚至形成舆论审判。这些都是与法治背道而驰的。而本应承担生产知识和智慧功能的法治出版，则产生了越来越多的信息类书籍，不仅对智库建设无益，还浪费了社会资源。

（二）对民众的影响仅停留在普法层面

当前社会中，信权不信法、信钱不信法、信访不信法的现象依然存在。究其原因，还在于法治信仰未能真正在全社会树立。法治新闻出版的重要价值和担负的时代责任，决定了它不应仅满足于法律知识层面上的宣传和法律的普及，而应当引领全社会的法治思潮，向纵深培养全社会的法治意识，树立民众的法治信仰。

（三）智库功能未得到充分发挥

目前，法治新闻出版的智库作用缺乏统筹性、系统性、方向性。法治新闻出版大多停留在对法律相关专业领域的研究方面，停留在法学专业领域的内部交流、对民众的普法教育上，对于国家层面的系统性思考和研究不足，没能及时、有效地为依法治国提供应有的参考。归根结底，是没有将法治新闻出版放在时代大背景和应担负的历史责任下去思考，没有与时俱进地研究法治新闻出版在新时代背景下的新涵义、新要求，没能认清法治新闻出版的重要作用。

（四）法治新闻出版领域的立法相对滞后

文化建设是中国特色社会主义现代化事业“五位一体”总布局的重要组成部分。文化法律制度是中国特色社会主义法律体系下不可或缺的重要内容。但现实情况却是，法治新闻出版领域立法数量少、立法层级低，立法质量有待提高。目前，只在新闻出版、广播电视等重要领域存在一些行政法规和部门规章，且法律效力低，执行力度有限，不少方面仍存在空白，对行业监管不足。而作为文化法律制度中的法治新闻出版领域的立法相对滞后，与建设社会主义法治国家的整体进程不相适应。应进一步加快法治新闻出版领域的立法步伐，推动法治新闻出版领域的建设和管理走上制度化、规范化道路。

（五）法治新闻出版领域的市场意识不强

我国新闻出版虽然在政策层面呈现不断放宽态势，但法治新闻出版领域因本身特点加之专业化原因，总体上相对封闭，呈现数量少、体制旧、思路固化、竞争不充分、创新性不强等问题。没有真正形成自主经营、自负盈亏的企业经济法人，仍然习惯于事业单位式的行政管理和政策扶持，市场意识不强。内容创新上缺乏动力，经营理念上固化、封闭。一些法治新闻出版单位也因缺乏转型和退出机制而得过且过。法治新闻出版行业整体处于不完全市场化状态，这滋长了其本身的市场惰性。这种缺乏竞争的相对封闭状态，形成了法治新闻出版改革发展道路上的障碍。

二、解决法治新闻出版领域问题的对策

全面推动我国法治新闻出版的发展，不仅意义重大，而且条件具备。十八届四中全会以来，党和国家对依法治国的战略提升，为法治新闻出版加快发展奠定了坚实的政治基础；改革开放以来，国家经济快速健康发展，为法治新闻出版加快发展奠定了强大的经济基础；中华优秀法治文化的传承和社会主义先进法治文化为法治新闻出版的发展提供了深厚的文化基础。要解决好法治新闻出版领域存在的问题，关键在于把握好以下几个方面：

1. 坚持在党的领导下，始终为党和国家的工作大局服务，紧紧围绕建设社会主义法治国家这一核心战略开展工作。这就要求始终坚持“完善和发展中国特色社会主义制度”这一正确舆论导向和出版方向，用中国特色社会主义法治理论武装头脑，树立坚定的法治信仰，养成法治思维，践行法治方式，形成全社会崇尚法律、坚守法律、捍卫法律的法治氛围；不断提高法治新闻出版服务经济社会发展的能力，不断强化其对于建设中国特色社会主义法治体系的导向作用和智库作用。

2. 提高思想认识，进一步增强做好法治新闻出版工作的紧迫感和使命感。随着改革开放的深入和依法治国的提出，法治观念在全党、全国、全社会不断加强，使得法治新闻出版的地位、作用、历史责任比过去有了极大提升。法治新闻出版的使命和责任，决定了其不仅是“宣传队”，还是“战斗队”。特别是当前意识形态领域斗争激烈，一些敌对势力和不良群体常常通过法治事件实行分化渗透，否定中国的改革成果和巨大进步，动摇民众的法治观念。面对严峻的挑战，

法治新闻出版必须坚定思想、站稳脚跟，利用传媒这一有力武器勇于揭露境内外敌对分子的阴谋，弘扬主旋律，起到意识形态领域的引领作用，坚决维护国家安全和社会稳定。

3. 加强法治新闻出版的研究与创作，提高法治新闻出版工作的科学化水平。法治新闻出版对于增强国家法治文化软实力，全面落实依法治国有着重要意义。这项工作需着眼长远，着力当前；应从制度、机制、技术等各方面提升法治新闻出版工作的科学化水平，及时将法治中国建设实践的成果和经验转化成新鲜的法治新闻出版内容。一方面将其固定下来，积淀成法治文化的素材；另一方面将其传播出去，成为引领民众法治信仰的重要导向。这有利于推动法治新闻出版从经验型向科学化转变。同时，法治出版也应适应市场化趋势，通过深化市场化改革，整合资源，组建专业团队，自主寻求支持合作来提高科学化水平和产业竞争力，推动更多适应时代的、优秀的、有价值的法治文献出版，促使更多有益于法治中国建设的文化交流传播，促进社会主义法治文化的繁荣。

4. 净化纸媒的内容，规范纸媒的出版，将新闻出版理念提升到与社会主义法治理念相适应的高度。法治新闻出版的特殊使命，决定了法治新闻出版工作者应首先认识到自身的政治立场和社会责任。法治新闻出版工作者应当具有坚定的法治信仰，始终遵循法治新闻出版服从、服务于法治中国建设的目标，把引领和宣传法治中国建设放在首位，高扬社会主义核心价值观，通过群众喜闻乐见的形式把依法治国活灵活现地展现在法治新闻出版中，用栩栩如生的报道，引导民众正确运用法治思维和法治方式解决问题。法治新闻出版的导向作用体现为春风化雨、润物无声；法治新闻出版的智库作用体现为客观有效、鞭辟入里。“读者是图书产品的最终消费者，读者的需求和规模最终决定着图书市场的大小和图书的生命力。正是从这个意义上说，读者，永远都是图书市场的第一构成要素”[①]。法治新闻出版也不例外，要完成自己的特殊使命，就要准确把握自身定位，注重读者的接受性研究，将读者需求与市场化运作有机结合。

5. 提升法治新闻出版专业化、社会化水平，努力增强群众参与度。法治新闻出版应倡导专业新闻社会化，充分发挥法治新闻报道领域的优势，用法治思想寻找新闻，多报道专业领域的时效性强、社会性强、公众关注度高、对法治进程影响大、能够反映时代特征的“硬新闻”，多报道能够体现和引领社会主义法治理念的“软新闻”。要改进采访和报道思路，最大限度地满足公众的知情权和求知欲，用客观的事实，有力地展现中国法治进程。要正确认识法治新闻出版的文化价值、艺术价值、实用价值，努力创作三者兼备，可读性强、艺术造诣高、群众喜闻乐见的优秀作品。

6. 加强中国特色法治智库建设，将法治新闻出版发展成法治参考、协商、决策的有效载体。法治新闻出版的智库建设是一个长期的过程，需要总体把握，超前谋划。一方面，应加大对法治新闻出版研究的部署，站在高位认识到法治新闻出版智库的战略作用，积极支持法治新闻出版朝着加强中国特色法治智库建设的方向发展；另一方面，加大对法治新闻出版研究的投入，让法治新闻出版能够快速适应法治中国建设的需要，迅速转型成为依法治国的弘扬者和传播者，成为提供法治中国建设参考决策、智力支持的忠实践行者。

7. 尽快确立法治新闻出版机构的市场地位，形成主体多元的出版业市场。法治新闻出版应明确市场化改革方向，通过政策手段和科学渠道促使该产业建立相对开放、充满活力

---

① 参见黄林：《图书出版研究》，湖南师范大学出版社2007年版。

的竞争市场。目前，出版业已经初步完成市场经济体制改革，并初步形成了“区别对待、分头指导、循序渐进、逐步展开”的新格局。法治新闻出版应抓住整个出版业市场的改革机遇，利用依法治国的政策优势，扩大法治新闻出版业经济实体规模，通过主体多元化，在市场调节下克服集中度低、同质化竞争、个性化不突出等问题，推动法治新闻出版业走向良性市场化运行模式。

第四节　法治新闻出版市场化必须有利于法治中国建设

中国出版业逐渐转向产业化发展，这一改革方向决定了改革路径是“市场化”。经过 30 多年的发展，出版业的产业属性已逐步得到全社会普遍认同。法治新闻出版也不例外。经济运行的客观规律已将包括法治新闻出版在内的整个出版业推向了激烈竞争的商品市场。法治新闻出版业要顺应这一趋势，抓住其中的有利机遇，寻找自身大发展、大繁荣的新途径。

我国目前正处于社会主义初级阶段，全面建成小康社会进入决定性阶段，深化改革进入攻坚期和深水区。全面推进依法治国是实现国家治理体系和治理能力现代化的必然要求，也是全面深化改革的必然要求。为了面对挑战，把握住这一战略机遇期，使国家社会在深刻变革中实现经济发展、政治清明、文化昌盛、社会公正、生态良好，必须发挥法治文化的引领和规范作用，在法治轨道上不断推进深化改革。法治新闻出版的改革，同样也需要在法治轨道上前进。作为改革的一个重要方面，法治新闻出版由于自身特点，已成为市场化改革与法治建设的有机结合点。理顺法治新闻出版市场化的推进轨道，厘清需要注意的问题，会为其他产业的发展方向提供参考和建议，也会为完善中国特色社会主义法治理论增添新的内容。

一、法治新闻出版市场化必须推动法治中国建设

出版业市场化改革，是要建立完善的出版市场机制，使市场成为配置出版资源的基础手段，使价格信号逐渐成为调控法治图书产品供求的关键信号。法治新闻出版市场化，将成为促进法治文化生产，鼓励法治文化消费的重要杠杆和有效机制。这是法治新闻出版的机遇，也是挑战。市场化，使法治新闻出版的市场竞争更加激烈，迫切要求该行业不断提高自身要求，改良出版内容，开拓新领域，打造具有自主知识产权的竞争品牌。

法治新闻出版必须紧紧围绕依法治国这一核心目标展开，要求其市场化也必须朝着推动法治中国建设的方向发展。要达此目的，需要做到以下几点：

第一，要为党和国家的工作大局服务。当前，就是要为推动中国特色社会主义法治理论，建设社会主义法治国家服务。法治新闻出版具有导向和智库作用，能够影响和反映社会舆论及政府公共政策，与国家建设和社会发展息息相关。法治新闻出版的发展和市场化改革，最重要的是方向是否正确，轨道是否偏离，保障是否有力；也就是要求坚持党的领导，坚持中国特色社会主义制度，贯彻中国特色社会主义法治理论。这不仅是人民赋予法治新闻出版的神圣职责，更是法治新闻出版乃至整个新闻出版行业不断前进的动力之源。法治新闻出版必须始终坚持正确的舆论导向和出版方向，全面宣传推进依法治国过程中的重要理念和重要部署，下大力

气深入阐述和不断完善中国特色社会主义法治理论，积极推动法治中国建设核心价值的通俗化与普及化。

第二，要坚持为群众服务，为社会服务。法治新闻出版的主要对象是人民群众。市场化以后，群众的需求和呼声更是法治新闻出版的立足点。法治新闻出版一方面通过宣传法治，树立法治信仰，培养法治思维，讲究法治方式；另一方面要为社会发展，尤其是社会各领域深化改革服务，形成重民生，促发展的稳定和谐的文化舆论环境。

第三，要注重深化自身改革，在改革中谋发展，加强自主品牌和特色出版建设。法治新闻出版要明确主要任务，调整结构，在继续发展图书、报刊等传统纸质出版的基础上，大力发展数字媒体、网络媒体等新兴出版产业；要牢牢把握出版业的核心功能，深入挖掘法治新闻出版业的核心资源，紧扣依法治国主题，多层次、多形式、多方位地宣传、引导、研究、反映法治主题，创新出版内容的呈现方式，成为法治内容生产的组织者、主导者，从而不断壮大和发展自身的整体实力。

在市场化改革中，法治新闻出版应抓住一个关键点，那就是提升出版内容，以依法治国为核心，为法治中国建设服务。首先，要详细阐述推进依法治国的总目标、总抓手，在建立中国特色社会主义法治国家的总体框架下，形成完备的法律规范体系、高效的法治实施体系、严密的法治监督体系、有力的法治保障体系和完善的党内法规体系这一系列具体内容的详细涵义，结合具体实际情况，论述推进工作中的实施计划和方案。其次，要站在中国特色社会主义法治理论的高度纵观我国法治发展、理论依据和上述五大体系的内在联系及外在表现，引导公众理解法治体系的核心价值和依法治国的客观需要。再次，要弘扬法治文化和法治精神，树立民众的法治信仰。最后，内容要摒弃引人眼球、耸人听闻的夸张报道和不实之词，稳妥把握敏感问题和热点问题，努力营造健康向上、丰富生动的法治文化舆论氛围。

全面推进依法治国是一个复杂的系统工程，是国家治理领域一场广泛而深刻的革命。既没有现成的道路可走，也没有照搬照抄的例子。为了全面完成这一重大举措，法治新闻出版需要立足于我国国情，从实际出发，既坚持走中国特色的社会主义法治道路，又兼容并蓄，充分吸收和借鉴其他国家的法治建设经验；既回顾历史，又总结法治发展的现实经验，体现时代特点，与时俱进，努力创新。在法治新闻出版的发展过程中，必须克服行业的内生性改革动力不足问题，要善于用市场的杠杆、群众的选择来提升法治出版的质量和效益，通过市场对精品的选择来满足法治传播的内生动力，使法治新闻出版的市场化有益于促进优秀作品的创作和传播，形成良性循环。

目前，我国新闻出版业正面临转型期，特别是法治新闻出版行业，市场化相对落后，发展道路上不可能一帆风顺。但我们必须始终明确法治新闻出版市场化改革的大方向，只有如此，才能抓住整个新闻出版行业发展的改革契机和行业机遇，顺应时代机遇，顺应发展规律，以更有效、可持续的方式积极发挥其繁荣法治文化，建设法治中国的作用。法治新闻出版市场化与法治中国建设是相互依存、相互影响、相互促进的。法治新闻出版市场化不仅会推动法治中国建设，也会享受到其带来的有利条件和发展机遇。

二、法治中国建设为法治新闻出版市场化提供了有利机遇

党的十八届四中全会后，随着全面推进依法治国战略的提出，全社会已形成了热爱法治、关心法治的氛围。公众对《决定》和其所提出的具体法治工作表现出极大的热忱。这

既是宣传《决定》精神，阐述依法治国核心内容，培养社会法治观念的有利契机，也是大力发展法治新闻出版的有利机遇。

大力发展法治新闻出版，是我国大局发展的迫切需要。改革开放以来，我国的经济实力和综合国力不断提升，在国际上的影响力不断扩大。尤其是党的十八届四中全会向国内外宣示我们将坚定不移地走中国特色社会主义法治道路，引起国际社会对我国法治建设和发展模式的极大关注。在此背景下，越来越需要法治文化的及时跟进和强有力支撑，特别需要通过发展繁荣法治新闻出版，发挥法治新闻出版普及法治知识、宣传法治观念、培养法治思维、传承法治文化的独特作用，以此满足人民群众的精神文化需求，提高社会主义法治国家建设的文化含量，为全面深化改革提供精神动力、法治召唤和舆论支持。与此同时，增强法治新闻出版的传播力和法治文化的影响力，是历史赋予法治新闻出版行业的重要使命。

因此，打破壁垒，建立主体多元的法治新闻出版业市场是大势所趋。应改变目前法治新闻出版行业过于单一、相对封闭的市场格局，在上游环节严把质量关的同时，逐步放开法治新闻出版业市场，把握好法治中国建设的有利契机，通过有序竞争和多元化发展，大力推动法治新闻出版市场化格局的建立和完善，增强法治新闻出版市场的活力。

党和政府一直关心重视新闻出版产业。尤其是党的十八届四中全会后，法治新闻出版成为法治中国建设必不可少的一环，重要性大大提升，地位大大提高。党和政府提出了一系列扶植政策，为法治新闻出版的大发展提供了坚强的政治保障。随着市场化的深入，我国经济情况保持快速健康的稳定发展，新闻出版市场越来越广阔；国家对文化产业尤其是新闻出版产业的投入持续增加，并制定了一系列优惠政策。

这些都对推动法治新闻出版的大发展起到了关键作用。5000年中华文明积淀了深厚的精神财富，社会主义先进文化的发展繁荣催生了具有鲜明时代特征的社会主义法治文化。中华优秀文化传统与社会主义先进法治文化为提升法治新闻出版的传播力和影响力提供了良好的文化土壤，为法治新闻出版的大发展奠定了文化基础。

在市场化过程中，我们必须十分重视对文化，特别是对法治文化的保护。在传播法治理念的过程中，传扬法治文化；在服务法治社会的过程中，树立自身独特的地位；在参与社会竞争的过程中，形成自身独特的格调。法治新闻出版只有抓住依法治国的有利机遇，在“全民论法”的大环境下大力推进法治新闻出版的发展，全面营造法治社会氛围，把释法宣传、普及法律、培养法治思维、树立法治信仰等有机结合起来，才可能带来法治新闻出版市场的大繁荣局面。同时，法治新闻出版应大力提高出版质量，多出真正有利于全民普法、践行用法的法治出版物，不盲目追求规模和扩张。只有十分珍惜并充分认识法治新闻出版业的资源优势，走独特的发展之路，才会有力推动法治新闻出版的发展，扎实奠定法治新闻出版行业在整个新闻出版行业中和全面建设法治中国的伟大实践中的地位。

第二十三章
法治新媒体

第一节　全面认识法治新媒体

一、媒体的演变

随着社会科技进步和新技术的发明运用，媒体在传播手段、传播方式、传播规模、传播理念、传播技巧等方面出现了传播的新形式，运用这种新形式传播法治文化和法治新闻信息的媒体就是法治新媒体。具体地说，法治新媒体就是传播法治精神、法律制度、法治文化、法治新闻和其他法治信息的众多的新型信息平台、新型终端的表现形式。

法治本身没有新媒体，法治存在于新媒体中，新媒体含有法治的内容。法治与新媒体几乎是同时诞生的。新媒体几乎从它产生的那一刻起，就担负起传播法治内容的责任。如有法治内容的布告告示。任何新媒体的诞生，其传播的内容总是离不开法治。

中国早在两三千年前，文字一出现，法治内容便包含其中。如甲骨文中就有法治。甲骨文主要是商朝中后期和后期商王遇事祈求神灵占卜的祈求事项。商王把一些“国家大事”或者“王家大事”刻在龟壳或者动物骨骼上，然后进行占卜。《左传》云，“国之大事，在祀与戎”，就是说国家的主要大事是祭祀和战争，而祀离不开“法”，戎也离不开“法”。甲骨文有“出入日，岁三牛”的记载，可见当时祭祀的规矩，经常要举行迎接日神和恭送日神的仪式，且在仪式上有杀牛和杀羊以作牺牲的情况。甲骨文中也有用人祭河神的记载。如“丁巳卜，其尞于河，牢，沉嬖”，“辛丑卜，于河妾”。嬖、妾就是作为牺牲的女子，将其沉入河中祭神，实际上就是后世所说的“河伯娶妇”。这些都是甲骨文记载和传播的古代祭祀的规定，也就是祭祀中的礼法的内容。钟鼎文中也有法治。1975 年，陕西出土了一个西周时期的青铜器，名为“㑇匜”。它是一种水器，该器上有铭文 157 字，刻于器盖与腹底部，其铭文类似一个案件的判决书，记录了发生于 2800 年前的一件讼案。记载中有一个叫“牧牛”的人，想买下五个奴隶，可他的上司不同意，两人只好打官司。牧牛是管理放牛奴隶的小头目，他因违背誓言，诬告其上司被判刑罚。法官伯杨父依据刑法判处他“1000 鞭”，并要给他脸上刺字。铭文详细记录下这一过程。其内容不但反映了案件的“事实和理由”、“判由和判词”，庭审中还出现了多达四人的诉讼代理人。因此，“倗匜”案中的代理人也被认为是中国律师的雏形。该判决书再现了西周刑事诉讼和审判情况，反映了当时的刑法和诉讼盟誓制度，是研究西周法律的重要资料。作器者为周王膳夫官，铭文生动诠释了鞭刑、墨刑、赎刑和先誓、从誓这些概念，是一篇不可多得的法律史文献，真实记载了西周中晚期以物换田、土地交换、林场易主、诉讼判决、赏赐判决、赏赐策命等重要事件，体现了西周的政治、经济、法律、土地制度、阶级关系等多方面社会情况，被学者称为西周的“青铜法典”。四书五经中也有许多记载着相关法治的内容。记述中国伟大的思想家孔子思想的《论语》，有许多他在司法实践和司法理念方面的行为和观点。他当过鲁国大司寇，是法的实践者。他留下的司法理论在当时来说是非常先进的，即使在现在看来，也非常伟大。这些理论和观点记录在论语、史记等著作中。他自称“述而不作”，这个“述”就是传播，传播中带有法治内容的著作，就是法治媒体。他说：“听讼，吾犹人也，必也使无讼乎”，意思是在办理案件的过程和方法上，我跟其他的法官并没有什么区别，不过我的理想，就是愿意让各种纠纷和诉讼都在社会上消失。此一语道出孔子的法治理想。鲁国季康子是鲁哀公时的正卿，是当时政治上最有权势的人。季康子问政于孔子：“如杀无道，以就有道，何如?”孔子对曰：“子为政，焉用杀？子欲善而民善矣。君子之德风，小人之德草。草上之风，必偃”。意思是：“如果杀掉无道的人来成全有道的人，纠正社会风气，你觉得怎么样?”孔子说：“您治理政事，哪里用得着杀戮的手段呢？您只要想行善，老百姓也会跟着行善。在位者的品德好比风，你手下人的品德好比草，风吹到草上，草就必定跟着倒向一定的方向。”孔子反对滥杀，主张“德政”，主张在上位的人只要善理政事，百姓就不会犯上作乱。这里讲的法治思想，是有仁德者的治国所为；那些暴虐的统治者滥行无道，必然会引起老百姓的反对。这些都是先进的法治思想的传播。

我们国家有许多宝贵的历史书籍资料，各种文化表现形式多如牛毛，所记载的内容与法治的关系可以说是剪不断理还乱。以“白话”为例，它是“汉语书面语言”的一种；是唐宋以来在口语基础上形成的，起初只用于通俗文学作品，如唐代的变文，宋、元、明、清的话本、小说等，以及宋、元以后部分学术著作和官方文书；到“五四”新文化运动以后，“白话”文开始在全社会普遍应用。它记载的许许多多法治内容的故事流传至今，如《三言二拍》中许多老百姓耳熟能详的法治故事。也可以说，它们都是当时的法治新媒体。

由此可见，各种媒体从古至今不断延续发展，无论发展到哪个阶段，其中都有法治的内容，从未间断。几千年来，法治新媒体总是伴随着各种新媒体共生；法治内容的信息传播，从来没有落后于各种新产生的传播方式，总是随着各种新媒体的发展而迅猛发展。

二、当代法治新媒体异军突起

当代法治新媒体的产生有一定的突发性。一般情况下，新媒体的出现虽然有一个萌芽成长、发展和壮大的过程，但当代新媒体大大不同以往。这个诞生发展的过程对于现代社会受众来说，真是太短暂了。用“忽如一夜春风来，千树万树梨花开”来形容毫不为过。好像哪天早上人们从梦中醒来，这个信息爆炸的时代就到来了。

2001 年 9 月 11 日，美国东部时间 8 时 40 分，四架美国国内民航航班几乎被同时劫持，其中两架撞击位于纽约曼哈顿的世界贸易中心，一架飞机袭击了首都华盛顿美国国防部所在地五角大楼，而第四架被劫持飞机在宾夕法尼亚州坠毁。这个新闻从一发生，就传遍了整个世界。上午 8 时 46 分 40 秒，美国航空公司 11 次航班以每小时 490 英里的速度撞向世界贸易中心北楼。8 时 47 分，美国有线新闻网就开始现场直播世界贸易中心情况，这是全世界第一个新闻媒体报道有关袭击事件。紧接着，世界各地媒体，当然也包括各种“新”媒体，就全面、直接、实时、不停顿地整天整夜地传播着这个事件。从发生到开始进行全世界直播，也就是几十秒的时间。

这就是新媒体的速度、规模和威力。它完全是基于网络技术的建立和发展而产生的。

新媒体的表现形式大致有三种：

一种是新载体的创新催生的各种新媒体。微信、微博和各种网络主页，如新浪网、搜狐网等。这些都是依托网络传播变换的各种形式，也是依托网络进行的各种软件创新。

一种是网络硬件上的新的表现形式，开始是计算机的普及，笔记本的流行，进而是移动型硬件的发展。如手机上的、手表上的、眼镜上的，甚至一些现在还在想象或想象不出，而一旦出现就可能铺天盖地而来的新形式。

还有一种是过去的所有老媒体在网络迅速发展的今天，纷纷搭上网络这个高速列车，穿上新外衣，变身新媒体。如各类报刊、电台、电视台的电脑版、手机版、微信版、阅读机版，还有在公交车、高铁、客轮和飞机客舱上的移动屏幕版。

所有以上媒体，已经、正在或行将担负起传播法治文化信息的大任。它们的出现，从视觉、听觉、触觉等方面全面“出击”，传播法治文化和法治新闻信息，可谓“色声香味触法”无所不在，而且还在不断地花样翻新，层出不穷，令人目不暇接。

法治新媒体来得如此迅猛，通过它们的传播，彻底改变了以往人们已经适应的媒体形式，给法治文化和法治新闻受众以前所未有的冲击。而这些冲击的突如其来，使它的相关群体无不感到措手不及。对于国家政法机关是这样，对于相关法律工作者是这样，对于涉诉涉法的民众是这样，对于关心法治新闻信息的广大受众也是这样。他们还没有准备好，法治新媒体就到来了。面对法治新媒体的出现，他们有的疲于制订各种措施，寻找各种方法来应对；有的被眼花缭乱的传播乱象惊得不知所措；有的惊喜于这种突然失去管束的“自由”而从中“得益”，借机“毒舌”评论、放肆泄愤、破口谩骂；有的惊呼着“过瘾”沉浸于新媒体感官刺激的饕餮大餐之中幸灾乐祸。

第二节　法治新媒体的特征

一、突发性强且膨胀迅速

法治新媒体的冲击波，强大和持续地冲击着人们的生活方式，改变了人们的审美习惯，影响着人们的道德观、价值观。

事物总是具有两面性。法治新媒体在带来大量信息的同时，也带来了许多别的东西。有的是我们需要的，有的是我们排斥的；有时带来正能量，有时带来负效应；有时带来新动力，有时带来阻滞力。它能够带来经济发展，也可能带来经济破坏；它能够促进社会进步，也可能导致道德崩溃。多年来，一个又一个的社会事件、群体性事件，从萌芽到膨胀，再到沸沸扬扬，影响深远，破坏巨大，其发酵过程中，总是有新媒体自始至终贯穿其中。有一个网络新词叫“网络暴力”，同样，法治新媒体在某种条件下也可能演变成“法治新媒体暴力”。

过去的媒体传播一个法治事件，其能量需要慢慢发酵。先是发生在某一区域，经几周乃至几个月才能膨胀到最大，在系统内部或一个、几个领域扩张，再传播至社会上展现其影响效能。如今，只要一经新媒体传播，一个小小的涉法事件，几个小时就会在社会上引起巨大效应。如湖南瓜贩在与城管冲突中死亡案件。2013 年 7 月 17 日事件发生，次日全国（乃至世界）就人人皆知。紧跟着，事件发展到每一步，都会有新媒体实时跟进。

最开始，比较正规的报道是这样的：2013 年 7 月 17 日上午，湖南省临武县城管局工作人员在执法过程中，与南强莲塘村村民邓正加发生争执冲突，现年 56 岁的邓正加倒地死亡。临武县委相关部门向记者证实，17 日上午确实发生小贩死亡事件，该小贩在城管执法过程中死亡，具体死亡原因还在调查中。记者辗转联系到死者的侄女邓女士，邓女士告诉记者，17 日上午，邓正加夫妇从农村运一车自家种的西瓜到郴州临武县县城售卖，先是将摊位摆在靠近沿江风光带的位置，城管要求邓正加夫妇撤至可以摆摊的规划区内，双方为此发生冲突。在发生冲突之前，城管人员与邓正加夫妇起了言语争执。冲突中，邓正加从一位城管身上抢下了工作证。邓正加死后，家属从他手中拿过工作证，目前工作证在邓正加妹妹手中。该工作证显示“临武县城市管理行政执法局”，姓名：“廖卫昌”，职务：“执法三队大队长”。

紧接着在新媒体上，连续几十天大量报道持续发酵，“新报道”、“新进展”几乎每分钟都在更新、跟进。以死者尸检为题，各种报道连绵不断：

·媒体：湖南临武瓜农尸检正在进行　亲属在场　7月18日　17：55

·临武死亡瓜农弟弟：尸检已结束　不敢和政府作对　7月18日　18：59

·湖南临武否认抢夺瓜农尸体　称系协助家属转移　7月19日　02：47

·湖南临武死亡瓜农下葬　郴州派工作组进驻调查　7月20日　00：11

·湖南临武瓜农邓正加尸检初步显示颅内有伤　7月20日　15：45

·官方称临武身亡瓜农头部有淤血　身体多处有挫伤　7月21日　01：53

·湖南临武死亡瓜农家属避谈“警察协助运尸”　7月21日　04：25

·湖南临武村民：死亡瓜农晚一天下葬赔偿扣10万　7月21日　16：51

·临武瓜农之死调查：目击者称官方4次试图抢尸　7月24日　09：59

·湖南通报临武瓜农死因：外力诱发脑血管破裂　8月1日　03：57

·湖南临武瓜农亲属：全家都不接受尸检结论　8月2日　08：06

事件发生之后，新媒体对与该事件有关的方方面面都做了及时详尽的报道，其中不乏正能量报道，也有不少负面效应的报道。

新媒体对法治实践的及时报道，有其快捷、广泛的优势，但也不乏鱼目混珠、搅乱视线之嫌。报道往往呈现以下特征：从涉及范围看，涉及的人员面广，容易使事态迅速扩大，牵扯的当事人和当事单位迅速扩大，波及的系统迅速扩大，影响的社会领域迅速扩大。从报道内容看，涉及的人、涉及的单位、涉及的系统不停地被挖掘，"被采访"，被"人肉"搜索。时间是由近及远，事情是由大到小，最后无料可报时，无聊的陈芝麻烂谷子便越翻越多。乃至有的人员的无关往事也被翻出来，甚至出现一些无中生有的谣言，污浊不堪的谩骂，无休无止的人身攻击。真真假假，虚虚实实，一发而不可收，逐渐成为网络暴力、新闻暴力、媒体暴力。从社会影响看，由一个个案，变成影响社会安定的大案。一步一步地加剧群体冲突，加剧执法与被执法矛盾，进而加剧执政者与人民群众矛盾。有的演变成社会群体事件、暴力冲突的导火索，有的还对案件的正确处理产生影响，造成舆论一边倒，在强大的舆论压力、舆论暴力下，使执法和司法人员无法公正处理。当然还有对经济秩序的破坏性影响、对社会道德潜移默化的影响、对政治稳定的持续性影响。这些都往往造成不可估量的、无法挽回的重大损失。

2009 年是中国群体性事件发生较多的一年，主要有海南省东方暴力袭警事件、江西省南康事件、湖北省石首事件、新疆维吾尔自治区"七五"事件、吉林省通钢事件等。中国社会科学院农村社会问题研究中心主任于建嵘教授在他的分析文章中指出，从类型和性质方面分析，因维权引发的事件仍占 80% 以上，社会泄愤事件和社会骚乱事件均有所增加。就事件特征和性质而言，主要涉及两个方面：网络化和官民冲突。从新媒体传播来看，事件都具有网络时代的某些特征。于建嵘教授指出，由于网络的交互性、传受一体化、快捷性等传播特性，使事件的信息来源多样、传递迅速、真伪辨别困难，在此基础上，使得网络社会动员形式多样且高效，社会控制困难等。一般而言，某一事件发生后，通过网络传播，便可迅速形成强大的网络舆论，进而引起更多的社会成员参与现实中的群体行动，最终形成较大的群体性事件。海南省东方暴力袭警事件、湖北省石首事件和新疆维吾尔自治区“七五”事件、吉林省通钢事件都是通过网上和网下互动，在现实社会中有众多的参与者，众多的网民则在网络上参与评论甚至声援。除此之外，有些事件虽然主要局限于网络之中，但由于参与者众，最终迫使公权机关和当事人不得不采取某些社会行动，而成为了所谓的“网络群体性事件”。如2009年5月发生在湖北省巴东县的某宾馆服务员邓玉娇基于自卫目的刺死、刺伤镇政府官员的案件，经网络传播，引发了社会各界的广泛关注。此类事件还有“南京天价烟房产局局长事件”、“县委书记戴52万元名表”、“躲猫猫事件”、“贫困县检察长豪华车事件”、“史上最牛公章”等。

二、波及面广且影响深远

法治新媒体的影响，往往不止于当下，其影响还会有随着年代的流逝，不断产生效应的持续性。

美国“911事件”发生后，美国经济一度处于瘫痪状态，对整个美国的一些产业造成了直接经济损失和影响。除了该事件本身的影响外，新媒体的传播作用不可低估。

地处纽约曼哈顿岛的世界贸易中心是20世纪70年代初建的摩天大楼，造价高达11亿美元，是世界商业力量的会聚之地，来自世界各地的企业共计1200家之多，平时有五万人上班，每天来往办事的业务人员和游客约有15万人。美国国内航班一天被劫持了四架，白宫、国防部大楼、金融财务中心的世界贸易大楼，都成了恐怖分子攻击的目标。在两小时之内，造成美国本土遭遇数以千计的伤亡。美国总统一度搬出白宫回避。两座摩天大楼一下子化为乌有，人财损失难以用数字估量。五角大楼的修复费用至少在几亿美元之上，对交通运输和旅游业也造成了严重损失。无论是对美国总统布什，还是对美国民众或者美国政坛人士来说，9 月 11 日所遭遇的恐怖分子攻击事件都是一次历史性的震撼。

经媒体大规模传播、评论、分析，美国“911 事件”的经济影响并不局限于事件本身的直接损失，更重要的是其影响了人们的投资和消费信心，使美元相对主流货币贬值、股市下跌、石油等战略物资价格一度上涨，并实时从地域上波及欧洲及亚洲等主流金融市场，引起市场过激反应，从而导致美国和世界经济增长减慢。恐怖分子可能随时随地用各种办法制造事端，打击世界金融和商品市场，瓦解人们的信心。国际投机基金也会兴风作浪，利用恐怖活动提供的机会进行投机活动，通过制造恐怖事件牟取暴利，增加金融风险。

除了影响经济，此次事件甚至还不可避免地引发了战争，而这场现代化战争，又反过来造成更多的无辜生命死亡，引发更多大规模矛盾、大规模冲突、巨大的长期的民族仇恨和种族仇恨，同时造成对全世界经济的更大影响。这些影响，使美国和世界各国当权者的执政理念随之发生巨大改变，如更加重视反恐斗争。这个影响延续至今而且还会继续影响遥远的未来。这种影响的“载体”，就是媒体，而起更多作用的当然就是“新媒体”。

有的时候，失去控制的法治新媒体风暴，还会对社会风气和公共道德秩序造成深远影响和破坏。南京“彭宇案”就是最典型案例。这是 2006 年年末发生在南京市的一起引起极大争议的民事诉讼案。2006 年 11 月 20 日，南京老太太徐寿兰在公交车站摔倒，彭宇自称是见义勇为上前搀扶，还及时联系了其家人并送其至医院诊治，并非肇事者。随后，徐寿兰老人却认定，是彭宇将她撞倒并向她索赔。双方对簿公堂。南京鼓楼区人民法院一审判决彭宇给付老太太损失的40%，二审和解结案。此案在社会中引起强烈反响。

数年后，类似“彭宇案”的各种版本案件在各地出现，引起民众对跌倒老人是否可以搀扶的激烈讨论。直至2015年9月8日，又出现了最新的淮南师范学院大三学生小袁骑自行车撞倒（或说被讹）老人案。而彭案在2012年年初，案情又有了惊天逆转，据南京官方披露，彭宇当时确实撞了徐寿兰老人。这样一个小小案件，正是由于它发生在这个网络无限发达的年代，通过法治新媒体的传播、议论、争议，演变成了社会道德的大论战。它对整个社会风气的影响，对善良的人心造成的惧怕与伤害绝不是三年五载可以扭转、解除和弥补的。

第三节　法治新媒体的发展趋势

2013年7月，来自网易、阿里巴巴、南方网、财新网、浙报传媒、IDG资本、天奇基金投资等传媒、互联网以及投资界的资深人士聚集杭州，召开中国新媒体峰会，探讨POP媒体未来式，[①] 并发布了“2013中国新媒体影响力排行榜”。

对于新媒体（特别是用于商业产业）未来的发展趋势，传媒梦工场首席研究员徐园的分析颇具代表性。其预测了传媒发展的五大趋势：一是互联网主流人群年龄增长带来更加

① 本意为卖点广告，不拘形式，灵活多样，低价高效的广告方式。

成熟的商业模式，对品质的追求更加挑剔，趋向于保守；二是受益于创新扩散，移动应用普及继续加速，出现盈利拐点；三是体验经济和范围经济催化产业价值变现下移；四是组织内部和外部结构重组迎来垂直整合机会；五是个人媒体（Personal media）、机构媒体（Organization media）和媒体平台（Media platform）将百花齐放，协同发展，形成新的传媒“雨林生态”，共同构成传媒业全新的生态系统。

这个分析对于法治新媒体的发展趋势来说也是基本相通的：

一、主流人群趋向成熟

依托互联网的法治新媒体主流人群，随着年龄的增长带来的对网络媒体更加成熟的观察与认识、分析与思考，对传播内容中文化品质的追求更加挑剔，使这一群体趋向于成熟、沉稳和保守。

互联网技术在我国起步和发展比较晚。早在 20 世纪 60 年代末，美国国防部高级研究计划局就组建了计算机网络（互联网）。该网于 1968 年开始组建，1969 年美国 ARPANET 建成，标志着互联网的诞生。经过几年成功运行后，其发展成为连接许多大学、研究所和公司的遍及美国领土的计算机网，并通过卫星通信与相距较远的夏威夷州、英国的伦敦和北欧的挪威连接，使欧洲用户也能通过英国和挪威的节点入网。我国是于 1987 年 9 月，CANET 在北京计算机应用技术研究所内正式建成中国第一个国际互联网电子邮件节点，并于 9 月 14 日发出了中国第一封电子邮件：“Across the Great Wall we can reach every corner in the world（越过长城，走向世界）”，揭开了中国人使用互联网的序幕。经历了几个发展阶段，国内互联网用户数自 1997 年以后基本保持每半年翻一番的增长速度。截至 2011 年 12 月底，中国网民规模达到 5.13 亿，其中手机网民规模达到 3.56 亿，占整体网民比例为 69.3%；家庭电脑上网宽带网民规模为 3.92 亿，占家庭电脑上网网民比例为 98.9%；农村网民规模为 1.36 亿；网民中 30～39 岁人群占比明显提升，达到 25.7%。由于更多年龄更大的人群的加入，使这个网络群体的理性化程度逐步增强，追求和甄别信息真实性、高品质的要求提高，保守性人群比例增多。关注法治新媒体的受众同样具有这个共同的特点。

二、创新扩散和移动应用普及加速

创新扩散和移动应用普及加速，同样影响着法治新媒体的成熟与发展。据统计，截止到 2011 年年底，我国网民中使用台式电脑上网的网民比例为 73.4%，比 2010 年年底降低五个百分点；手机则上升至 69.3%（有大部分网民两者兼用），其使用率正不断逼近传统台式电脑。2013 年 7 月 3 日，在腾讯合作伙伴大会上，提到了一个不起眼的数字——微信与手机 QQ 的每日活跃用户数均超过了一亿。实际上微信在 2013 年 7 月初就达到了五亿用户。这意味着 2013 年从 4 月底到 7 月初，仅仅“微信”用户数的增速，每天就达到了 160 万个。

人们通过这些渠道获取法治信息的比例同样在增加，扩大了信息对人们的社会道德、法治观念的影响。特别值得一提的是，2014 年 12 月 11 日，东方网记者宋宁华的微信朋友圈被一则意外的消息“刷屏”，来自法官、律师、司法人士，甚至政法圈外的人都纷纷传播着这一则令人意外的消息：上海市高院副院长邹碧华突发心脏病不幸逝世，年仅 47 岁。这条法治微信一夜之间在中国的政法界人群中迅速地大规模传播，其传播速度和“宣传效果”大大超出了法院新闻宣传部门的预料。他们抓住这一事件，充分利用现代媒体，做了大量的后续报道，取得了意想不到的宣传“收益”。

三、“泛自媒体”形成传媒“雨林生态”

“个人媒体（Personal media 又称自媒体 We Media）、机构媒体（Organization media）和媒体平台（Media platform）将百花齐放，协同发展，形成新的传媒‘雨林生态’”。这三个媒体的合称就是“泛自媒体”。

个人媒体是指私人化、平民化、普泛化、自主化的传播者，以现代化、电子化的手段，向不特定的大多数或者特定的单个人传递规范性及非规范性信息的新媒体的总称。美国新闻学会媒体中心于2003年7月出版的由谢因波曼与克里斯威理斯两位联合提出的“自媒体”研究报告，对“自媒体”下了定义：“自媒体是普通大众经由数字科技强化、与全球知识体系相连之后，一种开始理解普通大众如何提供与分享他们本身的事实、他们本身的新闻的途径”。

从字面上看，We Media 就是老百姓自己的媒体。自媒体的定义也可以提炼为个人在网上发布自己的信息的方式。凤凰创投、ADPR 国际传媒董事长梁洪军先生对上述定义的元素进行替换，对自媒体有了一个重新的认识：如果不仅仅是“个人”，而是还有“组织”，再把“在网上”换成“在自己掌握的渠道上”，便得到了“泛自媒体（Pan Self Media，或称广义自媒体）”的定义：个人或组织在自己掌握的渠道上发布自己的信息。

泛自媒体的定义，涵盖了原来的自媒体概念，在整个范围上获得了极大的扩展，更符合“自己的媒体”这个顾名思义的解释。如个人在自己的水杯上印上自己的座右铭或图片，水杯就成了自媒体；一个法院印制了一本宣传图册，图册就成了自媒体；一个律师事务所印制了一些名片、传单或介绍，这些也就是其自媒体。在泛自媒体的框架下，可以细分出个人自媒体、企业自媒体、组织机构自媒体等。泛自媒体当然也有法治的“系列”，也有这样一个专门或经常传播法治文化和法治新闻信息的媒体群——可称之为“法治泛自媒体”、“法治自媒体雨林生态”。

四、法治新媒体必将走向规范化

行政管理、国家立法必将对法治新媒体这一领域倾注更多的精力，使其在正规化和规范性方面逐步走上正轨。

与互联网网络系统的开放性、兼容性相伴而生的网络安全问题，包括国家安全、商业安全、个人安全、网络自身安全。在互联网上严重危害社会和他人的行为，一种是在互联网上实施不法行为，袭击网站并在线传播计算机病毒；一种是利用互联网实施金融诈骗、盗窃、贪污、窃取秘密和其他不法行为，如讹诈、走私、非法交易、电子色情服务、虚假广告、洗钱、损毁商誉、侵犯商业秘密、组织邪教组织、在线间谍、网上刺探等。因此，世界各国都在网络媒体的管理上进行了广泛的研究与实践。

发达国家互联网管理的总体特点，一是互联网管理重视立法，但是主要依靠现有法规；二是国家安全成为互联网管理的重中之重；三是一些国家对互联网内容实行强制管理。这也是我国对互联网和各种新媒体管理的方向。在这种他律与自律上普遍加强管理的前提下，依托互联网而存在的法治新媒体的发展，必将更加正规，在不失其生机勃勃的特性的前提下，其发展和运行会更加快速和平衡，更加井井有条，更加合法化和规范化。

第四节　让法治新媒体成为法治中国建设的强大动力

社会主义法治文化建设，离不开法治新媒体的传播。必须能动地利用法治新媒体的强大优势和巨大能量，使其成为推进法治文化建设的强大动力。这个目标不能只靠媒体的自身行为来实现。媒体的生存与发展，有它自身的需要，往往与社会道德、法治建设的需要存在冲突。任何时候，任何社会和任何国家，其媒体都需要管理、约束与引导。要让法治新媒体参与到社会主义法治文化建设中来，不能只靠媒体自身的自觉行动和自我约束，还要从加强行政管理和国家立法的层面来实现。法治新媒体的自觉行动与自身约束，只能是在国家行政管理和立法与司法的大环境和大前提下实现。

一、加强对法治新媒体的有效管理

从法治新媒体对社会所起的作用的角度来看，大体可分为两类。一类是发挥正能量的新媒体，一类是产生“负能量”的新媒体。

正面的传播，对社会风尚、社会道德、社会主义精神文明建设和法治建设发挥着正面作用。其传播的内容是真实的、正义的、负责任的，符合社会主义道德要求的，故对社会的影响也是积极的、正面的、充满正能量的，对社会主义道德风尚形成和发扬光大，对社会主义精神文明的促进具有非常重要的意义。

负面的传播，内容或是虚假的胡编乱造，或是不负责任的道听途说，或是未经证实的猜测预测，或是抓住一些细枝末节进行任意夸大。继而，再以这种内容为根据，进行不负责任的评论、主观臆造的批判，甚至谩骂、攻击。关于传播“道听途说假新闻”这种不道德行为，可谓历史悠久，并早就受到当时孔圣人的批判。早在春秋时期，《论语·阳货十七》中，孔子就说过，“道听涂（涂通途）说，德之弃也”。意思是在路上听到传言，就到处去传播，这种行为是社会道德所唾弃的。法治新媒体传播的内容，除了新闻消息外，还包括涉及法治内容的文学和文艺作品，特别是影视作品。如引用的法律法条对不上号，阐述的法律辨析漏洞百出，表述的法律常识荒谬错误，宣扬的法律思想东拼西凑，使一般百姓看了被误导，法律人士看了不知所云。

面对这种纷繁复杂的现象，这些混乱的涉及法治内容的传播，不能任由其发展、泛滥，必须进行有效的管理和约束；否则它将污染社会风气，毒害广大受众，特别是年轻的受众。如何抑制负面传播，倡导正面传播，去伪存真、去粗取精、排毒扶正，这是媒体管理者乃至一切有良心、有正义感的媒体人必须直面回答的课题。

一是行政管理机关通过合法监控手段，对一切触犯法律的媒体行为进行监督控制。一个社会的建康运行，要有许许多多井井有条的管理轨道，使其有秩序地发展。工厂的生产行为要有监控，社会的交通行为要有监控，市场的交易行为要有监控，学校的教学行为要有监控。人类的任何行为，从古至今都不是任由其发展的。媒体的传播，同样也不能没有监督控制。对于发现的违法违规现象，要按照法律与行规严肃管理，该绳之以法的绳之以法，该行政处分的行政处分，该经济处罚的经济处罚。反之就是失职，就是不作为，就是纵容。

二是通过加大对主流媒体的投入，进行有效的舆论引导。

党刊、党媒要强力投入新媒体建设，要用快速的反映，以规模强大的舆论攻势，发布事实真相，公布正确答案，发表权威分析，公开鲜明观点，表明官方态度。对一些处于萌芽状态的传播内容不能不闻不问，任其发展放大，要进行纠偏。现在的舆论，其实就是一个巨大的阵地，这一点从来没有改变。谁先冲上去占据，谁的付出大，谁发出的声音强，话语权就是谁的。正确的声音没有发出，受众听到的都是负面的声音，那些错误的东西就自然而然地变成了“正确的东西”，谎言便变成了“真相”。

二、健全有关法治新媒体的立法

法治新媒体应当成为引导公民尊法守法，优化社会风气的强有力的引擎。国家有关职能部门应对法治新媒体的行为规则做出必要的鼓励性与限制性的规章或指导性意见，以此调控和改变法治新媒体无序、无规、无禁忌的现状。

遵守宪法和法律，是我们每一个公民的义务。“宣传社会主义法治，教育公民遵守宪法和法律”是写进法律条文的。1954 年的《中华人民共和国人民法院组织法》第三条第二款规定：“人民法院用它的全部活动教育公民忠于祖国，自觉地遵守法律。”后来经过 1979 年、1983 年、2003 年、2006 年历次修改，这条规定始终保留，只是增加了“社会主义”和“宪法”六个字：“教育公民忠于社会主义祖国，自觉地遵守宪法和法律。”

如何让法治新媒体在这方面充分发挥作用，有两个重要的方面不容忽视，就是立法和执法。

一是加强对法治新媒体管理的立法，对法治新媒体的行为确定是非，划定界线，规范其行为。中国共产党十八届中央纪委第五次全会上，习近平总书记在讲话中提出“政治规矩”的要求。他说，要“严明政治纪律和政治规矩”，“把守纪律、讲规矩摆在更加重要的位置”，“欲知平直，则必准绳；欲知方圆，则必规矩”。一个人没有规矩，很难成为一个合格的社会人；一个党没有规矩，就不能正确地领导一个国家；一个社会、一个国家没有规矩，就必然是非不分，乌烟瘴气，道德沦丧，天下大乱。所以，必须对法治新媒体立规矩，有了规矩才成方圆。没有规矩，法治新媒体的传播行为就会方不方，正不正，不能健康成长，甚至变成一个扰乱社会的畸形“媒体群”。以往的教训早已佐证了这一点。立法中除了监控与限制，还应当有鼓励与倡导。对符合社会主义道德规范和要求的媒体，要以立法的形式规定对它的表彰和奖励，反之则要进行惩罚。只有这样，才能在打击犯罪、惩戒邪恶的同时弘扬正义。

二是法律法规不能形同虚设。对违规违法的法治新媒体要进行实实在在的严肃执法。对邪恶不处罚，就是对正气的压制。早在两千多年前，孔子就对所谓“和事佬”行为进行过愤怒的批判，痛骂“和事佬”是社会道德沦丧之“贼”。《论语·阳货》中，子曰：“乡愿，德之贼也”。什么是“乡愿”？孟子曰：“阉然媚于世也者，是乡愿也”。乡愿就是当时社会上那种不分是非、同于流俗、言行不一、伪善欺世、处处讨好、从不得罪人，乡里以“谨厚老实”为人称道的“老好人”。孔子尖锐地指出：这种“乡愿”言行不符，实际上是似德非德而乱乎德的人，乃德之“贼”。所以，我们的执法者、司法者，要敢于执法，严肃执法，是非分明，不能做良好社会风尚的“德之贼”，而要做刚直不阿的德之卫士。

有了比较全面的立法，再有了严肃的刚正不阿的执法，才能真正让法治新媒体更充分、更理直气壮、有法律依据地起到正能量作用，给法治中国建设帮忙不添乱。

三、培育法治新媒体自律意识

法治新媒体绝大多数是比较好的，许多法治新媒体人是有良心、有道德、遵法纪、守法律的。特别是党的十八大以来，随着党中央采取一系列强力、有效的措施，党风和社会风气迅速纠偏，不断向着好的方面转化。许多法治新媒体能够自觉自愿地用社会主义道德、国家法律法规约束自己的行为，真心实意地希望社会风清气正，经济发展快速健康，人民安居乐业幸福安康。特别是国家主流媒体，在这方面起着领军引擎作用。

2013 年4 月16 日，中国记协在“我为实现中国梦传递正能量——记者社会责任主题讨论会”上，与中央主要新闻单位和部分重点新闻网站、首都新闻单位等25 家新闻媒体共同发出“以强烈的社会责任感为实现中国梦传递正能量”倡议。共同发起倡议的26 家单位分别是：中华全国新闻工作者协会、人民日报、新华社、《求是》杂志、解放军报、光明日报、经济日报、中央人民广播电台、中央电视台、中国国际广播电台、中国日报、科技日报、中国纪检监察报、工人日报、中国青年报、中国妇女报、农民日报、法制日报、中国新闻社、人民网、新华网、中国网络电视台、北京电视台、北京晚报、北京青年报、京华时报。

这些都是主流媒体，包括主流法治新媒体发挥的引擎作用发出的正能量。中国社会主义法治建设、法治文化建设，都需要这种正能量。这份倡议书还倡议，要唱响实现中国梦的时代最强音；要唱响时代主旋律，传递社会正能量，壮大主流舆论场。倡议书号召，忠实履行新闻工作者的职责使命，自觉接受党的领导，坚持祖国和人民利益高于一切；始终坚持新闻工作的党性原则，模范遵守宪法和法律；始终坚持正确舆论导向，始终坚持为人民服务、为社会主义服务的根本方向，真正担负起社会主义事业的建设者，时代发展的记录者、推动者的职责，把党和政府的声音传播好，把当代社会的主流展示好，把人民群众的心声反映好。

法治新媒体在“切实维护新闻的真实性和公正性”方面的责任，更重于其他新媒体。法治新媒体必须把真实作为新闻的生命，把坚持实事求是作为日常工作准则，把维护法治新媒体的公信力视为职业追求。坚持实地采访、现场采访、直接采访，对新闻事实反复求证、多方核实。规范新闻信息来源，不凭道听途说或主观臆断采写新闻，不片面追求轰动效应、发行数量和收听收视率，不故意扭曲新闻事实，编造虚假新闻，努力使新闻报道做到真实、准确、全面、客观。

法治新媒体必须正确处理社会效益和经济效益的关系，坚持把社会效益放在首位，防止片面追求经济效益的错误倾向。自觉遵守国家法律法规，坚决抵制有偿新闻，始终保持清正廉洁的工作作风。注重提高新闻报道的品位和格调，注重对人的关心和尊重，传播先进文化，弘扬社会正气，自觉培育和践行社会主义核心价值观。

新媒体自产生以来，一直都有一股力量在追求自身完善，自我约束。广大新媒体，早就认识到构建社会主义和谐社会需要良好的舆论环境，认识到自身的影响力越来越大，在引导和营造舆论方面发挥着日益重要的作用。2005 年在杭州市开幕的第五届中国网络媒体论坛，其主题就是“网络媒体与和谐社会”。与会的中央和地方新闻网站共同签署了题为《为构建和谐社会做出共同努力》的倡议书，提出了十条倡议：

1. 围绕构建民主法治、公平正义、诚信友爱、充满活力、安定有序、人与自然和谐相处的社会，网络媒体应积极努力，为营造良好的网络舆论环境做出自己的贡献。

2. 遵守宪法、法律和法规，坚持为人民服务、为社会主义服务的方向，坚持正确的舆论导向，维护国家利益和公共利益。

3. 宣传科学理论，传播先进文化，弘扬民族精神，塑造美好心灵，为网络用户提供高品位、高格调、高质量的信息和服务。

4. 宣传科学发展观，倡导节约型社会，努力使全面、协调、可持续的发展观深入人心。

5. 积极传播有益于提高民族素质、推动经济发展、促进社会进步的健康、文明的信息，自觉抵制危害国家安全和社会稳定、违反法律法规以及与中华民族优秀文化传统和道德规范相违背的信息内容。

6. 担负起网络媒体应有的社会责任，引导网络用户正确理解党和国家的方针政策，正确对待利益关系的调整，以理性合法的形式表达利益诉求。

7. 坚持新闻信息的真实性、准确性，自觉维护人民群众的根本利益，维护改革发展稳定的大局，维护我国良好的国际形象。

8. 大力推动行业道德建设，切实履行行业自律的承诺，自觉接受公众监督，共同维护网络媒体的良好形象和公信力。

9. 加强对网络信息服务的管理，自觉维护广大用户的合法权益，大力倡导网络用户文明使用网络，增强网络道德意识，自觉抵制有害信息的传播。

10. 尊重和保护知识产权，倡导团结协作，加强网络媒体间的交流与合作，实现共同发展。

所谓“人之初，性本善”，法治新媒体也是这样。从产生之日起其就一直在不停地发挥正面作用，发出正面声音，进行自我完善。正面的声音和行为，一直伴随在法治新媒体左右。但是“苟不教，性乃迁”。如果不加以正确引导和约束，不在表彰与惩戒上实行切实有效的措施，一味放任甚至放纵，“好声音”也会变成“噪音”，法治新媒体就会产生乱象，直到最后不可收拾。

在中国共产党的强有力领导下，通过国家及时全面地立法，司法机关严肃司法，行政机关严格执法，有关部门正确引导，广大法治新媒体自我约束和求真向上的努力，法治新媒体必然能够为社会主义法治中国建设贡献巨大的力量。

后 记

《中国法治文化概论》一书，在中国法学会领导集体的关心支持和研究部领导的具体指导下，集法制文学研究会的理论研究力量，集二十位参加写作的全国人大、公检法司、纪检监察、高等院校的专家学者的智慧和辛劳，终于在喜迎2016年新年来临的日子里，以沉甸甸的分量问世于中国法治文化的理论园地。这是以党的十八届四中全会精神作为写作指南的一部专著。这部著作通过对中国特色社会主义法治文化的全面梳理，阐述了中国特色社会主义法治文化的基本理论，提出了正确认识中国特色社会主义法治文化的全新观点，是对我国当今法治文化比较全面、系统的理论研究，具有较强的法律意义和文化价值，对于我国正在进行的法治中国建设无疑具有积极的推动作用。

后　记

《中国法治文化概论》，最初创意来自中国法学会法制文学研究会会长岳宣义同志。在中国法学会2014年6月正式批复同意以中国法学会法制文学研究会为基础组建中国法治文化研究会后，岳会长明确指出，作为一个国家级的研究社团，一定要有理论作为先导。中国法学会批复以法制文学研究会为基础组建法治文化研究会，这一重大决策是对我们法制文学研究会工作的极大鼓舞。我们应该通过挖掘法制文学研究会的现有研究资源，对中国法学会这一重大决定给予实质性回应，立即着手办两件事：一件是组织创作《中国法治文化概论》理论专著，梳理中国法治文化的产生、形成、发展历程和路径，研究中国法治文化的特征与特点、内涵与外延、架构与价值取向，完成法治文化系统理论研究。其目标是努力使该作品成为法治文化研究会的理论奠基之作。另一件是创办《中国法治文化》读物（每月一辑），架起中国法治文化研究的平台，在中国法学会乃至全国法学、社会科学理论界和文化界，推动法治文化理论研究和法治文化思想的广泛传播。于是，《中国法治文化概论》专著的写作组织工作随即开始启动。经过一年零五个月时间的艰苦努力，这部三篇二十四章近五十万字的鸿篇巨制终于完成了，成为中国法治文化系统研究的拓荒之作。与此同时，《中国法治文化》积极开始筹备，于2015年元月正式创刊，现在已经出版十一辑，刊发了一大批高质量的法治文化理论与实践相结合的稿件。

法制文学研究会用这样两项圆满的工作成果，迎接着中国法学会法治文化研究会的隆重成立，可以说是可喜可贺。

《中国法治文化概论》由法治文化基础理论、法治组织文化研究、法治文化载体研究三部分组成。首先是“法治文化基础理论”（上篇）研究，由七章组成。导论阐明了中国特色社会主义法治文化，一至六章对法治文化的概念、源流、现状、架构原则、基本特征、价值取向和建设路径进行了分析研究。其次是“法治组织文化研究”（中篇），重点对人大、政府、法院、检察院、公安、司法行政、仲裁、纪检监察八个法治组织的法治文化做了深入细致的研究。法治组织文化是法治主体文化的重要组成部分。法治主体文化既包括法治组织这个主体，又包括人民大众这个法治建设重要主体。本书在组织编写时，把对人民大众这个法治主体在法治建设中的地位作用、思想观念及其行为方式的研究，拆分在全书上篇、中篇和下篇各章之中，已较为鲜明地强调了法治的人民性，故没有单设一章研究人民大众这个法治主体文化。再次是“法治文化载体研究”（下篇），主要围绕法治语言、法治文本、法治礼仪、法治器物、法治文学、法治艺术、法治影视、法治新闻出版、法治新媒体九个方面展开，对各种载体在法治文化传播中的地位、作用和工作思路进行了认真探索。三大部分内容综合在一起，既是法治文化表现形式的再现，又是法治文化的发展思考，紧密结合中国法治的现实状况，深入分析论证，让读者较容易读懂法治文化的思想精髓和表现形式，从而实现读者与法治文化的近距离接触。我们有理由相信，本书对我国法治文化的广泛传播与理论研究必将产生重要的导向效应。

衷心感谢中国法学会的领导对此书编写的高度重视和悉心指导，衷心感谢对本书写作给予了大力帮助的各位专家学者，衷心感谢群众出版社编辑对本书的认真校正、细致编辑和精心装帧。

因出版时间仓促和水平有限等原因，本书难免存在疏漏和不足，诚恳地希望广大法学家、文学艺术家、法官、检察官、公安民警、律师和法律研究、实务、教学工作者给予无私的批评指正。

参加本书写作人员的写作任务分配如下。

王运声（最高人民法院咨询委原秘书长）：导论、第四章、第五章

刘　斌（中国政法大学教授）：第一章、第三章、第十八章

陈鸿彝（中国人民公安大学教授）：第二章、第十九章

易孟林（中国人民公安出版社文艺分社社长）：第六章、第二十章

吴高盛（全国人大常委会立法室原主任）：第七章

王敬波（中国政法大学教授）：第八章

吕　方（国家法官学院教授）：第九章

李兴友（河北省人民检察院原研究室主任）：第十章（合写）

宋怀银（河北省人民检察院检察员）：第十章（合写）

郭文丽（中国人民公安大学教授）：第十一章

肖志清（司法部法宣司处长）：第十二章

葛行军（最高人民法院执行办原副主任）：第十三章

肖建国（中纪委中国方正出版社原社长）：第十四章

邹玉华（中国政法大学教授）：第十五章

叶三方（广州市越秀区人民法院院长）：第十六章（合写）

涂勤政（中国行业行为规范网总裁）：第十六章（合写）

王小林（重庆市涪陵区人民法院院长）：第十七章

田水泉（最高人民法院影视中心主任）：第二十一章

耿慧茹（最高人民法院新闻局干部）：第二十二章

牛　克（最高人民法院图书馆馆长）：第二十三章

本书第一次统稿：王运声、易孟林、陈鸿彝、刘　斌

本书第二次统稿：王运声、易孟林

本书经中国法学会领导和研究部领导审阅并提出修改意见后，又适度做了文字调整。

《中国法治文化概论》编辑委员会

2015 年 12 月 26 日